南极海域的国际条约适用问题研究

齐雪薇◎著

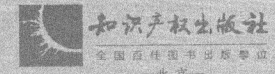

图书在版编目（CIP）数据

南极海域的国际条约适用问题研究／齐雪薇著. -- 北京：知识产权出版社，2025.8.
ISBN 978-7-5245-0018-6

Ⅰ．D993.5

中国国家版本馆 CIP 数据核字第 2025VG6036 号

内容提要

本书探讨了对《南极条约》"适用区域"条款进行条约解释来解决南极海域条约适用争议的国际法路径，具有推动完善南极海域治理规则、维护南极和平与发展的重要意义。本书从国际法的视角切入，首先，找出南极海域条约适用争议问题背后的法律根源与《南极条约》第6条"适用区域"条款密切相关；其次，聚焦与南极海域法律地位和开发制度有关的两类条约适用争议，借助以《维也纳条约法公约》为基础的条约适用理论，结合南极海域治理的法律实践，讨论如何利用"适用区域"条款解决上述争议；最后，再次论证在南极条约体系框架内，应对南极治理过程中面临的安全挑战，既有助于实现全人类共同追求的南极和平与发展的治理目标，也有助于维护中国在南极的合法权益，提升中国在全球治理中的制度话语权。

本书适合国际法与国际关系领域的研究人员阅读。

责任编辑：吴　烁　　　　　　　　责任印制：孙婷婷

南极海域的国际条约适用问题研究

NANJI HAIYU DE GUOJI TIAOYUE SHIYONG WENTI YANJIU

齐雪薇　著

出版发行：知识产权出版社有限责任公司	网　　址：http://www.ipph.cn
电　　话：010-82004826	http://www.laichushu.com
社　　址：北京市海淀区气象路50号院	邮　　编：100081
责编电话：010-82000860 转 8768	责编邮箱：laichushu@cnipr.com
发行电话：010-82000860 转 8101	发行传真：010-82000893
印　　刷：北京中献拓方科技发展有限公司	经　　销：新华书店、各大网上书店及相关专业书店
开　　本：720mm×1000mm　1/16	印　　张：21
版　　次：2025年8月第1版	印　　次：2025年8月第1次印刷
字　　数：340千字	定　　价：108.00元

ISBN 978-7-5245-0018-6

出版权专有　侵权必究
如有印装质量问题，本社负责调换。

CONTENTS 目录

绪 论 / 1

第一章 "适用区域"条款在国际法视角下的现实与理论意义 / 33

第一节 《南极条约》与南极条约体系的构建和完善 / 33
一、《南极条约》缔结与生效的国际法意义 / 34
二、南极条约体系的法律规范构成及其重要作用 / 37
三、南极条约体系在南极治理中的法律挑战与选择 / 47

第二节 南极海域条约适用争议应对之务及问题分解 / 56
一、应对南极条约体系法律挑战维护南极和平与稳定 / 57
二、应对南极条约体系法律挑战保障南极可持续发展 / 61
三、南极海域法律地位和开发制度相关条约适用争议 / 65

第三节 "适用区域"条款与南极海域条约适用争议 / 68
一、"适用区域"条款的既生模糊性 / 69
二、"适用区域"条款与南极海域条约适用争议的相关性 / 72
三、"适用区域"条款之于南极海域条约适用争议解决的重要性 / 79

第四节 法教义学视域下条约适用理论的发展与困境 / 93
一、条约在国家管辖范围外区域适用规则的缺失 / 95
二、条约不溯及既往原则的发展与现有理论争议 / 99
三、条约冲突产生、预防与解决的多样化趋势挑战 / 103

本章小结 / 106

第二章 "适用区域"条款的产生与解释：南极海域法律地位 / 108

第一节 "适用区域"条款的历史背景与拟定过程 / 110

一、"适用区域"条款出现的历史背景——南极大陆的领土主权争端 / 113

二、"适用区域"条款出现的拟定过程——国家决定国际造法的进程 / 128

第二节 "适用区域"条款的制定意义与条约解释 / 138

一、"适用区域"条款的制定意义——南极条约体系与海洋法的共存 / 139

二、"适用区域"条款的条约解释——南极海域法律地位争议的剖判 / 170

第三节 南极海域法律地位相关条约适用争议的协调和应对 / 192

一、与南极海域法律地位相关的条约适用争议的分析 / 193

二、与南极海域法律地位相关的条约适用争议的解决 / 199

本章小结 / 205

第三章 "适用区域"条款的实施与发展：南极海域开发制度 / 207

第一节 "适用区域"条款的适用情形与法律效果 / 208

一、"适用区域"条款与南极海域生物资源开发制度 / 210

二、"适用区域"条款与南极海域矿产资源开发制度 / 222

第二节 "适用区域"条款的发展方向与条约修订 / 232

一、《南极条约》关于条约修订规则的规定之适用 / 233

二、《维也纳条约法公约》关于条约修订规则的规定之适用 / 238

第三节 南极海域开发制度相关条约适用争议的协调和应对 / 241

一、与南极海域资源开发制度相关的条约适用争议的分析 / 241

二、与南极海域资源开发制度相关的条约适用争议的解决 / 251

本章小结 / 258

第四章 "适用区域"条款与条约适用理论的法教义学反思 / 260

    第一节 国际条约在空间上的适用范围问题 / 260

        一、"适用区域"条款解释对条约在国家管辖外区域适用规则补充的启示 / 261

        二、"适用区域"条款修正对条约在国家管辖外区域适用规则补充的启示 / 266

    第二节 国际条约在时间上的适用范围问题 / 268

        一、"适用区域"条款解释对条约不溯及既往原则实施的启示 / 269

        二、"适用区域"条款修正对条约不溯及既往原则实施的启示 / 272

    第三节 国际条约在条约冲突中的适用问题 / 274

        一、"适用区域"条款解释对条约冲突解决规则完善的启示 / 275

        二、"适用区域"条款修正对条约冲突解决规则完善的启示 / 279

    本章小结 / 281

第五章 "适用区域"条款与中国参与南极治理的路径选择 / 284

    第一节 "适用区域"条款与中国在南极的利益和权益维护 / 285

        一、维护中国在南极的国家安全利益 / 286

        二、维护中国在南极的国家发展权益 / 290

    第二节 "适用区域"条款对中国参与南极治理的法理启示 / 293

        一、充分行使在南极享有的国际法权利 / 294

        二、严格履行在南极承担的国际法义务 / 297

    第三节 "适用区域"条款对中国参与南极治理的制度启示 / 300

        一、积极参与国际南极治理规则的制定,支持南极条约体系的稳定发展 / 300

        二、加速构建国内南极治理法律法规体系,维护中国在南极的合法权益 / 303

    本章小结 / 306

结　论　/ **308**

参考文献　/ **311**
　　一、中文文献　/ 311
　　二、外文文献　/ 321

绪　论

一、研究背景和意义

南极洲（Antarctica），又被称作世界第五大洲。在由中国社会科学院语言研究所词典编辑室所编纂的规范性词典《现代汉语词典（第7版）》中，"洲"的第一条释义为"一块大陆和附近岛屿的总称"，并以地球上的七大洲做举例说明。❶ 中文通用语境下"南极洲"是地球上最后一个被发现但唯一没有人类定居的大陆与周边岛屿构成的一片陆地。❷ 南极洲的面积，包括南极大陆及其岛屿，共约1 400万平方千米。整个南极大陆被巨大的冰盖覆盖，平均海拔为2 350米，是世界上最高的大陆。❸ 南极大陆四周环绕着太平洋、印度洋和大西洋，水文界线随季节不同而在南纬38度至42度间变化，海域总面积达3 800万平方千米，于2000年被国际水文组织（International Hydrographic Organization，IHO）提名划为第五个大洋，目前通称

---

❶ 中国社会科学院语言研究所词典编辑室.现代汉语词典[M].7版.北京：商务印书馆，2016：1705.

❷ 国际极地科学数据中心.南极洲全图[EB/OL].(2023-02-16)[2025-02-12]. https：//datacenter.chinare.org.cn/data-center/metadata？id=334081f5-2adc-499a-befd-a88988f52d8a.

❸ 国家海洋局极地考察办公室官网.南极自然环境[EB/OL].(2018-12-01)[2025-02-12].http：//chinare.mnr.gov.cn/catalog/detail？id=3d94c552b98e4e7ebe1ab87cc6fa8d5a&from=ztfwjdkp&currentIndex=5.

"南大洋"(Southern Ocean)。❶

值得说明的是,不同于"南极洲"与"南大洋"从地理学层面将地球南端这个由海洋和陆地构成的板块予以划分和定义,词语"南极"在中文语境下,更多地应用在各国及国际社会与《南极条约》或南极条约体系相关的政策规则、治理活动或相关人文社会科学的研究之中,其定义也基本与《南极条约》保持一致。例如,我国在2018年由国家海洋局颁发的《南极活动环境保护管理规定》中明确指出:"南极,是指南纬60度以南的地区,包括该地区的所有冰架及其上空。"❷本书作为有关《南极条约》"适用区域"条款的国际法问题研究,在法律背景下所使用的"南极"一词同《南极条约》保持一致,概括定义为《南极条约》第6条"适用区域"条款所述"南纬60度以南的地区,包括一切冰架";与之对应,本书中所使用"南极海域"即以"适用区域"条款中的"南纬60度"为界,划分为"南纬60度以南海域"和"南纬60度至南极辐合带海域"❸,并在此基础上开

---

❶ 虽然2000年国际水文组织就划定南极洲周围海域独立于太平洋、印度洋、大西洋、北冰洋,是世界第五大洋,不过该划定至今尚未得到国际水文组织全部成员国的同意。学术界也依旧有人认为依据大洋应有其对应的中洋脊而不承认南大洋这一称谓。但在实际应用中,国际社会已经普遍承认并使用"南大洋"来指称南极洲的周边海域。例如,2021年6月8日,美国国家地理学会庆祝"世界海洋日"的到来,以环流及生态的特殊性为由,宣布正式承认南极洲周围海域为南大洋,也就是世界第五大洋。International Hydrographic Organization (IHO). Limits of oceans and seas [M]. 3rd ed. IHO Special Publication, Bremerhaven:PANGAEA,1953. Sarah Gibbens. There's a new ocean now—can you name all 5? [J/OL]. nationalgeographic. (2021-06-08) [2025-2-12]. https://www. nationalgeographic. com/environment/article/theres-a-new-ocean-now-can-you-name-all-five-southern-ocean.

❷ 国家海洋局极地考察办公室官网. 南极活动环境保护管理规定 [EB/OL]. (2018-02-08) [2025-02-12]. http://chinare. mnr. gov. cn/catalog/detail? id=b6c4fdd4c6c94748b0982ec45125ec64&from=zcfggnglgd&currentIndex=3.

❸ 因为南大洋的水文界线在南纬42度至南纬38度之间,同时南极条约体系中的《南极海洋生物资源养护公约》在空间上适用范围涵盖了从南极点至南极辐合带(最北至南纬45度)之间的海域之中;结合本书主要在南极条约体系下研究相关法律问题,因此笔者将本书的"南极海域"最北端限定为南极辐合带,一方面做到与地理概念中的南大洋最大程度的重合,另一方面确保所研究法律问题的理论与实践意义。陈力,等. 中国南极权益维护的法律保障[M]. 上海:上海人民出版社,2018:76-98.

展研究。

1911年11月14日，挪威探险家罗阿尔德·阿蒙森（Roald Amundsen）成为历史上到达南极点的第一人，他在南极点完成了插旗和基础的观测活动，标志着人类对南极的探索跨出了一大步。110多年后的今天，已有30个国家在南极建立了超过150个科学考察站；南极上空飘扬着各国的国旗，世界各地的人们都可以前往南极旅游参观。南极有世界上最大的铁矿储藏地区，煤矿储藏量约为5 000亿吨；南极磷虾、犬牙鱼等海洋生物以其巨大的蛋白质储量为全球提供能量支撑。同时，南极大部分地区被冰雪、冰川覆盖，是全球大气的主要冷源，在南北半球热量、动量和水汽等物理量的交换中起着重要的作用，直接影响着全球大气环流和天气气候的变化，是影响全球气候变化的敏感地区之一。❶ 故此，南极凭借其突出的战略与资源价值已成为同深海、太空、互联网并列的全球治理新疆域，是当前国内外自然科学与社会科学学界研究的重点对象之一。

事实上，自20世纪初起，南极就已经以其重要的战略地位和丰富的自然资源成为国际社会关注的焦点之一。澳大利亚、新西兰等国家先后对南极大陆部分区域依据本国国民对南极的发现以及所谓的"扇形原则"提出主权声索（Sovereign Claims）❷，被声索的领土面积约占南极大陆整体的85%。发展至20世纪中期，世界陷入"冷战"格局❸，南极大陆领土主权

---

❶ 陆龙骅,卞林根,程彦杰.南极考察与全球气候变化[N/OL].中国气象报,2003-02-01[2025-02-13]. http://www.cma.gov.cn/kppd/kppdqxsj/kppdqhbh/201212/t20121212_195642.html.

❷ 历史上曾有10个国家对南极提出了领土要求，分别是澳大利亚、新西兰、挪威、英国、法国、德国、阿根廷、智利、南非和日本。但在20世纪90年代，南非已经主动撤销了对南极的领土要求，而德日两国也因"二战"失败，被剥夺了相关权利。因此，如今南极的主权声索国只剩下了7个国家，占南极大陆整体83%的面积。

❸ 冷战（Cold War）指1947—1991年，以美国、北大西洋公约组织为主的资本主义阵营与以苏联、华沙条约组织为主的社会主义阵营之间相互遏制，不动武力的政治、经济、军事对峙斗争。

声索正式成为国际社会关注的焦点问题之一,相关国际冲突一触即发。❶ 此时,以美国为主导的西方国家以 1957—1958 年的国际地球物理年（International Geophysical Year）为契机,推动缔结了 1959 年《南极条约》,冻结了针对南极已有的和未来的领土主权主张,确立了和平利用、非军事化与科学考察自由三大基本原则,避免了南极沦为国际战争发生的场所。

自 1959 年《南极条约》缔结至今,南极条约体系（Antarctic Treaty System）已逐步形成,包括《南极条约》《南极海豹保护公约》《南极海洋生物资源养护公约》《关于环境保护的南极条约议定书》及其附件等重要公约,以及大量历届南极条约协商会议所通过的、对相应当事国❷具有一定法律约束力的措施（Measure）、决议（Resolution）等文件。《南极条约》确立的协商会议（Antarctic Treaty Consultative Meetings）也成为相关国家协商南极事务,推动南极治理不断向前发展的决策机制与重要平台。总体而言,自《南极条约》诞生 60 余年以来,南极条约体系发展平稳,在国际南极治理及南极和平秩序维护中发挥着重要作用,是各国参与南极治理的核心路径选择。

但是,随着地球资源储量的减少和世界格局的不断变化,尤其受发展中国家南极治理能力提升与战略意识觉醒的影响,南极条约体系至今已通过扩大当事国数量及制定签署新的环保议定书度过了两次较为重大的制度危机。这两次危机发生于 20 世纪 80—90 年代,时值《南极条约》生效 30 周年前后。两次危机分别与南极（主要为南极大陆）法律地位界定及南极矿产资源（聚焦陆地矿产资源）开发利用相关。安度危机后,进入了 21 世纪,南极条

---

❶ 1952 年霍普湾事件及 1953 年欺骗岛基地事件的起因,即为英国、阿根廷、智利三国在南极的领土主张存在重叠争端,不过最后两个事件都得以和平解决。参见 Best A. British Documents on Foreign Affairs [M] // Bethesda, MD: LexisNexis: Volume 5, part 4, International Organizations, Commonwealth Affairs and General, c1948:120-123.

❷ 《维也纳条约法公约》第 2 条规定:"……(f) 称'缔约国'者,谓不问条约已未生效,同意受条约拘束之国家;(g) 称'当事国'者,谓同意承受条约拘束及条约对其有效之国家……"因此当签署批准的国际条约是已经生效的国际条约,且保证遵守条约规定的国家在本文中均以"当事国"代称,已签署批准某国际条约但该条约尚未生效则此类国家称为"缔约国"。维也纳条约法公约 [EB/OL]. [2025-02-13]. https://www.un.org/zh/documents/treaty/ILC-1969-3.

约体系法律挑战的缘起逐渐从陆地转向海洋。一方面，南极条约体系与国际海洋法的条约适用冲突、南极海域法律地位争议加剧；另一方面，随着南极海域划区管理工具的设定，南极海域环境保护制度的构建，以及各国南极战略竞争加速，南极资源开发与保护制度的空白更显突出。当前与南极海域相关的法律挑战出现了越发多层次化、多主体化、多争议化的趋势，值得各主权国家及国际组织等国际法主体从政治、经济、法律、社会等多个层面进行分析与应对。

从国际法层面分析，自南极被发现以来，始终覆盖在所有南极治理争议问题之上的，最核心、最根本的法律问题就是南极主权争议。如今南极主权争议已从七个传统的主权声索国各自提出对南极大陆的领土主张，演变为地缘层面南极周边国家对南极海域主权及主权权利的争夺，乃至发展中国家在南极治理机制中的积极介入与挑战，以及《南极条约》确立的主权冻结原则与《联合国海洋法公约》（*United Nations Convention on the Law of the Sea*）重叠适用于南极海域所产生的南极海域法律地位争议、南极海域上覆水域及海床底土的资源开发制度争议等法律问题。尽管南极主权争议产生与加剧的本质原因是国家利益等政治性因素，但是所有主权主张若要取得他国认可并找到理论支持，就离不开法律依据的支撑。因此，以《南极条约》所确立的主权冻结原则为基础，结合国际法原理和国际关系理论研究南极主权问题，是解决南极治理问题、引导南极国际治理规则发展的关键。

在国际法学界前期研究的基础之上，结合南极国际治理现状，可总结得出：南极海域法律地位争议是当前与南极主权相关的国际法问题中最为核心基础的问题之一。该争议产生于"以陆定海"规则下南极大陆主权声索国自南极点由内向外延伸至南极海域的主权争夺，以及南极周边国家依据《联合国海洋法公约》规定的专属经济区、大陆架、公海与国际海底区域制度由外向内将主权权利延伸进入南极海域。此法律争议在实践中主要表现为以《南极条约》为核心的南极条约体系与《联合国海洋法公约》重叠适用于南极海域时所出现的冲突，如 2004 年起至今的南极外大陆架划界主张等法律冲突，并曾一度引发《南极条约》适用的制度危机，而后因无法达成合意而被暂时搁置。南极海域法律地位争议主要包括南极海域上覆空间的法律地位争议、南极海域上覆水域是否适用"公海自由"原则、南极海底是否适用"人类共同继承财产"原则、南极海域非法（IUU）捕捞❶的管辖、南极海洋保护区的设立与管理、2023年6月19日出台的《联合国海洋法公约》框架下国家管辖范围外区域海洋生物资源养护法律文件❷对南极海域的管辖等南极治理问题中有关南极海域资源开发与保护的具体制度争议。

因此，要健全南极海域资源开发与保护制度，明确各国在南极海域的权利义务，解决南极海域法律地位争议，应聚焦和讨论的核心问题是：《南极条约》在空间上的适用范围——"南纬60度以南的地区（Area）"是否包括其中的海域范围。如果包括海域，那么南极海域以南纬60度为分界，南纬60度以南海域和南纬60度至南极辐合带海域分别应如何协调因相同区域范围内重叠适用《联合国海洋法公约》和南极条约体系中相关条约（主要是《南极海洋生物资源养护公约》）而在当事国间产生的与南极海域资源开发相关的权利义务冲突。

显而易见，《南极条约》第6条"适用区域"条款是规定《南极条约》在空间上的适用范围的核心条款，也是与以上所涉及国际条约在南极海域中的适用问题最为相关的成文条款："本条约各条款适用于南纬60度以南的地区，包括一切冰架在内，但本条约中的任何规定不得妨碍或以任何方式影响

---

❶ 违反南极海洋生物资源养护委员会养护措施，在南极海域非法（Illegla）、未报告（Unreported）、未管制（Unregulated）且造成鱼类种群数量减少的捕捞活动被称作南极海域的 IUU 捕捞。CCAMLR. Report of the Standing Committee on Observation and Inspection, CCAMLR (August 2021) [EB/OL]. [2022-03-02]. http://www.CCAMLR.org/en/system/files/e-cc-xvi-a5.pdf.

❷ 2023年3月4日，《〈联合国海洋法公约〉下国家管辖范围以外区域海洋生物多样性的养护和可持续利用协定》（the Agreement under the United Nations Convention on the Law of the Sea on the Conseruation and Sustainable Use of Marine Biological Diversity of Areas beyond National Jurisdiction, BBNJ）第五次政府间谈判续会正式通过了"《联合国海洋法公约》下国家管辖范围以外区域海洋生物多样性的养护和可持续利用协定"的案文。联合国海洋法公约 [EB/OL]. [2025-02-13]. https://www.un.org/bbnj/sites/www.un.org.bbnj/files/draft_agreement_advanced_unedited_for_posting_v1.pdf.

任何国家根据国际法对该地区内公海的权利或权利的行使。"❶ 因此，对该条款的法律研究是解决南极海域法律地位争议的关键，是解决南极主权问题的关键，也是国际社会解决南极海域资源开发与保护等南极治理制度争议的关键。在理论意义上，一方面，借助法教义学视域下的条约适用理论对《南极条约》"适用区域"条款进行研究，有助于反思并完善条约在国家管辖外区域适用规则、条约不溯及既往原则及条约冲突解决等国际法理论；另一方面，在通过研究《南极条约》"适用区域"条款尝试分析并解决南极海域法律地位争议、南极海域资源开发制度争议等与南极主权归属相关的国际法问题的过程中，对影响法律规则形成与实践产生的背后因素的研究与探讨，是对国际关系中国家利益理论与国际法中国际造法理论的交叉适用，有助于对以上理论的双向反思与完善。最后，中国参与南极治理，引导南极国际规则的制定，为维护我国南极权益，尤其是在开启南极立法之际，必然要厘清我国在南极条约体系之下的主要国际法权利与义务。因此，对《南极条约》及南极条约体系的条款研究始终是南极国际治理中相关法律问题研究的基础。

二、国内外研究现状

与国际经济法、国际人权法等传统国际法热门研究领域相比，南极国际法问题研究属于全球治理议题下国际法研究的新兴热点。受以南极条约体系为核心的南极国际治理机制的相对稳定与缓慢发展影响，目前投身于这一特定领域的研究人员数量尚少。自1959年《南极条约》签署以来，在这60余年时间里，国内外有关南极法律问题研究或者南极治理规则研究的成果多散见于中英文期刊的论文（论文集），相关领域的专著与博士学位论文数量略少。

（一）国内研究现状

长期以来，我国南极领域学界多注重对南极自然科学的研究，在一定程度上忽略了南极战略与法律问题研究。我国自1984年开展首次南极科学考察

---

❶《南极条约》第6条［EB/OL］.［2025-02-13］. https://www.ATS.aq/e/antarctic-treaty.html.

以来，逐渐在南极科考与设备研究上投入大量资金与人力，在南极自然科学研究领域不断取得丰硕的成果。但是，关注南极治理问题的社会科学工作者数量始终相对较少、研究成果较零散、研究领域较狭窄，主要集中于从政治与法律视角对南极治理问题进行分析。

相较于政治视角的研究，作为国际法的一个分支，我国国际法学者中投入南极专题研究的人数和成果数量均偏少且呈现碎片化，缺少紧密追踪以南极条约体系为核心的南极治理规则体系最新发展的国际法研究成果。这与我国大力发展极地事业的战略需求显然不符。目前，南极国际法研究的成果主要由三种形式组成：有关南极国际法的专著、南极国际法研究相关的期刊论文、国际法专著或教材中对南极国际法问题的论述。结合本书的需要，笔者首先概述南极国际法问题研究现状，然后分别聚焦南极主权法律问题、南极海域开发法律问题、南极条约体系在南极治理中的法律问题、中国参与南极治理的法律问题的研究现状，对现有南极国际法研究成果进行归纳与分析。

1. 南极国际法问题研究现状

《南极政治与法律》❶从南极主权、《南极条约》、南极条约体系、南极治理中的司法权、南极资源开发制度、南极环境保护制度、未来南极机制的发展共七个方面，对南极国际治理中的制度与法律问题进行了介绍，反映了截至20世纪90年代之时，以南极条约体系为核心的南极基本法律制度的组成，以及南极相关国际法问题的类别，是我国南极国际法问题研究的奠基之作。但由于该书年代较早，无法对后续南极国际治理中出现的新问题予以分析，如南极海域法律地位、南极外大陆架划界、南极环境保护与资源开发之间的冲突等。由于南极条约体系的不断发展，随着新的国际公约的出现，该书中与南极矿产资源利用等相关的问题研究已不再具有实际意义。

除此，我国与南极国际法问题相关的著作还包括《南极洲领土主权与

---

❶ 位梦华,郭琨.南极政治与法律[M].北京:法律出版社,1989.

资源权属问题研究》❶《南极生物遗传资源利用与保护的国际法研究》❷《南极：地缘政治与国家权益》❸《中国南极权益维护的法律保障》❹ 等。这些专著中，较为纯粹地从国际法角度对南极问题展开研究的仅有《南极生物遗传资源利用与保护的国际法研究》。该书在整合自然科学与社会科学领域关于南极生物遗传资源保护与利用前沿资料的基础上，结合南极条约体系与《联合国海洋法公约》的相关规范，研究了利用和保护南极生物遗传资源的问题。该书在最后还提出了我国保护和利用南极生物遗传资源的建议方案。相比而言，其他著作多侧重于从国际关系与国际政治角度对南极治理问题进行研究与分析，鲜有对南极法律问题的详细研究。

就期刊论文而言，《围绕南极法律地位的争端》❺ 一文是我国最早聚焦南极国际法问题研究的学术论文。此后的五年时间里，发表在期刊上的与南极国际法问题相关的学术研究成果，基本均是对南极法律地位的分析与讨论。其中，潘云喜认为《南极条约》并没有解决南极法律地位究竟是什么的问题，而仅仅把各国对南极法律地位或南极主权声索的争议冻结起来，留待以后解决。《谈谈南极洲的法律地位问题》❻ 一文中提出南极的法律地位既没有也不应该由仅有十余个国家签署的《南极条约》所确定，该文作者乐观地认为在第三世界国家的倡议下，南极最终一定会成为"人类共同的财产"。《论南极洲目前的法律地位》❼ 一文中论述的观点与《谈谈南极洲的法律地位问题》观点一致，并提出联合国可以在《南极条约》的基础

---

❶ 中国极地研究中心,颜其德,朱建钢.南极洲领土主权与资源权属问题研究[M].上海:上海科学技术出版社,2009.

❷ 刘惠荣,刘秀.南极生物遗传资源利用与保护的国际法研究[M].北京:中国政法大学出版社,2013.

❸ 陈玉刚,秦倩.南极:地缘政治与国家权益[M].北京:时事出版社,2017.

❹ 陈力,等.中国南极权益维护的法律保障[M].上海:上海人民出版社,2018.

❺ 潘云喜.围绕南极法律地位的争端[J].政治与法律,1985(2):42-43.

❻ 梁淑英,造福.谈谈南极洲的法律地位问题[J].贵州大学学报(社会科学版),1985(3):13-19.

❼ 张克文.论南极洲目前的法律地位[J].武汉大学学报(人文科学版),1987(5):121-125.

上，参照外层空间及《联合国海洋法公约》中关于"区域"的有关规定，重新制定确立南极法律地位的国际公约。《论南极的法律地位》[1] 一文正式提出适用"人类共同继承财产"原则确定南极法律地位的观点，并倡导应由各国共同制定一部《联合国南极法公约》取代现行的《南极条约》，以对南极的法律地位加以确认。自学者们倡议将南极确立为人类共同所有并统一管理至今，已经过去30余年，1959年签署、1961年生效，且初始有效期30年的《南极条约》仍然是南极国际治理中最基础且核心的法律规范文件，但南极的法律地位仍无定数，学界的关注也逐渐从对南极法律地位的讨论转向对南极开发与保护法律制度的研究。

1990年起，南极矿产资源开发与南极环境保护的法律制度研究，以及对南极条约体系和联合国在南极治理角色的国际法研究逐渐开始出现，但研究成果的数量始终较少，以北京大学邹克渊为主要研究者。2009年之后，随着国家对南极战略问题的重视与投入，有关南极国际法问题研究的期刊论文数量开始大幅增加，所涉及南极的国际法问题也越来越丰富。截至目前，已经发表的期刊论文所研究的南极国际法问题主要包括以下两类。①以南极主权问题为研究对象的：南极的法律地位研究、南极洲及其海域的主权问题研究、南极大陆架划界问题研究。②以南极国际治理规则为研究对象的：作为南极核心治理规则体系的南极条约体系对第三国效力研究、南极条约体系与联合国在南极治理中的效力研究、南极条约体系与国际海洋法的适用冲突研究、南极条约体系未来发展趋势研究、南极海洋矿产资源和生物资源开发规则研究、南极环境保护规则研究、南极特别保护区与海洋保护区规则研究、南极协商国会议等南极治理机制研究及各国南极立法与南极战略研究。其中，中国海洋大学刘惠荣带领的极地与深远海团队在南极环境保护、南极生物资源开发等法律规制研究及各国南极法律规制研究中有多篇有影响力的论文；复旦大学陈力在南极及其海域法律地位及南极治理中的国际组织研究中有代表性论文；上海交通大学唐建业在南极海洋保护区设立与管理研究中有代表性论文；此外，中国政法大学郭红岩、同济大

---

[1] 慕亚平.论南极的法律地位[J].法律科学-西北政法学院学报,1989(2):48-52.

学潘敏、上海国际问题研究院郑英琴等均在南极国际法问题研究中发表了有影响力的论文。

2. 南极主权法律问题研究现状

自发现南极以来，南极主权问题就成为各国争论不休的命题。虽然《南极条约》第4条"冻结"了各国对南极主权的征讨，但该问题在国际法研究中仍旧占据一定的地位。随着国际法与国际关系的更新变化，国内学者们对该问题的研究也从最初对南极法律地位及各国在南极大陆领土主权合法性的讨论，发展到南极海域外大陆架划界争端法律问题研究，再到南极海域法律地位的研究，再回到试图综合现有国际法依据对南极大陆及其海域的法律地位与主权问题进行整体定性研究，以供解决南极治理中存在的各项问题所需。

1990年之前，国内对南极主权问题的研究表现为对南极大陆法律地位的讨论。当时学界的研究者潘云喜、梁淑英、张克文、慕亚平等基本达成的共识是：《南极条约》不能也没有对南极大陆的法律地位予以确定，未来南极大陆应当被国际社会确定为"人类共同的财富"，适用"人类共同继承财产"原则，由全人类统一开发管理。❶

2010年前后，随着2004年澳大利亚，2006年挪威、新西兰，2009年阿根廷、智利、英国依次向联合国大陆架界限委员会提交涉及南极海域的大陆架申请，主张依据《联合国海洋法公约》的相关规定对南纬60度以南地区的外大陆架享有权利，南极大陆架问题成为南极主权问题研究的焦点。《南极大陆架的国际法学探析》❷一文明确提出"并不存在国际法意义上的南极大陆架，南极大陆架纠纷实质是南极领土主权纠纷的缩影"这一观点。

---

❶ 潘云喜.围绕南极法律地位的争端[J].政治与法律,1985(2):42-43.梁淑英.谈谈南极洲的法律地位问题[J].贵州大学学报(社会科学版),1985(3):13-19.张克文.论南极洲目前的法律地位[J].武汉大学学报(社会科学版),1987(5):119-123,71.慕亚平.论南极的法律地位[J].法律科学-西北政法学院学报,1989(2):48-52.

❷ 刘斌.南极大陆架的国际法学探析[J].海洋开发与管理,2010,27(5):9-12.

《南极地区大陆架划界引发的法律制度碰撞》❶和《大陆架划界对南极条约体系的挑战》❷这两篇文章在分析沿海国在南极地区大陆架划界主张的法律依据时，深入剖析了南极条约体系和《联合国海洋法公约》两种法律制度在南极地区的矛盾与冲突，认为南极大陆架划界问题对南极条约体系的稳定产生一定的冲击，大陆架划界委员会技术与科学上的审议无法从根本上解决此划界案所涉及的南极领土主权争端这一实质问题，如何解决南极条约体系与国际海洋法在适用中的法律冲突，确保《南极条约》稳定有效才是核心，并提出了修改南极条约体系或《联合国海洋法公约》相关规定的建议，如将南极地区以北的岛屿和地区延伸至南纬60度以南的大陆架作为特例，制定《南极条约》的补充条款、设立特殊对待等，但这些建议无法从根本上解决南极大陆架问题。因为只要南极主权问题存在，此类问题就必然层出不穷。《南极海域外大陆架划界争端法律问题研究》❸一文认为南极大陆架划界面临法律障碍和委员会障碍，虽然南极地区海域主权要求与南极条约体系在主权上冲突，但与资源开发勘探相兼容。由此可见，南极大陆架问题是南极领土主权争端焦点由大陆转向海洋的转折点，并且学界并未提出直接的解决方案，而一直试图通过对相关国际法依据的研究从根本上消除此问题给南极国际治理带来的消极影响。

2015 年前后，学界对南极主权问题的研究焦点正式转为对南极海域法律地位的研究。《论南极海域的法律地位》❹一文通过设定"南极条约区域"内外的区分，依次论证了"南极条约区域内""南极条约区域外"海域主权要求的合法性问题。但是对于区分"南极条约区域"内外的标准，缺

---

❶ 朱瑛,薛桂芳,李金蓉.南极地区大陆架划界引发的法律制度碰撞[J].极地研究, 2011,23(4):318-327.

❷ 朱瑛,薛桂芳.大陆架划界对南极条约体系的挑战[J].中国海洋大学学报(社会科学版),2012(1):9-15.

❸ 杨俊敏,蒋昕.南极海域外大陆架划界争端法律问题研究[J].浙江海洋大学学报(人文科学版),2018,35(2):1-11.

❹ 陈力.论南极海域的法律地位[J].复旦学报(社会科学版),2014,56(5):150-160.

少翔实的依据与论证。2018年之后，对南极主权问题的研究与南极治理逐渐开始紧密联系。《南极的法律定位与治理挑战》❶一文综合分析了南极领土主权问题为南极治理带来的各种阻碍，再次强调解决南极主权问题的紧迫性与必要性。《〈联合国海洋法公约〉对南极海域争端的影响与启示》❷提出借鉴《联合国海洋法公约》中的相关制度来完善南极争端解决机制以解决南极主权问题。南极主权问题再一次成为南极国际法问题的研究焦点之一。

3. 南极海域开发法律问题研究现状

与"适用区域"条款紧密相关的另一法律问题是南极海域资源开发规则冲突与空白之挑战。《关于环境保护的南极条约议定书》第7条禁止了"适用区域"条款所规定的地理范围内除科学研究外一切与矿产资源有关的活动。结合"适用区域"条款的规定，可知南纬60度以南的陆地确定禁止矿产资源开发等活动，但是南纬60度以南的南极海域及南纬60度以北至南纬45度的亚南极海域的海床与底土之中的矿产资源是否被禁止开发始终存在争议和规则空白，同时以上海域的上覆水域中生物资源的开发与保护规则也存在"公海捕鱼自由"原则与依据《南极海洋生物资源养护公约》设立南极海洋保护区"禁渔"规则之间的法律冲突问题。针对以上问题，国内学者目前主要完成了以下研究。

首先，当前南极海域开发的主要对象是南极海域之中的生物资源与矿产资源。20世纪末以来，随着气候变化的加剧，南极冰架大量融化，在科技进步的不断加持下冰架下所蕴藏的资源、南极海域上覆水域及南极海域的海床与底土中蕴藏的生物资源与矿产资源的开采成为可能。基于南极治理核心规则体系——南极条约体系中已有《南极海洋生物资源养护公约》对南极海域生物资源的养护与管理制定了较为明确的规则，因此，对南极海洋生物资源养护和开发的研究成果较南极海域矿产资源更加全面深入。其中，最早就南极海域生物遗传资源利用和保护法律规制展开针对性研究的

---

❶ 郑英琴.南极的法律定位与治理挑战[J].国际研究参考,2018(9):1-7.

❷ 刘唯哲,CHEN Jueyu.《联合国海洋法公约》对南极海域争端的影响与启示[J].中华海洋法学评论,2020,16(3):52-82.

国内学者是中国海洋大学的刘秀博士，其《南极生物遗传资源利用与保护的法律规制研究》❶一文从"利用"和"保护"这同一过程的两个层面入手，尝试在现有相关国际规则的基础上构建完善的法律规制体系以规范利用与保护南极生物遗传资源的人类活动。其后，南极生物遗传资源利用与养护的法律规则构建问题融入了《联合国海洋法公约》之下的第三项协定书《国家管辖范围以外区域海洋生物多样性的养护和可持续利用国际协定》（*Agreement under the United Nations Convention on the Law of the Sea on the Conservation and Sustainable Use of Marine Biological Diversity of Areas Beyond National Jurisdiction*，以下简称《BBNJ国际协定》）的谈判问题之中，南极海洋生物资源的利用和开发既是《BBNJ国际协定》规则制定过程中的研判案例，也是其要解决的重要法律问题之一。随着2023年3月BBNJ第五次政府间谈判续会的结束，《BBNJ国际协定》案文得以正式通过。虽然，仍存在海洋保护区、遗传资源的惠益分享等议题下具体规则实施方法的争议，但是该案文第15条、第19条等包含海洋保护区在内的划区管理工具、养护措施规定基本就《BBNJ国际协定》将通过全球管理模式适用于已建立南极海洋保护区的南极海域达成共识。

其次，国内首次就南极海域矿产资源开发的法律问题发表针对性研究成果的学者是上海政法学院的何柳博士，其《南极海域矿产资源的法律冲突及发展趋势》❷一文中提出，《联合国海洋法公约》的"国际海底区域"制度与南极条约体系中的《关于环境保护的南极条约议定书》，同时适用于"适用区域"条款所规定的"南纬60度以南区域"内的南极海域矿产资源活动。并且，虽然以上两套制度的法律冲突在规范层面仍未解决，但实践中

---

❶ 刘秀. 南极生物遗传资源利用与保护的法律规制研究［D/OL］. 青岛：中国海洋大学，2013［2025-02-14］. https://kns.cnki.net/kcms2/article/abstract? v = kjkRiloLu-edb5tFS05dZ7gI1Fe_wQUoMb1zNjqdFF9YzqUYK2oH9qTmgWNPuJUCWC09XUZt_JdLZzi3wYAXNMDgHh6eSppKxTSiD7x-K0XPoZ6dvlxxa1g4aUKpCY96balVrAewchGa7qfjZ0WfhPBAIaKsOREReL3t98zqk34ggglWkdJi3Ed86YcPLFah&uniplatform=NZKPT&language=CHS.

❷ 何柳. 南极海域矿产资源的法律冲突及发展趋势［J］. 亚太安全与海洋研究，2020（6）：53-66，3.

国际社会对南极作为自然保护区地位的普遍共识，决定了在 2048 年后极有可能继续禁止南极采矿活动，南极海域矿产资源短期内无法实现开发利用。

最后，总结自 2001 年以来国内有关南极海域法律问题的研究成果可知：2001—2010 年，国内学者逐渐将南极法律问题的研究对象转向南极海域，但多以南极条约体系与《联合国海洋法公约》在南极海域可能存在的法律冲突与协调路径为重点，如《南极条约体系与国际海洋法：冲突与协调》❶以南极条约体系和以《联合国海洋法公约》为核心的国际海洋法的发展脉络为依据，介评二者在南极海域法律问题上的关系，得出"应在承认南极条约体系自成一类的前提下，《联合国海洋法公约》可对南极海域作出必要适当的特殊规定，以此尝试确立二者协调互补的良性关系"的结论。而自 2011 年起，国内学者对南极海域法律问题的研究逐渐丰富深入，其中主要以复旦大学的陈力教授、上海交通大学的薛桂芳教授的相关成果为代表。陈力从应对南极治理机制所面临的南极主权要求的挑战❷，到论证南极海域的法律地位分为"南极条约区域内"的主权冻结和"南极条约区域外"的岛屿主权国依据《联合国海洋法公约》划定海域主权区域与南极条约体系中的《南极海洋生物资源养护公约》对相关海域的规制权协调共存❸，再到具体的南极海洋保护区的国际法依据和规则构建❹，最终到我国应如何立法以维护我国在南极海域的合法权益形成❺。对于南极海域的法律问题层层递进，从理论到实践进行了全面深入的研究，奠定了国内学界对南极海域国际法研究的基础与方向。以薛桂芳为代表的另一部分学者则从南极海域存在的海洋划界争端案例入手，以南极海域大陆架划界争端为研究对象，最

---

❶ 阮振宇.南极条约体系与国际海洋法:冲突与协调[J].复旦学报(社会科学版),2001(1):131-137.

❷ 陈力.南极治理机制的挑战与变革[J].国际观察,2014(2):95-109.

❸ 陈力.论南极海域的法律地位[J].复旦学报(社会科学版),2014,56(5):150-160.

❹ 陈力.南极海洋保护区的国际法依据辨析[J].复旦学报(社会科学版),2016,58(2):152-164.

❺ 陈力.论我国南极立法的适用范围[J].复旦学报(社会科学版),2020,62(3):189-200.

新研究成果分析南极海域外大陆架划界争端的历史原因、法律体系及内容冲突，认为外大陆架划界面临法律障碍和委员会障碍。除此，何柳、吴宁铂等学者从中国参与南极海洋治理的视角出发，对南极海域法律问题回归到综合性研究。总之，对南极海域法律问题的研究中，虽然包含对海域资源开发问题的研究，但是基于南极海域主权问题未定，对资源开发规则的研究较为分散且缺少针对性也不够深入，值得进一步研究补充。

4. 南极条约体系在南极治理中的法律问题研究现状

除本书关注的与"适用区域"条款密切相关的南极治理法律实践中存在的两大现实问题外，作为南极治理规则体系组成的核心与基础，南极条约体系的效力、适用及发展也是国内国际法学者研究南极治理法律问题时的重点方向，尤其涉及资源开发、环境保护、旅游规制、气候变化等新兴议题。就南极条约体系的效力而言，《南极条约体系及其未来》[1] 一文提出南极条约体系缺少南极环境保护机制，需要加强落实南极环境保护的法律制度；同时，南极条约体系应扩大开放性，增加相关国家及国际组织的加入，只有这样南极条约体系才能更好地存在与发展。《南极条约体系与第三国》[2] 论证得出：结合《维也纳条约法公约》及非条约当事国（第三国）的立场无法证明南极条约体系对所有第三国均有拘束力，或具有普遍效力。但不排除未来南极条约体系发展成为具有普遍约束力的国际法制度机制。论证南极条约体系和第三国关系的其他证据还需要到习惯法中去探寻，特别与习惯法密切关联的客观制度。

就南极条约体系的适用而言，以《南极条约》为核心的南极条约体系与以《联合国海洋法公约》为核心的国际海洋法在南极海域适用的法律冲突是焦点问题之一。《南极条约体系与国际海洋法：冲突与协调》[3] 通过回顾南极条约体系与国际海洋法律制度的发展脉络，提出在承认南极条约体

---

[1] 邹克渊.南极条约体系及其未来[J].中外法学,1990(1):41-43.
[2] 邹克渊.南极条约体系与第三国[J].中外法学,1995(5):41-46.
[3] 阮振宇.南极条约体系与国际海洋法:冲突与协调[J].复旦学报(社会科学版),2001(1):131-137.

系"自成一类"的前提下,《联合国海洋法公约》应对南极海域是否属于"公海"作出必要适当的特殊规定。这样二者协调互补的良性关系才能最终确立。《南极地区大陆架划界引发的法律制度碰撞》和《大陆架划界对南极条约体系的挑战》以各国所提出涉及南极地区的大陆架划界案为基础,深入剖析南极条约体系和《联合国海洋法公约》两种法律制度在南极适用的矛盾与冲突,认为南极条约体系与《联合国海洋法公约》的适用冲突不仅在于南极海域的水体部分,更在于海床和底土部分,且后者直接关系到海底矿产资源的开发。大陆架划界的国际性进展,会进一步增加二者碰撞的机会,从而对南极的和平稳定产生消极影响。目前,最可行的方案是通过制定《联合国海洋法公约》特殊条款或声明,暂时"搁置"南极地区的大陆架划界和审议工作。但是,这只是权宜之计,尽早完成两种法律制度在南极地区对接的研究是重中之重,但我国至今尚无此类代表性研究成果积累。

就南极条约体系的发展而言,南极条约体系项下的南极协商国会议与联合国在南极治理中的关系是研究的重点之一。《南极国际治理:从南极协商国会议迈向永久性国际组织》[1] 提出了"在现有南极条约体系机制基础上建立一个永久性国际组织——南极组织,有利于其内部机制的整合,明晰其国际法主体地位,而且还将增强其与其他国际组织的联系与互动,促进南极国际治理的民主化与透明度"的建议。《联合国与南极条约体系的演进》[2] 认为自1959年以来,南极条约体系的性质发生了显著变化。在《南极条约》诞生之初,南极条约体系属于南极条约协商国小集团治理的俱乐部机制。然而,在国际民主化的时代背景下,第三世界试图以联合国为中心的全球性机制替换俱乐部机制。这两种机制的竞合导致南极条约体系发生沿着自身发展逻辑难以解释的变化,并促成当今南极条约体系依然是南极治理的主导性机制,但俱乐部性质减弱、包容性大幅增加的局面,如邀

---

[1] 陈力,屠景芳.南极国际治理:从南极协商国会议迈向永久性国际组织[J].复旦学报(社会科学版),2013,55(3):143-155.

[2] 王婉潞.联合国与南极条约体系的演进[J].中国海洋大学学报(社会科学版),2018(3):16-22.

请各领域相关的非政府组织作为观察员出席协商会议，接受当事国和非政府组织的建议，与联合国特别工作组建立紧密联系等。此外，《论南极条约体系的法律实施与执行》❶ 提出"南极条约体系主要通过国际法层面的视察机制，以及敦促当事国采取必要的国内立法或其他适当措施的形式具体实施和执行其所确立的原则与规则。但因视察机制缺乏必要的救济措施、属人管辖限制而造成的对非当事国执法真空，以及因地理位置遥远、气候环境严酷而导致的法律执行不能等问题依然困扰整个南极机制。因此，南极条约体系应通过强化国际执法合作、完善南极视察机制及加强公民极地教育等综合执法手段加以积极应对"的观点，从法律实施的角度为南极条约体系的发展探索了方向。

5. 中国参与南极治理的法律问题的研究现状

国内学者对南极治理中法律问题的研究始于 20 世纪 90 年代，以北京大学邹克渊为代表，发表了《南极法——国际法中的又一新分支》❷《南极全面保护的法律思考》❸《南极矿物资源与南极环境的法律保护》❹ 等代表性成果，使得对南极法律问题的研究成为国际法研究中一个方向。2010 年，随着刘惠荣、董跃发表《中国海洋权益法律保障视野中的极地问题研究》❺ 一文，国内学者开始在对南极治理法律问题的研究中联系中国的实际参与，从维护中国南极权益的角度开展对南极治理法律问题的研究。随后，梁泳、刘秀、何志鹏等学者陆续开始就中国对南极治理中有关南极法律地位、南极条约体系的效力、可持续利用和保护南极资源规制、南极旅游规制、南极生物勘探规制、南极海洋保护区的建立等法律问题的立场与战略选择展开研究，并积累了一定数量的期刊论文。

直至 2020 年，有关中国参与南极治理的法律问题研究出现了小爆发式

---

❶ 陈力.论南极条约体系的法律实施与执行[J].极地研究,2017,29(4):531-544.
❷ 邹克渊.南极法——国际法中的又一新分支[J].法学杂志,1991(4):10.
❸ 邹克渊.南极全面保护的法律思考[J].中外法学,1991(4):36-39,56.
❹ 邹克渊.南极矿物资源与南极环境的法律保护[J].政法论坛,1991(3):63-68.
❺ 刘惠荣,董跃.中国海洋权益法律保障视野中的极地问题研究[J].中国海洋大学学报(社会科学版),2010(5):1-7.

发表，在当年发表的近 20 篇有关南极国际法问题研究的论文中，有关中国参与南极治理法律路径与对策研究占了约一半。其中，《我国南极活动的税法问题研究》❶《南极搜救体系对非政府南极活动发展趋势的影响及我国的对策研究》❷ 及《中国企业参与极地治理的行为机制和路径选择——基于利益与责任的视角》❸ 对中国参与南极活动的税法、搜救及非政府参与等具体法律问题展开了研究；《论我国南极立法的适用范围》《国家安全视角下南极法律规制的发展与应对》❹ 及《我国〈海洋基本法〉中的"极地条款"研拟问题》❺ 从我国国内立法的角度，对我国南极立法问题展开了研究；《中国参与极地全球治理的法治构建》❻ 与《人类命运共同体理念的南极实践：国际法基础与时代价值》❼ 则从中国参与全球治理的高度定位中国在南极的法治构建路径。由此可见，随着国家极地战略的开展，国内学界越发重视中国参与南极治理中法律问题的研究，从广度到深度均在不断拓展。正如杨华在《中国参与极地全球治理的法治构建》一文中所提出的"中国在参与极地全球治理过程中，既受到极地全球治理国际规则不统一、不完善等普遍性问题的制约，也受到根据西方国家价值偏好设置的规则阻碍和极地国家管辖权的限制；同时，还存在极地国内立法缺失、参与极地全球治理的管理机构设置不完善等特殊问题"。近年，曲波、李雪平等开始关注国际关系对中国参与南极治理的影响与应对问题。曲波提出，"涉外立法是涉外法

---

❶ 董跃，郭启萌.我国南极活动的税法问题研究[J].税务研究，2020(2)：72-78.

❷ 李春雷.南极搜救体系对非政府南极活动发展趋势的影响及我国的对策研究[J].中国渔业经济，2020，38(4)：34-42.

❸ 王晨光.中国企业参与极地治理的行为机制和路径选择——基于利益与责任的视角[J].企业经济，2020(4)：20-27.

❹ 吴慧，张欣波.国家安全视角下南极法律规制的发展与应对[J].国际安全研究，2020，38(3)：3-20，157.

❺ 董跃.我国《海洋基本法》中的"极地条款"研拟问题[J].东岳论丛，2020，41(2)：136-145.

❻ 杨华.中国参与极地全球治理的法治构建[J].中国法学，2020(6)：205-224.

❼ 李雪平.人类命运共同体理念的南极实践：国际法基础与时代价值[J].武大国际法评论，2020，4(5)：1-18.

治系统工程推进的前提，对国家形象建设有重要意义，这决定了我国应加快推进南极法的出台"。❶ 李雪平认为，"中国应加强对美国智库涉南极议题的研判，辩证地看待美国智库的认知，推进中国南极话语的建构与传播。"❷ 因此，还需要更多的研究者从各个方面对中国参与南极治理的法律问题开展研究，在国际与国内层面真正做到利用法治参与南极治理，维护南极权益。

（二）国外研究现状

与国际人权法、国际经济法等传统国际法热门研究领域相比，国外有关南极国际法的研究成果同样是以散见于不同期刊的论文或论文集为主，相关领域的专著偏少。在南极国际法领域的英文研究成果更多表现为期刊论文或论文集。研究内容主要集中在以下几个方面：南极大陆与南极海域的法律地位、南极条约体系的国内法转化与实施、南极治理的国际法依据、国别南极政策与法律等。根据本书的研究需要，现重点对 21 世纪以来南极主权法律问题和南极海域开发法律问题的国外研究现状予以总结。

1. 南极国际法问题研究现状

南极法律研究的早期经典著作以弗朗西斯·奥本（Auburn F. M.）出版的 *Antarctic Law and Politics*❸ 为代表，该书主要介绍了南极大陆的主权声索及法律依据、各国南极利益、《南极条约》及南极条约体系的主要内容和治理机制，以及南极条约体系下南极的自然资源、环境保护等问题，并对南极条约体系的未来发展趋势进行了展望。在南极国际法领域研究成果最为丰富的为美国乔治城大学的克里斯托弗·克莱顿·乔伊纳（Christopher

---

❶ 曲波.涉外法治下我国南极立法的思考[J].法治研究,2024(6):91-104.

❷ 李雪平,杨子涵.美国智库对中国参与南极治理的认知及启示[J/OL].世界地理研究,1-19[2025-02-28]. http://kns.cnki.net/kcms/detail/31.1626.P.20240904.1125.002.html.

❸ AUBURN F M. Antarctic law and politics[M]. Bloomington:Indiana University Press,1982.

C. Joyner）教授。他撰写了 *Antarctica and the Law of the Sea*❶ 一书。该书是首部将关注焦点从南极大陆的法律地位转向南极海域法律地位，并且系统介绍南极条约体系与《联合国海洋法公约》关系的著作。另一部具有影响力的南极法律著作是荷兰学者基斯·巴斯迈耶（Kees Bastmeijer）的 *The Antarctic Environmental Protocol and its Domestic Legal Implementation*❷，该书分析了《关于环境保护的南极条约议定书》及其附件的主要内容，当事国的相关权利义务，并通过选取英国、新西兰、南非、荷兰四个代表性国家，对该议定书在上述国家的转化和实施进行了系统深入的分析，对于包括中国在内的其他南极条约当事国如何制定国内南极立法履行议定书下的国际法义务提供了翔实的资料与分析框架。

就论文集而言，剑桥大学出版社出版的 *Governing the Antarctic: the Effectiveness and Legitimacy of the Antarctic Treaty System*❸ 是由16篇相互独立又存在逻辑关系的文章组成的论文集，从法律与政治角度对南极条约体系框架下现有机制的合法性和有效性问题进行了专题研究。马丁·尼霍夫出版社（Martinus Nijhoff Publishers）出版的 *The Law of the Sea and Polar Maritime Delimitation and Jurisdiction*❹ 由17篇专题文章组成，涵盖了南北极海洋法问题。其中，在南极海域法律问题上主要涉及国际法上"冰"的法律地位、南极海域"领海"基线问题、南极海域主权要求、南极外大陆架划界、南极海域划界、南大洋海洋环境保护、南极渔业活动与《南极海洋生物资源养护公约》的养护机制等具体制度。但是，因相关论文发表时间较早，并不能全面反映近年来南极海域国际法问题，如南极海洋保护区的设立与管理等。

---

❶ JOYNER C C. Antarctica and the law of the sea[M]. New York: Sold and distributed in the U.S.A. and Canada by Kluwer Academic Pub, 1992.

❷ KEES B. The Antarctic environmental protocol and its domestic legal implementation[M]. Hague, London, New York: Kluwer Law International Pub, 2003.

❸ STOKKE O S, VIDAS D. Governing the Antarctic: The Effectiveness and Legitimacy of the Antarctic Treaty System[C]. New York: Cambridge University Press, 1996.

❹ ELFERINK A, ROTHWELL D. The Law of the Sea and Polar Maritime Delimitation and Jurisdiction[C]. Hague, London, New York: Martinus Nijhoff Publishers, 2003.

就期刊论文而言，20世纪90年代前后发表在期刊上的有关南极国际法领域的英文论文多聚焦南极主权问题，以及南极条约体系在南极治理中的合法性问题讨论。具有代表性的观点有：孔福尔蒂·贝内代托（Conforti Benedetto）在列举南极主权声索国的几项主权声索的法律原则依据（扇形原则、毗邻理论、有效占有原则、先占原则）后，提出以上法律原则产生于西方殖民时期，与后殖民时期的国际法原则不符，对南极主权判定的依据应当适用当代的国际法原则（去殖民化原则、人类共同继承财产原则、社会功能要求原则）。因此，南极主权声索国所享有的权利并不高于其他"通过在南极开展大量科学研究活动来表明其对南极洲的兴趣"的国家所被《南极条约》授予的权利。[1]这是现代国际法理论可以证明关于南极洲的唯一特殊立场。克里斯托弗·乔伊纳（Christopher C. Joyner）认为：在20世纪90年代，维持南极的和平与稳定是所有利益相关国家最关切的事项。因此，南极治理中究竟适用"人类共同继承财产"还是"市场自由主义"法律原则的争议再一次在共同的目标下被搁置不议，法律适用的冲突也被暂时规避，只能随着国际关系的发展等待时机得以解决。[2]

进入21世纪后，20余年来南极国际法领域的英文期刊论文更多地关注南极的环境保护、生物资源保护、科学考察等制度建设。对南极主权问题讨论的文章多从地缘政治等国际关系角度介入研究，将国际关系理论基础与法律机制的实践相结合展开分析，最后将解决方案融入治理机制的制定之中。例如，凯文·伍德（Kevin Wood）考察了导致《南极条约环境保护议定书》适用于南极海域产生不确定性的三个法律制度设计，并提出了若干提高南极海洋环境保护有效性的建议。[3]费尔南多·维拉米扎尔·拉姆斯（Fernando Villamizar Lamus）试图通过分析《南极条约》中对南极领土声索

---

[1] CONFORTI B. Territorial Claims in Antarctica: A Modern Way to Deal with an Old Problem[J]. Cornell International Law Journal, 1986, 19(2): 249-258.

[2] JOYNER C C. The Antarctic Treaty and the law of the sea: fifty years on[J]. Polar Record, 2010, 46(1): 14-17.

[3] KEVIN R W. The Uncertain Fate of the Madrid Protocol to the Antarctic Treaty in the Maritime Area[J]. Ocean Development & International Law, 2003, 34(2): 139-159.

国所声索领土的有效保护机制,回答"对于非《南极条约》当事国的国家而言,南极领土如何得到保护"这一问题,并给出答案。费尔南多·维拉米扎尔·拉姆斯认为所谓的"南极问题"的演变在国际法中产生了一种习惯,即《南极条约》的原则可对非当事国的第三方国家强制执行。❶ 这一国际法与国际关系的交叉学科研究趋势,对于解决南极治理问题具有一定的突破意义,值得借鉴。因此,本书也在相关章节引入国际关系理论对南极的国际法问题展开深层分析,以期获得新的解决思路。

近五年来,有关南极国际法领域的英文期刊论文更多地关注南极环境保护的制度建设,对南极主权问题及南极条约体系适用冲突的讨论则更多融入治理机制的制定之中。例如,琳达·马龙(Linda Malone)认为就南极主权问题而言,只要资源开采基本上被禁止,国际社会就不会反对南极条约体系的有效性。如果国际社会试图对南极的未来行使权力,首先必须解决的问题是是否可以在南极陆地或沿海水域开发资源。但到目前为止,全球唯一的共识是忽视这个问题,拖延制定解决方案。作为一个政治和法律问题,大多数国家不太可能接受将南极条约体系这种"俱乐部"式的机制作为资源开发的法律制度。针对国家管辖范围外区域的《BBNJ 国际协定》的谈判与出台则为全球提供了一个机会,其是多边主义的成果经验,且有可能为解决这些问题提供思路。总之,如果南极乃至地球的未来发展趋势并不稳定,南极主权争端的"冻结"可能无法起到将发展拉回轨道的积极作用。奥塔维奥·基里科(Ottavio Quirico)认为就南极气候变化的应对而言,时间至关重要,尽管不能绝对排除迅速形成事关南极主权习惯规则的可能性,但是由于政治障碍,各国不太可能突然就一个问题达成共识,因此应当制定最低气温变化目标,以避免对极地和全球环境造成不可逆转的损害。❷ 张梦竹与马库斯·哈沃德(Marcus Haward)等分析了从 1998 年

---

❶ FERNANDO V L. Antarctic Treaty and Antarctic Territory Protection Mechanism[J]. Revista chilena de derecho,2013,40(2):461-488.

❷ OTTAVIO Q. Climate Change,Regionalism,and Universalism:Elegy for the Arctic and the Antarctic? [J]. American University International Law Review,2020,35(3):487-529.

《关于环境保护的南极条约议定书》生效至 2019 年南极条约体系总体上如何处理南极塑料垃圾问题，尤其是南极海域的塑料污染问题。从 2017 年开始，南极条约体系对解决本地来源的海洋塑料污染表现出了更多的关注。然而，对于源自南极条约区域以外的海洋塑料污染，仍然存在重大问题，需要南极条约体系以外的治理对策。❶

2. 南极主权法律问题研究现状

进入 21 世纪后，国外学界有关南极主权的法律问题研究并未减少，尤其以 7 个南极主权声索国最为丰富。克劳斯·多兹（Klaus Dodds）以澳大利亚为例，考察了其包括反捕鲸等声索活动的发展，揭示了澳大利亚一方面强调其"主权权利"，但另一方面对他国主权声索的焦虑。雪莉·斯科特（Shirley Scott）从后殖民主义与国际法的视角出发重新反思《南极条约》第 4 条"主权冻结"条款，认为以国际法律发展为出发点可以将南极洲视为三次帝国主义浪潮的对象，并提出多兹将殖民地领土主张置于第 4 条的"搁置模式"中，仅片面地代表了从帝国主义角度对南极政治的理解，这种观点虽然不正确，但仍应当予以重视，并鼓励对 1959 年《南极条约》之前的情况及南极条约体系在相对收益方面对主权这一根本问题的影响进行更细致的解读。❷ 丽贝卡·斯特拉丁（Rebecca Strating）探讨了南极海域"基于规则的秩序"，批判性地探讨了《联合国海洋法公约》对南极地区、南大洋和区域治理机制的重要性和原因。她以澳大利亚的海洋主张为例，研究了相关海事管辖权争议及其"规范对冲"战略，该战略在主张海洋主权的同时也捍卫集体治理机制。最后，她提出南极地区有自己独特的"基于规则的秩序"和地理环境现实，使跨区域比较复杂化，即使是所谓的"志同道

---

❶ ZHANG M Z, MARCUS H, JEFFREY M. Marine plastic pollution in the polar south: Responses from Antarctic Treaty System[J]. Polar Record, 2020, 56(e36).

❷ SHIRLEY S. Ingenious and innocuous? Article Ⅳ of the Antarctic Treaty as imperialism[J]. The Polar Journal, 2011, 1(1):51-62.

合"的国家也以不同的方式解释此区域的海洋规则。❶

除了依据《南极条约》对南极大陆领土主权及法律地位进行反思和预测的学者,另一部分学者将南极主权法律问题的焦点转移至南大洋之上。维尼·帕特里齐亚(Patrizia Vigni)认为确定南大洋法律地位的首要问题是讨论南极洲是否存在沿海国。根据南极条约体系,南极主权声索国在南极的主权已被冻结。只有先存在沿海国才能存在主权海域,所以南大洋上存在主权海域的合法性是可被质疑的。❷ 斯图尔特·凯伊(Stuart B. Kaye)和唐纳德·罗斯韦尔(Donald R. Rothwell)提出海洋法是通过国家实践发展起来的,最重要的是通过《联合国海洋法公约》发展起来的。无论过去审查南极洲与海洋法之间相互作用的优点如何,都有很多迹象表明:当各国试图确定其大陆架主张的外部界限并在此过程中确定南极基线时,在南极适用海洋法存在困难。例如,澳大利亚尝试结合一般海洋法与《南极条约》论证其南极外大陆架划界的合法性,但受到多方质疑。❸ 布鲁诺·阿尔皮(Bruno Arpi)认为南极条约体系并不是管理南极的唯一制度。南极条约体系与"南极制度复合体"内的海洋法等其他制度之间的相互作用(即管理南极区域的各种不同重叠和非等级机构和制度)可能对南极治理构成挑战。例如,阿根廷关于"海洋空间"的立法修正案和阿根廷领土地图的出版,其中纳入了阿根廷领土200海里以外大陆架的坐标,这引发了阿根廷与智利之间关于南极半岛领土重叠主张的政治紧张局势。通过评估阿根廷的立法和地图,以及智利对这些事件的反应,其结论是,这种南极条约体系与复合治理制度之间的相互作用对南极的治理有潜在的影响,并证明国家对南

---

❶ REBECCA S. Assessing the maritime "rules-based order" in Antarctica[J]. Australian Journal of International Affairs, 2022, 76(3): 286-304.

❷ VIGNI P. Antarctic maritime claims: "Frozen Sovereignty" and the law of the sea, the law of the sea and polar maritime delimitation and jurisdiction[M]. Hague, London, New York: Martinus Nijhoff Publishers, 2003: 85-104.

❸ KAYE S B, Rothwell D R. Southern Ocean boundaries and maritime claims: Another Antarctic challenge for the law of the sea? [J]. Ocean Development &International Law, 2002, 33(3-4): 359-389.

极洲领土主张的担忧仍然影响着各国的行为。❶

总之,就国外学者对南极主权法律问题研究现状而言,以南极主权声索国为代表的两大观点分别是:批判《南极条约》主权冻结原则的形成与发展,认为其为导致当前南极治理挑战的主要原因之一,应对该主权冻结原则重新加以评判和修正;支持《南极条约》及南极条约体系所确立的南极主权冻结原则,认为南极主权冻结原则始终是当前南极治理机制的基石。就南大洋的法律地位及大陆架划界等法律问题而言,以南极主权声索国为代表的主流观点则是对《联合国海洋法公约》在南大洋的适用持反对意见,排斥一般海洋法在南纬60度以南海域的适用,而维护南极条约体系。

3. 南极海域开发法律问题研究现状

进入21世纪后,南极海域资源开发法律问题主要分为南极海洋生物资源开发和南极海洋矿产资源开发两大类。卡桑德拉·布鲁克斯（Cassandra M. Brooks）统计得出:自1982年以来,《南极海洋生物资源养护公约》管辖范围内捕鱼国的数目增加了四倍,这与犬牙鱼渔业的兴起有关。虽然从历史上和现在来看,磷虾的渔获量最大,但犬牙鱼带来的利润是其20倍。虽然2012—2013年审议的海洋保护区提案专门为平衡养护和捕捞利益而设计,但它们将取代一些"洋枪鱼（通常指小鳞犬牙鱼）"捕捞,并将限制未来可能获得南大洋资源的机会。捕鱼国之间平衡的转变及寻找更多洋枪鱼渔业的压力越来越大,可能正在干扰南极海洋生物资源养护委员会在公约区域有效实施海洋保护区管理的能力。❷ 帕维尔·塔拉雷（Pavel G. Talalay）与张楠指出:为了保护南极脆弱的环境,《关于环境保护的南极条约议定书》禁止除科学目的外的所有矿物活动,为期50年。该议定书将于2048年更新,并已经开始讨论该地区未来可能的采矿方案。随着钻井和采矿技术的改进,非洲大陆未来采矿活动的风险正在增加。此外,北极广泛的采矿作业

---

❶ ARPI B. Maps have meaning:why does a recent Argentine map have potential implications for Antarctic governance? [J]. Australian Journal of Maritime & Ocean Affairs,2021,13(2):79-93.

❷ BROOKS C M. Competing values on the Antarctic high seas:CCAMLR and the challenge of marine-protected areas[J]. The Polar Journal,2013,3(2):277-300.

证明了在恶劣的极地环境中采矿活动的技术和经济可行性。因此，必须优先保护南极脆弱的环境，并讨论延长《关于环境保护的南极条约议定书》的一些考虑因素。❶

总之，南极海域的资源开发与环境保护始终是南极治理中两大既对立又统一的价值导向。当前，国外学界的主流观点依旧是以南极海域环境保护为主，以资源开发为辅，建设以南极条约体系为核心的南极治理规则体系。但是此类观点与国家实践的现实需求存在一定的偏差。无论是南极主权声索国、南极条约协商国，抑或参与南极治理的发展中国家，其参与南极治理的根本目的均为获取南极资源，促进本国的发展。这导致以环境保护为主的学界主流观点不断受到冲击，加之气候变化及国家管辖范围外海洋生物资源养护与可持续利用国际协定谈判的进一步推进，南极海域开发制度与一般国际法之间的冲突与协调问题逐渐成为当前南极海域开发法律问题的研究热点之一，值得进一步关注。

（三）小结

综上所述，近年来全球治理在政治、经济、金融等传统领域之外，逐渐显现出四个突出的新领域，即深海、极地、太空和网络。就极地而言，其自然科学研究与社会科学研究逐渐成为当前国内外学界的研究重点之一。但相较于极地自然科学研究，极地社会科学研究尤其是在国际法研究方面的前期积累相对薄弱。例如，南极国际法问题的前沿研究成果多以期刊论文形式发表，专著以及博士学位论文较少。其中，就国内研究而言，从最初对南极大陆法律地位的研究到对南极海域法律地位的讨论，南极主权问题始终是南极国际法研究的基础；从对《南极条约》法律效力的研究到对南极条约体系与国际海洋法等国际公约协调适用的讨论，南极条约体系的适用与发展问题始终是南极国际法研究的主线；从对南极海洋生物资源养护的研究到对南极资源开发与环境保护之间平衡的研究，南极资源开发与养护法律规则的制定始终是南极国际法研究的重点。但以上研究成果均缺

---

❶ TALALAY P G, ZHANG N. Antarctic mineral resources: Looking to the future of the Environmental Protocol[J]. Earth-Science Reviews, 2022: 104-142.

少一定的全面性与代表性，需要继续根据国际规则的发展进行深入研究。就国外研究而言，同样出现对南极国际法问题的研究深度不足的情况，但其多从政治与国际关系视角对南极治理法律问题讨论与分析的研究思路，值得借鉴。总之，南极国际法问题研究应该进一步引起国内外学界的重视。

三、研究思路和内容

《南极条约》第4条成功"冻结"了南极的主权纷争。所有国家在南极的领土主张都不被支持或否定，且各国不可提出新的或改变现有的领土主张。以第4条为核心的南极条约是南极保持稳定，南极国际治理得以顺利推进最重要的原因。但是随着气候变化加剧及科学考察能力的不断提升，南极海域所蕴含资源的开发与养护再次成为各国关注的重点南极事项，在以国际海洋法为主的各领域国际法律体系碎片化发展的影响下，关于《南极条约》在地理范围上的适用问题也就是"适用区域"条款的讨论与争议此起彼伏，尤其是针对南极海域是否属于《南极条约》适用区域的争论愈演愈烈。《南极条约》第6条作为"适用区域"条款，也是唯一明确提及南极海域的条款。因此本书立足以《南极条约》为核心的南极条约体系，运用国际法原理，结合国际关系理论，对该条款出台的国际法背景与利益关系、条款自身的历史发展、文本解释及该条款的国际法特性、法律效果、适用前景进行考察，以期得出《南极条约》适用区域的相关论证，为解决南极海域法律地位、南极条约体系与《联合国海洋法公约》等国际法适用冲突，以及南极海洋保护区设立与管理等南极海域资源开发规则相关的问题提供一定的法律依据与路径选择。

本书内容主要分为五章，第一章，论述国际法视角下"适用区域"条款的现实意义和理论意义。首先，分析《南极条约》缔结和南极条约体系在南极治理中的意义与挑战等背景。其次，定位本书的研究对象——《南极条约》第6条"适用区域"条款是解决重要南极条约体系法律挑战南极海域条约适用争议问题的关键：第一，南极条约体系下新一轮南极主权问题的表现即为南极海域法律地位相关的条约适用争议；第二，区域治理与全球治理并行背景下南极海域资源开发规则的冲突与空白问题表现为南极海域开发制度相关的条约适用争议。本书借助国际法与国际关系理论，通过考察研究对象"适用区域"条款进行探索问题解决路径的尝试，对于应对以南极条约体系为核心的南极治理法律体系所面临的挑战，维护南极的稳定与发展，维护中国在南极的国家战略利益均具有重大现实意义。最后，以"适用区域"条款的规范内容为基础，结合两大相关法律问题的构成要素，引入法教义学视域下的条约适用理论作为本研究的主要理论分析工具，尝试通过理论适用对以《维也纳条约法公约》规定为核心的条约在空间上、时间上适用范围的规则和理论加以深入研究与完善，是为此"适用区域"条款国际法研究的理论意义。

第二章，首先，从《南极条约》"适用区域"条款的历史背景、制定过程、主要内容、法律解释四个方面对此条款进行以文本为基础的法教义学分析。其次，尝试通过引入与国际造法或制度建立相关的如新自由主义理论与地缘政治理论等国际关系博弈理论对"适用区域"背后更本质的政治、利益、博弈等因素进行分析与讨论，对这一条款从本质上予以认识与定性。最后，以"适用区域"条款为依据，结合南极条约体系的整体与发展方向对南极海域法律地位争议的协调与解决提出可能路径。

第三章，首先，在前文条款研究的基础上，以成文国际法与相关法律案例实践为基础，讨论并尝试找出南极条约体系与国际海洋法受国际法碎片化特征影响而产生适用冲突案例，依次分析其产生原因与已有解决方案。其次，以南极条约体系为基础，结合前文以"适用区域"条款为依据对南极海域法律地位的定义，分析南极海域生物资源和矿产资源开发的合法性所在。最后，尝试协调已有的资源开发规则冲突并提出完善相关规则的可能路径。

第四章，总结依据"适用区域"条款解决条约适用问题的方法，完善以《维也纳条约法公约》为核心的条约适用理论。

第五章，回到中国的应对措施。结合中国南极立法进程，针对本书所讨论的南极海域法律地位与南极资源开发规则，确定中国的国际立场与应对措施，从而在参与南极治理中更好地捍卫中国在南极的合法权益。

四、理论框架与研究方法

（一）理论框架

1. 法教义学视域下的条约适用理论

法教义学方法在国际法相关理论研究中也同样适用。王铁崖先生将国际法研究分为学术性研究与政治性研究两种，若以学术性研究为基础，则要将国际条约、国际习惯等《国际法院规约》第38条规定的国际法渊源作为国际法理论研究的材料。基于此，本书对国际条约适用理论的研究以《维也纳条约法公约》作为主要研究材料。

2. 国际关系视域下的国际造法理论

在当代国际社会中存在国家管辖外区域、人类共同继承财产等法律概念证明各国应当平等地享有一定的国际管辖空间及其管辖权。这时国内法域外适用对此管辖空间的侵占必然对其他国家的管辖权及其利益造成挤压，并进一步引发主权利益相关的冲突。基于此，各国通过对国际事务管辖权限与管理规则制定主导权的博弈就直接影响了国际造法的进程，并且对各国主权权力的空间产生实质性影响。

（二）研究方法

1. 法解释学方法

本书涉及对《南极条约》、南极条约体系、《联合国海洋法公约》及各国南极立法等在内的多项国际公约与协定、国内法律法规文本的分析与释义，试图结合国际条约法和法理学的相关规则，以法解释学方法对条约、法律规定进行分析和研究，综合运用文理解释与伦理解释的方法。

2. 价值分析方法

价值分析时用以论证某一法律原则、规则或制度的正当性与合理性，或者衡量某一法律现象或制度的正义标准，注重对应然范畴的考察。本书涉及解决当前南极条约适用范围的问题，需结合价值分析方法对《南极条约》第 6 条"适用范围"条款涉及的法律特性、法律效果、发展前景等法律问题进行研讨。

3. 文献分析方法

本书的特点之一是对南极协商会议项下的各项规章、指南、规程、各个机构公布的文件及各国相关的法律法规进行持续跟踪并分析研究。这要求对庞大的南极条约相关文件及国内外研究报告与成果进行查阅、整理与分析，最后结合实践得出并论证本研究的结论。

4. 案例分析方法

通过对有代表性的事物（现象）深入地进行周密而仔细的研究从而获得总体认识的一种科学分析方法。本书主要针对国际社会应对国际法律冲突的案例展开分析，试图找出各国及国际组织的应对规律，从而启发解决《联合国海洋法公约》与《南极条约》适用冲突的路径选择。

五、创新之处与不足展望

本书的创新之处主要有以下两点：第一，对南极海域法律问题的研究从法律地位争议拓展至海域资源开发规则争端和空白问题的研究，对于南极条约体系的进一步完善具有重要意义；第二，结合南极治理中的国际法实践与国际关系理论，对以《维也纳条约法公约》为核心的条约适用规则和理论进行了深入研究与完善。

在此要特别说明的是：第一，《南极条约》第 6 条"适用区域"条款中，仅明确强调了国家在该地区内根据国际法所享有的对公海的权利，并未明确涉及南极大陆与海域的上覆空域是否适用该条约的内容，且南极条约体系中也未对南极上空的法律地位予以涉及或定义；第二，无论按照地球物理实际，抑或对人类的利用价值划分，南极大陆与海域上覆空域均可在垂直范围分为两层——空气空间与外层空间。其中，按照现有国际外层空间法，外层空间适用"人类共同继承财产"原则；❶ 而空气空间的法律地位按照1944年《国际民用航空公约》（又称《芝加哥公约》）所确定的"以陆定空"国际法原则，空气空间的法律地位取决于毗邻陆地或水域的法律地位。也就是说，要想讨论南极上空的法律地位与权利义务，首先就要对南极大陆及其海域的法律地位予以明确。因此，基于本书研究对象——《南极条约》第6条自身文本的限制性，以及为保证本书关注与解决问题的集中性，此对《南极条约》第6条"适用区域"条款的研究，不包括对南极上空是否适用该条约的研究，而主要对南极大陆及海域的适用展开讨论与分析。这也是本书的不足之处之一，期望可以在后续研究中予以补充。

---

❶ 联合国和平利用外层空间委员会及其法律小组委员会自成立以来已制定了5个有关外空活动的国际公约：1967年生效的《关于各国探索和利用外层空间包括月球与其他天体活动所应遵循原则的条约》（简称《外空条约》）；1968年生效的《营救宇航员、送回宇航员和归还射入外层空间的物体的协定》（简称《营救协定》）；1972年生效的《空间物体所造成损害的国际责任公约》（简称《责任公约》）；1976年生效的《关于登记射入外层空间物体的公约》（简称《登记公约》）；1984年生效的《指导各国在月球和其他天体上活动的协定》（简称《月球协定》）。这些公约确立了人类外空活动的基本法律原则，按这些法律文件规定，外空法律地位的内容包括外空探索和利用自由。外空（包括天体）是全人类的开发范围，各国均可平等地探索和利用，但应遵守国际法和为全人类谋福利；各国不得对外空主张主权或权利，也不得将其据为己有；探索和利用外空应为和平目的；天体及其资源属全人类共同继承财产，待到可以开发资源时要建立国际制度。

第一章

"适用区域"条款在国际法视角下的现实与理论意义

第一节 《南极条约》与南极条约体系的构建和完善

《南极条约》于 1959 年 12 月 1 日在美国华盛顿签订，1961 年 6 月 23 日生效。12 个原始当事国最初商定《南极条约》的有效期为 30 年❶，1991 年在第十六届南极条约协

---

❶ *Antarctic Treaty* ARTICLE XII 2(a):"If after the expiration of thirty years from the date of entry into force of the present Treaty, any of the Contracting Parties whose representatives are entitled to participate in the meetings provided for under Article IX so requests by a communication addressed to the depositary Government, a Conference of all the Contracting Parties shall be held as soon as practicable to review the operation of the Treaty." ATS. Antarctic Treaty[EB/OL].[2020-06-01]. https://documents.ATS.aq/keydocs/vol_1/vol1_2_AT_Antarctic_Treaty_e.pdf.

商会议（the Antarctic Treaty Consultative Meeting）上，《南极条约》当事国发表联合声明，充分肯定《南极条约》在南极事务中的积极作用，认为持续和平利用南极符合全人类利益，一致同意配合新出台的《关于环境保护的南极条约议定书》的50年有效期，将《南极条约》有效期也延长50年，即延长至2041年。❶ 1999年第二十三届南极条约协商会议上，《南极条约》当事国再次发表声明，秉承合作和协商一致的精神，南极应永远贡献于和平及科学事业，并以此应对未来的挑战。❷ 事实上，自此《南极条约》的有效期被无限延长，直到被认为有必要修改为止。显而易见，各当事国维持以《南极条约》为核心的南极条约体系在南极治理的法律制度构成中的主导之势已定。本节将通过分析《南极条约》缔结生效的国际法意义及南极条约体系的构建现状，对《南极条约》在南极治理规则构成中乃至南极治理中的核心地位予以论述，最后分析其面临的法律挑战与发展前景，为下文论证研究对象的现实研究意义与理论研究意义完成研究背景的铺垫。

一、《南极条约》缔结与生效的国际法意义

作为现今世界上唯一尚未确定主权与开发的大洲，南极特殊的政治、

---

❶ *Declaration by contracting parties on the 30*th *anniversary of the entry into force of the Antarctic Treaty*: "Declare that in the interests of all mankind Antarctica shall continue to be used exclusively for peaceful purposes and, in this regard, dedicate themselves to enhancing further their record of co-operation in a decade of international Antarctic scientific co-operation, 1991 to 2000." "The determination of Parties to maintain and strengthen the Treaty and to protect Antarctica's environmental and scientific values is convincingly demonstrated in their adoption of the Protocol on Environmental Protection to the *Antarctic Treaty* and their decision to designate Antarctica as a natural reserve devoted to peace and science." ATS. Declaration by contracting parties on the 30th anniversary of the entry into force of the Antarctic Treaty [EB/OL]. [2020-06-01]. https://documents.ATS.aq/ATCM16/fr/ATCM16_fr001_e.pdf.

❷ *Lima Declaration*: "Declare at the threshold of the new millennium, that Antarctica shall continue to be devoted forever to peace and science, and reaffirm their resolve to face together future challenges and to continue, in a spirit of cooperation and solidarity, to pursue the historic mission that was laid out forty years ago in the *Antarctic Treaty*." ATS. Lima Declaration [EB/OL]. [2020-06-01]. https://documents.ATS.aq/ATCM23/fr/ATCM23_fr001_e.pdf.

经济、科学及军事价值，使其成为国际社会争论和争夺的对象。20世纪前半期，南极主权问题是各国的争议焦点，一些国家甚至以武力相互威胁。紧急情况下，1961年《南极条约》正式生效，冻结了南极的法律地位，也冻结了各国对南极的主权争夺。可以说，《南极条约》的缔结是人类智慧的结晶，通过法律形式维护了南极的和平现状，促进了对南极的科学考察和国际合作。具体而言，《南极条约》的缔结与生效有以下三点国际法意义。

（一）提出并确立应对领土主权争端的冻结原则

《南极条约》第4条规定："在《南极条约》有效期内，当事国没有放弃对南极原有的主权主张，但对所有南极原有主权主张既不可以变动也不可以承认或否认，同时也不再成立任何新的南极主权权利与主权主张。"❶这是《南极条约》最大的国际法意义：它以国际条约的形式，通过法律手段，强制冻结南极主权，冻结南极主权争议。各国有关南极领土主权的任何要求在《南极条约》有效期内，不被否认，也不被肯定。南极大陆的法律地位保留于未确定的状态是自《南极条约》签署以来国际社会的主流共识。《南极条约》使得各国消除了本国所声索领地被别国占领的担忧，也打消了部分国家占领别国所声索南极领地的念头，各当事国在南极不谈主权纠纷，以和平目的，秉持国际合作原则，开展科学考察活动。60余年过去了，《南极条约》依旧有效，南极仍处于各当事国以和平目的认识、保护、

---

❶ *Antarctic Treaty* ARTICLE Ⅳ:1. Nothing contained in the present Treaty shall be interpreted as:(a) a renunciation by any Contracting Party of previously asserted rights of or claims to territorial sovereignty in Antarctica;(b) a renunciation or diminution by any Contracting Party of any basis of claim to territorial sovereignty in Antarctica which it may have whether as a result of its activities or those of its nationals in Antarctica,or otherwise;(c) prejudicing the position of any Contracting Party as regards its recognition or non-recognition of any other State's right of or claim or basis of claim to territorial sovereignty in Antarctica. 2. No acts or activities taking place while the present Treaty is in force shall constitute a basis for asserting,supporting or denying a claim to territorial sovereignty in Antarctica or create any rights of sovereignty in Antarctica. No new claim,or enlargement of an existing claim,to territorial sovereignty in Antarctica shall be asserted while the present Treaty is in force. ATS. Antarctic Treaty[EB/OL].[2020-06-03]. https://documents.ATS.aq/keydocs/vol_1/vol1_2_AT_Antarctic_Treaty_e.pdf.

与开发中。这是国际法中"冻结"原则第一次被创立并得以成功实践的案例。结合《南极条约》诞生于美苏冷战这一两极争霸的背景下,又进一步凸显了该遵守《联合国宪章》的"冻结"来之不易。

(二)禁核规定为国际核安全法律规制奠定了基础

《南极条约》第5条规定:"禁止在南极开展任何核试验或处理放射性废物。"❶ 南极作为世界上首个核爆炸禁止区,为世界的环境和人类的生存安全提供了保护范例,为国际核安全规制奠定了法律基础。在核武器、核战争及核污染的威胁仍然存在的当今世界,如日本不顾《国际核安全公约》(International Nuclear Security Conventions)等一系列国际规则一意孤行将福岛核污染水排入太平洋的当下,《南极条约》对核安全规制的国际法意义更显重大。

(三)为完善国家主权管辖外区域治理规则提供法律经验

在《南极条约》生效后的几十年里,各国又出台并签署了《保护南极动植物议定措施》❷《南极海豹保护公约》《南极海洋生物资源养护公约》《南极矿产资源活动管理公约》(以下简称《矿产公约》)、《关于环境保护的南极条约议定书》等国际条约,形成了以《南极条约》为核心的南极条

---

❶ Antarctic Treaty ARTICLE Ⅴ:1. Any nuclear explosions in Antarctica and the disposal there of radioactive waste material shall be prohibited. 2. In the event of the conclusion of international agreements concerning the use of nuclear energy, including nuclear explosions and the disposal of radioactive waste material, to which all of the Contracting Parties whose representatives are entitled to participate in the meetings provided for under Article Ⅸ are parties, the rules established under such agreements shall apply in Antarctica. ATS. Antarctic Treaty [EB/OL]. [2020-06-03]. https://documents. ATS. aq/keydocs/vol_1/vol1_2_AT_Antarctic_Treaty_e. pdf.

❷ 《南极洲动植物保护措施》(Agreed Measures for the Conservation of Antarctic Fauna and Flora)是在1964年于布鲁塞尔举行的第三次南极条约协商会议上商定的一套措施,作为第八议案。它是南极条约体系的一部分,但于2011年被指定不再通用。其目标是在南极条约体系的架构内进一步开展国际合作,以促进和实现保护、科学研究与合理利用这些动植物群。

约体系,是南极国际治理规则的主要组成部分。❶ 这些国际条约和协商国大会决议等法律性文件为我们提供了针对如南极这种法律地位尚无明确规定,但具有巨大潜在价值的特殊空间的管理方式和人类活动行为准则。当前,全球公域(Global Commons)指处于国家主权管辖范围之外的空间及其资源,而深海、极地、网络和外太空这四大公域又被称为"新疆域"。20世纪初至今,随着人类科学技术水平的飞速发展,各国在"新疆域"的活动日益增多,"新疆域"对国家的战略价值也日益显现。因此,"新疆域"逐渐成为各国(尤其是主要大国)争夺战略资源、拓展发展空间、谋求竞争优势的重要对象。同时,"新疆域"也成为国际关系博弈的新舞台,各国如何对主权管辖范围之外的空间和资源进行治理,成为当代国际社会面临的重要挑战。因此,《南极条约》及南极条约体系在南极的发展在一定程度上为人类治理全球公域在国际法层面提前做了可供参考的准备,研究意义与现实意义并重。

二、南极条约体系的法律规范构成及其重要作用

2019年,南极条约秘书处(Secretariat of the Antarctic Treaty)出版的《南极条约体系核心文件汇编》(*Compilation of Key Documents of the Antarctic Treaty System*)❷ 明确了当前南极条约体系主要包括1959年《南极条约》、1991年《关于环境保护的南极条约议定书》及其附件、1980年《南极海洋生物资源养护公约》、1972年《南极海豹保护公约》,以及截至2022年第四十四届南极条约协商会议为止,南极条约秘书处的重要程序规定、历次南极条约协商会议上通过的对于《南极条约》当事国具有法律效力的263项措施(Measure)、172项决议(Resolution)、117项决定(Decision)等。❸

---

❶ ATS. Key documents of the Antarctic Treaty System [EB/OL]. [2020-06-03]. https://www.ATS.aq/e/key-documents.html.

❷ ATS. Compilation of key documents of the Antarctic Treaty System. Buenos Aires: Secretariat of the Antarctic Treaty, 2019 [EB/OL] [2020-06-04]. https://documents.ATS.aq/atcm42/ww/ATCM42_ww011_e.pdf.

❸ ATS. Antarctic Treaty database [EB/OL] [2020-06-04]. https://www.ATS.aq/devAS/ToolsAndResources/AntarcticTreatyDatabase? lang=e.

（一）《南极条约》是南极条约体系的核心与基础

1959年签订的《南极条约》是南极条约体系的核心与基础。而《南极条约》第4条冻结了南极的主权与主权声索和争议，是南极条约体系的奠基石。《南极条约》在冻结对南极的领土主权要求之后，对南极的治理主要体现在对南极的资源治理和环境治理方面。但是，由于历史的原因，《南极条约》仅在第9条第1款（f）项中规定要对南极生物资源的保护制定相应的措施，没有涉及对矿物资源和环境的监管。❶ 这就决定了《南极条约》演变成为南极条约体系的必要性。只有通过其他规范的补充，并形成规则体系，才能达到《南极条约》规范各国在南极的活动，对南极实行全面管理的目标。❷

（二）南极条约体系是《南极条约》的发展与完善

鉴于《南极条约》第9条第1款（f）项的规定，南极条约协商国于1972年签署了《南极海豹保护公约》，该公约于1978年生效。公约中规定了海豹保护种类和一系列保护区域，建立了许可证制度，从而制止了对南极海豹的乱捕滥杀，使南极海豹得到了应有的保护，种群的数量得到了明显的恢复。❸

在《南极海豹保护公约》的基础上，南极条约协商国又于1980年5月通过了《南极海洋生物资源养护公约》。该公约规定其保护对象为：南纬60度以南和该纬度与构成南极海洋生态系统一部分的南极辐合带（北端至南纬45度）之间区域的鱼类、软体动物、甲壳动物和包括鸟类在内的其他各

---

❶ *Antarctic Treaty* ARTICLE IX 1. Representatives of the Contracting Parties named in the preamble to the present Treaty shall meet at the City of Canberra within two months after the date of entry into force of the Treaty, and thereafter at suitable intervals and places, for the purpose of exchanging information, consulting together on matters of common interest pertaining to Antarctica, and formulating and considering, and recommending to their Governments, measures in furtherance of the principles and objectives of the Treaty, including measures regarding: (f) preservation and conservation of living resources in Antarctica. ATS. Antarctic Treaty [EB/OL]. [2020-06-06]. https://documents.ATS.aq/keydocs/vol_1/vol1_2_AT_Antarctic_Treaty_e.pdf.

❷ 南极条约体系[M].李占生,宋荔,高凤编,译.天津:天津大学出版社,1997.

❸ ATS. Related Agreements [EB/OL]. [2020-06-06]. https://www.ATS.aq/e/related.html.

种生物。并建立了若干特别保护区和实行许可证制度,对南极海洋生物实行全面保护的法律措施。❶

鉴于《南极条约》签订之时南极矿产资源问题还没被提到日程上来,为了对该潜在活动实行有效管理,南极条约协商国在1982—1988年长达6年中举行了一系列特别会议,最终于1988年在新西兰的惠灵顿举行的南极条约协商国第四次特别会议的第12次会议上通过了《矿产公约》的最后文件。该公约具有极强的妥协性。一方面,允许在南极进行矿产资源的开发,另一方面,对开发活动制定了一系列十分严格的限制措施。在该公约谈判进行的整个过程充满了激烈的争辩,虽然条约的通过是在协商一致的基础上产生的,但是,当时各协商国对公约的认识和态度存在着明显的差别,致使公约开放签字后,该公约由19个国家签署,但没有国家批准。因此,该公约尚未生效,并在1991年《关于环境保护的南极条约议定书》出台后在实质上被彻底取代,且从未生效。❷

自1989年10月在巴黎举行的第15届南极条约协商会议决定召开第11次特别协商会议讨论南极环境保护问题后,在1990年11月在智利召开了第11次特别协商会议,特别是1991年4月和6月在马德里举行的两次会议上,协商国又接连提出了几个关于南极环境保护的议案,有的议案明确提出要把南极建成自然保护区,禁止在南极进行任何矿物资源开发活动。会议对此进行了激烈的辩论,争论的焦点是南极环境保护和南极矿产资源开发活动二者间的关系。经过多次谈判,南极条约协商国最后于1991年在马德里签署了《关于环境保护的南极条约议定书》及其附件。❸ 该议定书的第2条规定:"各当事国承诺全面保护南极环境及依附于它和与其相关的生态

---

❶ 南极条约体系[M].李占生,宋荔,高凤编,译.天津:天津大学出版社,1997:81.

❷ ATS. Decision 3(2017)-ATCMXL-CEP XX,Beijing[EB/OL]. [2020-06-06]. https://www. ATS. aq/devAS/Meetings/Measure? lang=e&id=654.

❸ 该议定书有六个附件。附件Ⅰ至Ⅳ于1991年与议定书一起通过,1998年生效。附件Ⅴ区域保护和管理于1991年第16届南极条约协商会议单独通过,2002年生效。附件Ⅵ环境紧急情况引起的责任于2005年在斯德哥尔摩举行的第28届南极条约协商会议上通过,并将在所有协商方批准后生效. ATS. Protocol[EB/OL]. [2021-06-06]. https://www. ATS. aq/e/protocol. html.

系统，并将南极指定为自然保护区，仅用于和平与科学。"第 7 条还明确规定："任何有关矿产资源的活动都应予以禁止，但与科学研究有关的活动不在此限。"第 25 条第 2 款规定："如从本议定书生效之日起满 50 年后，任何一个南极条约国用书面通知保存国的方式提出请求，则应尽快举行一次会议，以便审查本议定书的实施情况。"将第 7 条与第 25 条结合起来，可以推出议定书实际上禁止了自其 1998 年生效后 50 年内在南极的矿物资源活动。这样，由于议定书的签订，实际上《矿产公约》已被否定。[1]

综上所述，当前南极条约体系的主要条约性法律规范构成，按照签订生效的时间顺序依次为《南极条约》《南极海豹保护公约》《南极海洋生物资源养护公约》《关于环境保护的南极条约议定书》。《保护南极动植物议定措施》《矿产公约》曾经出现在南极条约体系之中，后因被取代或未生效等程序性与实质性原因而被废除，不再作为南极条约体系的组成部分。在南极条约体系中最核心最基础的法律文件是《南极条约》，《南极条约》在南极条约体系中具有宪章性地位，南极条约体系中其余条约性法律文件都是对《南极条约》宗旨、原则与相关规定的细化与落实，不应与其发生法律冲突。并且，就当事国而言，虽然《南极海豹保护公约》和《南极海洋生物资源养护公约》是独立的协定，但它们均包含要求其当事国遵守《南极条约》重要部分的条款。例如，涉及领土主张法律地位的第 4 条，而《关于环境保护的南极条约议定书》仅向《南极条约》当事国开放供其加入。此外，南极条约协商国与当事国而言，南极条约秘书处的重要程序规定、历次南极条约协商会议上通过的具有法律效力的决议与措施均属于南极条约体系的规范构成，是对条约性法律文件的补充与完善。

（三）南极条约体系在南极治理中的法律效用

由于南极的主权尚未确定，导致在实践中南极条约体系成为制约各国在南极活动，以及对南极实行有效管理的重要规则组成。但是，就南极条约体系自身的合法性及其在南极治理中是否具有更为普遍的法律效力始终存在争议，并且该问题对南极条约体系的适用与发展也产生了较大影响。

---

[1] 南极条约体系[M].李占生,宋荔,高风编.译.天津:天津大学出版社,1997:103.

本小节从实在法的分析视角出发，通过追溯南极条约体系的合法性在南极治理中产生与发展的过程，列举并论证南极条约体系在南极治理中所具有的法律效力存在普遍性发展趋势的法理依据。

显然，无论立足于政治学、法学、经济学、军事学等人文与自然科学领域，南极条约体系在当前南极治理中所起到的重要作用均可得到充分论证。针对南极条约体系的法律性质，当前国际法学界并没有达成共识，也尚未用某个通用的法律术语对其进行定义。国内学者王婉潞从全球治理议题下国际关系的视角出发认为南极条约体系构成南极治理的主导机制❶，这一观点得到较多支持。国外国际法学者中则有部分观点认为依据由《南极条约》发展成南极条约体系的过程、内容与社会实效，可以将《南极条约》视为对国际法主体拥有普遍约束力的国际习惯法，南极条约体系属于《南极条约》项下的具体制度。❷ 此观点属于实证主义法学在南极治理问题中的一种应用，对于从国际法视角出发分析南极治理问题具有借鉴意义。因此，虽然本书仅认为《南极条约》与南极条约体系均为对其当事国具有相对国际法约束力的法律文件，在南极治理中有一定的国际法效力，并且《南极条约》有形成习惯国际法的趋势，但尚未形成。但依据研究目的，本书选择从实在法❸的角度出发，通过对构成南极条约体系的所有条约、决议、措施等规则及其构成的制度本身的形式结构和体系等级等进行技术分析，以及对南极条约体系实践中产生与积累的社会实效作出客观总结，以分析南极条约体系在南极治理中发挥的重要作用，进而佐证南极条约体系在南极治理中的重要国际法意义。

---

❶ 王婉潞.联合国与南极条约体系的演进[J].中国海洋大学学报(社会科学版),2018(3):16-22.

❷ BRUNO S. The Antarctic Treaty as a Treaty Providing for an Objective Regime[J]. Cornell International Law Journal,1986,19(2):189-210.

❸ 法律实证主义的特征就是注重法律的形式和结构，而不是它的道德内容和社会内容;就是考查法律制度，而不考虑其间的法律规范是否正义;就是力图尽可能彻底地把法哲学同其他学科，如心理学、社会学、伦理学等学科区别开来。博登海默.法理学:法律哲学与法律方法[M].邓正来,译.北京:中国政法大学出版社,2004:25.

1. 规则的内在统一性保证治理目标规范化发展

从奥斯丁到凯尔森再到哈特，实证主义法学的基本立场可以表述为：法律的效力来源并非道德，法律与道德并不具有必然的联系。❶ 不同于奥斯丁的"法律命令学说"（所有的"法"或"规则"都是命令）❷ 及凯尔森构建的纯粹"规范等级体系"（以"基本规范"为基础其上一个规范的效力始终是另一个规范而非一个事实）❸，哈特在《法律的概念》中构建出一个更为精细的规则体系模型。哈特提出可引证法律的社会渊源（如立法、司法、社会习惯）来确定法律的存在和内容，但不可引证道德（如公平、正义）；确定法律的存在与内容后，所有规则分为初级义务规则与次级权利规则，法律规则由两种规则结合而得。哈特认为构成法律规则的次级规则可分为承认、改变、审判三种规则，其中承认规则是构成法律规则的基础结构，每条法律规则的组成中必须含有承认规则。❹ 换言之，哈特通过对规则的建模，得出了任何法律规则本身的效力在且只能在实践中产生，无论是习惯法、成文法抑或判例法。一种规则是否蕴含着价值或者是否为合意，并非这项社会规则是否有效的前提，因为规则的存在就是一项事实。❺ 这一事实命题，意味着存在特定行为被普遍地接受为实践上的标准（被人们在实践中接受但未被明确道出的承认规则）决定所有社会规则是否有效力，此为官民一致承认的、法律规则的终极标准。因此，哈特的规则学说在继续反对存在高级法的自然法学说的基础上，摆脱了"主权者命令"容易招致的单纯服从义务攻击，也弥补了纯粹法理论的脱离实际。同时，哈特通过其

---

❶ 沈克非.探寻法律效力的来源——分析实证法学之理论述评[J].河北法学，2012,30(4):81-87.

❷ 约翰·奥斯丁.法理学的范围[M].刘星，译.北京:中国法制出版社,2002:36.

❸ 凯尔森.法与国家的一般理论[M].沈宗灵，译.北京:中国大百科全书出版社,1996:33.

❹ 哈特.法律的概念[M].张文显，等译.北京:中国大百科全书出版社,1996:142.

❺ 陈肇新."承认规则"理论的启示意义——哈特《法律的概念》第五至七章读后[N/OL].人民法院报,2015-10-23[2025-02-15].http:/rmfyb.chinacourt.org/paper/html/2015-10/23/content_103933.htm?div=-1.

规则学说进一步完善了由边沁所提出的"国际法"与国内法的同质性论证，国际法在形式上十分类似于一个由初级规则构成的体制，缺少立法机关只是一个日后有待修补的缺点，并不能否认其不成立法律并具有效力，没有其他社会规范像国际法这样与国内法接近。❶ 因此，将哈特的规则学说运用于对南极条约体系中各项规则法律效力的分析，既可规避南极条约体系法律性质争议，亦可完成对南极条约体系国际法意义的分析。

《南极条约》生效后，当事国在《南极条约》遗留的南极问题尚未解决，以及来自非当事国对《南极条约》的合法性与有效性不断质疑的内外压力下，迅速转入了完善与充实《南极条约》规则的系列工作，并且至今已经持续了60余年。这个过程主要借助定期的南极条约协商国会议进行，也存在通过召开当事国特殊会议完成特定修订任务的情况。这项工作最为显著与核心的成果是：《南极条约》从一个由序言加14个条款组成的多边国际条约发展为拥有近十个多边国际条约及其议定书、数百项在实践中具有一定约束力的会议决议、措施规定等法律文件共同构成的南极条约体系。随着南极条约体系的形成，《南极条约》所规定的原则在实践中逐渐成为南极治理的核心目标，即和平利用、科研自由、国际合作及由保护生物资源演变而来的环境保护。每一个治理目标项下都由南极条约体系中的成百上千条规则支撑。这些规则有的规定当事国在南极活动的权利与义务，有的规定南极条约体系项下管理南极活动的相关国际机构的运行程序及其管辖范围。这些规则在实践中有的对当事国甚至非当事国在南极的活动均具有一定的约束力，有的在实践中因为尚缺少更加具体的安排而仅起到一定的引导建议作用，暂时无法发挥约束力。例如，南极海洋保护区管理措施中的禁渔规定，虽然原则上南极海洋生物资源养护委员会要求各当事国必须遵守，但是因为相关监督与惩罚规定不明确，而无法在实践中落实禁渔措施等。然而，在各项规则种类效力各不相同，当事国利益诉求并不一致，南极条约体系项下各国际治理机构的运作存在多重阻碍的基础上，南极治理目标始终没有偏离《南极条约》规定的原则，并且发展得更加清晰，得

---

❶ 哈特.法律的概念[M].张文显,等译.北京:中国大百科全书出版社,1996:217.

到更多的认可。这与南极条约体系始终以《南极条约》为核心,而《南极条约》始终以其第4条为基石密不可分。《南极条约》的第4条明确了对南极领土主权要求的三重权利,即已对南极提出的领土主权要求的权利;已提出的对南极领土主权要求的依据的权利;不承认对南极领土主权提出的任何要求的权利。同时《南极条约》还规定不得提出新的领土主权要求或扩大现有的要求。总之,《南极条约》第4条实际上冻结了南极任何形式的领土问题,不承认也不否认对南极的领土主权要求,并鼓励南极科学考察中的国际合作。它就是保证南极条约体系中所有规则内在统一性的"承认规则",因为南极条约体系中所有规则都包含对这一实践事实的承认与实践,所以南极条约体系得以在《南极条约》的基础上发展形成,同时保证《南极条约》的原则在南极治理中不断被践行,甚至出现发展为具有普遍约束力的国际习惯法的趋势。

2. 制度的自适应性与相对开放性有助于维持治理稳定

制度、国际制度与国际法律制度,分别是制度经济学、国际关系学、国际法学中的支撑性概念。❶ 国际关系学中的制度主义代表人罗伯特·基欧汉把制度界定为一系列持久且紧密联系着的规则,集中表现为国际组织、国际机制或国际惯例。❷ 因此,依据实证主义法学对规则形式与内容的定义,可认为国际关系学中的国际制度,属于国际法学范畴中的国际法律制度(国际公法、国际私法、国际经济法)的组成部分,主要与国际公法相对应。因此,由众多规则构成的南极条约体系,既是南极治理中的主导机制,也必然属于南极治理国际制度的重要组成部分,而其中可通过实践获得约束力的规则,则应当属于南极治理国际法律制度的组成部分。国内外学者对制度的定义尚未统一,但是对于制度的性质达成了一定的共识。制度具有一定的规范性、强制性、习惯性与限制性。❸ 其中,前两项主要指制

---

❶ 赵天宇,温融.论域分野与内容交融:制度、国际制度与国际法律制度[J].重庆三峡学院学报,2020,36(1):102-108.

❷ 罗伯特·基欧汉.局部全球化世界中的自由主义、权力与治理[M].门洪华,译.北京:北京大学出版社,2004.

❸ 崔鑫生,李芳.制度的性质[M].北京:中国商务出版社,2007:202.

度的约束意义，后两项则是对制度形成与存在的规律总结。南极条约体系作为南极治理国际制度的重要组成部分，必然具有以上制度的普遍性质。但是，南极的国际形势不断变化，南极治理所需解决的问题也在不断变化，经过演化而形成的制度会具有一种根深蒂固的历史惯性，很难随时变化。同时，形成后的制度其作用对象与领域均具有特定性，制度的效力范围受到限制，无法适用于解决新出现的问题。南极条约体系通过其规则的巧妙安排，在一定程度上减少了使自身陷入以上两个困境的可能性，进而真正发挥了维持南极治理稳定、促进南极融入全球和平与发展大趋势的作用。具体而言，南极条约体系主要通过以下途径提高了其作为南极治理国际制度的自我适应性与相对开放性。

首先，就南极条约体系在南极治理中的自适应性而言，《南极条约》首次提出了搁置南极主权归属问题，并对南极大陆周边海域的法律地位是否为公海做了模糊处理；也因为随着客观现实的发展南极条约体系成为第一个在国际公域明确环保主导，开发次之的国际治理制度体系，开创了南极环保主导的治理模式。《南极条约》第4条成功冻结了南极大陆长期以来的主权纠纷，被视为《南极条约》的基石。以第4条为核心的南极条约体系是南极大陆保持稳定，南极国际治理得以成功实现的最重要最根本的原因。同时，《南极条约》第6条适用区域条款作为唯一涉及南极海域的条款，并未对"南极海域"作任何明确规定，使得该条款既没有排除国际海洋法体系在南极海域的适用，同时对于南纬60度以南的海域是否为公海，也没有作出明确的规定，这就给不同需求的国家留下了不同的解读空间，为南极条约体系被各国承认签署适用也留下了空间与机会。同时，南极条约体系在南极治理中经历的第二次危机，来自南极条约当事国内部。20世纪80年代后期，当事国之间就南极条约体系项下南极矿产资源开发规则与环境保护规则的制定产生立场冲突，导致以美国、澳大利亚、法国等为代表的多数当事国拒绝签署1988年出台的《矿产公约》，并有意对南极条约体系提起修订。本次危机以通过签订《关于环境保护的南极条约议定书》和禁止开发南极矿产资源来确定南极条约体系在南极治理中以环境保护为主的价值取向而暂时平息。南极条约体系对其内部危机的方向选择与争议处理，体现了南极条约体系作为南极核心治理机制发展至今所具备的延展性与争议包容性不断强化，越来越适应南极治理的现状与发展需求。并且，事实上南极环境保护议题的真正形成与确认是根据《南极条约》建立的南极条约协商会议通过后续有法律效力的措施逐步发展起来的，最后以《矿产公约》放弃生效，《关于环境保护的南极条约议定书》的缔结与生效明确了保护南极环境成为南极条约体系的又一宗旨目标。这向国际社会传递了一个清晰的信号，南极条约体系有能力解决政治问题，有能力通过内部协调机制回应国际社会对南极环境问题的关切。南极条约体系在参与南极治理的过程中也在不断进行自身的完善，使其与南极治理完美契合。

其次，就南极条约体系在南极治理中的相对开发性而言，1945年在联合国成立初期，以美国为首的南极事务参与国有意在联合国框架下治理南极，但遭到部分南极领土主权声索国的强烈反对，它们拒绝将南极事务国际化。在经历了美国主导的多次探讨磋商后，最终南极事务参与国选择了俱乐部机制，创造独立于联合国机制的南极条约体系。直至20世纪80年代初，始终仅有12个《南极条约》原始当事国拥有南极条约协商国的地位，其他国家无法加入，南极条约体系属于南极条约协商国小集团治理的俱乐部机制。然而，在国际关系多极化的时代背景下，第三世界国家试图以联合国为中心的全球性机制替换俱乐部机制。这两种机制的竞合危机导致南极条约体系发生了沿着自身发展逻辑难以解释的变化，随着联合国大会纳入与撤销"南极洲问题"，2005年联合国对南极事务的监管权终得以明确，同时《南极条约》当事国数量不断扩大，巴西、印度、中国、韩国、马来西亚等越来越多的国家获得南极条约协商国或当事国的地位，南极条约秘书处建立并完善，南极条约体系的开放性与代表性不断增加。

最后，进入21世纪以来，南极治理出现一系列新挑战，学界普遍认为气候变化与商业资源利用构成最主要的挑战。其中，商业资源利用包括南极旅游、生物勘探、非法捕捞等。以上议题几乎全部列入南极条约协商会议和南极海洋生物资源养护委员会的议程，但是尚无明确的法律规则出台加入南极条约体系。与此同时，《生物多样性公约》《联合国气候变化框架公约》《BBNJ国际协定》陆续签署或生效，它们对南极条约体系在南极治理中核心机制的地位不断造成冲击,但是却没有国家提出废除南极条约体系,而南极条约体系也表达了对这些新的国际制度的接纳。这不得不让人得出南极条约体系的抗压性与国际融入性在当前的国际环境中不断提高,其在南极治理中的核心地位不会被轻易撼动,或许它可以成为最适合南极治理现状的国际制度。

三、南极条约体系在南极治理中的法律挑战与选择

虽然南极条约体系已根据《南极条约》的原则性条款为南极治理中的和平与禁核、科学考察与研究、海洋生物资源养护开发及环境保护等议题提供了较为完整的规则乃至制度支撑,并发挥出合理的效力,达到了相应的治理效果,但是距离南极条约体系成为最适合南极治理的规则体系还有很长的路要走,有很多的法律挑战要面对与解决,甚至在地球地质变化与国际关系变化不断加剧的当下,如一时应接不暇,南极条约体系在南极治理中作为核心规则组成的地位极有可能被动摇。因此,在分析了南极条约体系在南极治理中的重要性后,本小节聚焦南极条约体系在南极治理中面临的法律挑战及其发展前景分析,并以南极条约体系法律挑战为基础载体,总结南极海域条约适用争议法律问题所在。

申言之,随着生产力的不断进步,人类科技水平不断提高,人类对资源的需求不断增加,并且在当前气候变化导致南极气温持续上升的辅助下,人类在南极的资源获取与范围拓展活动,继《关于环境保护的南极条约议定书》出台后,即将或已经迎来了又一波高潮。此趋势导致南极治理中出现了一系列新的法律问题,现有南极条约体系内的规则无法解决。它们散见于南极的生物勘探、非法捕捞、旅游规制、航空安全、气候变化等新兴议题。依据以上法律问题仅涉及南极条约体系组成规则间的补充调整,或涉及南极条约体系组成规则与联合国体系下相关规则间的冲突协调,分为南极条约体系自身规则缺失法律挑战与南极条约体系受到全球性规则冲击的法律挑战。

（一）南极治理议题下南极条约体系规则的缺失

1. 主要表现——生物勘探和南极旅游

首先，南极生物勘探议题下存在两个迫在眉睫的法律问题需要解决，它们属于南极条约体系内部的法律挑战。南极大陆与海域中生物资源的蕴含量巨大。一方面，这些生物资源有着直接的经济价值，如犬牙鱼等渔业资源；另一方面，极地极寒环境下所存在的独特的生物基因则有着重要的科研、医疗及商业价值。❶ 因此，以澳大利亚、美国为首的南极条约当事国自进入21世纪以来就启动了南极生物勘探活动，针对南极生物基因进行样本收集，而后通过实验研制出产品应用。由此出现了两个突出的法律问题：第一，研制产品及生产均需要大量的南极生物基因样本支持，那么在南极主权冻结的基础上南极生物资源的权属问题如何界定；第二，由于南极生物资源权属不明导致无法确定产品开发商是否负有惠益分享的义务。目前，南极条约体系中的《南极海洋生物资源养护公约》和《关于环境保护的南极条约议定书》及相关决议和措施中仅有对科研目的开展的生物勘探活动的管控规则❷，但几乎没有涉及南极生物基因勘探后的商业应用及利益分享事项的规定。这直接导致了相关专利申请和产品开发处于法律真空，并在实践中引发了南极生物勘探商业专利申请的纠纷。❸ 这对未开展生物勘探活动的南极条约当事国及非南极条约当事国在南极的利益可能都造成了一定的影响，而且对《南极条约》规定的科研自由原则造成了冲击与挑战。

---

❶ 例如，在极地鱼类中发现防冻多肽或糖肽在医疗技术中有重要用途；南极磷虾油含有大量有营养用途的多不饱和omega-3脂肪酸。

❷ 如果生物勘探的对象是最有可能具有生物活性的南极海洋物种，则受《南极海洋生物资源养护公约》中关于捕捞和养护规定的保护；如果生物勘探活动的对象是海底的生物资源，并且只涉及样本收集，则可依据南极条约体系与《联合国海洋法公约》中关于海洋科学研究的规定自由获取；如果生物勘探的目标是陆地生物资源（如土壤中的微生物），那么《南极条约》或《关于环境保护的南极条约议定书》当事国的国民可以根据环境评估和尊重可能适用的特别规定，如进入特别保护区的许可等在内的法律义务自由获取这些资源等。

❸ 何柳，CHEN Jueyu，HUANG Rui. 南极条约体系的法律挑战及中国南极基本权益的维护[J]. 中华海洋法学评论，2021,17(3):34-76.

其次，南极旅游规制议题下同样存在较多法律问题需要解决，它们之中绝大部分属于南极条约体系内部的法律挑战。自1990年以来，南极旅游人数陡增，南极地区旅游活动的形式也朝着多样化发展。交通方式由邮轮发展为飞机，活动范围由大陆海岸线发展为登陆露营探险，甚至目前每年前往南极旅游的人数已经超过了科考队的人数。由此引发的法律问题可谓千头万绪，以南极环境保护为核心涉及科研自由、南极条约当事国的属人管辖权、自然人文资源的归属、非政府组织（IAATO）参与治理等不同领域的问题。❶ 南极旅游规制已经成为南极条约协商会议重点关注的议题，众协商国一致同意尽快在南极条约体系内对其加以规制。❷ 目前，南极条约体系内与南极旅游相关的规则主要由《关于环境保护的南极条约议定书》及历届南极条约协商会议通过的对应"决议"与"措施"等构成，尤其是《关于环境保护的南极条约议定书》的附件一、附件六分别设立的环境影响评价制度、环境损害责任赔偿制度适用于旅游活动，关注了旅游业对南极环境的潜在影响。但是，《关于环境保护的南极条约议定书》并没有专门针对南极旅游涉及的管辖权、财产权、非当事国行为等问题设立特定的条款。这些问题对南极条约体系所确立和维护的环境保护、科学研究、和平利用等基本原则均造成了较大的冲击。总之，一个全面系统规制旅游活动的规则体系是目前南极条约体系迫切需要增添的主要法律文件之一。

2. 出现原因——主权争议和资源争夺

总结上述南极条约体系的内部法律挑战，可以得出其主要表现为法律

---

❶ 首先，南极的内在、荒原和教育价值可能会普遍减少，同时科学作为一项主要活动的地位可能会下降；大型邮轮发生燃料泄漏造成环境灾难或污染的风险。其次，外来物种的引入、南极旅游相关的二氧化碳排放及旧船使用的重型燃料，门户口岸缺乏全面的检疫机制等问题都对南极脆弱的环境与生态系统带来压力与干扰。最后，旅游活动也妨碍并干扰了南极科学考察与科学研究项目的顺利开展。例如，越来越多的科考站为了迎合游客，在站内设立了相关旅游设施。旅游事故直接导致南极科学研究计划搁浅。永久或半永久性陆基旅游设施的增加可能引发游客、服务人员的管辖权，固定设施的财产权等相关问题的法律冲突，进而触发主权问题。

❷ 李春雷.南极旅游治理政策研究[J].中国旅游评论,2021(1):109-117.

规制空白，而出现的直接原因自然是南极条约体系中相关规则的缺失。然而，就南极旅游与生物勘探议题而言，虽然尚无系统的规则文件出台，但是除南极条约体系中各条约中的相关条款外，南极条约协商会议自1966年第四届南极条约协商会议就形成了对南极旅游监管的建议，至今已通过相关管理措施、决定、决议等40余项；生物勘探议题最早也于2005年第二十八届南极条约协商会议上通过了有关生物勘探科学信息交流规则的决议，至今已形成多项大会决议，均具有一定的强制力。既然南极条约协商国与当事国致力于解决此问题的规则空白，并且已经积累了一定的措施与原则性规定，那么为何各协商国至今尚未在南极条约体系内通过对应的系统性法律文件？由此可知，仅仅分析南极条约体系内部法律挑战出现的直接原因，并不足以为解决问题提供启示，如若全面预知并找到应对南极条约体系内部法律挑战的有效路径，还应究其出现法律挑战的根本原因。

依旧以南极旅游与生物勘探议题为例，因为此类议题代表了航空安全、无人机运行等一系列南极治理中与资源利用相关的新兴或热门议题。它们的本质都蕴含了对南极生物与非生物资源的新型商业应用。相比于20世纪《关于环境保护的南极条约议定书》受南极矿产资源开发争议促使两年内即得以通过并进入签署，目前南极条约协商会议虽积极研究讨论以上议题却迟迟未在南极条约体系内形成系统全面且具有约束力的规则文件的根本原因有二。第一，上述资源的商业应用活动受制于南极主权冻结基本原则所导致的南极各项资源权属不明，加之《南极条约》当事国均可以从符合自己利益的角度解释此冻结原则（"双焦点主义"），导致南极条约协商国间无法就解决以上议题所存在法律问题的方法达成一致❶，从而彻底解决其对南极条约体系主权冻结、和平利用、科研合作、环境保护等原则的冲击与挑战。❷ 第二，不同于20世纪八九十年代，南极矿产资源利用争议对南极

---

❶ 例如，南极生物资源勘探的商业应用挑战了南极条约体系已"冻结"的领土主权及不明确的南极生物资源权属。超容量的旅游活动给南极地区环境生态保护带来了巨大压力，旅游设施的不断建立也会带来设施、游客、服务人员的管辖权及设施所有权等相关问题，从而触及领土主权争议。

❷ 董晓婉，陈力.南极海域IUU捕捞的国际法规制[J].复旦国际关系评论，2017（2）：141-166.

条约体系的存续所产生的动摇性冲击，目前以上议题所存在的法律问题暂未对南极条约体系的效力与存续展现出不可忽视的根本性冲击，南极条约协商国之间并未就以上问题形成不可调和的矛盾点。因此，相比于制定规则可能会再次引发南极主权冻结原则的争议，协商国选择通过南极条约协商会议出台具有一定约束力的系列措施与决议加以初步规制。综上所述，南极主权争议及其项下资源争夺实则成为导致南极条约体系内部法律挑战最本质的原因。

（二）全球治理规则对南极条约体系规则的冲击

1. 主要表现——非法捕捞和大陆架划界

首先，南极打击 IUU 捕捞议题下存在的法律问题，属于南极条约体系外部的法律挑战。一直以来，南极海域 IUU 捕捞的对象主要集中在犬牙鱼之上，一度危及该渔业种群的生存，对南极海洋生物资源与生态平衡造成巨大的损害。南极海洋生物资源养护委员会依据《南极条约》与《南极海洋生物资源养护公约》自 1997 年开始陆续出台了犬牙鱼捕捞文件计划、船舶监测系统、IUU 捕捞船舶黑名单制度等养护措施，它们共同构成了南极条约体系中打击 IUU 捕捞的规则。但是南极海洋生物资源养护委员会作为区域性渔业养护机制，以上规则仅可以借助各南极条约当事国作为港口国加以实施进而打击 IUU 捕捞，它们无法赋予所有船旗国控制船舶杜绝 IUU 活动的义务。并且，南极条约协商国及《南极海洋生物资源养护公约》当事国在南极条约体系的法律实践中通过贸易限制措施和市场手段在消除、预防、制止 IUU 捕捞中收效甚微。因为，在南极海域从事 IUU 捕捞的主要是非《南极海洋生物资源养护公约》当事国的船舶，这些船舶在《联合国海洋法公约》当事国注册并悬挂相应国家的国旗后，就可以根据《联合国海洋法公约》的公海自由原则，在南极海域进行一定法律意义上的合法捕捞，南极条约协商国及当事国无权对这些非当事国渔船采取登船检查、没收捕捞所得、扣押渔船等强制措施。❶ 唯一的可采取非强制性措施的依据是《南

---

❶ 董晓婉,陈力.南极海域 IUU 捕捞的国际法规制[J].复旦国际关系评论,2017(2):141-166.

极海洋生物资源养护公约》第 10 条第 2 款所规定的"如果委员会认为任何活动影响了某个当事国实施本公约目标或履行本公约义务,委员会应提请所有当事国注意"。因此,《联合国海洋法公约》的公海自由制度与南极条约体系中渔业资源养护措施同时适用于南极海域所产生的冲突是当前南极条约体系受到的来自外部的最大的法律挑战之一,这最终将对其主权冻结的核心原则产生了冲击。

其次,南极大陆架划界议题下始终存在的法律问题,也属于南极条约体系外部的法律挑战。依据《联合国海洋法公约》第 76 条"沿海国的大陆架为其领海以外依其陆地领土的全部自然延伸,扩展到大陆边外缘的海底区域的海床和底土,可扩展到 200 海里的距离"之规定,2000 年后,澳大利亚、挪威、阿根廷、英国正式向大陆架划界委员会提出其涉及南极海域的大陆架划界申请。在以上四个国家的大陆架划界申请中,均包含依照其在亚南极海域的主权岛屿向南延伸至南纬 60 度以南海域的划界申请;除英国外,其他三个国家也同时提出了依据其在南极大陆主张的领土向北延伸至南极海域的大陆架划界申请,当然此部分申请仅被提出并不要求委员会加以审核,并且收到了来自美国、俄罗斯、荷兰、日本、印度等国的明确反对表示,因为其违反了《南极条约》第 4 条中"冻结主权声索内容"的原则。但是前述四国依照亚南极海域主权岛屿提出的大陆架划界申请并未得到国际社会的任何明确反对,甚至澳大利亚的两项划界申请,因为主权岛屿无争议,大陆架划界委员会对其予以通过。这两项划界申请超出南纬 60 度以南的部分海床与底土,如果适用《联合国海洋法公约》的大陆架制度,则澳大利亚可以对其以矿产资源为主的任何资源予以开发利用,这与南极条约体系中《关于环境保护的南极条约议定书》所规定的《南极条约》适用区域内禁止一切矿产活动完全冲突,是对南极条约体系以主权冻结为核心的各项原则的巨大冲击,也是南极条约体系面临 20 余年的最为难解的法律挑战之一。

2. 出现原因——主权争议和资源争夺

非法捕捞与大陆架划界议题下存在的法律问题所带来的南极条约体系外部法律挑战出现的根本原因离不开南极主权争议。南极的主权冻结原则本身的模糊性及其在解释涉及领土主权、资源权属、管辖制度等议题时产生的模糊性，始终是南极条约体系存在法律挑战的根本原因。但不同于南极旅游与生物勘探所存在的法律问题引发的南极条约体系内部法律挑战，解决上述法律问题的主导权无法由南极条约协商国独立拥有，上述法律问题解决同时受制于非南极条约当事国及以联合国为核心的其他国际组织。因此，对南极条约体系的外部法律挑战出现原因的分析应当更注重于起到最重要影响作用的核心（主要）原因，如此对于解决问题、应对挑战更有意义。

总结南极条约体系的外部法律挑战可知，以联合国为核心的国际法体系与南极条约体系在南极的法律适用冲突，是外部挑战的主要表现。其中，以《联合国海洋法公约》为核心的国际海洋法与南极条约体系在南极海域的法律适用冲突最为突出且影响最大。例如，非法捕捞、大陆架划界两个议题下出现的法律问题均来自《联合国海洋法公约》与南极条约体系的法律竞合，并对南极条约体系的合法性与稳定性造成挑战。一方面，随着《联合国海洋法公约》的签署与生效，在一定程度上已被冻结的南极主权要求开始由南极大陆转向南极大陆附属海域。❶ 南极主权声索国依据《联合国海洋法公约》赋予沿海国的海洋主权权利，不断提出南极外大陆架等海洋权利要求，冲击着以《南极条约》为核心的南极条约体系对南极领土主权与海洋管辖权模糊且微妙的安排。❷ 另一方面，《联合国海洋法公约》在公海自由制度下对船旗国管辖等规定上存在的局限性使得《南极海洋生物资源养护公约》的非当事国船舶在南极海域的非法捕捞活动无法杜绝，成为南极海洋生物资源管理面临的最大挑战。甚至南极条约协商国依据《南极海洋生物资源养护公约》在南极海域设立的南奥克尼群岛南部陆架等海洋保护区的合法性，也受到了《联合国海洋法公约》公海自由制度中捕鱼自由规则的挑战。综上所述，导致南极条约体系内部法律挑战与外部法律挑战的根本原

---

❶ 董晓婉,陈力.南极海域 IUU 捕捞的国际法规制[J].复旦国际关系评论,2017(2):141-166.

❷ 何柳,CHEN Jueyu,HUANG Rui.南极条约体系的法律挑战及中国南极基本权益的维护[J].中华海洋法学论,2021,17(3):34-76.

因依旧是南极主权争议和资源争夺。作为争议主体的南极条约协商国必然希望此争议问题在南极条约体系的框架下得以解决，但同时就南极条约体系外部法律挑战而言，因重点涉及与《联合国海洋法公约》的法律竞合，仅由南极条约体系单方解决存在较大困难，需要双方协调予以解决。

（三）维护南极治理稳定和中国南极权益

南极洲是当今世界上唯一未明确主权的大陆。由上文可知，南极主权争议始终贯穿着南极治理进程。虽然以《南极条约》为核心的南极条约体系暂时冻结了南极的主权争议，避免了南极被暴力争抢瓜分最终毁坏的悲剧出现，南极条约体系在南极治理中也发挥着最为重要的规范指引作用，但是由于南极条约体系并未彻底解决南极主权争议，并且除南极条约体系外现有的国际法之中也不存在完全明确南极法律地位的合法性文件，所以对于南极洲及其周边海域的法律地位与权属性质，根据国家利益的不同，国际社会存在不同的解读与界定，并进一步导致南极治理模式与走向存在一定的不确定性，当前南极条约体系作为南极治理核心规则体系的法律地位不断受到挑战。[1]

1. 南极条约体系仍为南极治理主导国首选

结合当前国际形势，可以得出当前以美国为主导的国际格局尚未改变，虽然存在俄罗斯与乌克兰等局部军事冲突，但世界整体局势仍旧在核武器的威胁和大国力量对峙下保持和平与稳定。因此，国际社会对南极治理问题的关注焦点中南极领土主权等安全问题仍旧弱于南极资源保护与利用等非安全性问题。同时，以7个南极主权声索国与美国构成的"7+1"模式在南极治理中占主导地位的主要法律依据与战略实施路径仍旧是以《南极条约》为核心的南极条约体系，因此它们在推动南极海洋保护区等新兴议题之时仍旧继续支持并加强南极条约体系，警惕任何违反《南极条约》的行为。所以，南极条约体系与南极主权问题在近期一段时间里的相互影响及其发展方向可能是：①南极主权争议依旧保持现有冻结状态，并作为以《南极条约》为基础的南极条约体系进一步扩张效力的核心合法性来源；然

---

[1] 郑英琴.南极的法律定位与治理挑战[J].国际研究参考,2018(9):1-7.

而，②南极条约体系在南极治理中的核心法律地位可能会在南极主权声索国和美国谋求利益的过程中受到来自《南极条约》当事国内部及联合国等国际法主体外部的质疑与冲击，以上八个南极治理主导国应对挑战的表现以及挑战的强度将决定南极条约体系是否保持其稳定性与完整性，如若南极条约体系受到冲击后无法保持稳定则必然会导致南极主权争议再次成为国际社会关注的焦点，当前南极治理的稳定秩序将被打破。

2. 完善南极条约体系是重中之重

显然，相比于变革南极条约体系在南极治理中的核心法律地位，通过完善南极条约体系的内容，保证南极条约体系的稳定对维持南极和平发展更加重要。

加之，中国既是联合国安全理事会常任理事国之一，也拥有南极条约协商国的身份。中国在南极的国家利益与南极战略方向在国家海洋局发布的《中国的南极事业》一文中有宏观的分析，即"坚决维护南极条约体系稳定，加大南极事业投入"。❶ 显然此战略方向的确定是基于中国在南极治理中实质性存在与我国的南极利益决定的。首先，我国在南极的科研投入与治理参与程度在不断提高。一方面，"雪龙号"等破冰船的研制与使用助力了南极科考；另一方面，我国的南极积极加入南极条约体系，并是第四十届南极条约协商会议的东道主国家，同时我国依据南极条约体系而制定的南极法律法规也在不断增加，可见我国对南极的重视与积极参与。其次，我国既非南极主权声索国占据历史先机，也非南极周边国家占据地理优势，并且我国也不推崇美国仅以本国利益为核心主导南极治理的理念。最后，从以联合国为核心的国际法体系对南极条约体系的挑战与应对历程，以及

---

❶ 中国政府网：国家海洋局发布《中国的南极事业》[R/OL].（2017-05-23）[2025-02-15]. http://www.gov.cn/xinwen/2017-05/23/content_5196076. 该报告强调，南极关乎人类生存和可持续发展的未来，建设一个和平稳定、环境友好、治理公正的南极，符合中国和国际社会的共同利益。中国将坚定不移地走和平利用南极之路，坚决维护南极条约体系稳定，加大南极事业投入，提升参与南极全球治理的能力。未来，中国愿与国际社会一道，共同推动建立更加公正合理的国际南极秩序，携手迈进，打造南极"人类命运共同体"，为南极乃至世界和平稳定与可持续发展作出新的更大的贡献。

南极条约体系当前的各项法律挑战看,虽然南极条约体系存在一定的问题,但是南极条约体系始终是维持南极和平稳定发展最重要的国际法规则体系,其有效期结束前在联合国国际法体系中很难形成一部有针对性且获得普遍支持的替代规则体系。[1] 从分析来看,中国选择以南极条约协商国的身份加入南极治理之中,对于建设一个和平稳定、环境友好、治理公正的南极有着更加现实且合法的意义,符合中国和国际社会的共同利益。故此,从南极条约协商国的视角出发,分析当前南极条约体系面对的法律挑战及其应对路径,对于南极治理与中国的南极利益均意义重大。

进言之,总结南极条约体系在南极治理中面临法律挑战的表现与根本原因,以及明确南极条约体系在南极治理中的核心规则体系地位不宜亦不易动摇后,可知以《南极条约》为核心所构成的南极条约体系在一定程度上已经完成了对南极大陆法律地位及大陆之上矿产资源的规制,且得到了在南极治理中占据主导地位的南极条约协商国们的法律确信与法律实践,在国际法层面具有较为普遍的法律约束力。由此可知,随着《关于环境保护的南极条约议定书》的生效,当前南极治理中最为核心的问题——南极主权争议与资源争夺的作用对象已从南极大陆转移至南极海域。因此,本书选定《南极条约》第6条"适用区域"条款为研究对象,尝试以其为切入点对当前与南极主权争议联系最为密切且对南极治理影响最大的法律问题——南极海域法律地位争议和南极海域资源开发制度争议加以研究,最终为完善南极条约体系,维护中国在南极的合法权益提供路径支持。

第二节　南极海域条约适用争议应对之务及问题分解

本章第一节论述了以《南极条约》为基础的南极条约体系作为南极治

---

[1] 阮建平.南极政治的进程、挑战与中国的参与战略——从地缘政治博弈到全球治理[J].太平洋学报,2016,24(12):21-30.

理核心规则体系的地位和当前完善南极条约体系对维护南极治理稳定和中国南极权益的重要意义；通过分析南极条约体系在南极治理中所面临法律挑战出现的原因，得出当前南极治理中最为核心的问题是南极领土主权和资源开发争议的延伸：如主权声索冻结下以设立南极各类保护区为表现的变相增强实质性存在之争和以科研自由为旗帜下的生物基因资源之争等。延伸的原因是：不同于南极条约体系形成之前，南极大陆及其之上的矿产资源是各国争夺领土主权和资源开发权利的主要对象；20世纪90年代《关于环境保护的南极条约议定书》生效后，南极条约体系基本形成，南极大陆主权被冻结、南极大陆矿产资源开发活动被禁止已基本成定局。因此，领土主权和资源开发争议的关注焦点在空间范围上由南极大陆转为南极海域，南极海域法律地位的博弈妥协及南极海域所蕴含生物资源和非生物资源的开发利用成为以南极条约协商国等为代表的各国际主体真正关切的南极治理焦点，并反作用于南极条约体系的发展与完善。

然而，它们在国际法、国际关系、国际政治及自然科学等层面表现为各不相同但又相互关联的问题具象。本书从国际法视角出发，以南极条约体系为重要南极治理法律依据，结合国际关系中的地缘政治理论，通过整理南极领土主权与资源开发争议产生的根本原因，归纳以上两大南极治理焦点表现在国际法层面最为突出且亟待解决的问题是：存在于南极海域范围之上的条约适用争议。并且，以上条约适用争议可依据形成原因分解为：与南极海域法律地位相关的条约适用争议和与南极海域开发制度相关的条约适用争议，论述如下。

一、应对南极条约体系法律挑战维护南极和平与稳定

地缘政治学是从地理和空间的角度对国际安全和政治开展的研究。[1] 20世纪80年代，福柯的"知识权力"理论认为地缘政治叙述的本身就是一种

---

[1] 胡志丁,陆大道.基于批判地缘政治学视角解读经典地缘政治理论[J].地理学报,2015,70(6):851-863.

权力和知识的形式。❶ 在该思想的影响下，批判地缘政治学诞生，并迅速成为当前地缘政治学的主流学说，学者们把国际政治空间化，用特定形式的空间、主体和情节来描述世界格局和制定国家战略。❷ 地缘政治的研究离不开领土划分，批判地缘政治也不例外。地缘政治学说认为第二次世界大战后的非殖民化运动和全球化趋势所形成的非领土化格局为再领土化的出现创造了条件。首先，将分裂的旧世界秩序再次构筑形成新的秩序；其次，通过构思新的国家、领土和共同体关系，努力在全球流动中重新稳定再领土化认同。❸

  南极以其特殊的地理环境和资源储备在被人类发现后始终居于特殊的地缘政治地位，尤其是第二次世界大战后其领土划分问题一度成为"冷战"对峙下引爆战争的焦点之一，所幸《南极条约》的签署冻结了南纬60度以南区域的领土主权划分与所附资源归属争议，成功化解了当时的南极战争危机。同时，这也论证了地缘政治学的一个延伸性概念——地理条件赋予的资源是地缘政治博弈的起点，国际条约的签订是国际制度发展的起点，而定义空间内涵与规制地理资源的开发是这两个起点的重合所在。❹ 结合全球治理核心学者奥兰·扬与罗伯特·基欧汉在研究国际制度过程中所涉及的解决全球治理下特定空间范围（如南极、北太平洋等）问题的观点。他们认为空间问题的解决离不开规则与制度，而规则的制定和制度的形成一方面要考虑该空间范围地缘环境的特殊性，另一方面则要以国家利益为出发点关注规则的实施主体。❺ 由此，地缘政治与国际条约在全球治理下特定

---

  ❶ 陈玉刚,周超,秦倩.批判地缘政治学与南极地缘政治的发展[J].世界经济与政治,2012(10):116-131,159-160.

  ❷ GEARÓID T. Critical Geopolitics:The Politics of Writing Global Space[M],Minneapolis:The University of Minnesota Press,1996:59.

  ❸ GEARÓID T. Critical Geopolitics:The Politics of Writing Global Space[M],Minneapolis:The University of Minnesota Press,1996:230.

  ❹ KAREN J A,SOPHIE M. The Politics of International Regime Complexity[J]. Perspective on Politics,2009,7(1):13-21.

  ❺ 奥兰·扬.复合系统:人类世的全球治理[M].杨剑,等译.上海:上海人民出版社,2019:27. ROBERT O K. Power and Governance in a Partially Globalized World[M]. London:Psychology Press,2002:90.

空间范围领土划分和资源归属问题研究中可相互补充。因此,当南极领土主权问题再起,且从南纬60度以南的南极大陆延伸至大陆周边的南极海域,从以《南极条约》为核心的南极条约体系入手解决南极海域范围内的主权与资源问题,应当借助地缘政治研究找出相关法律规则问题形成的根本原因,并以此将国际法层面的问题予以分解。

(一) 事务垄断格局下南极安全的新威胁

地缘政治格局分析的目的在于了解空间和时间在特定地理范围内客体与其辖内政治力量相互作用的过程中发挥的效用。这是区分地缘政治学与地理学的关键,把地理学集中关注的气候、地貌等地理因素对人类活动的影响拓展至该地理范围内时间、空间、活动等各项因素,更加全面广泛地相互联系和影响。地缘政治格局分析中有一种过程分析法:基于国际和地区局势的变化,地缘政治学者在不同的历史阶段会强调不同要素在地缘政治格局中的重要性。❶ 地缘政治理论从强调中心区域到边缘区域,从陆权论到海权论再到制空权论,均体现出地缘政治的动态变化,也是过程分析法的意义所在,该分析方法对于分析南极地缘政治格局尤为必要。❷

首先,南极地缘政治格局动态变化的特征非常明显,从领土主权驱动到科考资源驱动再到生态环境驱动,自人类在南极有历史活动起的二百余年间,南极地缘政治格局已历经三个不同的发展时期。❸ 其次,在这个过程中,世界整体地缘政治格局变化及南极事务主要行为体互动是两大主要影响因素,而南极地缘政治格局的变化并不意味着上一个阶段问题的解决,相反许多问题(如领土主权争夺与资源开发治理等)多以搁置或冻结的方式积累至下一个阶段,使得南极治理问题越发复杂,其解决与应对无法脱离对南极地缘政治格局发展过程的分析。最后,虽然当前南极地缘政治格局仍旧处于20世纪90年代《关于环境保护的南极条约议定书》签署后以

---

❶ 杰弗里·帕克.地缘政治学:过去、现在和未来[M].刘从德,译.北京:新华出版社,2003:178.

❷ 陈玉刚,等.南极:地缘政治与国家利益[M].北京:时事出版社,2017:57.

❸ 陈玉刚,周超,秦倩.批判地缘政治学与南极地缘政治的发展[J].世界经济与政治,2012(10):116-131,159-160.

环境保护为主要驱动因素的时期，但是随着《关于环境保护的南极条约议定书》的生效和发展，南极地缘政治格局正逐渐形成以美国和7个南极主权声索国组成的"7+1"格局。这些国家在南极围绕各项国家利益展开博弈，对南极传统安全与非传统安全均造成越来越严重的威胁，随着《关于环境保护的南极条约议定书》2048年到期，当前较为稳定的南极地缘政治格局有可能受到一定程度的冲击。因此，协调南极尤其是与南极海域相关的国家权益博弈，打破南极事务垄断格局的极端性发展，是南极治理中需要迫切应对并解决的问题，而南极海域条约适用争议的应对和解决则是从法律维度借助条约规则解决此问题的关键所在。

（二）协调与南极海域相关的国家权益博弈

20世纪90年代起，《关于环境保护的南极条约议定书》全面禁止了矿产资源开发，在《南极条约》冻结南极领土主权的同时，也搁置了位于主张领土上附属物的"使用权"。尽管与科学相关的矿产资源勘测和研究活动得以豁免，但以俄罗斯和非南极领土主权声索国为主的"利用"派在《关于环境保护的南极条约议定书》订立后，基本失去了以矿产资源为主的南极实体资源利用的阵地。对照历届南极条约协商会议中不同议题工作文件的数量变化较为明显的趋势是从20世纪90年代开始，特别是在《关于环境保护的南极条约议定书》订立后南极条约协商会议与《南极海洋生物资源养护公约》会议并行的机制下，"环境保护"取代"利用管理"成为南极事务的主导议题，并逐渐占据南极政治决策的主要资源，成为南极事务的政治正确。与此同时，美国和7个南极领土声索国达成一致拒绝签署《矿产公约》，对南极资源治理持"封存"主张，基本形成了新的利益集团。随后，它们开始在南极事务上发挥领导作用，通过南极规则来规制他国在其各自既有声索领土上的实质性存在和活动，美国为以上7国保驾护航，以此得到最大程度南极领土主权的未来期待权，南极事务垄断格局由此形成。[1]

进入21世纪，持资源封存立场的"7+1"南极事务垄断集团将关注点

---

[1] 邓贝西,张侠.南极事务"垄断"格局:形成、实证与对策[J].太平洋学报,2021,29(7):79-92.

从南极大陆矿产资源转向南极海域的海洋生物资源。美国和7个南极主权声索国认为，《南极海洋生物资源养护公约》不足以限制俄罗斯、乌克兰等传统远洋渔业国及日本、韩国等新兴远洋渔业国在南大洋日益增长的渔业活动。"7+1"垄断集团力主在南大洋设立海洋保护区，推动《南极海洋生物资源养护公约》委员会出台养护措施等南极条约体系项下的新规则，从允许南极海洋生物资源的合理利用转变为有条件地禁止利用。此时，留给持资源利用立场的非南极主权声索国的南极条约协商国的博弈工具仅有《联合国海洋法公约》规定的公海捕鱼自由权等多边国际条约规则。"7+1"垄断集团此时借助其或直接与南极大陆隔水相望，或其主权岛屿在地理上接近南极的地理优势，同样利用《联合国海洋法公约》的专属经济区与大陆架划界规则，在南极大陆以北南纬60度以南海域中主张外大陆架主权权利。由此，当前各国在南极的领土与资源等国家权益的争夺和博弈是导致南极条约体系在南极治理中面临多重法律挑战的根本原因，并且集中表现为法律层面的各国条约适用争议问题，且重点集中于南极海域之上。所以，以《联合国宪章》宗旨和原则为基础，以《维也纳条约法公约》项下国际条约适用理论为依据，解决南极海域条约适用争议，是从法律维度协调与南极事务垄断格局下各国利益博弈的有效方法，是完善南极条约体系解决其在南极治理中所面临法律挑战的重要方向，是维护南极和平与发展刻不容缓的可尝试路径，是在南极做到维护和践行多边主义，以及联合国在国际事务中发挥核心作用的不二之选。

二、应对南极条约体系法律挑战保障南极可持续发展

公海、国际空域、外层空间、极地、网络空间等在国际关系领域被认定为"全球公域"，指国家主权管辖外与全人类利益相关的公共空间。❶ 公域的特性包括任何国际主体（如国家）均无法要求对其拥有排他性权利，各国在全球公域中实现国家利益的机会是相同的。所以，在现实操作层面，

---

❶ 韩雪晴,王义桅.全球公域:思想渊源、概念谱系与学术反思[J].中国社会科学,2014(6):188-205.

国家维护其在公域中的国家利益,与公域中空间和资源的权利归属关联较小,与国家能力关联较大,从而导致"公地悲剧"的出现。❶ 尽管《南极条约》暂时冻结了南纬60度以南区域的主权归属,但在实际活动中,南极事务的参与国在事实层面基本将南极视为公域,尤其相较于南极大陆存在处于冻结状态的领土主权声索,南纬60度甚至可扩展到南极辐合带以南的南极海域中并不存在历史性主权主张,其涉及公海的法律地位导致南极海域在法理与实践层面被更广泛看作全球公域。

国际社会已经认识到公地悲剧的危害。因此,各国达成一致,公域的国家行为必须受到一定规则的约束和管制,以避免公地悲剧的发生,由此形成了国际治理中的公域治理问题。在公域治理中规则使得国家利用公域的能力受到限制。这种限制与公域的使用成本直接呈正相关,成本越小,限制越小。所以,公域之上的国际规则和制度成为国家在公域的国家利益的组成部分❷,既对公域自身的发展至关重要,也对各个公域治理的参与主体十分重要。所以,对于与公域相关的国际治理而言,从法律维度出发关注其中权利义务的分配,以及通过一系列国际条约及国际法律文件等国际法对于全球公域中人类活动的规制与约束,是促进国际合作、维护全人类共同利益最有效的工具与实现路径,且在当前南极海域治理中体现得尤为突出。❸

(一) 环境保护驱动下科学合作的新挑战

冷战时期环境保护意识的兴起是人类发展过程中的巨大变革力量。在

---

❶ GARRETT H. The Tragedy of the Commons[J]. Science, 1968, 162(3859): 1243-1258; John C G B. Common Globe or Global Commons: Population Regulation and Income Distribution[M]. New York: Marcel Dekker, 1974.

❷ OHCHR, OHRLLS, UNDESA, et al. Global Governance and Governance of the Global Commons in the Global Partnership for Development beyond 2015[EB/OL]. (2013-01-10)[2025-02-25]. https://www.un.org/en/development/desa/policy/untaskteam_undf/thinkpieces/24_thinkpiece_global_governance.pdf.

❸ 韩雪晴,王义桅.全球公域:思想渊源、概念谱系与学术反思[J].中国社会科学,2014(6):188-205.

兴起时，环保是与反对核武器和反对战争紧密联系在一起的，而后发展为对资源过度开发的担忧，最后与生态系统的平衡和稳定联系在一起，成为当前与应对全球气候变化相结合的联合国最重大的议题之一。结合南极条约体系规则构成及其项下相关议题内容与数量，可知南极治理尤其是南极海域治理当前也同样处于以环境保护为驱动的发展进程中。国际关系学界主流观点也一致认为环境治理是当前南极海洋治理的核心。❶ 环绕南极洲的南大洋约占全球海洋面积的15%，该区域海洋生态系统是地球上受人类行为影响最小的海洋生态系统之一，其独特的生态环境具有重要的保护价值。❷ 目前，对于南极海洋资源的利用主要集中在渔业及海洋科考方面，就南极辐合带海域而言，既不存在商业化的远洋航线，也未开展海洋矿产资源的商业开发利用。因此，南极海洋治理的核心在于环境治理，其目的是保护并保全南极海域的海洋生态环境，实现海洋生物及非生物资源的可持续利用。

海洋的生态连通性决定了南极海洋治理离不开不同国家的参与及合作，以应对气候变化为焦点的南大洋生态环境保护需要大量前沿科学知识作为支持，所以国家间在科学研究领域的合作在南极海域治理中发挥着越来越重要的作用。从20世纪50年代起，以"国际地球物理年"为标志，南极治理中的科学合作从未中止，即使在冷战时期，各国也在科考和观测活动中存在大量合作。目前，南极海洋治理中以南极海洋保护区为代表的议题下保护区的选址、设立及养护措施的制定均需要符合"最佳科学证据"原则，这些都需要更全面更深刻的国际科学合作方可以提供足够的数据。丰富大量的科学信息和知识，意味着知识的拥有国同样也获得了在南极海洋治理规则制定中独一无二且不可撼动的话语权，而环境保护驱动下规则制定的话语权等同于在南极海域获得更大国家利益的可能性。

但是，随着南极治理愈发倚重科学知识，科学知识背后隐藏的权力博弈开始反作用于获取南极海洋科学知识与信息的重要活动——各国在南极

---

❶ 马金星.欧盟参与南极海洋环境治理的路径及趋势[J].欧洲研究,2019,37(6): 78-102,7.

❷ GEORGE A K. Biology of the Southern Ocean[M]. New York:CRC Press,2006:169.

的科学合作。南极海洋治理中的科学合作与国家博弈出现了对立统一的趋势。一方面，南极条约协商国作为从事南极科学研究活动的主体，各协商国之间并未就科学考察活动形成协商一致的机制来确定参与方是否达到相应的标准，导致科学研究不断出现重复和重叠现象，既浪费资源又拖慢科学研究的进程。❶另一方面，存在以美国、澳大利亚、阿根廷等为代表的少数国家试图利用地缘、科技和军事优势，在南极海域实现"以治权行主权"的目的❷，即通过建立科学考察站、私设军事项目、划定并提出海洋保护区议案，实现在南极及南极海域的"圈地"行为，垄断科学知识的获取以及环境保护措施制定的话语权，企图彻底破坏作为南极和平与可持续发展基础的南极科学合作。

（二）促进与南极海域相关的国际治理合作

《南极条约》签订时各方已经意识到环境保护的重要性，此后历次南极条约协商会议通过了很多环境保护措施与决议，《南极动植物保护议定措施》正式提出要在南纬60度以南的大陆及其冰雪地区建立"特别保护区"；而后，《南极海豹保护公约》《南极海洋生物资源养护公约》的签署，正式将南极环境保护由南纬60度以南的大陆扩展至海域，甚至超出南纬60度部分海域延伸至南极辐合带；最后《关于环境保护的南极条约议定书》的出台，正式确立了南极治理以环境保护为主，开发利用为辅的当前发展趋势。但是，正如前文分析，南极环境保护议题依旧是国家利益博弈下的产物，而南极特殊的生态环境及环保与科学密切联系的独特性导致在南极环境保护议题下规则的制定与完善面临重重困难，南极条约体系在南极治理中面临多重法律挑战，其中最为突出的包括南极海洋保护区设立与养护规则的缺失、南极海洋生物资源养护委员会打击IUU捕捞的制度与《联合国海洋法公约》之间出现法律冲突等。

---

❶ 游启明."海洋命运共同体"理念下全球海洋公域治理研究[J].太平洋学报，2021,29(6):62-72.

❷ 吕嘉欣.阿根廷南极政策：国际制度合作中的主权声索[J].边界与海洋研究，2021,6(5):109-126.

以上法律问题出现的根本原因是环境保护驱动下南极海洋治理中科学合作的挑战日益加剧；直接原因则是在国际法层面存在的南极海域条约适用争议。这些争议主要出现在，当南极条约体系中与南极海域法律地位和资源开发相关的一系列规则制度与当前国际海洋法的核心《联合国海洋法公约》同时适用于南极海域时，因为当事国的交叉重合和权利义务分配的不同，使得各利益方就条约在时间上、空间上及冲突时应当如何适用意见不一致。因此，解决南极海域条约适用争议这一法律问题，可以从法律维度出发改善南极海域治理规则制定话语权垄断趋势，从而反作用于南极海洋治理中科学合作困境的打破，对完善南极条约体系应对其在南极治理中的法律挑战、维持南极海域的和平稳定与可持续发展，以及维护全人类共同利益的意义重大。

三、南极海域法律地位和开发制度相关条约适用争议

结合南极海域地缘政治和法律制度的发展可知，南极海域条约适用争议的应对，是从法律维度协调南极海域国家权益博弈，促进国际治理合作的关键路径，也是解决南极条约体系在南极治理中所面临多重法律挑战的直接选择。21世纪以来，除《南极条约》12个原始当事国之外的其他国家和国际组织等国际法主体不断加入或打破以《南极条约》为核心的南极条约体系在南极治理中的早期"俱乐部"运行模式，要求在南极治理中获取更多以南极条约体系规则为支撑的管辖权，为其参与开发和获取南极资源提供合法性的内部博弈趋势。同时，以《联合国海洋法公约》为核心的当代国际海洋法规则体系通过"以陆定海"的原则不断缔结条约扩张沿海国海洋主权以及主权性权利的趋势（如《BBNJ国际协定》等）与以当前南极条约体系为核心的南极治理规则体系通过强化区域性集体管辖权以出台环境保护措施为目标（如南极海洋保护区养护措施等）不断扩张在南极海域实质性控制权的趋势之间的碰撞和冲突。以上南极治理问题在国际法层面集中表现为南极海域条约适用争议这一较为综合性的法律问题，而南极海域条约适用争议按照产生原因则可分为与南极海域法律地位争议相关的条约适用争议及与南极海域资源开发制度争议相关的条约适用争议。

(一) 与南极海域法律地位相关的条约适用争议

当前,南极海域法律问题主要集中表现为南极海域条约适用争议。其中,与南极海域法律地位争议相关的条约适用争议主要集中于南纬60度以南海域,包括:①南纬60度以南海域的上覆水域适用《南极条约》主权冻结原则还是《联合国海洋法公约》公海自由原则还是《联合国海洋法公约》的领海主权;②南纬60度以南海域的海床洋底及底土适用《南极条约》主权冻结原则还是《联合国海洋法公约》国际海底区域人类共同继承财产原则还是《联合国海洋法公约》的专属经济区制度。综上所述,可知与此类条约适用争议密切相关的是南极条约体系基石《南极条约》中的"适用区域"条款中关于承认和维护所有国家在南极海域公海权利的内容,以及1982年第三次联合国海洋法会议前后国际海洋法规则的修订问题。其中,有南极主权声索国以双焦点主义突破《南极条约》"主权冻结"原则,在其南极大陆主张的领土区域外划定领海基线要求依据《联合国海洋法公约》向北在南纬60度以南海域主张其领海、专属经济区与大陆架等主权与主权性权利。[1] 大部分南极条约当事国则依照《南极条约》"适用区域"条款主张在南纬60度以南海域完全适用"主权冻结"原则,并以此主张在南纬60度以南海域设立南极海洋保护区的合法性。当然,部分非南极条约当事国但作为《联合国海洋法公约》的当事国则同样依据"适用区域"条款对公海权利的承认,要求依照《联合国海洋法公约》划定南纬60度以南海域为其国家的公海范围,适用公海自由原则。

(二) 与南极海域开发制度相关的条约适用争议

在南极海域条约适用争议中与南极海域开发制度相关的条约争议,主要集中于南纬60度至南极辐合带间的海域,包括:①南纬60度至南极辐合带的上覆水域适用《南极海洋生物资源养护公约》禁渔措施还是《联合国海洋法公约》专属经济区制度;②南纬60度至南极辐合带的海洋洋底及底土适用《联合国海洋法公约》国际海底区域人类共同继承财产原则还是

---

[1] 陈力,刘思竹.论冰架在南极条约体系中的法律地位[J].复旦学报(社会科学版),2023,65(1):161-172.

《联合国海洋法公约》外大陆架制度。综上,可知与此类争议问题直接相关的是南极条约体系中《南极海洋生物资源养护公约》关于南极海洋生物资源"开发"与"保护"之间的制度分歧,《联合国海洋法公约》中专属经济区及大陆架划界,以及沿海国所享有相应主权性权利的制度分歧,以上条约适用争议,主要以各国深入南极海域的外大陆架划界案,以及南极海洋生物资源养护委员会划定的禁渔区和打击 IUU 捕捞制度,对周围岛屿主权国依照《联合国海洋法公约》,在南纬 60 度至南极辐合带之间,获得的合法主权权利之间的冲突。虽然在实践中多通过签署备忘录和双边或多边协议暂时解决,但是随着《BBNJ 国际协定》案文的正式通过,以及国际社会开发南极海域矿产资源的现实需求进一步增加,南纬 60 度至南极辐合带之间的海域必将成为生物资源和矿产资源区域性与全球性开发制度中不同条约当事国权利义务冲突的重灾区。《南极海洋生物资源养护公约》和《关于环境保护的南极条约议定书》作为与南极区域性资源开发制度直接相关的规则组成,其在空间上的适用范围都是以《南极条约》"适用区域"条款为基础而规定。因此,要解决以上海域范围内的制度开发冲突,也必然离不开对《南极条约》"适用区域"条款的追本溯源。

总结南极海域条约适用争议,可以看出,以上条约适用争议或涉及同一海域范围内不同条约当事国的权利义务冲突,或涉及同一海域范围内相同条约当事国的权利义务冲突。有的条约冲突属于法律原则或法律地位上的冲突,有的条约冲突则是法律实践中出现的冲突。造成冲突的原因离不开南极海域法律地位争议和南极海域开发制度争议。因此,研究南极海域条约适用争议,既能为当前南极海域法律问题的综合性解决提供切入视角,又能为应对南极海域核心争议问题提供路径启示。《南极条约》"适用范围"条款所规定的"南纬 60 度"成为以上争议出现的交叉点,因此该条款必然是解决南极海域法律问题的重要研究对象。作为规定南极条约体系中核心与基础性条约在空间上适用范围的条款,该条款自身的模糊性是导致南极海域出现条约适用争议的重要因素。如果能够通过对该条款的研究能够最终确定《南极条约》在空间上的适用范围或找出适用该条款的模糊性,协调南极条约体系与《联合国海洋法公约》在南极海域的适用冲突,那么南极海域条约适用争议将得到解决，南极海域法律地位争议与开发制度争议也可得到有效应对，从而维护南极条约体系在南极治理中核心规则体系的地位，维护南极治理的稳定及维护我国在南极的合法权益。

第三节 "适用区域"条款与南极海域条约适用争议

经过前两节对造成南极条约体系法律挑战的根本原因与国际社会尤其是南极治理参与国应对选择的概述，以及分解和定位与南极海域相关的国家权益博弈和国际治理合作困境，得出南极海域条约适用争议是南极治理（尤其是南极海洋治理）在国际法层面系列问题的集中表现，并依据形成原因将南极海域条约适用争议分为：与南极海域法律地位相关的条约适用争议；与南极海域开发制度相关的条约适用争议。因此，分析解决南极海域条约适用争议问题就是在国际法层面找出国际社会应如何协调国家权益博弈及促进国际治理合作的路径所在，进而为南极条约体系应对法律挑战和稳定发展提供支持。在此基础上，本节正式引出本书的研究对象：《南极条约》"适用区域"条款——《南极条约》第6条。并从国际法理论与实践两个方面出发，阐释选择该条款加以研究以达到解决南极海域条约适用争议的原因所在。

笔者在南极条约秘书处官网，获取到现行有效的《南极条约》第6条内容如下："Article Ⅵ: The provisions of the present Treaty shall apply to the area south of 60° South Latitude, including all ice shelves, but nothing in the present Treaty shall prejudice or in any way affect the right, or the exercise of the rights, of any State under international law with regard to the high seas within that area."❶ 在1983年全国人民代表大会常务委员会批准加入的《南极条约》官

---

❶ ATS. The Antarctic Treaty [EB/OL]. [2021-09-06]. https://www.ATS.aq/e/antarctictreaty.html; CCAMLR. 南极海洋生物资源养护委员会养护措施与决议列表[EB/OL]. [2022-04-26]. https://cm.CCAMLR.org/.

方中译本中,此条款的中文表述为:"第6条:本条约的规定应适用于南纬60度以南的地区,包括一切冰架;但本条约的规定不应损害或在任何方面影响任何一个国家在该地区内根据国际法所享有的对公海的权利或行使这些权利。"❶ 根据此条款的文本内容,可知《南极条约》第6条属于对《南极条约》空间上的适用范围予以规定的《南极条约》"适用区域"条款。本节的研究重点在于论证"适用区域"条款与南极海域条约适用争议系列法律问题之间的关系,进而明确国际法视角下"适用区域"条款的现实研究意义与方向。本节主要分为三部分,前两部分论证"适用区域"条款与南极海域所存在的条约适用争议的相关性,第三小节论证"适用区域"条款对于解决南极海域条约适用争议的重要性。

一、"适用区域"条款的既生模糊性

国际条约的适用范围在《维也纳条约法公约》中划分为时间与空间两个维度。相较于条约在时间上的适用范围,关于条约在空间上的适用范围,《维也纳条约法公约》仅在第29条中规定了条约在缔约当事国领土内的适用范围。❷ 以《南极条约》为例,关于公海、国际海底区域、大陆架、外层空间、月球等国家管辖范围外区域,以及船舶、航空器等事项的国际条约的空间适用范围可能在当事国领土之外。针对条约在国家主权管辖范围外空间范围里的适用(以下简称"域外适用"),联合国国际法委员会(The International Law Commission)经过讨论美国、芬兰、荷兰所提出的对《维也纳条约法公约》第29条的修订意见后❸,决定暂不对条约的域外适用范围

---

❶ 中国人大网. 南极条约[EB/OL]. [2021-09-06]. http://www.npc.gov.cn/wxzl/gongbao/2000-12/26/content_5001402.htm.

❷ 《维也纳条约法公约》第29条:"条约之领土范围——除条约表示不同意思,或另经确定外,条约对每一当事国之拘束力及于其全部领土。"

❸ 美国建议增加一个"条约也适用于每一个当事国的领土之外,但是要以条约明显地有这样更广泛适用的意思为条件"。荷兰建议修改成"一个条约的范围及于每个当事国的全部领土,并且在领土之外,及于该国的管辖权按照国际法应及的范围,但条约显示相反的意思时不在此限。"

进行规定，以避免引起难以解决且更为复杂的关于国家域外权能的困难问题。❶ 因此，关于国际条约在国家管辖范围外空间范围上的适用，尚无通用的国际法予以规制，处于依照每个国际条约自身的相关条款予以针对性规制适用的状态。

（一）"适用区域"条款的认定

《南极条约》中直接规定其在空间上适用范围的条款就是第 6 条，因此本书将其指称为《南极条约》"适用区域"条款。依照该条款，《南极条约》各当事国应当以作为或不作为的方式完成"南纬 60 度以南的地区，包括一切冰架"的空间范围里"主权冻结、保证和平、科研自由"的宗旨性合意与承诺。也就是说，对现有 55 个《南极条约》当事国而言，根据《南极条约》的规定，"南纬 60 度以南的地区，包括一切冰架"所指的空间范围就是适用《南极条约》所确立的主权"冻结"原则的区域。所有当事国均不得对"此区域"提出新的主权诉求及新的诉求依据，个别当事国已有的对"此区域"的主权诉求也处于不可改变及被其他当事国不承认不反对的"冷冻"状态。并且，对所有当事国而言，在"此区域"享有科研自由，但是"此区域"只能用于和平目的，禁止在"此区域"内进行一切具有军事性质的活动及核爆炸和处理放射物。由此可以看出，本段分析中的"此区域"对于南极洲的主权及治理问题影响巨大。故而为了便于研究，较多学者用"南极条约区域（Antarctic Area）"这一专有名词指代"此区域"（"南纬 60 度以南的地区，包括一切冰架"）在国际法视域下的概念，本书也认可且同样采纳该用法。

综上所述，"适用区域"条款在《南极条约》实施中的重要性，因此在《南极条约》磋商谈判的过程中该条款也与其他条款一般无二地历经多方讨论与各种措辞。例如，就《南极条约》第 6 条"适用区域"条款中是否出现"南极洲（Antarctic）"一词，参加 1959 年南极洲会议的 12 个当事国各持不同观点，最终因以上各方没有就"南极洲"的定义达成共识，因而

---

❶ UN. 国际法委员会年刊[EB/OL]. [2025-03-25]. https://legal.un.org/ilc/documentation/chinese/reports/a_cn4_191.pdf.

《南极条约》第 6 条在规定该条约的空间适用范围时没有明确提及"南极洲"。❶ 该条文的具体形成发展后文做详细梳理,此处仅以上例佐述:为促成《南极条约》签署与生效,《南极条约》第 6 条的内容与《南极条约》第 4 条同样具有模糊性。

(二)"适用区域"条款模糊性的具体表现

具体而言,《南极条约》"适用区域"条款(《南极条约》第 6 条)所具模糊性主要表现为以下几点。第一,条文自身用语的法律定义至今模糊。例如,"本条约的规定应适用于南纬 60 度以南的地区,包括一切冰架"中的"冰架"一词,无论在《南极条约》抑或南极条约体系的定义条款中均未予以明确解释。在以《联合国海洋法公约》为核心的国际海洋法体系中也无法找到相应的法律定义。第二,条文采取避重就轻的方式模糊了对南纬 60 度以南海域是否属于公海的划定。《南极条约》第 6 条属于由一款构成的条文,该条文被分号分成了前后两部分,第一部分是以纬度为标准对《南极条约》适用范围的地理描述,第二部分则强调了各国在此范围内的公海权利不容侵犯。这是《南极条约》中唯一涉及南极海域的条款,但是仅是对"公海"权利的确认性提及,并未界定"公海"的含义、范围,对于公海之下的海床与底土当然也没有任何规定,这直接影响了《南极条约》主权"冻结"规则的法律结果。第三,条文仅对"公海权利"作了"依据国际法"获得的概括性提及,模糊了该范围内"公海权利"的种类与范围。1959 年《南极条约》订立之时,仅有 1958 年《公海公约》对公海的范围与权利进行了规定。相比于 1982 年《联合国海洋法公约》签署后对公海范围与公海权利的规定,显然《公海公约》所规定的公海范围(不属领海或一国内水域之海洋所有各部分)与公海权利(除航行、捕鱼、铺设海底电缆与管线、公海上空飞行之自由外,还包括对海底的自由使用权利)远多于

---

❶ JOHN H. The Antarctic Treaty 1959[J]. International and Comparative Law Quarterly, 1960,9(3):436-480.

《联合国海洋法公约》的相关规定。❶ 又因为《联合国海洋法公约》规定"在各当事国间，《联合国海洋法公约》优于《公海公约》的适用"❷，故而，基于《南极条约》第6条未明确列举《南极条约》各当事国在南极海域享有的公海权利的种类与范围，此模糊性处理使得依据第6条条文中"依据国际法"对各当事国公海权利予以确定与保护的规定，《南极条约》当事国在南极海域所享有的公海权利呈缩小趋势。这进一步导致当事国不得不正视《南极条约》与以《联合国海洋法公约》为核心的国际海洋法体系在南极海域的法律位阶与适用问题，并需要在二者中作出艰难取舍。

二、"适用区域"条款与南极海域条约适用争议的相关性

《南极条约》的"适用区域"条款所具有的模糊性带来的法律后果如何？

（一）积极影响——促成《南极条约》生效的"解铃"条款

值得肯定的是：《南极条约》"适用区域"条款与《南极条约》整体一脉相承的模糊性成功规避了各当事国当时的一系列有关南极海域法律地位、划界与权利范围等争议性法律问题，最终保证了《南极条约》的签署与生效，也促成了南极领土主权"冻结"国际法规则的确立。因为仅就《南极条约》第4条而言，其措辞的模糊性只能达到为南极领土主权声索国、保留国及其他国家当时或未来时间段内对南极的"领土或领土主权权利"的声索不被支持提供合法性依据，但它不能为彻底否定以上关于南极领土和

---

❶ 《联合国海洋法公约》规定，公海范围"不包括在国家的专属经济区、领海或内水或群岛国的群岛水域内的全部海域"；公海权利是：航行自由、飞越自由、铺设海底电缆和管道的自由(但受大陆架规定的限制)、建造国际法所容许的人工岛屿和其他设施的自由(但受大陆架规定的限制)、捕鱼自由(但受公海生物资源养护和管理规定条件的限制)、科学研究的自由(但受大陆架和海洋科学研究规定的限制)。并且，这些自由应由所有国家行使，但须适当顾及其他国家行使公海自由的利益，并适当顾及本公约所规定的同国际海底区域内活动有关的权利。

❷ 《联合国海洋法公约》第311条第1款规定："在各当事国间，本公约应优于一九五八年四月二十九日日内瓦海洋法公约。"

主权权利的声索提供国际法依据，它需要《南极条约》中其他加强《南极条约》法律效力的条款的辅助性支撑方能构建起南极领土主权的"冻结"规则。例如，《南极条约》第8条仅承认当事国在《南极条约》适用区域内的属人管辖权，否定了当事国在《南极条约》适用区域内存在属地管辖的可能。❶ 鉴于属地管辖权最直接的合法性来源是主权国家对某区域拥有领土主权，可以得出《南极条约》第8条通过否定当事国的属地管辖权，反向否定了当事国在《南极条约》适用区域的领土与主权主张。《南极条约》的"适用区域"条款也不例外，虽然该条文的字数较少，但是它明确了南极领土主权"冻结"的区域范围，即"南纬60度以南地区，包括一切冰架"。因为该条款的存在，《南极条约》第4条得以落地，而不仅是宗旨性规定，完成了由原则向规则的转化，增加了国际法规则的可实施性。

（二）消极影响——限制南极条约体系法律效力的"系铃"条款

显而易见，在谈判时《南极条约》"适用区域"条款为规避关于南极海域法律地位争议问题而产生的语义模糊性本就是一把双刃剑。一方面，该条款对南纬60度以南的"公海"是否适用"冻结"原则的模糊规定，对《南极条约》谈判中的相关争议得以解决并最终签署生效意义非凡。从起草历史来看，各国对《南极条约》是否适用于南纬60度海域曾存在争论。美国、英国因担心海洋自由受限，主张《南极条约》应只适用于南纬60度以南的大陆与冰架，不包括公海；阿根廷则主张《南极条约》应适用于包括

---

❶ 《南极条约》第8条规定："一、为了便利缔约各方行使本条约规定的职责，并且不损害缔约各方关于在南极对所有其他人员行使管辖权的各自立场，根据本条约第七条第一款指派的观察员和根据本条约第三条第一款（乙）项而交换的科学人员以及任何这些人员的随从人员，在南极为了行使他们的职责而逗留期间发生的一切行为或不行为，应只受他们所属缔约一方的管辖。二、在不损害本条第一款的规定，并在依照第九条第一款（戊）项采取措施以前，有关的缔约各方对在南极行使管辖权的任何争端应立即共同协商，以求达到相互可以接受的解决。"

"南纬60度以南的所有陆地、水域以及上覆空间";❶ 为协调以上两种立场，苏联提出了折中方案并经英国代表团修改后形成了第6条最终文本：以"地区（Area）"的概括性用词取代对各区域的明确列举，并在条款第二部分补充依据1958年《公海公约》及国际习惯法等对南纬60度以南地区所含"公海"自由原则的确认与遵守。另一方面，该条款对南纬60度以南的"公海"是否适用"冻结"原则的模糊规定，导致南纬60度以南海域的法律地位自此无法确定，进而给作为《南极条约》乃至南极条约体系基石的南极领土主权"冻结"原则埋下被挑战的隐患。虽然，根据条约的时间效力原则❷，以1959年《南极条约》签署时已有的国际海洋法（1958年《公海公约》《日内瓦领海及毗连区公约》及国际习惯法等）的相关规定来看，南纬60度以南的海域应当全部属于"公海"，并遵守包含但不限于航行、捕鱼、铺设海底电缆与管线及上空飞行等较大范围的"公海自由"原则，因此《南极条约》"适用区域"条款第二部分的补充说明可以通过目的解释理解为对"南纬60度以南海域"适用"冻结"原则的默认与对其"公海"法律地位的强调，二者并无冲突。但是，无论是某些《南极条约》当事国的国内立法实践，抑或国际法学界的理论学说中，始终存在《南极条约》领土主权冻结原则不适用于"南纬60度以南海域"的主张。其国际法依据之一是：《南极条约》"适用区域"条款第二部分强调"公海自由"原则的目的是刨除"南纬60度以南海域"适用《南极条约》领土主权冻结原则，两个原则不可共存于同一地理区域，"南纬60度以南的大陆及冰架"适用领土主权的"冻结"原则，而"南纬60度以南的海域"适用"公海自由"原则。再加上随着《南极海洋生物资源养护公约》《关于环境保护的南极条约议定书》等组成南极条约体系的国际条约的签署生效，即使是南极条约

---

❶ FRANCESCO F，TULLIO S. The Antarctic Treaty System and the New Law of the Sea: Selected Questions[M]. London:Kluwer Law International,1996:386.

❷ 条约一般自生效之日起开始适用，并且原则上，条约没有溯及力，条约对当事国在条约生效之日以前发生的任何行为或事实均不发生效力。但是，如果条约规定中包含了一些传统国际习惯法规范，那么这些规则的效力应该可以向前追溯适用。

体系内的各条约对其适用区域的规定也不尽相同,有关《南极条约》冻结原则适用地理范围的争议始终无法得到解决。这给本就缺乏深厚国际法理论与实践支撑的关于主权划定新的国际法原则的未来发展趋势增加了更多不确定性。

随着国际法的发展,《南极条约》"适用区域"条款措辞的模糊性进一步引发了以《联合国海洋法公约》为核心的国际海洋法与以《南极条约》为核心的南极条约体系在南极海域尤其是资源开发制度中的法律适用冲突,甚至进一步威胁南极条约体系在南极治理中的合法性与稳定性。这一点自1982年《联合国海洋法公约》签署至今主要表现为以下三点。第一,《联合国海洋法公约》创制了"专属经济区"制度,沿海国对其200海里专属经济区享有"以勘探和开发、养护和管理海床上覆水域和海床及其底土的自然资源(生物或非生物)为目的的主权权利,以及关于在该区内从事经济性开发和勘探,如利用海水、海流和风力生产能等建造人工岛屿、环境保护、海洋科学研究等其他活动的主权权利"❶,基于此澳大利亚、法国、阿根廷、智利作为南极主权声索国的4/7已经正式声明其"南极领土"在南纬60度以南海域的"专属经济区",它们的国际法依据是:既然《南极条约》"适用区域"条款未明确规定《南极条约》在南纬60度以南海域的优先适用,那么《联合国海洋法公约》作为一般法应当在南极海域优先适用。第二,与第一点相似的还有《联合国海洋法公约》创建的"大陆架"制度,沿海国对不超过其领海350海里的大陆架为勘探和开发其自然资源的目的,

---

❶ 《联合国海洋法公约》第56条规定:"1.沿海国在专属经济区内有:(a)以勘探和开发、养护和管理海床上覆水域和海床及其底土的自然资源(不论为生物或非生物资源)为目的的主权权利,以及关于在该区内从事经济性开发和勘探,如利用海水、海流和风力生产能等其他活动的主权权利;(b)本公约有关条款规定的对下列事项的管辖权:(1)人工岛屿、设施和结构的建造和使用;(2)海洋科学研究;(3)海洋环境的保护和保全;(c)本公约规定的其他权利和义务。2.沿海国在专属经济区内根据本公约行使其权利和履行其义务时,应适当顾及其他国家的权利和义务,并应以符合本公约规定的方式行使。3.本条所载的关于海床和底土的权利,应按照第六部分的规定行使。"

行使主权权利。❶ 基于此，截至 2013 年，澳大利亚、挪威、阿根廷、英国正式向大陆架划界委员会提交涉及南纬 60 度以南海域的外大陆架划界申请。如若说有关"专属经济区"的划界声明与主权权利主张因基于其自身的"南极领土"而产生，违反了《南极条约》的领土主权"冻结"原则，不构成纯粹的《联合国海洋法公约》与《南极条约》在南极海域的法律适用冲突。但是涉及南极海域的外大陆架划界案则有着充分的国际法依据，符合法律适用冲突的构成要件，同样因为《南极条约》"适用区域"条款的措辞的模糊性，无法确定《南极条约》是否适用于"南纬 60 度以南海域"而无法确定《联合国海洋法公约》与《南极条约》的法律位阶与适用顺序，甚至进一步引发了联合国大会对南极条约体系在南极治理中合法性的质疑，至今仍未解决。第三，除以上与南极海域主权划分相关的法律适用冲突外，《南极条约》"适用区域"条款中"冰架"的定义模糊，也导致了《联合国海洋法公约》第 234 条"冰封区域"条款❷在南极海域的法律适用冲突，以及《南极海洋生物资源养护公约》对南极海域的捕鱼限制也与《联合国海洋法公约》规定的公海捕鱼自由原则相冲突等。

---

❶ 《联合国海洋法公约》第 77 条规定："1. 沿海国为勘探大陆架和开发其自然资源的目的，对大陆架行使主权权利。2. 第 1 款所指的权利是专属性的，即：如果沿海国不勘探大陆架或开发其自然资源，任何人未经沿海国明示同意，均不得从事这种活动。3. 沿海国对大陆架的权利并不取决于有效或象征性的占领或任何明文公告。4. 本部分所指的自然资源包括海床和底土的矿物和其他非生物资源，以及属于定居种的生物，即在可捕捞阶段海床上或海床下不能移动或其躯体须与海床或底土保持接触才能移动的生物。"

❷ 《联合国海洋法公约》第 234 条规定："沿海国有权制定和执行非歧视性的法律和规章，以防止、减少和控制船只在专属经济区范围内冰封区域对海洋的污染，这种区域内的特别严寒气候和一年中大部分时候冰封的情形对航行造成障碍或特别危险，而且海洋环境污染可能对生态平衡造成重大的损害或无可挽救的扰乱。这种法律和规章应适当顾及航行安全和以现有最可靠的科学证据为基础对海洋环境的保护和保全。"

第一章 "适用区域"条款在国际法视角下的现实与理论意义

自《南极条约》签署以来,《南极条约》第 4 条"主权冻结"条款❶始终被视为《南极条约》的核心条款,是构成南极条约体系的基石。因为,《南极条约》依据第 4 条完成了以法律方式"冻结"南极主权声索、中止南极主权纠纷的国际法实践,增加了国际法上解决领土主权争端的新规则。依据第 4 条,在《南极条约》有效期内,各国对南极(南纬 60 度以南的地区,包括一切冰架)的领土主权的任何要求既不被承认也不被否定;并且现有南极领土主权声索国、保留国及其他非领土主权声索国对南极(南纬 60 度以南的地区,包括一切冰架)领土主权的立场均予以冻结,不可改变。1961 年生效的《南极条约》既使得南极领土主权声索国担心其他国家侵占本国所声索"南极领土"的顾虑暂时消除,也使得其他国家暂时打消了在南极以武力占领等方式争夺领土主权的念头。这全方位保护了南极的和平稳定,使得各主权国家从此致力于南极的科学考察与保护利用。❷ 可以说,《南极条约》第 4 条是确保《南极条约》及南极条约体系被国际社会广泛接受并平稳实践运行的根本所在。

不难推断,《南极条约》第 4 条这一如此重要的条款是经过 12 个与会国❸的外交与法律工作者如何反复斟酌、缜密用词讨论后拟定而得。但无法逃避的问题是:无论如何推敲措辞,此条规定从根本上依旧是各方利益妥协平衡让步后的产物。它无法同时满足所有与会国对南极领土主权的利益诉求,只能利用文字表达的技巧,既含糊又全面地达到各方利益代表均可

---

❶ 《南极条约》第 4 条规定:"一、本条约的任何规定不得解释为:(甲)缔约任何一方放弃在南极原来所主张的领土主权权利或领土的要求。(乙)缔约任何一方全部或部分放弃由于它在南极的活动或由于它的国民在南极的活动或其他原因而构成的对南极领土主权的要求的任何根据。(丙)损害缔约任何一方关于它承认或否认任何其他国家在南极的领土主权的要求或要求的根据的立场。二、在本条约有效期间所发生的一切行为或活动,不得构成主张、支持或否定对南极的领土主权的要求的基础,也不得创立在南极的任何主权权利。在本条约有效期间,对在南极的领土主权不得提出新的要求或扩大现有的要求。"

❷ 胡德坤,唐静瑶.南极领土争端与《南极条约》的缔结[J].武汉大学学报(人文科学版),2010,63(1):64-69.

❸ 阿根廷、澳大利亚、比利时、智利、法兰西共和国、日本、新西兰、挪威、南非联邦、苏维埃社会主义共和国联盟(苏联)、大不列颠及北爱尔兰联合王国和美利坚合众国。

以从自身角度出发作出对各自"有利"理解或解释的目的（双焦点主义下地缘政治格局的形成）。只有这样，20世纪中叶白热化的南极领土争端才能得到暂时的平息。甚至，在朝着暂时平息南极领土主权争议这个目标努力的过程中，《南极条约》的所有条款都在为平息争议而服务，第4条作为明确提出搁置争议的条款发挥了更直接且尖锐的作用。如果没有《南极条约》中剩下的13条的支撑与辅助，仅仅有《南极条约》第4条这个单一条款，则基本不可能做到通过和平的法律途径解决南极领土主权争端。而在《南极条约》除去第4条剩下的13条中，《南极条约》第6条的作用与意义最为突出，与《南极条约》第4条相互联系又相互独立，共同面向南极主权争议，值得深入系统的法律研究。

归纳与"适用区域"条款模糊性最直接相关且相关性最为密切的国际法问题是——"适用区域"条款的既生模糊性直接导致南极海域出现了条约适用争议。此处的"南极海域"指《南极条约》规定的"南纬60度以南的地区，包括一切冰架"的南极大陆四周的海域；此处的"条约"指《维也纳条约法公约》第2条规定的"国家间所缔结而以国际法为准之国际书面协定"[1]，即依国际法制定旨在确立当事国相互间权利义务关系的国际书面协定[2]，以南极条约体系中的《南极条约》《南极海豹保护公约》《南极海洋生物资源养护公约》《关于环境保护的南极条约议定书》以及国际海洋法的核心《联合国海洋法公约》等国际条约为例。基于此，"适用区域"条款所导致的南极海域条约适用争议，共有如下争议立场存在。针对《南极条约》的"冻结"原则是否适用于全部南极海域：有立场认为适用于全部南极海域，因为"适用区域"条款没有明确排除在南极海域的空间适用，所以对所有当事国而言均应遵守"冻结"原则在全部南极海域的适用，不论其是否为南极主权声索国；有立场认为全部南极海域均不适用，依据《南极条约》签署时存在的《公海公约》，全部南极海域均属于公海，依据

---

[1] 《维也纳条约法公约》第2条第1款(甲)规定："称'条约'者，谓国家间所缔结而以国际法为准之国际书面协定，不论其载于一项单独文书或两项以上相互有关之文书内，亦不论其特定名称如何。"

[2] 万鄂湘,石磊,杨成铭,等.国际条约法[M].武汉:武汉大学出版社,1998:3.

"适用区域"条款第二部分对当事国公海权利的承认与保护,全部南极海域应当属于公海,不适用《南极条约》的"冻结"主权原则;还有立场认为部分南极海域适用《南极条约》"冻结"原则,部分南极海域不适用,依据是《联合国海洋法公约》出台后部分在南纬60度以北岛屿拥有主权的国家依据《联合国海洋法公约》的大陆架制度可以在部分南极海域拥有由其外大陆架延伸所至的主权性权利,《联合国海洋法公约》是以联合国为核心的国际海洋法体系的基础,在全球海域均适用,《南极条约》作为区域性国际条约,对海洋的规定属于《联合国海洋法公约》的下位法,因此在南极海域先适用《联合国海洋法公约》大陆架制度,剩余部分再适用《南极条约》的"冻结"原则。在认为全部南极海域均不适用《南极条约》"冻结"原则的立场中,也有认为《联合国海洋法公约》完全适用于南极海域,因此南极海域部分适用公海制度,部分适用大陆架制度。除此之外,部分南极主权声索国还在坚持依据其在南极大陆主张的领土,依据《联合国海洋法公约》其在南极海域享有领海、专属经济区、大陆架等主权与主权权利,除此之外的海域部分再适用公海自由原则等。

三、"适用区域"条款之于南极海域条约适用争议解决的重要性

综上所述,《南极条约》"适用区域"条款以其既生的模糊性成为1959年《南极条约》签署时相关法律争议问题的"解药",促成了《南极条约》的最终生效;但随着南极治理中南极条约体系所包含条约等法律文件的不断增加,以及国际海洋法的不断发展,它逐渐成为影响《南极条约》及南极条约体系在南极治理中保持稳定有效的"麻药",其模糊性所牵连的南极海域条约适用争议等系列国际法问题对南极领土主权与南极治理秩序影响重大。并且,"适用区域"条款所引发的南极海域条约适用争议纷繁复杂,利益不同则必然立场不同,同时基于现有国际法规则与条约适用理论的不成体系性导致该争议问题的分析与解决更加具有挑战性。根据前文的分析,该系列性争议问题根据起因的不同可以分为两类:与南极海域法律地位相关的条约适用争议,与南极海域开发制度相关的条约适用争议。"适用区域"条款的模糊性在直接导致以上条约适用争议出现的同时,也顺理成章

为其在国际法理论与实践层面解决南极海域条约适用争议的重要地位奠定了基础。

（一）与南极海域法律地位相关的条约适用争议

依据《联合国海洋法公约》从垂直维度对海域的划分，南极海域可分为上覆水域和海床洋底及底土两大部分；依据南极条约体系中《南极条约》《南极海洋生物资源养护公约》对南极海域在水平维度的相关规则，南极海域可分为南纬60度以南海域、南纬60度至南极辐合带海域两个区域。因而，在以上既定规则的基础上，当前南极海域的法律地位争议可分为南纬60度以南海域中的上覆水域、南纬60度以南海域中的海床洋底及底土、南纬60度至南极辐合带海域中的上覆水域、南纬60度至南极辐合带海域中的海床洋底及底土四部分的法律地位分别为何。

以上四部分区域的法律地位均存在争议。南纬60度以南海域中的上覆水域适用《南极条约》主权冻结原则，还是《联合国海洋法公约》的公海自由原则，抑或南极大陆主权声索国依《联合国海洋法公约》划定的领海制度，抑或《南极海洋生物资源养护公约》当事国划定的海洋保护区制度。南纬60度以南海域中海床洋底及底土适用《南极条约》主权冻结原则，还是《联合国海洋法公约》国际海底区域的人类共同继承财产原则，抑或近南极国家依照主权岛屿向南依照《联合国海洋法公约》划定的外大陆架制度。南纬60度至南极辐合带中的上覆水域适用近南极岛屿主权国家依《联合国海洋法公约》划定的专属经济区制度，还是以南极大陆为无主权归属的大陆并依《联合国海洋法公约》规定向北划定的公海自由原则。南纬60度至南极辐合带中的海床洋底和底土适用《联合国海洋法公约》的国际海底区域制度，还是适用主权岛屿国家依《联合国海洋法公约》划定的大陆架制度。

从国际法视角分析，以上争议所聚焦的法律问题可总结为：《南极条约》在空间上的适用范围是否包括南极海域。如包括，是否为被划分为四部分的全部南极海域；如非全部南极海域，那剩余部分的南极海域应适用何原则或制度。按照争议的出现与发展，相关法律问题具体分析如下。

1961年《南极条约》正式生效，30余年后《联合国海洋法公约》于1994

年正式生效。在这30余年间,南极在《南极条约》主权"冻结"原则的维持下法律地位与政治形势基本保持稳定与和平;同时,《南极海洋生物资源养护公约》《关于环境保护的南极条约议定书》及其附件等以《南极条约》为基础的南极治理相关国际公约陆续出台,《南极条约》逐渐发展成为南极条约体系并构成了南极治理的核心制度,而南纬60度与南极辐合带(南纬45度至60度)之间部分区域也被纳入了南极条约体系的适用区域之中。❶此外,在这30余年间,随着全球气候变化及南极科考能力的不断提升,南极陆地及其周边海域所蕴含的丰富的矿产资源与生物资源不断被各国发现并试图予以开发利用。领土主权主张的意义不再只是战略层面单纯的"占地盘",而转化为更具体实际的经济利益所在;各国不再将关注点聚焦南极的陆地,而转向了更具有现实价值的大陆周边海域。当然,不可忽视的是这30余年间,国际海洋法也从习惯法为主步入了建章立制的新篇章,《联合国海洋法公约》作为拥有170个成员国的"国际海洋法宪章"❷,领海及毗连区制度、专属经济区制度、大陆架制度、公海制度、国际海底区域制度等基本建立,对传统的仅与领海主权相对的海洋自由发起了挑战,各国在周边海域及其底土之上获得了若干具有合法性的主权性权利,也进而引发了更多的法律适用冲突与海洋划界争议,南极海域的主权要求就产生于此背景之下。因此,有关《南极条约》在空间上适用范围规定的"适用区域"条款在其产生后第一个30年里的法律实践主要表现为通过模糊处理《南极条约》是否适用于南极海域及冰架达到对南极主权冻结原则的补充与

---

❶ 构成南极条约体系的《南极海洋生物资源养护公约》第1条规定:"一、本公约适用于南纬60度以南和该纬度与构成南极海洋生态系统一部分的南极辐合带之间区域的南极海洋生物资源。二、南极海洋生物资源意指南极辐合带以南水域的鱼类、软体动物、甲壳动物和包括鸟类在内的所有其他生物种类。三、南极海洋生态系统指南极海洋生物资源相互间以及其与自然环境之间的复合关系。四、南极辐合带应被视为连接下列经纬线各点的一条水域带:50°S,0°;50°S,30°E;45°S,30°E;45°S,80°E;55°S,80°E;55°S,150°E;60°S,150°E;60°S,50°W;50°S,50°W;50°S,0°。"

❷ 截至2025年2月28日,联合国官网显示,全世界共有197个国家,其中联合国成员国共193个国家,《联合国海洋法公约》的当事国数量占比超过88%,得到了全世界绝大多数国家的批准与遵守。

支撑目的,在此阶段其法律效力的发展基本与《南极条约》在南极治理中具有的效力程度保持一致。随着国际海洋法体系的发展,"适用区域"条款在其产生后第二个 30 年里的法律实践则主要表现为其对《南极条约》是否适用于南极海域的模糊处理引发的各国以此为依据提出的对南极海域的主权要求等法律问题,具体可分为以下三种类型。

1. "南极领土"附属海域的领海主权要求

(1) 要求现状。

在 7 个南极主权声索国中,除挪威仍保留作出本国"南极领土"附属海域中领海主权的声明外,其余 6 个国家(澳大利亚、新西兰、英国、法国、阿根廷、智利)均在其提出对南极大陆领土主权的声索若干年后,分别通过国内立法或修正案等方式作出了对其各自"南极领土"附属领海的主权要求。❶ 例如,澳大利亚根据国内宪法的制度,在 1973 年《海洋和底土法案》(*the Seas and Submerged Lands Act* 1973)颁布时,澳大利亚正式宣布在大洋洲大陆和外部领土(包括其"南极领土")周围建立 3 海里领海。在此之前,澳大利亚仅通过联邦和州立法的结合,对其主张主权的南极大陆周围领海内开展了行使一定程度主权和管辖权的系列活动。随后在《联合国海洋法公约》出台后,1990 年 11 月,澳大利亚将其领海从 3 海里扩大到 12 海里,这也同样适用于其"南极领土"附近的水域。❷

(2) 法律依据。

按照国际习惯法,沿海国对其领海的主权属于其固有权利(inherent right),无须明文公告即可自然获得。但实践中,由于受到其他国家的持续反对,南极主权声索国往往为了强调或宣示其"南极主权",而通过国内立法等法律形式提出对其"南极领土"附属海域领海主权的声明,并且会根据国际海洋法的发展不断修改或调整相关国内法的规定。❸ 同时,南极主权

---

❶ 陈力,等.中国南极权益维护的法律保障[M].上海:上海人民出版社,2018:78.

❷ Stuart K, Donald R R. Australia's Antarctic Maritime Claims and Boundaries[J]. Ocean Development and International Law,1995:195-226.

❸ Ley 23968 of 14 August 1991, in Boletin Official,5 December 1991(Argentina).

声索国在南极海域"沿海国"的身份由来并无明确法律依据,且不被《南极条约》其他当事国所承认。

2. 南纬 60 度以南海域的主权权利要求

(1) 要求现状。

根据《联合国海洋法公约》,沿海国可从测算领海宽度的基线量起,不得超过 24 海里是其毗连区,并可在毗连区内,针对以下事项行使必要的管制权:防止或惩治在其领土或领海内违反其海关、财政、移民或卫生的法律和规章的行为。❶ 基于此,7 个南极主权声索国中有澳大利亚、新西兰、法国、阿根廷、智利五国依据他们的"南极领土"提出在南纬 60 度以南海域的毗邻区声明。就沿海国在专属经济区享有的主权权利而言,7 个南极主权声索国中有澳大利亚、法国、阿根廷、智利四国明确声明依据其各自的"南极领土"而在南纬 60 度以南海域中享有的 200 海里专属经济区之上的主权权利。其中,智利还提出依据"毗连区"制度,其也有权控制和参与任何国家在毗邻智利公海的任何活动以保护其附属海域的环境与资源,包括延伸至南纬 60 度以南的相关海域。❷ 就《联合国海洋法公约》明确的大陆架制度,因为受大陆架界限委员会通过《科学和技术准则》之日起 10 年为限,接收大陆架划界申请,所以截至 2013 年大陆架界限委员会收到的有效划界申请中,澳大利亚、阿根廷、挪威、英国四国正式提交了涉及南纬 60 度以南海域的大陆架划界申请,智利、新西兰、法国则声明保留对涉及南纬 60 度以南区域海域大陆架划界主张的权利。❸

(2) 法律依据。

不同于领海主权是国家的固有权利,《联合国海洋法公约》规定的毗连

---

❶ 《联合国海洋法公约》第 33 条:1. 沿海国可在毗连其领海称为毗连区的区域内,行使为下列事项所必要的管制:(a)防止在其领土或领海内违反其海关、财政、移民或卫生的法律和规章;(b) 惩治在其领土或领海内违反上述法律和规章的行为。2. 毗连区从测算领海宽度的基线量起,不得超过 24 海里。

❷ Decreto no 430 of September 1991, in Diario Official, 21 January 1992.

❸ 朱瑛,薛桂芳. 大陆架划界对南极条约体系的挑战[J]. 中国海洋大学学报(社会科学版),2012(1):9-15.

区、专属经济区、大陆架制度均属于国家对领土毗连海域拥有的主权性权利（如对勘探开发、科学研究、环境保护等活动的管辖权等），并不具有对以上海域的所有权。因此，不同于领海无须主张即可获得，沿海国对毗连区、专属经济区及大陆架的主权权利均需要沿海国明确提出主张声明后方可行使。除此，《联合国海洋法公约》第74条、第83条均规定了海岸相向或相邻国家如果出现专属经济区、大陆架划界的重合，则应在《国际法院规约》第38条所指国际法的基础上以协议划定，以便得到公平解决。由此可得，如果以上海域出现重合或法律适用冲突，应当首先通过协商予以解决。在南纬60度以南的区域，明确提出海域主权权利主张的国家，或因为缺少国际法依据（如智利提出的专属经济区权利），或因为存在海域划分重合或科学技术问题，无法得到国际社会或其他国家的承认。其中，最为突出的一项法律冲突表现为南纬60度以南区域的海域如果适用《南极条约》则主权被冻结，任何国家不得主张在《南极条约》签署前未提出的领海主权或主权性权利；如果适用《联合国海洋法公约》，则如何具体划分与适用不同海域的制度应当进一步研究与讨论。其中，最集中的问题在于如何判断各国提出的延伸至南纬60度以南海域的大陆架划界申请与公海制度在南纬六十度以南海域的适用问题。以上问题均将在本书的后续章节予以研究与讨论。在此，再一次鲜明地展示了对南纬60度以南海域法律地位认定的重要性，以及更进一步验证了《南极条约》第6条的重大研究意义。

3. 南纬60度至南极辐合带海域的主权权利要求

（1）要求现状。

由南极点垂直向下，以南纬60度为界，此界以南是南极大陆的主体及其周边海域的近南极大陆岛屿，以北至南纬45度以太平洋、大西洋、印度洋围合的海域为主体，以及在这一片海域之上的若干岛屿，一般被称作亚南极群岛。[1] 绝大多数亚南极岛屿主权归属明确，不存在任何主权争议。例如，澳大利亚享有主权的赫德群岛与麦克唐纳群岛、法国享有主权的凯尔盖朗群岛与克洛泽群岛、挪威享有主权的布维岛、南非享有主权的爱德华

---

[1] 张耀曾.南极洲地理概况[J].中学地理教学参考,1980(3):14-19.

王子岛等。❶ 一直以来，以上岛屿主权国对岛屿附属领海、大陆架的主权权利主张作为主权国家的固有权利，并未受到别国的质疑与反对。但随着1982年《联合国海洋法公约》出台后，法国、南非、挪威、澳大利亚分别宣布了以上附属于岛屿之上的200海里专属经济区专属权利。阿根廷与英国因为本就存在岛屿主权争议，因此在声明200海里专属经济区时不出意外地又增加了一层主权权利的争议。❷ 另外，《南极海洋生物资源养护公约》也于1982年生效，基于其养护对象与养护措施的规定，南极海洋生物资源养护委员会与各岛屿主权国家在这一区域存在一定的管辖重合。此重合以南极海洋生物资源养护委员会主席通过声明承认并支持岛屿主权国在此区域所主张的200海里专属经济区的主权权利得以暂时解决。❸ 但是，随着南极海洋保护区的不断建立，在此区域所设定的"禁渔"措施，始终存在与以上国家专属经济区所具有的主权权利相冲突的潜在可能性，应当尽早研究干预。

（2）法律依据。

究其根本，《联合国海洋法公约》所确立的不同于传统国际法的"专属经济区"制度与南极条约体系发展产生的《南极海洋生物资源养护公约》所设立的南极海洋保护区制度之间的法律冲突，是导致以上南纬60度以北至南纬45度以南海域之间发生主权主张争议或变化的根本原因。面向南纬60度以北海域的《南极海洋生物资源养护公约》将其适用区域的纬度由《南极条约》的南纬60度以南拓至南纬45度以南，养护对象是在这一纬度范围内海域中的海洋生物资源。不同于《南极海豹保护公约》《关于环境保

---

❶ 存在主权争议的岛屿主要是阿根廷与英国就南佐治亚群岛与南桑德维奇群岛存在主权争议；智利与新西兰在此区域内无争议。

❷ 阿根廷于1991年声明对英国存在主权争议的南佐治亚群岛与南桑德维奇群岛附属海域专属经济区后，引起英国的强烈反对，并于1993年以国内立法的形式声明对上述岛屿200海里专属经济区的专属权利。

❸ VIGNI P. Antarctic Maritime Claims: "Frozen Sovereignty" and the Law of the Sea [J]. The Law of the Sea and Polar Maritime Delimitation and Jurisdiction (eds. Elferink, A. & Rothwell, D): Kluwer Law International, 2001:85-104.

护的南极条约议定书》以南纬60度作为适用空间范围的分界线,《南极海洋生物资源养护公约》在纬度层面将南极条约体系的适用区域向北拓展了15度,并且为了达到养护海洋生物资源的目的,在自南极点至南纬45度的海域范围设定了一系列管理措施并设立了南极海洋生物资源养护委员会予以实施和监督,这影响了《联合国海洋法公约》出台后南极周边国家如新西兰、澳大利亚等以本国岛屿为基点主张专属经济区等海域主权的法律效力。

4. "适用区域"条款解决以上问题的重要性

总结以上南极海域存在的与南极海域法律地位争议相关的法律问题,可以得出《联合国海洋法公约》与南极条约体系的各项条约在南极海域的适用冲突是导致南极海域法律地位争议转化为实践中现实存在的法律问题的主要原因。因此,协调南极海域的条约适用冲突是解决以上法律问题的有效路径。以和平手段解决争端,不仅是《联合国宪章》的规定,也是国际法基本原则的要求,和平解决南极争端的要求也包含在南极条约体系之中。[1] 同时,《南极条约》"适用区域"条款明确了该条约在空间上的适用范围,并明确该条约不应妨碍任何一国根据国际法规定享有的公海权利。根据《维也纳条约法公约》规定的条约解释方法,此处的"公海"应是指1958年《公海公约》中所规定的"不属领海或一国内水域之海洋所有各部分"。《南极条约》"适用区域"条款所指"国际法"应包含国际海洋法,但对于"国际海洋法"是指签订《南极条约》时期的国际海洋法还是指随着时间推移一直演进的国际海洋法,有观点认为采取后面一种解释更为恰当,因为国际法中各国在公海的权利是不断变化的,采用更为灵活的解释能让《南极条约》更贴近当今现实,延长其生命力。相反观点则认为,此处涉及的问题则为条约在时间范围上的适用问题。但是《联合国海洋法公约》是现行国际法中不可或缺的部分,因此以《南极条约》为核心的南极条约体系和《联合国海洋法公约》在南极地区的重叠使用是必然趋势,而《联合国海洋法公约》对南极海域法律问题造成影响的同时也会为其解

---

[1] 刘唯哲,CHEN Jueyu.《联合国海洋法公约》对南极海域争端的影响与启示[J].中华海洋法学评论,2020,16(3):52-82.

决带来启示，应继续深入研究。

南极海域法律地位相关的条约适用争议所涉及的南极海域范围主要是：南纬 60 度以南的上覆水域和海床洋底及底土。如果"适用区域"条款在"南纬 60 度以南区域，包括一切冰架"后，不加入对各国在此区域内公海权利承认与保护的规定；那么，根据特别法优于一般法的国际法原则，对于同时是《南极条约》与《联合国海洋法公约》当事国的国家而言，南纬 60 度以南的南极海域应当适用《南极条约》规定的主权冻结原则，又因为《南极条约》《联合国海洋法公约》在南极治理以及国际海洋法体系中处于核心规则的地位，具有较为普遍的法律确信与法律实践。因此，可以被认定具有发展成为国际习惯法的趋势，进而南极海域包括上覆水域与底土均适用主权冻结原则也可发展成为具有普遍约束力的国际习惯法。但是，至今为止，《南极条约》当事国并未删去"适用区域"条款中对各国在南纬 60 度以南区域公海权利保护的规定，因此留下解决与南极海域法律地位争议相关的条约适用争议最有效的方法，依旧应当以"适用区域"条款为研究对象，南极条约协商国可尝试通过对该条款的进行法律解释或修订，减弱其模糊性，增加其引导性，进而协调解决南纬 60 度以南海域有关条约适用争议法律问题。

（二）与南极海域开发制度相关的条约适用争议

按照资源类型的不同，南极海域资源开发制度可以分为南极海洋生物资源开发制度与南极海域矿产资源开发制度。无论矿产资源抑或生物资源，其开发制度争议的根本问题是受南极海域法律地位的不确定，导致附属于海域之中与领土主权相连的资源所有权纠纷，南极主权声索国、南极周边岛屿主权国、南极条约协商国、《联合国海洋法公约》当事国等各受利益所驱各执一词。表现于国际法问题层面即为开发制度之间的争议：就生物资源而言，全球性开发制度与区域性开发制度在南极海域实践层面的适用冲突是争议的主要表现；就矿产资源而言，全球性开发制度与区域性开发制度在南极海域规范层面的适用冲突是争议的主要表现。[1]

---

[1] 何柳.南极海域矿产资源的法律冲突及发展趋势[J].亚太安全与海洋研究,2020(6):53-66,3.

南极条约体系中的《南极海洋生物资源养护公约》第2条明确规定，其宗旨为养护南极海域中海洋生物资源，其中养护包含合理利用。所涉及南极海域为自南极点至南极辐合带之间海洋的上覆水域。该条款为《南极海洋生物资源养护公约》当事国及南极条约协商国，在南极条约体系下开发南极海域生物资源提供了法律依据。依据《南极海洋生物资源养护公约》规定成立的南极海洋生物资源养护委员会采取"风险预防方法"和"生态系统方法"对南极海域生物资源进行养护。与其相关的两大法律实践性南极海洋生物资源保护与开发的议题，分别为打击南极IUU捕捞与建立南极海洋保护区，即南极海洋生物资源开发制度在实践中出现南极条约体系规则与以《联合国海洋法公约》为核心的国际海洋法规则适用冲突的重点问题。

1. 南极海域IUU捕捞的国际法规制冲突

对南极海域IUU捕捞进行规制的全球性法律文件包括：联合国粮农组织1993年通过的《促进公海渔船遵守国际养护及管理措施的协定》、1995年通过的《负责任渔业行为守则》、2001年通过的《预防、制止和消除非法、不管制和不报告捕鱼行为的国际行动计划》，以及《联合国海洋法公约》项下1995年通过的《有关养护和管理跨界鱼类种群和高度洄游鱼类种群的规定的协定》。以上法律文件分别在船旗国责任、港口国控制、信息交流和国际合作等方面作出了具体规定。

与此同时，《南极海洋生物资源养护公约》委员会采取了一系列养护措施，如捕捞追踪计划（CDS）、IUU渔船黑名单、贸易限制措施等。以上措施不依赖于船旗国与船舶之间的真正管控关系，而是依赖港口国权利、国家主权及国际合作义务等国际法原则。一方面，在实践中保证了在船旗国对船舶进行管理的权限主观或客观性受限的情况下，也依旧可以有效打击IUU捕捞。另一方面，以上措施在实践中首先就与WTO无差别待遇等相关规则发生了冲突。《南极条约》当事国在南纬60度以南海域依据《南极条约》所具有的限制性属人管辖权导致对于非《南极条约》当事国国民和船舶与执法的巨大真空也是在实践中利用《联合国海洋法公约》的公海捕鱼自由规则规避《南极海洋生物资源养护公约》委员会措施的有效方式。❶ 同样，南纬60度至南极辐合带之间的水域也受到《联合国海洋法公约》专属经济区制度与《南极海洋生物资源养护公约》相关措施的实践冲突，使得岛屿沿海国对IUU捕捞的执法遇到较大法律实践障碍，只能通过达成南大洋渔业执法合作协议等方式才能应对，如澳大利亚和法国分别于2003年和2007年达成相关协议。

2. 南极海洋保护区设立与建设制度冲突

南极海域现有南极海洋保护区共两个，分别是南奥克尼群岛南大陆架海洋保护区和罗斯海海洋保护区。自2009年南奥克尼群岛南大陆架海洋保护区设立以来，南极海洋保护区就成为南极治理中的新兴与热门实践性议题。南极条约体系下的主要南极治理参与国，围绕南极海洋保护区的设立与管理制度建设展开了新一轮的博弈和争夺。已有海洋保护区的禁渔等较为严格的措施促使南极海洋保护区设立的合法性、必要性及可行性等均受到了质疑和讨论。核心法律问题是南极海域生物资源应当以开发为主还是保护为主，人类社会当代利益与后代利益之间应当如何平衡，以及粮食安全与环境保护应如何取舍。

除南极条约体系中《南极海洋生物资源养护公约》及《南极海洋生物资源养护公约》委员会通过的与南极海洋保护区相关的养护措施等区域性法律文件外，全球性法律文件主要包含《联合国海洋法公约》、1992年的《生物多样性公约》、世界可持续发展峰会中与公海保护区相关的规范性文件及《BBNJ国际协定》、非政府组织世界自然保护联盟（International Union for Conservation of Nature, IUCN）有关保护区的界定和分类文件等。南极海洋生物资源养护委员会2011年通过的《关于建立〈南极海洋生物资源养护公约〉海洋保护区的总体框架》排除了南纬60度至南极辐合带之间的水域，仅规定南纬60度以南海域为南极海洋保护区的可能设立区域，以此防止与亚南极大陆岛屿国家出现海域划分的管辖权冲突。但是，与南极海洋保护区设立的合法性息息相关的南极条约体系与《联合国海洋法公约》，依旧存在禁渔规则与公海自由原则的适用冲突，以及在南极条约体系规则内

---

❶ 陈力，等.中国南极权益维护的法律保障[M].上海：上海人民出版社，2018：152.

部也存在《关于环境保护的南极条约议定书》所规定的南极特别保护区制度与南极海洋保护区制度之间存在重叠区域等实践冲突。总之，南极条约体系项下南极治理主要参与国之间，尚未就南极海域生物资源开发与保护之间的平衡达成合意，是导致当前南极海洋保护区制度建设与实践出现冲突的核心原因之一。

南极条约体系中的《关于环境保护的南极条约议定书》规定在 2048 年前禁止任何南纬 60 度以南包括一切冰架区域的矿产资源活动，但南极海域因其法律地位的不明确造成了一些争议问题：南极海域是否同时适用《联合国海洋法公约》，其海床洋底及底土之中的矿产资源是否享有国际海底区域制度规定的人类共同继承财产原则的法律地位。虽然，国际社会对南极作为自然保护区地位的普遍共识，决定了在 2048 年后极有可能继续禁止南极采矿。但是《联合国海洋法公约》的国际海底区域制度与南极条约体系中的《关于环境保护的南极条约议定书》，同时适用于《南极条约》第 6 条"适用区域"条款所规定的南纬 60 度以南南极海域海床洋底及底土之上的矿产资源活动，两套制度的法律冲突在规范层面仍未解决。

3.《矿产公约》与《联合国海洋法公约》的规则冲突

出台但始终未生效的《矿产公约》曾试图在南极海底制度设置上与《联合国海洋法公约》达成协调。在矿产资源的法律地位方面，《矿产公约》明确规定了矿产资源的开发和分配必须保证全人类的利益，同时特别照顾发展中国家的利益。该公约包含了《联合国海洋法公约》所规定的支配"区域"及其资源的总原则，即人类共同继承财产原则。然而，《矿产公约》对南极矿产资源法律地位的规定；与人类共同继承财产原则并不完全一致。《联合国海洋法公约》确立的"区域"资源勘探开发的基本制度是"平行开发制度"，而《矿产公约》确立的勘探开发制度则是一种"单一开发制"，从事南极矿产资源活动的主体只有担保国和经营者，没有设立类似国际海底管理局企业部这样可以对"区域"资源直接开发的机构。经营者既可以是公约的当事国，或当事国的一个机构，也可以是依当事国法律设立的一个法人，或由上述任何一方组成的有担保国的联合企业。由于大多数发展中国家并不具备在南极从事矿产资源活动的资金和技术实力，所以这种

"单一开发制"实际上只对有能力的发达国家有利。

在适用范围方面,《矿产公约》对《联合国海洋法公约》"区域"制度是否适用于南极地区海底的问题,保留了解释的余地。在《矿产公约》谈判中,协商国在其适用范围问题上意见不一致:一些协商国认为整个深海海底属于国际海底管理局管辖;另一些协商国则认为南极条约体系是一个特别制度,南纬60度以南的海底不受国际海底管理局管辖。协商国为了避免与国际海底管理局的管辖权发生明显的冲突,同时为了确保协商国不同意见之间的平衡,最终找到一个折中办法。《矿产公约》明确了其适用范围止于南极海域的"深海海底",此处的"深海海底"是指按照国际法的大陆架的定义,大陆架地理范围以外的海床及底土。但是,最后基于利益冲突,《矿产公约》还是被《关于环境保护的南极条约议定书》取代了,只留下矿产资源开发制度的雏形以供回顾和反思。

4.《关于环境保护的南极条约议定书》与《联合国海洋法公约》的规则冲突

虽然《关于环境保护的南极条约议定书》没有就其适用范围作出明确规定,但由于该议定书是为了补充,而不是为了修改或修正《南极条约》,所以,二者的适用范围是相同的。《马德里议定书》适用于"适用区域"条款所规定的地理范围,即南纬60度以南地区,包括所有冰架。因此,无论从领土主张国、非领土主张国或第三国的角度来看,《关于环境保护的南极条约议定书》的适用范围与《联合国海洋法公约》的适用范围至少在南纬60度以南海底的一部分有重叠。当前适用于南纬60度以南南极海底矿产资源活动的法律制度有两项:一项制度是《联合国海洋法公约》第十一部分"区域",并由1994年《关于执行联合国海洋法公约第十一部分的协定》加以补充;另一项是《关于环境保护的南极条约议定书》,特别是其第7条的规定。《联合国海洋法公约》规制全球范围内"区域"的矿产资源活动,但《关于环境保护的南极条约议定书》在南纬60度以南地区禁止了除科学研究以外的与矿产资源有关的任何活动。然而,这两项制度都在法律上生效。问题是,在目前两套制度都适用的情况下,这两项条约对于南纬60度以南的海底矿产资源的规定是否相互冲突?在哪些方面出现了冲突?是否可能解决这些冲突?

在南极海域矿产资源的法律地位这一事项的义务规范上,二者完全无法兼容。在此情况下,"后法优先原则"决定条约的适用,然而无法判断《联合国海洋法公约》与《关于环境保护的南极条约议定书》的"先约"与"后约"的地位。国际法体系中并不存在区别一般法与特别法的明确标准,一项条约或条款在某些情况下可能是一般法,在其他情况下又可能是特别法,而对于调整不同领域中法律关系的国际条约,要确定何者的规定更为特殊,何者为特别法,值得进一步深入研究。

5. "适用区域"条款解决以上问题的重要性

总之,与南极海域开发制度相关的条约适用争议,主要发生在南纬60度至南极辐合带之间的上覆水域和底土之上,涉及待开发的资源可分为渔业、基因等生物资源和化石燃料、金属矿物等非生物资源。南极条约体系中《南极海洋生物资源养护公约》有关渔业治理的规则及《关于环境保护的南极条约议定书》和未生效的《矿产公约》对南极矿产活动的治理规则,分别与国际海洋法体系下全球性的海洋生物资源开发制度和矿产资源开发制度在上述南极海域的若干重合区域出现不同条约当事国之间权利义务的冲突和争议。如果"适用区域"条款明确南纬60度以北的一切区域包括海域均不再受《南极条约》规制,那么以《南极条约》为核心的南极条约体系中的其他条约对超出南纬60度以北的海域的任何规制都不再具有合法性。如果"适用区域"条款明确将《南极条约》在空间上的适用范围上排除南极海域中的海床洋底以及底土,那么南极海域(尤其是南纬60度以南海域的海床洋底及其底土)唯一适用《联合国海洋法公约》中有关国际海底区域及大陆架的开发制度规制,不再存在是否受到《关于环境保护的南极条约议定书》所规定的禁止采矿规则规制的争议。但是,"适用区域"条款自身的模糊性加之南极条约体系在发展过程中,南极条约协商国为了维护各自在南极的利益最大化所作的关于南极海域资源开发制度的开发与保护的矛盾性构建,这导致如果要解决与南极海域开发制度相关的条约适用争议等法律问题,也必须从"适用区域"条款的解释与实践入手,结合已有的实际冲突,找出解决争议的可能方法。

第四节　法教义学视域下条约适用
理论的发展与困境

　　上一节论证了"适用区域"条款研究的现实问题意义,即南极条约协商国们亟须解决南极海域条约适用争议以从法律维度应对当前南极条约体系在南极治理中所面对的法律挑战。基于当前 55 个《南极条约》当事国中,有 43 个国家同时是《维也纳条约法公约》的当事国❶,且《维也纳条约法公约》中所包含的规则部分属于国际习惯法,具有普遍约束力。❷ 所以,本节侧重于论证"适用区域"条款研究的法学理论意义,即在法教义学研究方法的指导下,以"适用区域"条款及南极条约体系的规则体系为研究对象,对以《维也纳条约法公约》为核心的国际条约适用相关理论进行考察与补充。

　　法教义学起源于德国法学,但是在德国乃至全球法学界均未形成对其统一的定义。当前,德国学界引用较为广泛的是阿列克西的定义:一组与被表述的规范和判例相关,但又与其描述不完全一致的,彼此关联,为一个职业化的法治国家所确定和讨论,并具有规范性的内容。❸ 此定义强调了法教义学的两大特点:实践导向与体系思维。相比于德国的定义,国内学者雷磊对法教义学的定义更加简单明了:法教义是围绕现行实在法展开的

---

❶ 《南极条约》当事国中非《维也纳条约法公约》当事国共包括以下 12 个国家:法国、英国、南非、印度、韩国(协商国);冰岛、朝鲜、摩纳哥、巴布亚新几内亚、罗马尼亚、土耳其、委内瑞拉(非协商国)。UN.《维也纳条约法公约》当事国[EB/OL].[2022-11-22]. https://treaties.un.org/Pages/ViewDetailsIII.aspx?src=TREATY&mtdsg_no=XXIII-1&chapter=23&Temp=mtdsg3&clang=_en.

❷ 《维也纳条约法公约》第 38 条规定:"第 34 条至第 37 条之规定不妨碍条约所载规则成为对第三国有拘束力之公认国际法习惯规则。"UN.《维也纳条约法公约》[EB/OL].[2023-02-12]. https://www.un.org/zh/documents/treaty/ILC-1969-3 最后访问日期:2023-2-12.

❸ 阿列克西.法律论证理论[M].舒国滢,译.北京:中国法制出版社,2002:317.

一般性权威命题或原理。因此，法教义学是知识与方法的统一。❶ 不同于实证法学作为一种法哲学流派，讨论法是什么的宏观哲学性问题，作为法学方法之一的法教义学着眼于对写在纸上的具体的法律规范的微观考察，关心如何运用现有的法律规范、法律体系来解决法律问题。这是其与法社会学这一法学方法最大的不同，法社会学更关心法律问题产生的原因及其后果，是对因果关系的解释，而非找出问题的解决路径。❷ 因此，结合本书的研究对象是"适用区域"条款，本书的研究目的是解决南极海域条约适用争议，本书选择法教义学作为本书的核心研究方法。法教义学方法在国际法相关理论研究中也同样适用。王铁崖先生将国际法研究分为学术性与政治性两种，以学术性研究为基础，即要依托国际条约、国际习惯等《国际法院规约》第38条规定的国际法渊源作为国际法理论研究的材料。❸ 因此，本书对国际条约适用理论的研究以《维也纳条约法公约》作为主要研究材料。

《维也纳条约法公约》由联合国组织编撰，于1969年签订，1980年正式生效，现有116个当事国，是当前国际条约法的核心法律文件，条约适用的国际习惯法多在此公约中得以成文化。在《维也纳条约法公约》签署后，联合国国际法委员会主持编撰了1978年《关于国家在条约方面的继承维也纳公约》、1986年《关于国家和国家组织间或国际组织相互间条约法的维也纳公约》来处理《维也纳条约法公约》遗留下来的问题。❹

一方面，国际法院在若干案件中提及该《维也纳条约法公约》，而未考虑诉讼方是否为《公约》当事国。在"加布奇科沃-大毛罗斯项目"案中，法院指出："［法院］只需注意到，法院曾数次认定《公约》订立的一些规

---

❶ 雷磊. 什么是法教义学？——基于19世纪以后德国学说史的简要考察[J]. 法制与社会发展, 2018, 24(4): 100-124.

❷ 侯猛. 社科法学的传统与挑战[J]. 法商研究, 2014, 31(5): 74-80.

❸ 邓正来. 王铁崖文选[M]//王铁崖. 略论国际法的研究及其论文写作. 北京: 中国政法大学出版社, 2013: 193.

❹ 联合国官网[EB/OL]. [2025-02-27]. https://treaties.un.org/Pages/Treaties.aspx?id=23&subid=A&clang=_en.

则可被视为是对现有习惯法的编撰"❶。法院的意见和《维也纳条约法公约》当事国数目较多的情况都说明：这一法律文书阐述了目前涉及条约的普通国际法。另一方面，《维也纳条约法公约》的实质性规定已按协商一致意见纳入上文提到的1986年补充文本之中。

李浩培先生在《条约法概述》中提出执行条约就是条约适用。❷ 一方面，条约可由国际机关予以适用，如国际法院审理与国际条约相关的诉讼案件、联合国大会及其安理会也要在执行职务时适用条约、国际组织如WTO的形成和运作也需要适用条约等。另一方面，在条约的当事国国内，当事国对条约的实施或执行，则需要当事国的立法、司法及行政部门均遵循条约的规定，此时需要解决的核心问题是条约在当事国国内法中的地位以及条约与当事国国内法的相互关系。基于本书研究的是《南极条约》"适用区域"条款所涉及的在南极海域的条约适用问题，涉及条约在当事国国内适用的法律问题较少，主要是前者所指的在国际公法层面由国际机关对条约加以适用以解决相关法律冲突的问题，条约与国内法的关系仅略作分析和涉及。故此，本书研究的重点是——《维也纳条约法公约》第三编"条约之遵守、适用与解释"。其中"条约之适用"为第28条至第30条，依次从时间、空间及法律竞合三个方面对条约的适用进行了规定。本节就以此划分为基础，对国际条约适用理论的发展与现状展开考察，为下文理论的应用与补充奠定基础。

一、条约在国家管辖范围外区域适用规则的缺失

《维也纳条约法公约》仅在第29条中规定了关于条约在空间上的适用范围。❸ 很大程度上，此规定依旧属于剩余规则。首先，对于条约的领域适用范围，当事国的意思自治优先；其次，在没有自治意思表示的情况下，

---

❶ 国际法院."加布奇科沃－大毛罗斯项目"(匈牙利/斯洛伐克)[EB/OL].[2025-02-27]. https://www.icj-cij.org/public/files/summaries/summaries-1997-2002.

❷ 李浩培.条约法概论[M].北京:法律出版社,2003:312-313.

❸ 《维也纳条约法公约》第29条规定:"除条约表示不同意思,或另经确定外,条约对每一当事国之拘束力及于其全部领土。"

则原则上当事国签署条约的效力及于相关当事国的全部领土。根据联合国国际法委员会的报告,《维也纳条约法公约》第 29 条的目的是给予条约的空间适用规则以必要的灵活性,以便在条约的领土适用上顾及所有正当要求。❶ 第一,并不是所有条约都涉及当事国领土适用的问题,它们或直接约束当事国的国民无论是否在本国领土之内,或只约束作为政治实体的当事国如建立国际组织的条约等。第二,在缔结的条约没有明确规定其领域适用范围的情况下,条款中"全部领土"的解释就变得关键。有观点认为,当事国无意思表示的,全部领土不仅包括一国的固有领陆、领海、领空,还包括其海外属地及被保护国等。也有观点认为,条约适用的领土不能包括当事国的附属领土。❷ 还有观点要求具体问题具体分析。国际法委员会也倾向于第一种观点的"当事国的全部领土"而非"为之负国际关系之责的领土"。因为后者蕴含浓厚的殖民特质,不符合当代国际法原则,并且此观点也得到了较多的国家实践、国际判例的支持。第三,《维也纳条约法公约》第 29 条仅规定了条约的领土适用范围,但是现有国际法实践中存在大量适用于一国领土之外的一些国家管辖范围外区域如大陆架、公海、极地、外太空等的条约。《维也纳条约法公约》最后并未对条约的域外适用作出任何规定。国际法委员会的意见是条约域外适用规则必然会产生国家域外管辖权的问题,超出条约法的管辖范围,且此问题涉及所有国际法主体的权利义务分配,不是可以单纯由某个条约当事国们意思表示来确定的事情。❸ 因此,此《维也纳条约法公约》未解决的问题,成为当前条约在空间上适用范围问题最大的理论争议:何为条约的域外适用规则。本书的研究对象《南极条约》第 6 条"适用区域"条款就是其中最为直接且著名的实践表现,南纬 60 度以南区域包括一切冰架不属于任何国家的领土范围。除此之外,《月球协定》第 1 条也明确规定了该条约适用于月球、太阳系内地球以

---

❶ Reports of the Commission to General Assembly. YILC(1966),Vol. Ⅱ,p. 213.
❷ 前一观点的代表人物是麦克奈尔,后一观点的代表人物是罗素。Sir I S. The Vienna Convention on the Law of Treaties[M]. Manchester:Manchester University Press,1984:88.
❸ 国际法委员会年刊[EB/OL]. [2025-02-27],https://legal.un.org/ilc/documentation/chinese/reports/a_cn4_191.pdf.

外的其他天体，也在国家管辖范围外区域。因此，下文对条约域外适用规则的理论发展与争议进行总结，为研究《南极条约》的"适用范围"条款奠定理论基础。

（一）理论争议

在联合国国际法委员会起草《维也纳条约法公约》时，针对条约域外适用规则的确定，荷兰、美国、葡萄牙政府均提出了建议。荷兰的建议是将对应条款改为"一个条约的范围及于每个当事国的全部领土，并且在领土之外，及于该国的管辖权依据国际法应及至的范围，但条约显示相反的意思时不在此限"。美国的建议是：在对应条款中增加一项内容"一个条约也适用于每一个当事国的领土之外，但以条约明显地有这样更广泛适用的意思为条件"。葡萄牙的建议是：要求注意到对应条款中所表述的"领土"范围适用存在例外情形。❶ 国际法委员会就此问题的讨论回应如下：一方面，委员会承认1964年暂定的条文标题可能造成一种印象，认为条文是从空间的观点来规定条约适用的整个问题。结果，条文实际所载的有限规定不免引起这些政府所表示的那种误解。另一方面，委员会认为建议在条文内规定条约在领土以外的适用就立即会发生关于国家治外法权的难题，而政府评议内提出的草案对这点并无满意的规定。委员会拟在这一条文内处理条约适用于各当事国领土的有限题目；委员会决定较好的解决办法是修改标题及条文，使规则的有限性质正确无疑。委员会认为，关于条约适用于领土以外的法律不能仅以当事国之意思或推定其意思等字句来载明。委员会最后认为如想在该条内处理关于治外法权的种种棘手问题不仅不相宜，而且不应当。❷

由此可知，为避免该条款引发各国在国家管辖外区域所拥有权能的国际法难题，《维也纳条约法公约》对条约域外适用不作规定。换言之，《维也纳条约法公约》无法解决条约在国家管辖范围外区域的适用争议，条约

---

❶ 国际法委员会年刊[EB/OL].[2025-02-27], https://legal.un.org/ilc/documentation/chinese/reports/a_cn4_191.pdf.

❷ 同❶.

域外适用争议出现的根本原因是存在与国家主权中的属地管辖相对的国家域外权能问题无解。管辖权（right of jurisdiction）通常是指国家对人和物的管理和支配权。伯根索尔和迈耶在其所著的《国际公法》一书中指出：从基本权利的意义讲，国家管辖权的基本形式是属人管辖与属地管辖。此外作为补充，根据国际习惯法和条约规定，还有保护性管辖和普遍管辖。❶ 国家的属地管辖是专属且排他的，国家在其领土内可以充分、独立且不受干扰地行使管辖权。国际法院在1927年"荷花号案"判决中指出："管辖权不能由一个国家在它的领土之外行使，除非依据来自国际习惯或公约的允许性规则。"❷ 因此，国家在其领土之外区域上所具有的管辖权无通用国际法原则或规则加以确认，而应因地制宜，因时制宜，因事制宜。

（二）实践争议

就本书所研究的《南极条约》的"适用范围"条款而言，因为南极与国际海底、外层空间等类似，属于国家管辖范围以外的区域，非国家领土。所以，《南极条约》当事国排除了依据《维也纳条约法公约》中"条约之领土范围"条款（第29条）对《南极条约》在空间上的适用范围进行规制的可能性，而只能依据《南极条约》自身的"适用区域"条款（第6条）对条约在空间上的适用范围进行规制。但是，南极又不同于国际海底区域和外层空间，后者的法律地位是确定的，国际公约明确规定适用"人类共同继承财产"原则，并且没有国家提出领土要求。但是，目前仍然有7个国家对南极大陆明确提出领土要求，《南极条约》仅对以上要求予以冻结，既没有承认也没有否定。同时，《南极条约》也没有对南极的法律地位予以确定，仅将其主权冻结，且随着时间发展，国际关系与国际法体系均在不断变化，导致《南极条约》的主权冻结原则不断受到冲击。此时，《维也纳条约法公约》所缺失的条约域外适用规则的影响就更加凸显。又因为条约域外适用规则的问题基础是国家在领土范围以外区域所具有的管辖权问题。

---

❶ THOMAS B, HAROD G M. Public International Law in a Nutshell[M]. Washington: West publishing Company, 1990: 159.

❷ 黄惠康,黄进. 国际公法国际司法成案选[M]. 武汉:武汉大学出版社,1987:182.

所以，如果通过对《南极条约》"适用区域"条款的研究，找出应对与南极海域法律地位相关条约适用争议的可能路径，那么各当事国在南极的管辖权问题也能通过研究得到进一步明晰，进而对《维也纳条约法公约》及现有国际法体系中所缺失的条约域外适用规则的补充与完善起到相应例证与辅助作用。

二、条约不溯及既往原则的发展与现有理论争议

条约适用的时间范围在实践中集中表现为时际法问题。何为时际法？首先，时际法产生于国内法并对国际法上时际法的出现产生一定影响。时际法的产生可追溯至公元5世纪。当时的罗马皇帝下发命令明确了"法律是为了对未来行为予以规范而颁布，而非为过去的事实所发布"的原则。❶这为时际法的核心内容"法不溯及既往"奠定了基础。此后，各国逐渐在宪法、民法典中明确列入此原则，并且法不溯及既往原则在各国的成文法中逐渐出现了各种例外与限制条款，并成为解释法律适用的一个规则体系，用来解决法律在时间上的冲突，时际法由此形成。最终，以法不溯及既往原则为核心的时际法成为仅对法律适用机关的拘束性规定，并不拘束国家立法机关，由此既保证了法律的安全可行，也保证了法律的良性变革。❷ 国际社会同样需要维持法律规则安全与变革的平衡发展，因此既国内法之后国际法上也发展出了时际法。国际法上的时际法首次出现于1928年马克斯·休伯法官在著名的帕尔马斯岛仲裁案中对法律制度适用的论述中："……一个法律实施必须按照与之同时的法律予以判断而非按照针对该事实

---

❶ 公元440年，罗马皇帝狄奥多西二世为其东方领土发布命令："兹决定，法律和敕令是对将来的行为给予规范而颁布的，而不是为过去的事情而规定的，但是铭文为过去和未决的行为规定时不在此限。"该命令后来被编入《优斯蒂年法典》。萨维尼《现代罗马法体系》、阿弗尔特《时际私法史》对该命令进行了讨论，且一致认为该命令非原创，在此之前已有确立的原则，此命令是对此原则的确认。

❷ 李浩培.条约法概论[M].北京:法律出版社,2003:291-292.

发生争端或解决该争端时的法律予以判断……"❶ 因此，国际法上的时际法的核心原则与国内法一致，也是"法不溯及既往"。随着裁决的作出，法不溯及既往原则在国际法中以判例法的形式得以确立，并且在之后的国际判决中多次适用，如 1959 年比利时与荷兰的边境土地主权案中。❷ 随着国际法的发展，国际条约不断增加，逐渐成为国际法法律渊源的主要构成。相比于形成过程漫长的国际习惯法，第二次世界大战后大量条约的缔结，导致条约法更易发生时际法的问题。虽然《维也纳条约法公约》中对条约在时间范围上的适用有所规定，但相比于条约时际法相关问题的复杂性，公约的规定则略显简易。所以，导致条约不溯及既往原则在国际法理论与实践中均存在较多争议。

（一）理论争议

《维也纳条约法公约》第 28 条❸通过排除否定的表述："法不溯及既往"来确定条约在时间上的适用范围。除此之外，第 4 条、第 24 条、第 64 条等也对条约的时间适用问题作出了规定。以上条款不仅是联合国国际法委员会所给出的解决条约在时间上存在冲突的方法，也是《维也纳条约法公约》当事国必须遵守的法律规范，具有一定的强制力。❹ 但是，以《维也纳条约法公约》第 28 条为核心的规定不能完全解决与条约适用时间冲突相关的问题，主要集中于以下三点理论争议。

第一，休伯法官在 1928 年裁决中对时际法的陈述还包含了"根据事实

---

❶ 接上："……至于在具体案件中，在先后继续的不同时期所实行的几个不同的法律制度中究竟应适用哪一法律制度的问题（时际法），必须对权利的产生和权利的存在这两者作区别。产生一个权利的行为受该权利产生时所实行的法律支配；按照同一原则，该权利的存在，或者该权利的继续表现，也应当依循法律的演进所要求的一些条件。"

❷ 国际法院判决书[EB/OL].[2025-02-27]. https://www.icj-cij.org/public/files/summaries/summaries-1948-1991-ch.pdf.

❸ 《维也纳条约法公约》第 28 条规定："条约不溯既往:除条约表示不同意思,或另经确定外,关于条约对一当事国生效之日以前所发生之任何行为或事实或已不存在之任何情势,条约之规定不对该当事国发生拘束力。"

❹ 黄远龙.国际法上的时际法概念[J].外国法译评,2000(2):74-86.

取得的权利，后续只有依旧满足相关国际法演进而出的新条件才可存续"。此原则引发了激烈的争论，因为如照此规定，则所有国家已取得的权利都将永久处于不确定状态，国际秩序将无法稳定。《维也纳条约法公约》对休伯法官关于法律变化与权利存续的关系并未予以回应。虽然条约法只是一般国际法的分支，对此不作回应并未有所不妥，但确实为此有关法律稳定性与进步性相平衡的问题留下了继续争论的空间。

第二，条约生效前，除非当事国有意使它在生效前暂时适用（《维也纳条约法公约》第 25 条），否则不会发生任何条约适用问题。由此，依据条约没有溯及力原则，在条约生效之日起，以生效日为分界线，该条约不可以适用于生效日之前所发生的行为或事实。但当生效日之前的行为或事实持续到生效日之后，或者以上行为或事实一部分发生在生效日之前，一部分发生在生效日之后，或者行为发生在生效日之前，但是效果发生在生效日之后，这些情形应当如何适用条约不溯及既往原则？是否存在打破此原则的可能？以上问题在《维也纳条约法公约》中均无明确规定。加之《维也纳条约法公约》第 28 条赋予条约当事国自主决定是否遵守条约不溯及既往原则的权利，因此当事国对此原则遵守与否的意思表示判定也是争议焦点之一。

第三，条约终止，对于终止日之后发生的行为或事实均不可再适用。但是该条约是否还能适用于其生效后终止前，也就是该条约有效期间发生的行为或事实？换言之，已终止条约的残余效果如何认定？《维也纳条约法公约》中第 70 条规定了条约终止的后果，但未对此问题予以回应，原因之一是在国际法委员会对此问题的讨论过程中无法达成一致意见，因而此问题留存至今，成为条约不溯及既往原则的又一理论争议所在。

（二）实践争议

以上理论争议作用于法律实践，出现了较多相关的实践争议。尤其以以下案例为代表。

首先，依据《维也纳条约法公约》，包括其本身在内的所有条约均不具有法律溯及力。《联合国海洋法公约》虽然没有否认历史性权利的存在，但是其对当事国基于历史性权利取得海域主权的制度构建并不如专属经济区、大陆架等制度一样明确。

其次,依据《维也纳条约法公约》规定,"除非条约表示不同意思,否则条约不溯及既往",所以条约不溯及既往原则并非强行法,联合国国际法委员会也主张认为当事国可以自由决定是否将整个条约或部分条款适用于条约生效之前的行为与事实。因此,如果条约明文规定其效力溯及既往,或者当事国在条约文本中默示了溯及既往的目的,则此条约可以溯及既往。例如,在1924年希腊与英国的巴勒斯坦特许案、1952年希腊与英国的阿姆巴蒂洛斯案中,国际法院均依此作出了条约不溯及既往原则不适用的判决❶,但是此判定在国际商事仲裁案件中多次出现争议。双边投资协定缔结中存在大量自动续期的情况,新的条约签订后自动取代旧的条约。但是,在此新旧替换过程中,原有条约缺少规定条约效力过渡的条款,导致中国企业与国外企业的投资争端因出现在新旧条约的空白时间段而无法解决。例如,2012年"中国平安诉比利时的投资仲裁案"等,虽然中国在缔结新条约时,有条约溯及既往的立法默示,但是因默示的方式存疑而并未得到仲裁庭的支持,所以当新约取代旧约大量出现在国际投资协定中,对新的条约适用时间的争议问题以亟须解决。

最后,联合国国际法委员会对于条约终止的残余效果曾给出意见,它们援引了北科麦隆案,认为一个条约终止后,一个国家通常应当继续为该条约有效期内所发生的事情负责。在1962年的《关于核能船运用者责任的布鲁塞尔公约》也对条约终止后的法律效果作出了肯定的明文规定。此观点以国际法委员会的沃尔克多委员为核心支持者,但也受到了来自罗申与德卢纳委员的反对,最终因争议过大未在《维也纳条约法公约》中予以规定。但是,本书研究中《南极条约》"适用区域"条款第二部分所涉及对各当事国"公海"权利的承认与保护的规定,是指1959年《南极条约》签署时的1958年《公海公约》所规定的当事国的权利内容,还是指当前生效的《联合国海洋法公约》中所规定当事国的权利内容?《南极条约》的主权冻

---

❶ 刘勇."中国平安诉比利时王国投资仲裁案"——以条约适用的时际法为视角[J].环球法律评论,2016,38(4):162-178.

结条款中明确规定"在条约生效期内，南极主权及主权主张和争议均冻结"，那么如果将来《南极条约》走向终止生效，各当事国是否应当继续遵守条约终止后条约的残余效果维持冻结状态，还是就可以提出新的南极主权主张？《维也纳条约法公约》对条约终止效果的空白规定，导致在《南极条约》有效期中当事国进行的行为或事实是否可以作为《南极条约》终止后它们提出新要求的依据无法确定。这进一步为《南极条约》的遵守与稳定造成了一定的威胁，不能排除南极主权声索国为条约终止后新一轮主权主张奠定基础的活动出现，进而破坏以南极条约体系为核心规则的南极治理现状。

三、条约冲突产生、预防与解决的多样化趋势挑战

条约冲突的产生与国际法的不成体系有着密切的因果关系。❶ 按照《维也纳条约法公约》第 30 条的标题"关于同一事项先后所定条约之适用"，可知该公约处理的条约冲突范围是较为狭窄的，涉及不同事项的条约之间的冲突并不在《维也纳条约法公约》的规范范围内。总结第 30 条的内容，可知条约法中分五个方面，将条约冲突的解决与条约修订、条约效力相联系加以规定，这在当时是有利于条约法编撰的处理方法。❷ 因此，对条约冲突的产生、预防与解决的理论研究，不仅要以《维也纳条约法公约》的条文为研究材料，还要考察联合国国际法委员会在编撰此公约时的相关研讨

---

❶ 廖诗评.条约冲突的基本问题及其解决方法[J].法学家,2010(1):145-153,180.

❷ 《维也纳条约法公约》第30条规定:"关于同一事项先后所订条约之适用:一、以不违反联合国宪章第103条为限,就同一事项先后所订条约当事国之权利与义务应依下列各项确定之。二、遇条约订明须不违反先订或后订条约或不得视为与先订或后订条约不合时,该先订或后订条约之规定应居优先。三、遇先订条约全体当事国亦为后订条约当事国但不依第59条终止或停止施行先订条约时,先订条约仅于其规定与后订条约规定相合之范围内适用之。四、遇后订条约之当事国不包括先订条约之全体当事国时:(a)在同为两条约之当事国间,适用第三项之同一规则;(b)在为两条约之当事国与仅为其中一条约之当事国间彼此之权利与义务依两国均为当事国之条约定之。五、第四项不妨碍第41条或依第60条终止或停止施行条约之任何问题,或一国因缔结或适用一条约而其规定与该国依另一条约对另一国之义务不合所生之任何责任问题。"

文件。例如，国际法委员会在1966年度报告中提出，条约的冲突条款是"本条约中为了处理与其他条约规定或者其他同一事项条约之间关系的条款"❶。因此，条约的冲突条款对于解决条约冲突意义重大，其表现形式的变化也反映了条约冲突的多样性在不断增加。❷

（一）冲突产生的不同情形

根据《维也纳条约法公约》第30条可知，构成条约冲突在事实上只需要满足一个条件。根据条约的规定，一个国家对两个或多个条约的全部或部分不可能同时履行。❸ 具体而言，第一，根据条约冲突是否可以通过解释的方法加以协调解决，可以分为真实冲突与虚假冲突。显然真实冲突是无法通过条约解释予以解决的冲突，虚假冲突则可以通过解释予以协调解决。第二，根据是不是由法律位阶产生的冲突可以分为固有的冲突与法律适用中的冲突，某规则本身对另一规则的违反，如普通国际法规则与国际强行法发生抵触，则为固有的冲突，普通国际法规则本身无效，而两项规则自身都有效，履行一项会对另一项产生抵触，如命令性规则与禁止性规则之间发生的冲突为法律适用中的冲突。❹ 第三，根据条约冲突发生的领域不同可以分为同一条约内部不同条款的冲突与不同条约之间的冲突，前者的出现有可能是因为条约实施过程中有了新的情况在缔约时未考虑入内导致，后者则构成了国际法实践中条约冲突最主要的表现形式，因此，这一分类对研究国际条约冲突的解决与应对更有意义。❺

（二）预防与解决的不同方法

依据《维也纳条约法公约》的规定，条约冲突的主要解决方法包括条约解释方法、冲突条款方法及一些习惯国际法规则（如上位法优于下位法、

---

❶ 国际法委员会年刊[EB/OL].[2025-02-27]. https://legal.un.org/ilc/documentation/chinese/reports/a_cn4_191.pdf.

❷ 廖诗评.国际条约中的冲突条款评析[J].政治与法律,2007(3):95-100.

❸ 朱文奇,李强.国际条约法[M].北京:中国人民大学出版社,2008:181-182.

❹ JOOST P. Conflicts of Norms in Public International Law: How WTO law relates to other Rules of International Law[M]. London:Cambridge University Press,2003:177-179.

❺ 廖诗评.条约冲突的基本问题及其解决方法[J].法学家,2010(1):145-153,180.

第一章 "适用区域"条款在国际法视角下的现实与理论意义

特别法优于一般法等)。但是,以上解决方法均具有一定的局限性,需要实践与理论研究予以突破。

首先,条约解释法在《维也纳条约法公约》第 31 条与第 32 条中有成文规定。其中,第 31 条要求应依条约内容的用语按其上下文并参照条约目的及宗旨所具有之通常意义,善意解释之。第 32 条规定,如第 31 条无法解决则可运用条约准备工作和缔约情况等补充资料对条约内容进行解释。❶ 其次,在条约中设置冲突条款,可以明确本条约与其他条约之间的关系,从而避免冲突。如规定本条约优先适用的条款及规定别的条约优先适用的条款等。最后,特别法优于一般法是一项古老的法律原则,在国内法中属于一种基本的法律适用原则。在国际法中,其作为一种法律解释的格言,也是一种解决条约冲突的重要规则。

这三种方法中,前两种方法在实施过程中在技术层面均具有一定的可行性。当然,相比于第二种方法,第一种方法解释的合法性与有效性容易被质疑,缺少一定的权威性与确定性。第三种方法虽然应当作为适用性最广泛的方法,但是在实际的法律操作中却存在较大困难。因为国际法体系中并不存在区分一般法与特别法的明确标准。虽然国际法院、国际海洋法庭等国际司法机构的判例裁决中会通过规则调整的具体事项等因素对其进行划分,但是其判例的法律效力并不充足,导致出现一事一议,或规则的位阶不确定等情况多有发生。例如,南极条约体系中的《南极海洋生物资

---

❶ 《维也纳条约法公约》第 31 条规定:"解释之通则。一、条约应依其用语按其上下文并参照条约之目的及宗旨所具有之通常意义,善意解释之。二、就解释条约而言,上下文除指连同弁言及附件在内之约文外,并应包括:(a)全体当事国间因缔结条约所订与条约有关之任何协定;(b)一个以上当事国因缔结条约所订并经其他当事国接受为条约有关文书之任何文书。三、应与上下文一并考虑者尚有:(a)当事国嗣后所订关于条约之解释或其规定之适用之任何协定;(b)嗣后在条约适用方面确定各当事国对条约解释之协定之任何惯例;(c)适用于当事国间关系之任何有关国际法规则。四、倘经确定当事国有此原意,条约用语应使其具有特殊意义。"第 32 条规定:"解释之补充资料为证实由适用第 31 条所得之意义起见,或遇依第 31 条作解释而:(a)意义仍属不明或难解;或(b)所获结果显属荒谬或不合理时,为确定其意义起见,得使用解释之补充资料,包括条约之准备工作及缔约之情况在内。"

源养护公约》与《联合国海洋法公约》在南极海域的一般法与特殊法问题，就同时受到国际强制法与一般国际法位阶之间的效力比较，而无法明确分出，这也是本书对条约冲突理论研究的重点所在。

本章小结

本章作为开篇之章，肩负点题立论之职。基于此，本章的核心内容总结如下。

首先，以《南极条约》为核心的南极条约体系依然是适用于南极治理中的核心规则体系，为国际社会处理南极事务奠定了坚实的法律基础。在此基础上，相较于联合国等全球性国际组织，南极条约协商国在南极治理中占据了更加主导的地位。因此，中国作为南极条约协商国的成员之一，维护并完善南极条约体系在南极治理中的核心规则地位，既符合中国积极参与南极国际治理的基本安全立场，也顺应了持续和平利用和发展南极的国际趋势，符合中国与国际社会的共同利益，对南极乃至全世界的和平稳定与全人类的可持续发展意义重大。

其次，自《南极条约》签署以来的60余年间，南极条约体系作为核心规则体系在其形成发展的过程中：一方面，保证了南极的和平利用、保障了科学自由、促进了国际合作，并对保护南极环境和生态系统做出了巨大贡献。另一方面，南极条约体系也同时经受着来自其内部与外部法律问题的挑战与冲击。就南极条约体系面临的法律挑战而言，其产生的根本原因是至今仍未彻底解决的南极主权争议；表现在形成于南极条约体系内部的法律挑战是南极条约体系内部就南极旅游、生物勘探等议题治理规则的缺失；表现在形成于南极条约体系外部的法律挑战是以联合国为核心的国际法体系与南极条约体系在南极治理中的法律竞合，以《联合国海洋法公约》为核心的国际海洋法与南极条约体系之间最为激烈。基于南极主权争议并非单纯的法律问题，其解决与应对涉及国际政治、国际关系、国际法等多个学科领域。本书作为立足于国际法领域的研究必然无法提出将南极主权争议彻底解决的方案。

因而，本书结合南极地缘政治格局的发展，从实在法视角出发，找出既可以从法律维度做到协调各国在南极的国家利益博弈，促进南极治理国际合作，保障南极和平与可持续发展；又可以在此过程中完善南极条约体系并维护南极条约体系在南极治理规则体系中核心地位的路径——南极海域条约适用争议此综合性法律问题的应对和解决。按照产生适用争议的原因，南极海域条约适用争议可分为与南极海域法律地位争议相关的条约适用争议与南极海域资源开发制度争议相关的条约适用争议两大类。而后，以构成南极条约体系的实在法（各条约的成文条款）为研究对象，分析得出《南极条约》第6条"适用区域"条款与南极海域条约适用争议的出现与解决关系最为密切。因此，本书选择《南极条约》"适用区域"条款为研究对象，并计划通过分析讨论该条款产生、实施、解释、修订的现实性与可能性，找出解决南极海域条约适用争议的可能性法律路径；如是，虽非通过解决南极主权争议彻底破除南极条约体系的法律挑战，但可通过解决南极海域条约适用争议这一重要的法律问题，达到缓解南极条约体系法律挑战激化发展的目的，通过改革而非革命的方式为南极条约协商国与国际社会共同建立更加公正合理的南极治理规则与秩序争取时间与机会。

综上所述，本书是以《南极条约》第6条"适用区域"条款为研究对象，通过解决南极海域的条约适用争议，为南极条约协商国应对南极条约体系法律挑战，维护南极治理稳定与发展提供助力的一项研究。所以，国际条约法中的条约适用理论是本书研究分析的理论基础与框架支撑。用法教义学的方法解构这些理论包括：《维也纳条约法公约》中所包含或涉及的"条约在国家管辖外区域的适用规则""条约不溯及既往原则"以及"条约冲突的产生与应对"等。通过上文对条约适用理论的发展现状概述可知它们在国际法理论层面均存在一定的分歧或空白。所以，本书既是在以上理论指导下的一项研究，也在适用理论分析解决问题的基础上对相关理论阐释补充具有意义。

第二章
"适用区域"条款的产生与解释：南极海域法律地位

继上一章从国际法视角出发分析了与"适用区域"条款相关的现实问题与理论意义后，本章正式进入对"适用区域"条款的全面研究，期望通过对此条款历史发展的追溯及对条款解释的比较，为南极海域空间范围内所存在的与南极海域法律地位争议相关的条约适用争议的协调和应对提供路径可能。

周定国在国家级权威地理期刊《中国地名》中发表文章，论述了地理学上按所涵盖范围的递增排序，与南极相关的称谓包括：南极点、南极大陆、南极洲（南极大陆及附近岛屿）和南极地区（南极洲及周边海域）。❶根据吴慧与张欣波对南极条约体系及南极条约协商会议历年会议资料的文献分析可知：在南极条约体系中，涉及《南极条约》适用区域的用语有"南极洲"（Antarctica）、"南纬60度以南

---

❶ 周定国.国人在南极称谓上的误区[J].中国地名,1996(3):33.

的地区"（The Area South of 60°South Latitude）和"南极条约地区"（Antarctic Treaty Area）。❶ 但是，不同于地理学上对南极相关称谓的界定有空间范围的大小之分，在南极条约体系内这三种用语在适用于《南极条约》相关文本时均可作相同解释，即《南极条约》第6条"适用区域"条款中所规定"南纬60度以南的地区，包括一切冰架"法律概念中的范围。❷ 同时，根据条约必须遵守原则，《南极条约》对于其当事国而言具有国际法意义上的法律约束力。这种约束力按照《南极条约》适用并生效范围的分类不同可以分为时间效力（指《南极条约》的生效时间与终止生效时间）、空间效力（指《南极条约》第6条所规定的《南极条约》适用区域）及对人效力（指《南极条约》当事国通过宪法、制定法或判例法接受《南极条约》作为国内法而对国内公民及法人产生约束力）。因此，本书认为《南极条约》第6条"适用区域"条款的制定意义在于：限制《南极条约》及由其发展而成的南极条约体系的法律强制力所及作用对象（保护的客体、管辖的对象及规制的活动）的空间边界，明确《南极条约》及南极条约体系在空间上的适用范围，属于与时间范围相对应的法律适用划分。

那么，自《南极条约》签署生效至今，南极条约体系在空间上的适用范围较之《南极条约》出台时12个初始当事国所拟定的范围是否出现了变化？如有变化，变化的趋势是什么？导致变化出现的原因有什么？这种变化所带来的法律问题有哪些？以及南极条约协商国们应当如何应对以上变化带来的影响？本章将从"适用区域"条款的历史背景、制定过程、法律实践、条约解释四个方面对以上问题展开研究，最后在该条款的指引下对南极海域空间范围内存在的与其法律地位相关的条约适用争议进行法律问题的分解与解决路径规划。

---

❶ 吴慧，张欣波.论"南极条约地区"的地域范围[J].国际法研究,2021(4):3-19.
❷ 复旦大学陈力教授在其著作《中国南极权益的法律保障》一书中也将"南极条约区域"定义为："'南极条约区域'为法律概念，特指《南极条约》第6条适用的南纬60度以南地区,包括南极大陆、相关岛屿及附属岛屿。"陈力,等.中国南极权益维护的法律保障[M].上海:上海人民出版社,2018:77.

第一节 "适用区域"条款的历史背景与拟定过程

自《南极条约》正式出台前的文本谈判阶段起，《南极条约》第 6 条"适用区域"条款就是争议焦点之一。一方面受当时科考水平的限制，南极的地理边界无法得到科学可靠的界定；另一方面受彼时国际法发展的限制，虽然已有公海、领海、内水等国际法原则出现，但是领海宽度等具体标准无法达成国际共识而无法适用于南极的自然环境，甚至目前国际法对于"冰架"的法律地位都始终没有明确的界定，缺乏国际法依据。因此，在《南极条约》文本磋商环节，日本、美国等国家均对《南极条约》第 6 条提出问题，参加 1959 年南极洲会议的国家对以上争议问题既无法达成共识也不能给出答案，最终只能采取模糊处理，先保证《南极条约》的出台与生效。由是，在《南极条约》第 6 条中没有区分领海与公海的地理范围，对于冰架的性质也不予讨论，只将其纳入，仅对公海权利的保护予以补充，所以"适用区域"条款拥有着与生俱来的模糊性。

《南极条约》签署生效后，随着《南极动植物养护议定措施》（1964）、《南极海豹保护公约》（1972）、《南极海洋生物资源养护公约》（1980）、《矿产公约》（1988）、《关于环境保护的南极条约议定书》（1991）的通过、签署、生效或作废❶，以上每一个条约中均包含了对其适用范围的条款规定，在一定程度上反映了南极条约体系下《南极条约》的"适用区域"条款所规定的地理范围变化（表 2-1）。综上所述，在南极条约体系的发展形成过程中，虽然与《南极条约》在南极条约体系的核心地位一致，《南极条约》"适用区域"条款也始终是南极条约体系各条约在空间上适用范围规定的核心基础，但各条约所各自明确的适用区域并未与之完全保持不变。《南极条

---

❶ 《南极动植物养护议定措施》(1964)于 2011 年第 34 届南极条约协商会议通过决议自此失效作废;《南极矿产资源活动管理公约》(1988)因签署国数量不足至今无法生效。

约》"适用区域"条款在南极治理的不同历史时期，在不同的南极条约体系的条约中，表现出了空间范围的扩张或恢复，这与"适用区域"条款自身的模糊性有着直接关系。那么，是什么原因导致了该条款的模糊性出现？回溯其产生的历史背景与拟定过程或可找到答案。

表 2-1 南极条约体系各条约"适用区域"条款比较表

时间	条约名称	"适用区域"条款
1959 年	《南极条约》	本条约各条款适用于南纬 60 度以南的地区，包括一切冰架，但本条约中的任何规定不得妨碍或以任何方式影响任何国家根据国际法对该地区内公海的权利或权利的行使。①
1964 年	《南极动植物养护议定措施》	本议定措施适用于南极条约适用的同一地区即南纬 60 度以南地区，包括所有冰架。②
1972 年	《南极海豹保护公约》	本公约适用于南纬 60 度以南海域，当事国确认《南极条约》第 4 条的规定。③
1980 年	《南极海洋生物资源养护公约》	本公约适用于南纬 60 度以南和该纬度与构成南极海洋生态系统一部分的南极幅合带之间区域的南极海洋生物资源。④
1988 年	《南极矿产资源活动管理公约》	1. 本公约除下文第 2 款、第 3 款和第 4 款外，适用于南极条约区域。2. 在不影响南极条约协商国在南极条约下的责任和根据该条约采取的措施的情况下，当事国同意本公约应规范在南纬 60 度以南所有南极大陆和南极岛屿包括冰架上及邻近近海区域的海床和底土直至深海海床发生的南极矿产资源活动。3. 就本公约而言，"深海海底"指大陆架地理范围以外的海床和底土，大陆架一词是根据国际法定义的。4. 本条中的任何内容均不得解释为限制本公约其他条款的适用，只要它们涉及上述第 1 款、第 2 款所述区域之外的可能影响，包括对依赖或相关生态系统的影响。⑤
1991 年	《关于环境保护的南极条约议定书》	本议定书所适用的"南极条约地区"与《南极条约》根据其第 6 条所适用的地区一致。⑥

注：①《南极条约》第 6 条："The provisions of the present Treaty shall apply to the area south of 60° South Latitude, including all ice shelves, but nothing in the present Treaty shall prejudice or in any way affect the rights, or the exercise of the rights, of any State under international law with regard to the high seas within that area."https://www.ATS.aq/e/antarctictreaty.html，最后访问日期：2022-06-07.

②《南极动植物养护议定措施》第 1 条第 1 款："These Agreed Measures shall apply to the same area to which the Antarctic Treaty is applicable (hereinafter referred to as the Treaty Area) namely the area south of 60° South Latitude, including all ice shelves."http://www.ATS.aq/documents/recatt/att080_e.pdf，最后访问日期：2021-10-05.

③《南极海豹保护公约》第 1 条第 1 款："This Convention applies to the seas south of 60° South Latitude, in respect of which the Contracting Parties affirm the provisions of Article Ⅳ of the Antarctic Treaty."https://documents.ATS.aq/keydocs/vol_1/vol1_13_《南极海豹保护公约》_《南极海豹保护公约》_e.pdf，最后访问日期：2021-10-05.

④《南极海洋生物资源养护公约》第 1 条第 1 款："This Convention applies to the Antarctic marine living resources of the area south of 60° South latitude and to the Antarctic marine living resources of the area between that latitude and the Antarctic Convergence which form part of the Antarctic marine ecosystem."https://documents.ATS.aq/keydocs/vol_1/vol1_12_《南极海洋生物资源养护公约》_《南极海洋生物资源养护公约》_e.pdf，最后访问日期：2021-10-05.

⑤《南极矿产资源活动管理公约》第 5 条："1 This Convention shall, subject to paragraphs 2, 3 and 4 below, apply to the Antarctic Treaty area. 2 Without prejudice to the responsibilities of the Antarctic Treaty Consultative Parties under the Antarctic Treaty and measures pursuant to it, the Parties agree that this Convention shall regulate Antarctic mineral resource activities which take place on the continent of Antarctica and all Antarctic islands, including all ice shelves, south of 60° south latitude and in the seabed and subsoil of adjacent offshore areas up to the deep seabed. 3 For the purposes of this Convention "deep seabed" means the seabed and subsoil beyond the geographic extent of the continental shelf as the term continental shelf is defined in accordance with international law. 4 Nothing in this Article shall be construed as limiting the application of other Articles of this Convention in so far as they relate to possible impacts outside the area referred to in paragraphs 1 and 2 above, including impacts on dependent or on associated ecosystems."https://www.ATS.aq/documents/recatt/Att311_e.pdf，最后访问日期：2021-10-06.

⑥《关于环境保护的南极条约议定书》第 1 条第 2 款："'Antarctic Treaty area' means the area to which the provisions of the Antarctic Treaty apply in accordance with Article Ⅵ of that Treaty;"https://documents.ATS.aq/keydocs/vol_1/vol1_4_AT_Protocol_on_EP_e.pdf，最后访问日期：2021-10-06.

一、"适用区域"条款出现的历史背景——南极大陆的领土主权争端

20世纪50年代,国际社会对南极大陆领土主权的争夺达到白热化程度。自此,南极主权问题正式成为法学家们研究的国际法焦点问题之一,并一直延续至今。在20世纪50年代之前,人类对南极的探索与开发被人为划分为"探险时代"与"帝国主义时代":探险时代起源于英国库克船长1772年开始、历时近4年的环南极圈航行,自此各国探险家不断发现南极大陆及其附属岛屿的地理范围所在,到20世纪初基本已发现完整;帝国主义时代起源于1908年英国对福克兰群岛(阿根廷称"马尔维纳斯群岛")领土要求的扩大性宣言,英国宣布对南乔治亚州、南奥克尼群岛、南设地兰群岛、桑威奇群岛和格雷厄姆地拥有主权❶,这些区域位于南大西洋和南极大陆南纬50度以南,西经20度至80度之间。❷ 自此,首先已发现的南极大陆及其岛屿的法律地位被定为国际法中的无主物,然后依据国际法中有关领土主权划分习惯法中的发现、先占、扇形等无主物的领土主权获得与划分原则,南极大陆及其附属岛屿被西方国家以声明等方式分割抢夺领土主权。

自1908年起,历经第一次世界大战与第二次世界大战,但这片未牵扯进两次战争炮火的新大陆上,仿佛又展开了一场没有硝烟的帝国主义侵略与扩张较量,唯一的不同在于南极大陆上没有常住民,因此无法进行殖民与奴役,各国仅能通过政治声明或国内立法等方式,在国际法中寻找法律依据,或用来支持本国的南极大陆领土主权主张的合法性,或去反驳别国对南极大陆领土主权主张的合法性和有效性。直到第二次世界大战结束,世界格局进入美国与苏联的冷战对峙阶段,随着冷战的不断升级,在朝鲜

---

❶ South Georgia, the South Orkneys, the South Shetlands, the Sandwich Islands, and Graham's Land.

❷ CASARINI, MARIA P. Activities in Antarctica Before the Conclusion of the Antarctic Treaty. In Francioni, Francesco; Scovazzi, Tullio(eds.)[M]//Kluwer Law International. International Law for Antarctica(Second ed.),1996:652.

战争结束后，各国对南极大陆领土主权的争夺开始出现从文字战争落地到现实之中的趋势。随着核武器的出现，南极大陆作为无人之地有被用来试验和储存核武器的风险。此时，国际社会不得不迅速找到解决南极大陆主权纷争的办法，否则一旦以美苏为首的冷战阵营在南极使用核武器，带来的后果将是整个人类的灾难。故而，至20世纪50年代南极大陆领土主权归属问题正式成为国际法学家们研究并亟待解决的国际法焦点问题。

回溯至20世纪50年代，归纳彼时的国际法学家、政治家及谈判家等既绞尽脑汁又小心翼翼地面对着的亟须解决的南极领土主权争端问题的概况如下。

（一）《南极条约》谈判前南极大陆领土主权争端概述

领土主权是指国家对其领土范围内的人和物所行使的最高的排他的权利。❶《奥本海国际法》中对领土主权的评价是：如果试图去厘清历史上战争和国际争端的原因，就得关注领土和附于领土之上的主权的根本性质，几乎全部争端最终都可归于领土争端。主权和领土天然具有密切联系，按照国际法原理，领土是主权的基础；然而纵观有关领土争端的国际实践，主权国家更关注主权之于领土的意义，一国经常通过主张其对某地拥有主权来达成控制或获取某一区域（领土）的目的。❷ 所以，在一定程度上领土与主权在国际争端的背景下没有分离各自讨论的意义，更应当同时分析。例如，尽管南极大陆及其岛屿并不适宜人类居住，但是当在此区域拥有领土成为获取资源最彻底且具有说服力的途径时，兴起于20世纪的南极主权之争在南极大陆及其海域法律地位确定之前永远不可能结束，只会不断以更复杂和隐蔽的形式存在，这也是本书研究意义所在。

1. 南极主权声索国

自1908年英国正式对南极大陆提出领土主权的要求后，紧随其在《南极条约》正式谈判前共有6个国家也同样在南极大陆上选择各自的领土主权声索区域，提出了声索。按照提出领土声索的时间先后顺序，这6个国家依次

---

❶ 杨泽伟.国际法[M].北京:高等教育出版社,2017:133.

❷ 甘露.南极主权问题及其国际法依据探析[J].复旦学报(社会科学版),2011(4):119-125.

是：新西兰（1923）、法国（1924）、澳大利亚（1933）、挪威（1939）、智利（1940）、阿根廷（1942）。❶ 以上7个国家共对南极大陆提出了8项领土主权声索（挪威共提出2项领土主张），其中阿根廷、英国、智利三国的声索区域分别存在一定的重合。虽然如此，以上7国各自在南极大陆的领土主张分别得到了此7国内某一个或多个国家的承认，如新西兰、澳大利亚、挪威、法国、英国因为在南极大陆的领土主权声索不存在重合区域，故而在此五国内两两国家分别达成了对其南极大陆领土主权声索的承认。因此，英国、法国、新西兰、澳大利亚、挪威、智利、阿根廷在南极领土主权法律问题研究与法律实践中，多以"南极主权声索国（Countries Claim Territory of Antarctic）"❷ 代称之。

具体而言，它们各自的声索区域，以经纬度度量分别为：英国（1917年主张如下：①东西跨度为西经20度至西经50度，南北跨度为南极点至南纬50度；②东西跨度为西经50度至西经80度，南北跨度为南极点至南纬58度；现在已统一：东西跨度为西经20度至西经80度，南北跨度为南极点至南纬60度❸）、法国（东西跨度为东经136度至东经142度，南北跨度为南极点至南纬60度）、挪威（东西跨度为西经20度至东经45度，南北跨度为南极点至结束纬度不确定；此外还有距离南极半岛西侧约450公里的彼得一岛）、澳大利亚（东西跨度为东经45度至东经160度，南北跨度为南极点至南纬60度）、新西兰（东西跨度为西经150度至东经160度，南北跨度为南极点至南纬60度）、智利（东西跨度为西经53度至西经90度，南北跨度为南极点至南纬60度）、阿根廷（东西跨度为西经25度至西经74度，南北跨度为南极点至南纬60度）。从声索面积上看，澳大利亚、挪威、英国、阿根廷、智利、新西兰、法国依次减小。从声索区域形状看，7个南极主权

---

❶ 挪威极地研究所官网[EB/OL].［2025-02-27］. https://www.npolar.no/tema/dronning-maud-land/.

❷ BUSH W M. Antarctica and international law: a collection of inter-state and national documents[M]. London, Rome, New York: Oceana Publications, 1982, 143.

❸ 英国南极领土政府官网[EB/OL].［2025-02-27］. https://britishantarcticterritory.org.uk/about/about-the-territory/.

声索国的声索区域（除挪威外，其北部界线的纬度不确定）均从南极点出发按照不同角度向四周呈扇形发散至南纬60度止。

2. 南极主权保留国

《南极条约》谈判前，既没有承认其他国家南极领土主权声索也没有明确提出本国南极领土主权声索，仅声明维持其国家对南极领土主权提出声索的依据并保留其主权声索主张权利的国家有两个：美国与苏联（苏联解体后，现今俄罗斯已继承此权利声明）。

第二次世界大战结束后，美国与苏联对峙的国际局势随着杜鲁门主义与马歇尔计划的实施得到进一步僵化与升华，世界格局进入美国和苏联及其各自的西方集团和东方集团盟友之间的地缘政治对立时期，也称"冷战"时期。在此期间，美苏两个超级大国为争夺全球第一把交椅，获得垄断性权力，以意识形态与地缘政治斗争为基础，开展了核武器库和常规军事部署等直接性竞赛，以及心理战、宣传运动、间谍活动、深远禁运、体育赛事和以太空为代表的新领域的科技竞赛等间接性竞争。因此，虽然在19世纪20年代俄罗斯探险队最先发现了南极冰架，以及在19世纪40年代美国探险队最先发现了南极大陆（未登陆），但在20世纪20年代至40年代期间，当7个南极主权声索国忙于发表政治声明、颁发国内立法并互相承认或否定各自在南极大陆的"圈地"这一领土主权争夺行动时，美苏两方因深陷两次世界大战的核心之中无暇脱身，错过了第一波南极大陆领土主权的声索大潮。故而，直到1947年之后美苏两方才在"冷战"军备与科技竞争的促使下，重新加大马力重返南极大陆，加入南极大陆的领土主权争夺之中。不过此时，它们面临的是被7个南极主权声索国"瓜分"后所剩无几的南极大陆。既然已经在南极领土主权声索中失去先机，美苏两方索性直接选择了不再去对南极大陆的某区域提出明确的领土主权声索，反而在明确声明不承认7个南极主权声索国对南极大陆领土主权的声索的基础上，通过大力开展南极科学考察活动，扩大南极科学考察的地理范围与种类，以及在南极进行可能包括核武器在内的军事武器和物资储备竞赛等活动，以不断增加在南极大陆的实质性存在力度来获取对南极大陆的控制权，同时宣布永久保留其各自对南极大陆领土主权提出声索的权利，相互并且对以上7个南极主权声索国形成威慑，并进一步把南极大陆的领土主权之争推向"白热化"，将南极大陆的和平与安全置于来自军事活动与武器的巨大危险之中。因此，虽然在《南极条约》谈判前，美苏两方被统称为"南极主权保留国"，但是实际上恰恰是这两方对南极大陆的安全与所有权归属有着绝对的影响力与话语权。❶

3. 非南极主权声索国

截至2024年年底，国际社会共进行了四次❷"国际极地年"（International Polar Year，IPY）活动，即国际社会通过国际合作一起对极地地区开展年度性科学考察的活动。第一个国际极地年的时间是1982—1983年，共12个参与国，在北极的多个地点进行了协调互补的地球物理测量，观测的重点是北极的气象、地磁、极光、洋流、潮汐结构，以及冰和大气电的运动。第二个国际极地年的时间是1932—1933年，共44个参与国，受经济大萧条时期限制，仍旧仅对北极进行了观测，并没有完成在南极建立科学考察基站进行观测的计划。第三个国际极地年的时间是1957—1958年，也是这里要重点介绍的一个时间段，这是《南极条约》谈判开始的前夕。因而，这次国际极地年还有另一个更具有影响意义的名字——"国际地球物理年"（International Geophysical Year，IGY）。共67个国家参与了这次国际科学合作项目，其中针对南极的科学考察项目促使多个国家在南极建立了长期的科学考察站❸，并且促成了冷战时期美苏两方及其盟友之间在科学领域的突

---

❶ 美国国务院官网. 军备控制、核查和遵守局有关《南极条约》的叙述[EB/OL].[2025-02-27]. https://2009-2017.state.gov/t/avc/trty/193967.htm.

❷ 第四个国际极地年的时间是2007—2008年，它是有史以来为探索地球极地地区而发起的规模最大，最全面的运动，有来自60多个国家参与。从2007年3月1日开始，并于2010年6月12日在国际极地年奥斯陆科学会议上正式结束。然而，许多活动在该日期之后仍在继续。国际极地年科学计划涵盖11个领域：极地大气、北冰洋、南大洋、格陵兰冰盖和北极冰川、南极冰盖、冰下水生环境、永久冻土、两极地球结构和地球动力学、极地陆地生态和生物多样性、极地社会和社会进程、人类健康。

❸ 1954年，澳大利亚在莫森建立了南极大陆的第一个永久考察站，它现在是南极圈以南连续运行时间最长的站。1957年1月日本建立了昭和站，比利时于1958年建立了博杜安国王考察站等。

破性合作，该合作在南极大陆的科考活动中尤为突出❶，在一定程度上对《南极条约》谈判的形成具有促进作用❷。在参与这次南极科学考察的国家中，当然包括7个南极主权声索国，也包括了美苏两个南极主权保留国，剩下的国家（如比利时、德国、波兰、瑞典、日本和南非等）虽然也参与了南极大陆的科学考察，但是它们自始至终没有提出相关领土主权的声索，也没有对其他国家提出的对南极大陆的领土主权声索发表意见。从国际法意义上分析，以上国家对南极大陆领土主权并不具有声索行为。它们对于南极大陆所进行的勘探与观测仅出于单纯的科学研究目的，因此它们在南极国际法研究中一般被认定为"非南极主权声索国"。

（二）《南极条约》谈判前南极大陆领土主权声索的国际法依据

如上所述，在1908—1940年，有7个国家提出了对南极洲的领土主权的要求。第一个提出的国家是英国，最后一个是智利，其他五个提出领土主权要求的国家是阿根廷、澳大利亚、法国、新西兰和挪威。尽管提出权利主张的领土有不同的延伸，但每个领土都呈扇形，其基点在南纬60度（挪威除外，挪威没有明确其基点纬度），顶点在南极点。同时，阿根廷、智利和英国所主张的领土在一定程度上是重叠的，并且这种重叠成为三国间多次争议的根源。当然，这些领土要求加起来并没有覆盖整个南极大陆。在南极大陆上自南极点起延伸至西经90度与西经150度之间的扇形区域，属于无领土主权声索的区域。那么，以上7个国家对南极大陆提出领土主权要求时的国际法依据分别是什么？它们是否具有合法性？法律效力程度如何？以及对《南极条约》谈判的进程与结果有何影响？本小节将作具体分析。

---

❶ 例如，在1956年和1957年，美国气象学家在苏联米尔尼站"过冬"，而苏联气象学家在美国站"越冬"。这些合作活动在1957—1958国际地球物理年达到高潮，12个国家（阿根廷、澳大利亚、比利时、智利、法国、日本、新西兰、挪威、南非、苏联、英国和美国）为地球及其宇宙环境进行研究而进行的南极联合科学研究而努力。

❷ 世界气象组织官网.国际地球物理年[EB/OL].[2025-02-27]. http://www.wmo.int/pages/mediacentre/documents/Int. GeophysicalYear. pdf.

1. 扇形原则

由于所主张的领土呈扇形，南极领土主权声索国自认为其所持最热门的法律性论据之一是"扇形原则"（the sector principle）。加拿大在20世纪初首次就北极地区适用了这一原则主张领土，苏联后来也在北极坚持该原则作为其北极领土划分的依据。北极圈是北极扇形的天然基线，因此在北极适用扇形原则。此原则应用于南极演变为：以南极极点为顶点，以两条与本国领土延伸或南极大陆发现相关的经线为两腰，以某国海岸线或某纬线（大部分为南纬60度纬线）作为底边所划出的扇形区域及其内部冰架被主张声明为构成邻接扇形面积国家的南极领土。虽然扇形原则一度成为以英国为首的南极主权声索国主张在南极大陆拥有领土的原则方法，但是在国际法中领土取得与划界的理论或实践领域，扇形原则始终都没有获得任何一致性的认可或法律约束力，不具有任何国际法依据。❶英国著名国际法学家伊恩·布朗利在《国际公法原理》一书中明确指出："扇形原则不过是一种粗糙的划界方法，它并未成为独立的国际法律规则。"❷

2. 先占原则

相比于扇形原则，"先占原则"属于南极主权声索国在20世纪40年代这一阶段所持最根本且核心的法律性论据。国际法原则中的"先占"是指国家通过实际占领与实施行政管理而有意识地取得无主地领土主权的一种法律事实行为，该原则可溯源到公元前5世纪至公元前6世纪罗马法中关于无主物的最先占有者可以取得该物所有权的规定。先占原则的基础在于占有对象的所有权抑或在国际法领域扩展而至的领土主权不属于任何法人或国家。那么被南极主权声索国要求通过依据先占原则而获得领土主权的南极大陆或岛屿是否就是符合国际法规定的"无主地"呢？在20世纪上半叶之前，对于"无主地"认定的权力被垄断于葡萄牙、西班牙、英国、美国等西方殖民扩张国家手中，在国际法中并没有专门的原则、条约或司法判

---

❶ 甘露.南极主权问题及其国际法依据探析[J].复旦学报(社会科学版),2011(4):119-125.

❷ 伊恩·布朗利.国际公法原理[M].4版.曾令良,等译.北京:法律出版社,1990:151.

例加以规制。直到第二次世界大战后，1975年国际法院在"关于西撒哈拉法律地位问题的咨询意见"中明确指出了：凡是有部落或人民居住并有一定的社会和政治组织的地方，就不能认为是无主地。❶ 按此规定，现在国际社会中几乎已经不存在任何成规模的无主地，先占原则作为国家领土取得的方式已经成为历史，该原则现有留存的现实意义仅存在于当国际司法机构处理国家间领土争端时，会结合有效占有的实际情况，考虑先占原则作为领土变更方式所引发的法律效果（相关判例有1933年东格陵兰案等）。❷ 反观南极主权声索国在依据先占原则主张在南极大陆及其岛屿的领土主权之时，均已存在一定程度上区别于仅发现南极大陆的管理等宣示主权的活动，因此它们各自所主张地区是否属于"无主地"成为先占原则是否适用的根本影响因素。更进一步分析，南极大陆及其岛屿及周边海域的法律地位的确定是影响先占原则和南极主权声索国的主张能否获得法律支持的根本因素。遗憾的是，这一问题至今无论在国际法理论抑或实践中均无定论，因此先占原则在解决南极领土主权争端中存在适用的可能性，但并不是曾经或现在确定且合法的主张依据之一，其法律效力处于待定状态。

3. 保持占有原则

一般认为，传统国际法上领土的取得方式主要有五种：先占、时效、添附、割让和征服。随着国际关系与国际法的发展和变化，现代国际法中互相尊重主权和领土完整已经成为一项基本原则，因此通过不正当占有他国领土一段时间即认定为获得此区域的领土主权的时效原则，以及单纯以武力歼灭或吞并他国领土的征服原则，已经属于非法行为，不再具有任何法律或现实意义。同时，民族自决与全民公决成了现代国际法中领土获得或变更的主要方式。其中，民族自决原则是第二次世界大战后殖民地人民通过争取民族解放和独立运动，从殖民地或宗主国脱离出来，成立独立国家或加入其他国家而发生的领土变更。概括而言，被殖民后独立的国家行

---

❶ 国际法院官网. Summary of the Advisory Opinion of 16 October 1975 [EB/OL]. [2025-02-27]. https://www.icj-cij.org/public/files/case-related/61/6197.pdf.

❷ 陈致中. 国际法案例[M]. 北京：法律出版社，1998：129-132.

使民族自决权时受到两项限制：一是《国际法原则宣言》规定的民族自决不得局部或全部破坏任何独立国家领土的完整与政治的统一；二是本小节要讨论的"保持占有原则"（uti possidetis juris），即为了维护国际和平与安全，原殖民地划分的领地边界要被保留，由结束被殖民成为独立国家的各国继承原殖民行政区划作为各自的国界划分协定。❶ 基于此原则，以阿根廷和智利为代表的位于南美洲的南极主权声索国呼吁：当"保持占有原则"适用于南美洲时，既然各个新独立的国家从西班牙"继承"了其独立前存在的南美的行政区划作为国家边界❷，那么它们现在也可以遵照此原则要求从西班牙"继承"而得南极洲的领土主权。其依据是罗马教皇亚历山大1493年颁布的第七份诏书（训谕）❸，在这份文件中教皇将世界以赤道为界一分为二，一半给了西班牙，另一半给了葡萄牙，而南极洲恰恰完全位于西班牙的那半个现在被称为南半球的世界。❹ 首先，随着1837年伊莎贝拉二世通过西班牙君主立宪法案，结束自1942年起300余年的共主邦联模式，罗马教皇的诏书已作废失去法律效力，因此相关条约已无效，规定的内容也完全失去约束力。其次，无论是"保持占有原则"抑或是民族自决，在现今国际社会基本已不存在真正意义上的殖民地或托管领土的背景下，其适用空间几乎已不复存在，2010年国际法院就2008年科索沃以行使民族自决权宣布独立的声明所给出的咨询意见仅指出其独立不违反普遍国际法，没有明确民族自决对别国领土主权的影响限制，国际社会对此咨询意见持

---

❶ 如国际法院在"布基纳法索与马里边界争端案"的裁决中明确指出：维护非洲领土现状，经常被视为是最明智的决定……劝使非洲各国在解释民族自决原则时，要考虑占领地保有原则。[C]. Cae Concerning the Frontier Dispute,（Burkina Faso VS Republic of Mali）,judgment of 22 December 1986[EB/OL].[2023-01-13]. http://www.icj-cij.org/docket/files/69/6449.

❷ FISCHER F C. The Arbitration of the Guatemalan-Honduras Boundary Dispute[J]. American Journal of International Law,1933,27(3):403-427.

❸ 这份诏书列于1494年西班牙和葡萄牙缔结的《托尔德西利亚斯条约》。

❹ CONFORTI B. Territorial Claims in Antarctica:A Modern Way to Deal with an Old Problem[J]. Cornell International Law Journal,1986,19(2):249-258.

反对观点的国家占主流。❶ 所以，以"保持占有原则"作为南极领土主权声索的国际法依据无论在 20 世纪 40 年代抑或现在，均不具有合法性或合理性。

4. 有效占领原则

前文分析的扇形原则、先占原则及保持占有原则适用的共同条件是领土主权声索国必须在其所声索的地区满足有效占领的条件。本小节就国际领土法中的"有效占领"在南极的适用展开讨论。在国际法实践层面，有效的占领与无效的发现主要在是否能产生权利的问题上相区别。❷ 何为有效的占领？在 1933 年丹麦诉挪威"东格陵兰案"的国际法院判决中指出："先占原则中的有效占领不仅包括行使主权的意识，还应当包括以适当的方式展示主权，并且基于行使主权的意识是综合性的，因此展示主权的方式也应当具有多面性，不能仅包含单一的插国旗方式。当然鉴于地区自然环境与人类宜居程度的差异，展示主权的方式也可相应有所不同。"❸ 回到南极领土主权的声索，自南极大陆被发现至今，南极主权声索国在南极的主要活动是建立科考站开展科学考察，进行磷虾、犬牙鱼等渔业捕捞活动，以及个别国家（如智利）最早于 1984 年刻意安排新生儿出生于南极。南极自始至终不存在常住人口，并且各国颁发的南极法律法规在作用于一个无人居住的区域时，其有效性也值得质疑。当然，根据"东格陵兰案"，基于南极恶劣的自然环境，在此地有效的占领不应当一味要求不间断的长期稳

---

❶ Accordance with International Law of the Unilateral Declaration of Independence in Respect of Kosovo, International Court of Justice Reports 2010:43.

❷ "帕尔马斯岛仲裁案"的裁判意见明确指出：按 19 世纪以来的国际法，基于发现产生的权利最多只是一种初步或不完整的权利，还需要其后一段合理时间内进一步的有效占领行为才能最终形成主权，即先占的前提是"发现"，但仅仅是发现本身并不会产生权利。The Island of Palmas case(1928), 2. R. I. A. A. 829-839.

❸ "东格陵兰案"基于 1931 年之前没有任何国家对丹麦在此地行使主权提出异议，丹麦连续不断在此地行使主权；以及此地自然环境恶劣且变化无常不适宜人类居住，不应一味要求不间断行使主权的证据，国际法院于 1933 年判决丹麦胜诉，承认了丹麦对东格陵兰的主权，否定了挪威通过公告宣布的其对东格陵兰的主权主张。The Eastern Greenland case(1933), 1933 P. C. I. J. (ser. A/B) No. 43 (Apr. 5).

定的人口居住于此这一证据。但是,"东格陵兰案"中所指出的对有效占有的认定可以因地制宜的前提条件是:在有异议提出并提交法院审理之前,主权声索国对此地的主权占有一直稳定存续,从没有任何异议存在。反观当前7个南极主权声索国,没有国家符合此前提。因此,尽管依据国际法无法彻底排除南极主权声索国对南极进行有效占有的认定,但是也证明了现有的相关国际法渊源中并没有能认定南极主权声索国对南极进行的是有效占有的依据。甚至,在现行有效的国际法中有效占有的对象原则上只能是"无主地",而南极大陆及整个南极的法律地位至今没有定论,有"人类共同继承财产(the Common Heritage of Mankind)""共有物"等多种理论学说与国际实践存在,它们背后是发展中国家与发达国家等不同利益阵营之间的对立拉扯。因此,作为程度要素的有效占有原则,并不能为南极主权声索国提供强有力的法律依据,更多的可能是作为法庭辩论或国际谈判中双方的争议点与着力点出现。

5. 归纳与讨论

前文分析了南极主权声索国提出领土主权主张时,国际法依据中较为热门的扇形原则、传统的先占原则、少数的保持占有原则,以及基础的有效占领原则。通过分析,以上国际法依据在当前均欠缺一定的合法性或合理性,与学界的主流观点"南极主权声索国在南极的领土主权主张均缺少强大的法律基础"相一致。❶ 退一步讲,即使引入时际法❷的观点,那么应当依据何时的法律来判断权利来源的合法性或行为的有效性呢?在许多领土争端中,争端方的权利都来自很早以前在法律上有重要意义的行为或缔结的条约,随着时间推移,国际法在变化,统一法律行为在几个世纪前是有效的,但经过了几个世纪之后变得无效,条约也可能随着时间推移、当事国更迭失去效力。正如第一章中的理论介绍,时际法可以概括为"法不

---

❶ G. Battaguni. supra note 8, at 152-62; M. GIULIANO, supra note 10, at 355-57; R. WOLFRUM, supra note 8, at 46

❷ 王铁崖先生主编的《中华法学大辞典:国际法卷》对时际法作了这样的界定:时际法是指由于时间的演变而产生的不同法律规则中,对于某一情形应适用该情形当时有效的法律。王铁崖. 中华法学大辞典:国际法卷[M]. 北京:中国检察出版社,1996:516.

溯及既往"在国际法领域的一种体现,对于某法律情形应当适用该情形当时有效的法律。然而,休伯在"帕尔马斯岛仲裁案"中作过经典论述:"当判断在前后相继的历史时期出现的不同法律制度中的哪一个应该适用于一个特殊案件时,应该区别对待权利的产生与权利的持续。作为一个法律原则,权利的产生要符合权利产生时有效的法律。同样的原则要求权利的维持,也就是说权利的持续展示要符合法律在不断的演变过程中的不同要求。"❶ 休伯的权利产生依据理论被认可,但权利持续依据理论被质疑与批评,原因是前者满足了稳定性的需求,而后者则导致许多现存领土主权的合法性受到挑战,增加了不稳定性因素。❷ 因此,时际法原则的适用不能在真空中操作,在实践中权利的产生与持续来源的合法性受到承认、默许、禁止反言、时效、假定不放弃、诉讼与证据等不同规则与条件的限制,应当因地制宜、因事制宜。故而,南极主权声索国的南极领土主张的合法性在既有国际法理论与实践中既无法被绝对地肯定,也无法被绝对地否定。

(三)《南极条约》的签署与南极大陆领土主权的"冻结"

1.《南极条约》签署的法律必然性

洛兰·M. 埃利奥特(Lorraine M. Elliott)在其《保护南极》一书中指出:"《南极条约》签署时当事国意在解决南极大陆领土主权纷争的历史问题,而非规划南极的未来。"❸ 对于该论述的后半部分我们暂且按下不表,但对于前半部分的表述,本书前述分析已为其提供了充足的理论性与实践性论据。经过前文的分析,南极大陆领土主权争端的难分难解与南极大陆乃至整个南极所面临的潜在安全威胁之大不言而喻。但是,不同于国内社会,《威斯特伐利亚条约》签订以来,国际社会始终没有超越主权国家之上的司法机关审理国际争端,这导致国际争端的解决特殊且重要。

---

❶ Island of Palmas(Netherlands/US),Ⅱ UNRIAA,1928.845.

❷ JENNINGS R Y. General Course on Principles of International Law[J]. Recueil des Cours,1967:323-605.

❸ LORRAINE M E. International Environmental Politics:Protecting the Antarctic[M]. New York:St. Martin's Press,1994:25.

第二章 "适用区域"条款的产生与解释：南极海域法律地位

"二战"结束前，传统的国际法把解决国际争端的方法分为强制（武力）的和非强制的两大类。"二战"结束后，随着1945年《联合国宪章》的签署与生效，在现当代国际法中，战争已被废弃作为推行国家政策的工具，其他武力、武力威胁及与《联合国宪章》所宣示的和平解决国际争端原则不符的措施都被禁止，所以战争、平时封锁、干涉和有武力色彩的报复等强制性国际争端解决方法都被排除在现代国际法所构建的争端解决机制之外。《联合国宪章》第2条第3项规定："各会员国应以和平方法解决国际争端，避免危及国际和平、安全及正义。"《联合国宪章》的第六章"争端之和平解决"就和平解决国际争端作了详细规定："任何争端之当事国，于争端之继续存在足以危及国际和平与安全之维持时，应尽先以谈判、调查、调停、和解、公断、司法解决、区域机关或区域办法之利用，或各该国自行选择之其他和平方法，求得解决"。❶ 另外，根据争端起因与性质的不同，一般国际争端可以分为政治争端、法律争端、实施争端及混合型争端（既有政治争端又有法律争端）。显而易见，南极大陆领土主权争端既包含各主权声索国或保留国的政治利益冲突，同时当事国对南极大陆的领土主权要求以及论据又是以一定程度上国际法所承认的理由为根据。因此，南极大陆领土主权争端属于混合性质的争端，需要和平的政治与法律方法并用才有可能获得解决。❷ 狭义上和平解决国际争端的法律方法包括仲裁和国际法院等国际司法机构的判决、裁决等司法或准司法方式。法律方法的优势在于其结果往往具有终局性的强制效力，但局限在于一旦同意第三方的独立裁判，当事国就失去了对争端解决过程与结果的主导权与控制权，导致当事国较少倾向于采用法律方法或对裁决结果提出疑问不予执行等。因此，不同于法律方法，和平解决国际争端的政治方法中的谈判，成了实践中和平解决国际争端中最常见、最基本的方法。❸

---

❶ 联合国官网.《联合国宪章》第33条[EB/OL].[2025-02-27]. https://www.un.org/zh/about-us/un-charter/chapter-6.

❷ 杨泽伟.国际法[M].北京：高等教育出版社，2017：290.

❸ 何志鹏.国际公法学[M].北京：高等教育出版社，2019：311-313.

• 125 •

谈判的终点一般是签署条约，而条约产生与缔结的起点就是条约的谈判。❶ 所以，基于在1942年（当最后一个南极主权声索国阿根廷提出领土主权主张时）无法从作为调整国际关系的规则且具有在国际关系中定分止争作用的国际法渊源中，找出具有针对性的解决南极大陆领土主权争端的条约、习惯、判例或者一般法律原则❷，并且此国际争端当事国并没有就仲裁或提交国际法院裁判等司法方法解决争端的法律方法达成一致的前提下，又在1958年国际地球物理年引发的极地科学合作热潮的启发下，在美国沉溺冷战突然觉晓，意图在南极大陆领土主权割占中后来者居上的牵头下，阿根廷、澳大利亚、比利时、智利、法国、日本、新西兰、挪威、南非、苏联、英国和美国一致同意通过谈判缔结新的条约来解决南极大陆领土主权的争端。恰如唐纳德·R. 罗瑟尔（Donald R. Rotherll）所述："解决南极主权争端的需要、国家安全、军事与核威胁及南极科学合作意愿是《南极条约》缔结与南极条约体系建立的直接动因。"❸

2. 南极大陆领土主权冻结的法律确定性

《南极条约》于1959年12月1日在美国华盛顿由上述12个国家共同签署，于1961年6月23日正式生效。《南极条约》由序言与14条条文构成。序言与前3条涵盖了《南极条约》的宗旨与目的，明确了以和平为目的利用南极、维护在南极的科研自由、促进在南极的科研合作三项基本原则。第4条规定了南极主权冻结原则，是《南极条约》乃至整个南极条约体系的核心与基石。第5条明确规定南极禁止核爆炸等核污染的出现。第6条特别规定了《南极条约》在空间上的适用范围。第7条至第10条分别从南极视察、属人管辖及协商会议三个方面对当事国的权利义务作出了规定。第11条至第12条为除前10条实质性条款外的最后条款，主要规定了《南极

---

❶ 李浩培.条约法概论[M].北京:法律出版社,2003:57-58.

❷ 其中,最主要的原因如前所述:南极大陆及其周边岛屿乃至周边海域是地球上最后一片被发现的区域,其法律地位的"无主地"（Terra nullius）与"共有物"（res communis）之争自发现之始至今时今日从未达成国际共识,也从未有过任何有法律效力的定论。

❸ DONALD R R. The Polar Regions and the Development of International Law[M]. Cambridge:Cambridge University Press,1996:409.

条约》的争端解决方式、修改方式、生效方式和日期、有效期限、条约的终止或延长及条约的批准与生效，没有明确的条约解释条款。

虽然《南极条约》仅14条，但是其对国际关系与国际法的发展贡献突出，就此南极大陆领土主权及其争端均以法律形式被明确且合法地"冻结"。《南极条约》第4条力求维持《南极条约》签订之前的现状，在承认7个南极主权声索国提出的领土主张及其他国家不承认这些主张的事实前提下，进一步禁止了在《南极条约》生效的时期内现有领土主权主张的扩大或改变，以及新的南极领土主权主张的提出。❶考察7个南极领土主权声索国的主张可以得出：以上国家在《南极条约》签署前提出的主张多强调对南大洋之上若干岛屿及南极大陆之上一定范围内的陆地，对于南极周边海域并无明确主张。❷这既与各国提出南极领土主张之时，国际海洋法尚处于习惯法阶段，只存在初步的领海与公海概念，并无相关制度有关❸；也与20世纪二三十年代科研水平较为低下，各国在南极科学考察的地点基本集中在南极大陆及其周边的岛屿，对于南极大陆周边海域的科学考察因缺乏仪器设备无法开展，进而各声索国既无法判定南大洋中的资源与价值，也不具备任何开发或获取的技术手段有关。因此，可以得出《南极条约》将南极大陆及其周边岛屿的领土主权声索与争端均"冻结"。

值得注意的是，《南极条约》第6条在第4条的基础上又进一步对"冻结"的区域进行了表述。该表述由两部分组成：第一部分明确限定《南极条约》适用于南纬60度以南地区，强调了"冰架"也包含在此冻结区域内；第二部分补充说明任何国家在南纬60度以南地区依旧享有完整的公海权利及其权利行使权。很明显第6条作为《南极条约》的适用区域条款，

---

❶ 何柳，CHEN Jueyu，HUANG Rui. 南极条约体系的法律挑战及中国南极基本权益的维护[J]. 中华海洋法学评论，2021，17(3)：34-76.

❷ ATS. 各当事国主管部门网站[EB/OL]. [2023-03-01]. https //www. ATS. aq/devAS/ATS/NationalCompetentAuthorities？ lang=e.

❸ 海洋法的编纂工作始于1930年，在海牙召开的国际法编纂会议上曾讨论了领海宽度问题，美国、英国等国企图把3海里的领海宽度作为国际统一的标准，但遭到与会大多数国家的反对，未被通过。直到1958年《公海公约》《大陆架公约》等签署后国际海洋法开始出现成文公约，但是领海宽度等问题仍旧未达成合意。

没有对南纬 60 度以南地区的陆地与海洋进行区分。原文的"本条约适用于南纬 60 度以南地区"既没有被明确表述为"本条约适用于南纬 60 度以南的陆地及海洋",也没有被表述为"本条约仅适用于南纬 60 度以南的陆地"或"本条约仅适用于南纬 60 度以南的海洋"。因此,如前文对第 6 条既生模糊性的分析,《南极条约》第 6 条无法明确南极大陆及其周边岛屿,以及周边海域是否全部适用领土主权及其争端的"冻结"原则,但是结合《南极条约》第 4 条及《南极条约》出现与缔结的历史背景,可以合理推断出南极大陆及其周边岛屿一定适用"冻结"原则,南极大陆及其周边岛屿领土主权被冻结具有充足的法律确定性,只留下南极大陆周边海域是否适用《南极条约》领土主权及其主张"冻结"的原则这一争议,引领出下一步的分析与讨论。

二、"适用区域"条款出现的拟定过程——国家决定国际造法的进程

讨论《南极条约》在空间上的适用范围除了南极大陆及其周边岛屿,是否包括南极海域及冰架,需要将研究重点从《南极条约》谈判缔结等宏观的历史背景缩小聚焦至《南极条约》第 6 条"适用区域"条款本身被拟定并最终谈判通过的过程,在此过程中国家作为最重要的国际法主体始终发挥着决定性作用。

(一)《南极条约》原始当事国对"适用区域"条款的立场比较

1. 不同国家之间当前的立场比较

在《南极条约》谈判缔结的过程中,联合国等国际组织并未参与也尚无明确立场表示,仅有南极条约的 12 个初始当事国成为《南极条约》从无到有的主导者。[1] 因此,首先考察这 12 个国家国内现行有效的相关南极立法中对"适用范围"条款的内化处理,更有助于定位与理解《南极条约》谈判时各国的立场所在(表 2-2)。总结当前立场可得:美国、英国、新西

---

[1] 12 个初始当事国:阿根廷、澳大利亚、比利时、智利、法国、日本、新西兰、挪威、南非、苏联、英国和美国。

兰认为《南极条约》在空间上的适用范围包含南纬60度以南除公海外的所有区域；澳大利亚、智利等则认为《南极条约》在空间上的适用范围包含南纬60度以南的所有区域，包括《联合国海洋法公约》定义下的公海区域；俄罗斯、法国、日本、南非、挪威、比利时、阿根廷等大部分国家则依照《南极条约》第6条，在本国的南极立法中同样对《南极条约》在空间上的适用范围予以模糊处理，将《南极条约》第6条原文引入本国立法，没有讨论公海、冰架、大陆架等问题。

表2-2 《南极条约》原始当事国现有国内南极立法对"适用区域"条款的内化处理

国家	相关国内南极立法	对"适用区域"条款的内化处理
澳大利亚	《1960年南极条约法》①	第3条"定义"第（1）款："在本法律中，除非出现相反的意图：'南极'是指南纬60度以南的地区，包括那个地区的所有冰架；'领地'是指澳大利亚南极领地；'条约'是指在本法律附表中的《南极条约》。" 第4条"实施"第（3）款："根据《1954—1957年澳大利亚南极领地法》，澳大利亚首都直辖区的任何法院（包括澳大利亚首都直辖区最高法院）的管辖权，均延伸至对上一小节所作为或不作为的管辖权，就好像这些作为或不作为发生在该领土一样。" 第4条"一般原则"第（4）款："本节的任何内容均不妨碍或以任何方式影响任何国家根据国际法对南极洲内公海享有的权利或行使这些权利。"
新西兰	《1960年南极法》②	第2条第（1）款："南极是指南纬60度以南的区域，包括该地区的所有冰架。" 第3条第（1）款："本节适用于下列任何作为与不作为：（a）任何人在罗斯属地发生的作为与不作为；或（b）除罗斯属地外，在南极任何地方（即不在任何国家管辖范围内），任何新西兰公民或新西兰常住居民发生的作为与不作为。"

续表

国家	相关国内南极立法	对"适用区域"条款的内化处理
阿根廷	《1969年阿根廷南极活动管理法》③	仅强调阿根廷南极属地的主权不受《南极条约》限制。
	《2000年阿根廷南极环境保护法》	第2条"定义":"'南极条约地区'指南纬60°以南的地区,该地区适用1959年12月1日在华盛顿签署的《南极条约》各项规定。'阿根廷南极地区'指西经25°至74°、南纬60度以南所包括的南极地区。"
智利	《2020年南极法》④	第4条"适用范围":"本法适用于共和国全境,特别是智利南极领土。本法的唯一目的是遵守智利在《南极条约》制度框架内承担的义务,并行使其中规定的权利,本法也应适用于南极洲的其他地区,包括其周围的海洋和空气空间。" 第5条"定义":"就本法而言:1. 南极洲或南极大陆包括大陆、其冰块和屏障、南纬60度以南的岛屿及其周围的南大洋,但不影响《南极环境保护条约议定书》和《南极海洋生物资源养护公约》及适用于该地区的其他国际协定为其特定目的规定的界限。2. 南大洋包括南纬60度以南的所有海域、水体、海洋盆地和海洋区域,并与1959年《南极条约》的适用范围一致。3. 南极汇合线是指由于水盐度、洋流和温度变化等自然因素的影响,南极生态系统延伸到的海中线的生物地理界限,《南极海洋生物资源养护公约》第1条第4款将其定义为其适用区域的北部界限。"
法国	《2003年南极环境保护法》⑤	第1条:"就本编的规定而言,南极洲指的是1959年12月1日于华盛顿缔结的南极洲条约第6条界定的区域,即位于南纬60°以南的区域,包括所有冰架。" 第2条:"在进行活动时应事先申报,或者获得第二章规定条件下的许可,下述活动除外:根据国际法在公海行使航行自由和飞行自由。" 第3条:"以下人员需遵守本编的规定:……e)在法国领土或从法国领土开始在南极洲任一地区组织或参加活动者,无论其为何国籍。"

续表

国家	相关国内南极立法	对"适用区域"条款的内化处理
英国	《1994年南极法》⑥	第1条"南极"的定义:"1. 在本法中,'南极'是指:(a)南极洲(包括其所有冰架),(b)南纬60°以南的所有岛屿(包括其所有冰架),(c)与南极大陆相邻的所有大陆架区域或那些在南纬60°以南的岛屿,以及(d)南纬60°以南的所有海域和领空。2. 第1款中的'大陆架'应按照相关国际法规则进行解释。"
挪威	《2013年南极环境安全与保护规章》⑦	第2条:"本法规适用于南纬60度以南的南极区域。本法规在整个南极适用于:1. 挪威国民;2. 挪威法人;3. 挪威船舶和航空器;4. 居住于挪威的外国人;5. 在挪威组织的或离开挪威直接驶往南极的南极考察机构的外国人成员或负责人。本法规还适用于在毛德皇后地和彼得一世岛逗留或负责那里的活动的任何人(参见第9条)。但是,本法规不适用于逗留在那里的作为由另一个国家所组织的南极考察的一部分的人员,如果该国有相应的规定,又是《南极条约环境保护议定书》的成员国,或对组织此类考察负责。"
美国	《1978年南极保护法》⑧	第3条:"为本法案的目的——(2)'南极'指南纬60度以南的地区。"
俄罗斯	《2012年公民与法人南极活动管理法》⑨	第1条:"以下为本联邦法所使用的主要术语:1)南极是指南纬60度以南的区域,包括该地区的所有冰架;……"
比利时	《2005年南极法》⑩	第3条:"本法律实施时,对下列术语的定义规定如下:1. '南极条约':1959年12月01日签署于华盛顿并经1960年07月12日法律批准的南极公约。2. '南极条约区域':按照南极公约第六条规定,南极公约所适用的地区。"
南非	《1996年南极条约法》⑪	第1条"定义":"1. 本法中,除非上下文另有所指(1)'南极洲'特指南极条约适用的领域;……"
日本	《1997年南极环境保护法》⑫	第3条"定义":"一:南极地区:南纬60度以南的陆域(包括冰架及上空,下同)和海域(冰架地区只包括冰架下的海洋部分,下同);……"

注:① 澳大利亚《1960年南极条约法》:https://www.legislation.gov.au/Details/C1960A00048,最后访问日期:2022-06-09。

② 新西兰《1960 年南极法》：https：//legislation. govt. nz/act/public/1960/0047/latest/whole. html，最后访问日期：2022-06-09。

③《1969 年阿根廷南极活动管理法》第 2 条："阿根廷南极属地是国家领土的一部分，指西经25°至74°、南纬60°以南包括的地区。"第 3 条："共和国在阿根廷南极属地开展的活动是在行使主权，其最高目标是完全满足国家在该地区的利益。"第 4 条："阿根廷共和国作为当事国的《南极条约》的生效，建立了一种不以任何方式影响国家在阿根廷南极属地主权的特殊制度，《南极条约》在签署时已就此作出明确表述。"

④ 智利《2020 年南极法》：https：//www. camara. cl/legislacion/ProyectosDeLey/tramitacion. aspx? prmID = 9669&prmBOLETIN = 9256-27，最后访问日期：2022-06-09。

⑤ 法国《2003 年南极环境保护法》：http：//plpd. qnlm. ac/plpd33/updown/view. jsp? fujianPath =/upload/pdf_file/03AN_NLG_FR-213-FR. pdf&fujianYuashiMing = num213. pdf，最后访问日期：2022-06-09。

⑥ 英国《1994 年南极法》：http：//plpd. qnlm. ac/plpd33/updown/view. jsp? fujianPath =/upload/pdf_file/03AN_NLG_GB-260-EN. pdf&fujianYuashiMing = num260，最后访问日期：2022-06-10。

⑦ 挪威《2013 年南极环境安全与保护规章》：http：//plpd. qnlm. ac/plpd33/updown/view. jsp? FujianPath =/upload/pdf_file/03AN_NLG_NO-239-EN. pdf&fujianYuashiMing = num239. pdf，最后访问日期：2022-06-10。

⑧ 美国《1978 年南极保护法》：http：//plpd. qnlm. ac/plpd33/updown/view. jsp? fujianPath =/upload/pdf_file/03AN_NLG_US-284-EN. pdf&fujianYuashiMing = num284. pdf，最后访问日期：2022-06-10。

⑨ 俄罗斯《2012 年公民与法人南极活动管理法》：http：//plpd. qnlm. ac/plpd33/updown/view. jsp? fujianPath =/upload/pdf_file/03AN_NLG_RU-246-ZH-ouc. pdf&fujianYuashiMing = num246. pdf，最后访问日期：2022-06-10。

⑩ 比利时《2005 年南极法》：http：//plpd. qnlm. ac/plpd33/updown/view. jsp? fujianPath =/upload/pdf_file/03AN_NLG_BE-134-FR. pdf&fujianYuashiMing = num134. pdf，最后访问日期：2022-06-10。

⑪ 南非《1996 年南极条约法》：http：//plpd. qnlm. ac/plpd33/updown/view. jsp? fujianPath =/upload/pdf_file/03AN_NLG_ZA-249-EN. pdf&fujianYuashiMing = num249. pdf，最后访问日期：2022-06-10。

⑫ 日本《1997 年南极环境保护法》：http：//plpd. qnlm. ac/plpd33/updown/view. jsp? fujianPath =/upload/pdf_file/03AN_NLG_JP-224-JA. pdf&fujianYuashiMing = num224. pdf，最后访问日期：2022-06-10。

2. 不同国家之间磋商时的立场比较

类似于当前各国的立场差异，1958—1959 年《南极条约》进展至文本磋商之时，12个原始当事国在这60余场筹备会议中对《南极条约》在空间上的适用范围及"适用区域"条款的措辞和立场始终存在一定的分歧。❶ 首先，智利提议将《南极条约》适用区域的边界固定在南纬60度，其他国家也在早期阶段同意此提议；美国则建议将公海排除在外，并被大多数代表团（阿根廷、澳大利亚、智利、法国、挪威、英国、美国）接受作为讨论的基础。其次，在此基础上英国被要求准备一份南极洲的定义草案。"南极洲可以说包括位于南纬60度和南极之间整个地区的所有土地和水域，不包括公海"的建议被第五次筹备会议（1958年7月15日）接受，并提交给各国政府。阿根廷和智利曾建议倾向于条约区域的划定，而不是南极洲的定义，以避免出现分歧。苏联代表团赞成以南极汇流处作为北部边界，这一点没有得到普遍支持；尽管在科学上是恰当的，并且与南极研究中心有关，但聚合点的不精确性被认为造成了困难的法律问题，并且它与现有权利要求的边界没有关系。再次，美国建议使用"适用区域"，这个术语具有政治和法律上优势，可以避免与科学家的争论。因此，英国修改了其最早的草案，以"本条约的规定应适用于……"开头，并纳入了主要由美国提出的进一步修正：用"地区"代替"陆地和水域"（以避免在浮冰上的法律困难），以及省略对南极的提及，既是为了简化，也是为了避免可能与磁极相混淆。重新起草的版本是"本条约的规定适用于南纬60度以南的整个地区，不包括公海"。但是，美国坚持将条约适用区域排除公海，它刻意不提公海自由原则对资源开发的可能影响，仅强调公海自由原则对保障海洋科学研究的必要性。最后，筹备会议就《南极条约》适用区域达成了现行有效版本的模糊性条款，仅苏联保留意见。但是，作为在南极洲没有领土主张的国家，苏联对南纬60度线的重视程度明显低于其他国家，其提出的南极汇流点后来被1980年《南极海洋生物资源养护公约》采纳为边界。

3. 同一国家不同时间立场的变化

通过上文的比较，可知从《南极条约》磋商至今，12个原始当事国中，

---

❶ BECK P. Preparatory meetings for the Antarctic Treaty, 1958—1959[J]. Polar Record, 1985, 22(141):653-664.

有的国家对于《南极条约》在空间上适用范围的划定出现了立场的改变，有的国家则始终保持一致。其中，保持一致的国家主要包括美国、英国、新西兰，其始终认为《南极条约》的适用区域不包括南纬60度以南区域的公海；出现明显变化的国家包括澳大利亚与智利，在磋商之时它们同意将公海排除在适用区域之外，但在国内的南极立法中均承认《南极条约》的适用区域包括南纬60度以南区域的公海；除此，法国、挪威、比利时、阿根廷、俄罗斯、日本、南非相比于磋商之时较为明确的立场，在《南极条约》出台后的各国国内南极立法中均转为与《南极条约》的"适用区域"条款保持一致，作模糊处理，不再明确表明立场。以上各国立场的坚持与变化均离不开国家利益、国际关系及国际法等多个层面的考量。本书主要从国际法的视角出发，引入国际造法理论，结合各国的实际立场，对导致"适用区域"条款出现的影响因素予以分析，并以此为基础预测《南极条约》"适用区域"条款在法律实践中的发展趋势。

（二）国家在"适用区域"条款出现与发展中的多重影响

随着国际社会的不断发展，各国际主体及法学理论流派逐渐承认国际法是法律，如由分析法学派由奥斯丁坚持否定国际法是法律，发展为哈特对国际法是不同于国内法的法律的认定，再到凯尔森认为国际法的效力甚至应高过国内法的论断等。然而，国际社会发展至今始终未出现一个集中统一且高于一切国际主体之上的立法机构。因此，主权国家始终承担着国际法主体及国际法造法主体的双重身份。[1] 另外，国际习惯与国际条约作为国际法的核心渊源，也成了国际造法的主要途径之二。第二次世界大战结束后，随着《联合国宪章》的签署与联合国的建立，各国平等共建的现代国际法逐渐形成。相较于国际习惯的不确定性，国际条约以其成文的确定性成为国际造法的核心方式，国际条约数量剧烈增加，其中部分条约也是国际习惯的载体，是国际习惯得到承认与实践的证明所在。国家主要通过签署国际条约完成国际法规则的缔造，但同时也受到所缔结条约的权利和义务约束。因此，国家在国际条约整体及其构成条款的出现过程中均发挥

---

[1] 古祖雪.国际造法:基本原则及其对国际法的意义[J].中国社会科学,2012(2): 127-146,207-208.

着不可忽视的多重作用。

1. 法律进程主义学说

以赞成条约作为实在国际法是法律权利与义务起点的美国哈佛大学拉斯维尔与路易斯·亨金所代表的"法律进程主义"国际造法学说认为，任何法律体系均反映着其所在政治体系中的政治主张，国际条约作为国际法的组成部分也必然反映着当事国所构成国家体系中的政治主张。❶ 也就是说国际法尤其是国际条约的产生离不开国家间的谈判与博弈，尽管国际条约的订立以当事国的自由同意为基础，但是国际条约所达成的合意并不一定是所有国家的真实意愿，而仅是此条约当事国所形成的政治体系下的整体合意。❷ 在这个由不同国家组成的政治体系中，受到国家综合实力、地理位置、利益定位等因素的影响，有的国家对于条约整体或者条约中的某一项条款存在经过谈判而妥协性勉强接受的情形，它们对于相关规则或制度的确立并不愿意，但是它们作出了同意。❸ 总体而言，国家在参与国际造法抑或国际条约的产生中经历了从要求到回应再到妥协的过程，并最终通过国家间的博弈实现了国际社会的共同利益，完成了国际条约的出台与签署。❹

2. 国内法的域外适用

国家作为国际法的创造者与适用主体，一方面国际条约的签署与生效必然对当事国的国内法造成影响，另一方面各国国内法的域外适用所造成的冲突及围绕冲突的应对博弈本质上也是国际造法的必经之路。❺ 虽然国家

---

❶ HENKIN L. International Law:Politics and Values[M]. The Hague:Kluwer Law International,1995:1.

❷ 罗欢欣.国家在国际造法进程中的角色与功能——以国际海洋法的形成与运作为例[J].法学研究,2018,40(4):53-68.

❸ FALK R.. The Status of International Law in International Society[M]. Princeton:Princeton University Press,1970:24.

❹ HAROLD G M. Interest Balancing and Extraterritorial Jurisdiction[J]. The American Journal of Comparative Law,1983,31(4):579-597.

❺ 曹亚伟.国内法域外适用的冲突及应对——基于国际造法的国家本位解释[J].河北法学,2020,38(12):81-101.

通过国内法影响国际条约的现象更多地体现在国际经济法领域，但是在国际公法领域尤其是国际法规则模糊或空白地带也同样存在国内法与国际法的双向影响。基于本小节的研究内容，国际法的国内适用暂先不表，重点分析国内法域外适用冲突与国际造法的内在关联。国内法域外适用的本质是国家主权中与管辖权行使密切相关的权力的扩张与延伸，在国际公法领域主要表现为一国对特定事项的管辖与管理秩序适用于国际事务，并且排除了其他国家对该事项的管理权及管辖利益。[1] 但是，在当代国际社会中存在国家管辖外区域、人类共同继承财产等法律概念证明，各国应当平等地享有一定的国际管辖空间及其管辖权，这时国内法域外适用对此管辖空间的侵占必然对其他国家的管辖权及其利益造成挤压，并进一步引发与主权利益相关的冲突。基于此，各国通过对国际事务管辖权限与管理规则制定主导权的博弈就直接影响了国际造法的进程，并且对各国主权权力的空间造成实质性影响。

3．"双焦点主义"原则

结合以上分析，首先，南极洲作为最后被发现的大陆，对其法律地位的确认始终存在习惯国际法规则的模糊性与滞后性，由此为各国通过自身的国家实践参与创建新的国际习惯法或者国际条约规则的空间。其次，《南极条约》的原始当事国中对南极大陆有明确主权声索的国家共7个，保留主权声索的国家共2个，剩余无主权声索的国家共3个，仅占《南极条约》谈判与创始国数量的25％，由此可知在《南极条约》谈判过程中必然存在不同利益方的博弈与妥协，表现于"适用区域"条款之上则为对《南极条约》适用区域是否包括南极大陆周边海域以及南极冰架法律地位认定的模糊处理；最后，通过前文对《南极条约》原始当事国国内南极立法的考察可知，尽管《南极条约》的"主权冻结"条款与"适用区域"条款对于南极区域的主权及其法律地位作出了相关的规定，但是南极主权声索国根据"双焦点主义"原则在本国的南极立法中均对本国在南极的领土主权主张进行了确认与强调，非主权声索国也依据自身的国家利益在国内南极立法中

---

[1] 曹亚伟.国内法域外适用的冲突及应对——基于国际造法的国家本位解释[J].河北法学,2020,38(12):81-101.

对《南极条约》的"适用区域"条款进行了不同的解释与适用,使得《南极条约》"适用区域"条款在南极条约体系的发展过程中其法律解释与法律实践均面临一定的冲突与挑战。

(三)"适用区域"条款出现的必然性与修释的可能性

1. 出现的必然性

总结"适用区域"条款出现的历史背景与制定过程,结合国家的主权要素在国际造法(尤其是国际条约缔结中)的多重影响,可以得出《南极条约》的原始当事国(特别是主权声索国)在制定与签署《南极条约》之时,更多倾向于通过以国家为中心的制度主义获取其在南极的主权身份的合法性,即通过构建《南极条约》在南极治理国际规则中的宪法性地位,达到确保南极作为"最后的大陆"不被地缘政治竞争导致的安全困境所困扰的前提下,强化其在南极的主权权利,提升在科研与环境管理中的地位,以及在南极治理中的话语权和影响力的目的。

传统地缘政治理论中常见的对关键地理要素的支配性作用的描述是"谁控制了某一地理区域,谁就控制全世界"。❶ 虽然其背后空间蚕食和权力扩散之间紧密的相关性常被批判与证伪,但是如地缘政治学者奥沙利文提出:霸权并不意味其势力范围的完整的政治一体化,而是指在一个区域内排除对手并使其指令生效的支配能力。❷ 国际社会发展至今,从未有一个国家真正控制过全世界,故而无法判定某国占据的地理区域是否在区域性或全球性制霸中起到决定性作用。传统的地缘政治主要关注实然,对客观地理要素加以探索和利用。批判的地缘政治学和地缘文化理念则关注应然,强调对关键地理据点或范围的定义权。然而,无论是地缘政治还是国际制度或规则,二者都处在动态发展进程中,皆为实然与应然的结合体,是主客观相统一的产物。因此,地理要素在国家主权扩张以及区域控制与治理

---

❶ 朱翠萍,吕嘉欣.南极治理:地缘政治博弈与国际制度合作[J].太平洋学报,2021,29(12):78-92.

❷ 奥沙利文.地理政治论——国际间的竞争与合作[M].李亦鸣,等译.上海:国际文化出版公司,1991:12.

中始终至关重要。《南极条约》作为南极周边国家及利益攸关国构成的原始当事国获得南极控制权合法性的制度工具，必然要对南极的地理要素予以规范。因此，《南极条约》"适用区域"条款的出现，既具有构成条约的空间适用条款的必然性，也具有南极主权声索国对其南极领土主权主张及国家主权扩张的明确和强调的必然性。

2. 解释修改的可能性

《南极条约》签署已有 60 余年时间，南极治理在规则与制度层面已经由国家中心主义发展为南极中心主义。❶ 同时，气候变暖和科学技术进步等因素推动南极以主权竞争为主的传统安全问题正在以新的方式回归，地缘政治竞争再一次以南极条约体系面临的法律挑战等方式暗流涌动，此时对国际制度与规则合作的需求在同步上升。南极各利益相关国加强国际制度与规则合作不仅可以更好地保障各国在南极开展活动，而且能够进一步强化《南极条约》及南极条约体系作为国际规则的权威性，使得各国之间的博弈能最终走向合作这一最优解，从而有效促进南极国际制度与规则合作的良性循环与可持续性。所以，与南极领土主权声索密切相关的"适用区域"条款在此背景下，相比于作为《南极条约》"基石"的第 4 条"主权冻结"条款具有更高被修改或进一步解释的可能性，从而达到促进以南极条约体系为基础的南极制度与规则合作的目的。

第二节 "适用区域"条款的制定意义与条约解释

在上文历史视角的分析下，自"适用区域"条款出现以来，以南极条约体系为核心的南极治理规则与制度在不断发展与变化，由此导致"适用区域"条款在法律实践中出现法律效力的演进，并由此导致该条款的条约

---

❶ 朱翠萍,吕嘉欣.南极治理:地缘政治博弈与国际制度合作[J].太平洋学报,2021,29(12):78-92.

解释不断变化。其中，最为突出的现象表现为：由于《南极条约》及南极条约体系均未排除其他国际条约在南极的适用，并且在已有的国际法中以联合国为载体，以《联合国宪章》为基础的《联合国海洋法公约》《生物多样性保护公约》《联合国气候变化框架公约》《巴黎协定》等有关海洋与环境的国际公约同样没有排除对于南极区域的适用，所以南极海域在各国的法律实践与条约解释中究竟属于南极条约体系管辖范围，还是在以《联合国海洋法公约》为核心的国际海洋法体系的管辖范围内这个问题是导致与南极海域法律地位相关的条约适用争议出现的另一核心原因，也是当前对南极条约体系在南极治理规则中核心法律地位的最大威胁。这进一步体现了对"适用区域"条款法律实践与条约解释展开研究的重要性与复杂性。

一、"适用区域"条款的制定意义——南极条约体系与海洋法的共存

当前世界局势复杂动荡，在全球化时代，任何国家均无法置身事外且独善其身，或试图通过武力霸权而实现所谓的绝对安全。世界各国相互关联、休戚与共。摒弃一切形式的冷战思维与零和博弈理念，营造共建共享的安全格局，是实现普遍且共同和平与发展的合理路径。因此，站在全人类发展的角度分析，南极条约体系在维持南极治理安全稳定中所发挥的国际法作用有着重要的现实意义。继上节分析了"适用区域"条款由为《南极条约》主权冻结原则的实践与落实提供规则支撑转变为在当前主要表现为各国南极海域主权及主权权利要求证实或证伪的法律依据后，本节聚焦"适用区域"条款在"二战"后形成的当代国际法背景下于南极条约体系的形成与发展中其制定意义和条款解释，即重点关注南极条约体系与以联合国为核心的国际海洋法在南极治理中的法律冲突如何体现并可能化解于"适用区域"条款，并通过对该条款进行条约解释，进一步分解与南极海域法律地位相关的南极海域条约适用争议，为下文解决争议奠定理论与实践基础。本节运用规范分析、比较研究、与实证研究相结合的研究方法，首先对南极治理重要议题下国际法建构进行总结，找出与南极条约体系存在最大法律冲突的国际法律制度；进而讨论导致其与南极条约体系出现法律冲突的因素与相关影响，为下文解决与南极海域法律地位相关的条约适用

争议提供案例支撑。

（一）全球化趋势下南极条约体系与国际法的碰撞

通过统计自1992年以来南极条约体系项下的南极条约协商会议、南极环境保护委员会、南极海洋生物资源养护委员会通过的措施、决定与决议❶（表2-3），得出近30年以来，在以规则为基础的南极治理模式下，最受关注的前三项南极治理议题依次为：生物勘探、南极旅游、与非法捕捞。除此之外，航空安全、气候变化与南极保护区等议题也在近10年受关注度不断增加，并陆续出台若干文件。总结以上南极治理议题的国际法规制现状，可以得出随着全球化趋势进一步加剧，自20世纪90年代《关于环境保护的南极条约议定书》出台后，以联合国为核心的国际法体系在全球范围不同领域中的治理规则与南极条约体系在南极区域治理相应领域内规则适用的法律冲突不断加剧，这些领域中冲突最为激烈的当数国际海洋法制度与南极条约体系在南极海域治理中的冲突，尤其以与南极海域法律地位相关的条约适用冲突为基础和核心组成。

表2-3 1992年后历届南极条约体系项下所通过的措施、决定与决议列表

年份	措施（Measure）	决定（Decision）	决议（Resolution）
1992年 1994年	尚未分为措施、决定、决议，均为建议（Recommendation），主要涉及环境监测数据管理、历史古迹、特别保护区、南极条约协商会议议事规则、南极科学研究理事会倡议及旅游指南等议题的完善和推进		
1995年	13&15号特别保护区管理计划修订、11号具有特殊科学价值的地点管理计划修订、24号特别保护区命名、11座古迹被列入历史古迹名录、第14号历史遗迹（无能岛）的修正	将建议分为措施、决定和决议三类文件的决定；南极条约协商会议议事规则修正案	协调水文测量和制图；核废料处置谈判；旅游报道；改善燃料储存和处理；检查清单；关于环境影响评估的信息的分发；延长SSSI 1、3、8、9、14、15、16、17、19和21的到期日；提出新的历史遗迹和纪念碑的准则；管理计划的格式

❶ ATS.南极条约协商会议会议列表［EB/OL］.［2025-02-17］.https://www.ATS.aq/devAS/Meetings?lang=e.

续表

年份	措施（Measure）	决定（Decision）	决议（Resolution）
1996年	9&19号具有特殊科学价值的地点管理计划、设立72号历史名胜古迹	无	具有特殊科学价值的场址到期日延长；远程考察站营地视察指南；建议历史遗迹和纪念碑的指导方针；旅游中的教育和文化活动；对特别保护区重新编号
1997年	5号特别保护区管理计划修订、设立25&26号特别保护区、修订11-15号具有特殊科学价值的地点管理计划、设立73号历史纪念碑、修订41号历史遗址	修正南极条约协商会议议事规则；订正承认新协商国的程序	应急计划；环境评价综合跟踪程序；旅游报告表
1998年	设立19-27号特别保护区、设立74号历史遗址	接收保加利亚为协商国；环境保护委员会议事规则；《环境议定书》责任附件；《南极海洋生物资源养护公约》海洋划区保护	修订南极保护区管理计划的国家责任；ASPA管理计划编制指南；起草极地航行规则；国家南极数据中心；南极条约协商会议主页；燃油处理指南；欧洲环境与发展会议闭会期间联络小组
1999年	23号具有特殊科学价值的地点管理计划修订	南极环境保护委员会网站；制定南极航运准则草案的专家会议	环评指引；特别保护物种审查；对南极海生委的支持；加强环境保护合作的潜力；责任附件审议情况；非协商当事国和《环境议定书》

续表

年份	措施（Measure）	决定（Decision）	决议（Resolution）
2001 年	设立 75—76 号历史遗址、修改 4-8 号具有特殊科学价值的地点管理计划	在布宜诺斯艾利斯设立秘书处；经修订的《关于流通和处理临时行政人员会议文件的准则》；拟订赔偿责任附件草案	关于被取代的建议的决定；支持南极海生委渔获量记录计划；保护南极陨石；回顾历史遗迹和纪念碑；处理 1958 年之前的历史遗迹的准则；根据信息交换要求通过中央网站进行信息交换
2002 年	修订 106-157 号特别保护区管理计划	采用亚太区命名和编号制度；《南极条约》徽章；南极条约协商会议建议指定为已花费	南极物种保护状况综述；修订亚太管理计划；对南极海生委的支持
2003 年	修订 156-160 号特别保护区管理计划；设立南极条约秘书处	向南极条约秘书处分配捐款；秘书处措施的临时适用；秘书处工作人员条例；秘书处财务条例；旅游业专家会议	给船舶和游艇运营商的建议；支持 2007—2008 国际极地年；水文测量和制图活动；信天翁和海燕协议
2004 年	当事国必须制定南极旅游等非政府活动的应急计划设立保险、设立 2-3 号特别管理区域、修订 162 号特别保护区管理计划、设立 77-78 号历史遗址	经修订的《反垄断执法机制议事规则》；秘书处（财务考虑）；任命执行秘书；运输指南	海洋污染和捕鱼活动；鸟类集中度附近的飞机指南；旅游和非政府活动；旅游指南；信息交流问题闭会期间联络小组

续表

年份	措施（Measure）	决定（Decision）	决议（Resolution）
2005年	出台《关于环境保护的南极条约议定书》附件六（赔偿责任）、修订特别保护区、特别管理区域管理计划、认定历史遗址	附件六（赔偿责任）；承认乌克兰为协商国；议事规则（2005）；咨商方地位；秘书处外聘审计员；秘书处财务条例；秘书处：工作方案和预算；重质燃料油的使用；海洋保护区；电子信息交换系统	环境影响评估：信息流通；环境监测指南；燃料储存和处理；经修订的环评指引；网站访客指南；访问后网站报告表；生物勘探
2006年	设立特别保护区、修订特别管理区域管理计划、认定第81号历史遗址	秘书处：财务报告、方案和预算；压载水交换：转介给国际海事组织；南极海生委在南极条约体系中的地位	南极海生委在南极条约体系中的地位；网站访客指南；压载水交换；南方巨型海燕
2007年	修订特别保护区管理计划、设立5-6号特别管理区域、认定第82号历史遗址	更新南极条约协商会议建议；再次任命执行秘书；外聘审计员的重新任命；核准秘书处2007—2008年度预算和方案	网站访客指南；保护南方巨型海燕；长期监测；船基旅游；旅游业的长期影响；闭会期间审议中东欧草案；检讨ASPA 130（电车岭）管理计划
2008年	设7号特别管理区域、修订161-170号特别保护区管理计划	对《议事规则》的修正；秘书处2006—2007年度财务报告和2008—2009年度方案和预算；延长外聘审计员的合同；选择和任命南极条约秘书处执行秘书；电子信息交换系统：开始运营	载有关于南极特别保护区、南极特别管理区或历史遗址和古迹的提案的工作文件提交指南；网站访客指南；南极大陆环境域分析作为系统环境地理框架的动态模型；南极特别保护区和南极特别管理区检查清单；水文测量和制图；南极条约区域海上救援协调中心级搜救

续表

年份	措施（Measure）	决定（Decision）	决议（Resolution）
2009 年	当事国组织南极旅游等非政府活动客船人员登陆一次不超过500人、修订《关于环境保护的南极条约议定书》附件二、设立83-84号历史遗址、修订特别管理区与特别保护区管理计划	气候变化问题专家会议；延长秘书处外聘审计员的合同；经修订的文件提交准则；秘书处2007—2008年财务报告和2009—2010年方案；任命南极条约秘书处执行秘书；经修订的临时选举委员会议事规则；船载旅游专家会议；致《联合国气候变化框架公约》的信	加强环境保护直至南极趋同；历史遗迹和纪念物的指定和保护准则；网站访客指南；保护南方巨型海燕；确保知识产权的传承；南极旅游的一般原则；南极运输代码；南极生物材料的收集和使用；等等
2010 年	修订特别管理区与特别保护区管理计划、设立南极历史遗迹与纪念碑	南极条约体系主要文件汇编；秘书处的报告、方案和预算；经修订的环境保护委员会议事规则；环境紧急情况引起的责任；致《联合国气候变化框架公约》、政府间气候变化专门委员会、气象组织和海事组织的关于《亚洲区域合作框架公约》报告的信函	访客网站指南；国际极地年对南极条约地区水域水文知识的贡献；经修订的南极检查清单"A"；南极气候变化与环境报告；南极条约当事国之间就海事组织正在审议的南极提案进行协调；改进《南极条约》地区海上搜救的协调；加强港口国对开往南极条约地区的客船的管制
2011 年	修订特别管理区与特别保护区管理计划、设立南极历史遗迹与纪念碑	被指定为不再有效的措施；《南极条约》协商会议订正议事规则（2011年）；经修订的环境保护委员会议事规则（2011年）；南极条约协商会议和南极环境保护委员会文件的提交、翻译和分发指南；秘书处的报告、方案和预算	加强对《南极条约环境保护议定书》的支持；《南极特别保护区管理计划编制订正指南》；南极游客一般准则；访客网站指南；载有关于南极特别保护区、南极特别管理区或历史遗址和古迹的提案的工作文件提交订正指南；非本地物种

续表

年份	措施（Measure）	决定（Decision）	决议（Resolution）
2012年	修订特别管理区与特别保护区管理计划、设立南极历史遗迹与纪念碑	关于业务事项的措施被指定为不再具有时效性；秘书处的报告、方案和预算；为南极条约协商会议制定多年期战略工作计划；电子信息交换系统	加强对《南极条约环境保护议定书》的支持；就与在《南极条约》地区行使管辖权有关的问题进行合作；改善在南极洲的合作；访客网站指南；巴里恩托斯岛－艾乔群岛游客网站指南；南极保护生物地理区域；南极条约区的船舶安全；改善海上、航空和陆基搜索和救援的协调；陆上远征活动的评估；游艇指南；参观者实地活动清单
2013年	修订特别管理区与特别保护区管理计划、设立南极历史遗迹与纪念碑	接收捷克共和国为协商国；再次任命执行秘书；延长秘书处外聘审计员的合同；秘书处的报告、方案和预算；南极条约协商会议多年期战略工作计划；旅游与民间活动信息交流；通过《南极条约》秘书处提供关于协商国观察员名单的补充资料	南极洲的航空安全；南极清理手册；访客网站指南；加强南极洲搜救合作；南极洲文化项目的国际合作；南极洲的生物勘探
2014年	修订特别管理区与特别保护区管理计划、撤销第114号南极特别保护区	关于业务事项的措施被指定为不再具有时效性；秘书处的报告、方案和预算；南极条约协商会议多年期战略工作计划	燃料储存和处理；气象及相关海洋学和冰冻圈环境信息的合作、促进和交流；支持《极地规则》；访客网站指南；加强在南极水域水文测量和制图方面的合作；对旅游和非政府活动进行基于风险的评估；措施4（2004年）旅游搜救生效

续表

年份	措施（Measure）	决定（Decision）	决议（Resolution）
2015年	修订特别管理区与特别保护区管理计划、修订南极历史遗迹与古迹名单	《南极条约》磋商会议（2015年）订正议事规则；委员会和工作组；关于被指定为不再具有时效性的业务事项的措施；秘书处的报告、方案和预算；南极条约协商会议多年期战略工作计划；环境紧急情况引起的责任；信息交流	合作空运系统；南极信息和电信技术系统；南极环境门户网站；环境保护委员会应对气候变化工作方案；南极洲的重要鸟类区域；南极洲在全球气候进程中的作用
2016年	修订特别管理区与特别保护区管理计划、修订南极历史遗迹与古迹名单	环境保护委员会观察员；经修订的《南极条约》协商会议议事规则；秘书处的报告、方案和预算；南极条约秘书处执行秘书的遴选和任命程序；信息交流；南极条约协商会议多年期战略工作计划	经修订的南极洲环境影响评估准则；访客网站指南；南极洲陆地地热环境活动行为守则；非本地物种手册；载有关于南极特别保护区、南极特别管理区或历史遗址和古迹提案的工作文件提交订正指南；确认继续致力于禁止南极矿物资源活动，但科学研究除外；支持南极采矿禁令
2017年	修订特别管理区与特别保护区管理计划	环境保护应对气候变化委员会（SGCCR）下属小组；关于咨商国地位应遵循的程序的准则；撤销的措施；任命南极条约协商会议工作组主席的程序；秘书处的报告、方案和预算；任命执行秘书；南极条约协商会议多年期战略工作计划	南极特别管理区（ASMA）指定的指导材料；《南非航空关于冰川下水生环境勘探和研究的行为准则》；经修订的南极保护生物地理区域；南极绿色探险；建立罗斯海地区海洋保护区；南极条约地区旅游和其他非政府活动的应急规划、保险和其他事项准则

续表

年份	措施（Measure）	决定（Decision）	决议（Resolution）
2018年	修订特别管理区与特别保护区管理计划	秘书处的报告、方案和预算；延长秘书处外聘审计员的合同；南极条约协商会议多年期战略工作计划	访客网站指南；南极洲遗产评估和管理准则；载有关于南极特别保护区、南极特别管理区或历史遗址和古迹提案的工作文件提交订正指南；南极洲遥控飞行器系统（RPAS）运行环境指南；国际南极研究科学委员会（SCAR）的《南极洲陆地科学实地研究环境行为准则》
2019年	修订特别管理区与特别保护区管理计划、修订南极历史遗迹与古迹名单	重新设计历史遗迹和古迹名单的格式；协商国通过南极条约秘书处通知《南极条约》第7条和《南极条约环境保护议定书》第14条规定的观察员名单；秘书处的报告、方案和预算；《南极条约秘书处工作人员条例》；南极条约协商会议多年期战略工作计划；南极洲旅游和非政府活动相关条例和准则手册；审查交换非政府考察资料的要求	经修订的南极清理手册；网站访客指南；访客网站指南评估和审查清单；南极研究科学委员会的《南极洲为科学目的使用动物行为守则》；减少南极洲和南大洋的塑料污染；南极水域水文测绘；国际疤痕评估组织成立60周年及国际疤痕组织在提供科学建议以支持南极条约体系工作方面的作用
2021年	修订特别管理区与特别保护区管理计划、修订南极历史遗迹与古迹名单	南极保护区系统：重新格式化的历史遗迹和古迹名单；《南极条约秘书处工作人员条例》；秘书处的报告、方案和预算；再次任命执行秘书；南极条约协商会议多年期战略工作计划；《南极条约》地区旅游和非政府活动相关条例和准则手册；更新国家探险信息交流要求	《南极洲地球科学实地研究活动SCAR环境行为准则》；载有关于南极特别保护区、南极特别管理区或历史遗址和古迹提案的工作文件提交订正指南；网站访客指南；南极游客的一般准则和站点准则清单；2019年新冠肺炎和南极洲；南极洲的航空安全；地震应急管理系统；气候变化中的南极洲；南极条约区船舶旅游自愿船上观察员业务框架；南极洲旅游和非政府活动访问后网站报告表

续表

年份	措施（Measure）	决定（Decision）	决议（Resolution）
2022年	南极特别管理区、南极特别保护区修订管理计划	秘书处的报告、方案和预算；环境紧急情况引起的赔偿责任；南极条约协商会议多年期战略工作计划；关于南极气候变化与环境的信函；十年期概要和行动建议报告；信息交换要求	经修订的南极洲遗产评估和管理准则；网站访客指南；南极洲的航空安全；南极气候变化与环境：十年期概要和行动建议报告；南极洲旅游和其他非政府活动的永久设施；经修订的标准访问后报告表
2023年	南极特别管理区、南极特别保护区修订管理计划	秘书处报告、方案和预算；秘书处外聘审计师合同续签；决定更新信息交换的要求；更新南极条约协商会议多年战略工作计划；修订《南极环境保护委员会议事规则》；决定为南极旅游和其他非政府组织活动制定全面一致的框架	在环境影响评估中考虑缓解措施；发布《关于气候变化和南极洲的赫尔辛基宣言》；重申对禁止南极矿产资源活动（科学研究除外）的持续承诺；针对某些旅游和非政府活动应采取的紧急措施
2024年	南极特别保护区修订管理计划；修订南极历史遗迹和纪念碑名录	修订南极条约协商会议议事规则；作出秘书处报告、方案和预算；提出南极条约协商会议多年战略工作计划；制定南极旅游和其他非政府组织活动监管框架工作计划；秘书处就《南极条约》第7条和《南极条约环境保护议定书》第14条规定发出观察员名单	发布南极特别保护区管理计划编制修订指南；更新南极游客通用指南

1. 南极治理中国际法在区域与全球层面的冲突和协作

自《南极条约》签订以来，构成南极条约体系的规则出现了阶段性更替。第一阶段为 20 世纪 60 年代"科技合作规则"的十年发展期。在这十年间南极条约协商会议出台了数十项关于南极科考及其国际合作的工作建议，历届会议议程中均包含了对科考合作与信息交流的讨论。第二阶段为 20 世纪 70 年代"资源开发规则"的十年发展期。在这十年间南极的丰富的矿产资源与海洋生物资源得到国际社会的高度关注，以南极主权声索国与美国为主导的西方国家以《南极条约》"和平利用南极"为依据，主导签署了《南极海豹保护公约》《南极海洋生物资源养护公约》将资源开发规则化，并进一步推动南极矿产资源开发利用规则的出台。第三阶段为 20 世纪 80 年代"环境保护规则"的十年发展期。在这十年间《矿产公约》出台但始终未得到《南极条约》当事国的签署与生效，主要原因是当事国中强调南极环境保护的国家逐渐增多，与此同时南极条约体系外的发展中国家以南极环境与资源应为全人类所有指责南极条约体系的规则构成中缺少对南极环境的保护，要求将南极治理问题托管至联合国，由联合国统筹管辖各国在南极的活动，以此更好地保护全人类共同的遗产。迫于内外压力，《南极条约》当事国放弃了南极矿产资源开发规则的生效，转而开始讨论在南极条约体系框架下继续制定关于南极环境保护的规则文件。第四阶段为 20 世纪 90 年代以来至今"养护与开发规则"的发展时期。以资源开发为目的的生物勘探、旅游规制等成为南极条约体系规则构建的新兴议题，但与此同时南极条约体系项下气候变化、海洋保护区与非法捕捞等南极环境与资源养护的规则构建也是当前《南极条约》当事国以及协商国的关注焦点。❶

纵观南极治理问题下南极条约体系规则的发展，可以得出以下结论。第一，南极条约体系始终是南极治理中解决南极科考与合作、资源和平利用及环境保护问题的核心国际法依据。第二，自 20 世纪 80 年代起，南极条约体系不再作为国际法中独立的体系存在，国际社会在南极资源开发的刺激下，开始突破南极条约体系所建立的初级南极国际法体系，以联合国为

---

❶ 王婉潞.南极治理中的规范更替[J].边界与海洋研究,2018,3(4):110-119.

核心的国际法体系与南极条约体系在南极治理中开始出现碰撞。二者里程碑式的碰撞点表现为1983年马来西亚向联合国大会提案要求将诞生于国际海洋法体系中的"人类共同继承财产"原则应用于南极法律地位的确认，进而由联合国负责对南极治理行使管辖权。尽管随着1991年南极条约体系项下《关于环境保护的南极条约议定书》的正式出台，于1983年被列入联合国大会议程的"南极洲问题"出现转折，联合国对南极条约体系在南极治理中合法性的质询逐渐结束，转为关注并要求南极条约体系当事国数量应保持增加❶，但是自此碰撞之后所引发的南极条约体系作为区域国际法与以联合国为核心所建立的全球层面国际法在南极治理中存在的法律冲突困境始终未得到解决。同时，自20世纪90年代起，随着全球化的发展，以联合国为核心的国际法体系也在不断更新与完善对全球性问题的规制，如全球海洋环境保护、生物多样性保护、气候变化等领域均在联合国的主导下出台了全球层面的国际条约等法律文件。这些规则的出现先于南极条约体系对相关领域规则构建的进程。因此，来自全球层面以联合国为核心的国际法体系与以南极条约体系为核心所形成的区域层面的南极治理国际法，在各治理议题下均存在不同程度的法律冲突或关联制度补充。根据法律适用空间范围的不同，下文分别从南极的空域、陆域、海域三个维度进行概括比较，找出南极条约体系与全球层面国际法体系在南极治理中法律冲突最为集中的国际法制度所在。

2. 南极空域范围内南极条约体系与国际法的适用冲突与博弈

自1961年《南极条约》生效至今，南极条约体系中尚未形成有关南极空域治理的专项条约或议定书，仅在《南极条约》第7条规定了"有权指派观察员的任何当事国可在南极任何地区进行空中视察"，以及在《关于环境保护的南极条约议定书》及其议定书中有关于对南极大气环境保护及航空器活动的原则性规定。❷ 同时，南极条约协商会议共通过了五项有关南极

---

❶ 王婉潞.联合国与南极条约体系的演进[J].中国海洋大学学报(社会科学版)，2018(3):16-22.

❷ 见《关于环境保护的南极条约议定书》第3条、第13条、《环境影响评价议定书》第7条等。

航空安全的建议或决议（表2-4）。❶ 根据表2-4内容可知，南极条约协商会议对南极空域范围内的治理活动主要聚焦于南极航空安全保障措施的完善，并且始终以国际民航组织的相关标准与程序为基础，在其基础上结合南极空域特点进行进一步规定。因此，在南极空域范围内暂时并不存在南极条约体系与国际法的法律适用冲突，而较多表现为南极条约体系与国际法在南极空域治理中作为规则层面的互为补充。

表2-4　历届南极条约协商会议所通过的关于航空安全的文件

序号	通过时间	文件类型	规制内容	是否有效
1	1961年	建议（Recommendation）	协商国重申科考队在紧急求助时，所有援助都应遵循切实可行的紧急救援原则	无约束力
2	1987年	建议（Recommendation）	协约国筹备会议讨论南极空中作业安全系统重点考虑南极搜救与无线电通信等问题，考虑邀请国际民航组织［如世界气象组织（WMO）、国际电信联盟（ITU）等］专家参加	无约束力
3	1989年	建议（Recommendation）	当事国从航班信息、无线电通信、气象数据服务、搜救与预警四个方面给出建议以加强航班在南极的航空安全，明确规定无线电频率适用《国际民用航空公约》附件11规定的"电信信息公告服务"（TIBA）程序	无约束力
4	2013年	决议（Resolution）	为确保南极航空安全当事国建议在适当考虑到南极洲的具体特点及现有做法和服务的基础上，根据国际民航组织的标准拟订管理措施。同时，鼓励世界气象组织开展南极气象信息收集工作	有约束力，于2021年废止

---

❶ 南极条约数据库：第Ⅰ-Ⅹ号建议、第ⅩⅣ-9号建议、第ⅩⅤ-20号建议、第1(2013)号决议、第6(2021)号决议，第3(2022)号决议。ATS.南极条约数据库［EB/OL］.［2025-02-15］. https://www.ATS.aq/devAS/Meetings/Measure.

续表

序号	通过时间	文件类型	规制内容	是否有效
5	2021 年	决议（Resolution）	当事国就南极航空安全提出十一项规定，涉及航空信息交换、无线电频率使用、气象数据获取与应用及应急搜救，其目标仍为在考虑到国际民用航空组织的标准和南极洲的具体特点及现有做法和服务基础上，进一步完善南极航空安全保障措施	有约束力
6	2022 年	决议（Resolution）	为了改善南极洲的航空安全，向南极条约区域内运营飞机或管理与航空相关的基础设施、营地或航空设施或服务的所有运营人（政府和非政府）提供由国家南极计划管理者委员会编制的不断更新的纲要，即南极飞行信息手册（AFIM），描述南极条约地区的地面设施、飞机（包括直升机）和飞机操作程序及相关的通信设施，保证使用时不会出现责任问题	有约束力

3. 南极陆域范围内南极条约体系与国际法的适用冲突与博弈

以《南极条约》为核心的南极条约体系中并无完全针对所有南极陆域活动的统一性管理措施或规定。组成南极条约体系的各条约中对南极陆域活动的规制主要集中于南极科研活动自由、禁止在南极建立军事基地、建筑要塞和任何核装置、禁止矿产资源活动及南极环境保护建立在陆域范围内的特别保护区等原则性或特殊性规定之中。❶ 同时，南极条约协商会议对南极陆域范围内活动的规制主要集中于对南极旅游规则的完善，至今共通过相关管理措施 2 项、决定 8 项、决议 16 项（表 2-5）。❷ 依据现行有效的

---

❶ 见《南极条约》第 1 条、第 2 条、第 5 条、《关于环境保护的南极条约议定书》第 7 条及其附件二、附件三等。

❷ ATS. 南极条约数据库[EB/OL]. [2025-02-15]. https://www.ATS.aq/devAS/ToolsAndResources/SearchAtd?from=1/1/1958&to=1/1/2158&cat=14&top=0&type=0&stat=0&txt=&curr=0.

以上文件，可总结出南极条约体系对南极旅游治理尤其是其陆域活动的规制在不断完善，并且借助当事国的国内法得到有效落实。同时，国际法体系中对南极旅游规制的国际条约主要集中为国际海事组织主导的《极地规则》等海上航行相关领域，对陆域范围内活动的规制较少。除此，由私人企业形成的南极旅游业者国际协会（IAATO）这一非政府间国际组织（国际行业协会）是当前南极旅游议题中除南极条约协商国外另一参与治理并制定了具有相对约束力的行业规范的国际机构。南极旅游业者在制定南极旅游行业规则时积极参与南极条约协商会议，一方面致力于将其行业规范上升为南极条约体系的规则，另一方面主动探索符合《南极条约》原则的南极旅游治理新措施，为南极条约体系南极旅游规制的完善提供建议，最终二者形成了良性互动，互相促进。因此，在南极陆域范围内的治理活动中，南极条约体系与国际法尚无明显适用冲突，并且在南极旅游等新兴议题下出现了互补关系。

表 2-5　历届南极条约协商会议所通过现行有效的南极旅游文件

文件类型	通过时间与规制内容	是否有效
措施 （Measure）	2004 年"旅游活动应急计划"； 2009 年"客船人员登陆南极"	对《南极条约》当事国具有约束力
决定 （Decision）	2003 年"旅游活动监测与环评规制"； 2009 年"船载旅游与环境保护规制"； 2013 年"游客登陆的信息交换规制"； 2019 年"旅游活动信息交换规则"； 2019 年"制定南极条约地区旅游业和非政府活动条例和准则手册（《手册》）"； 2021 年"上传《手册》至南极条约协商会议官网，秘书处更新"； 2023 年"启动一个专门的程序，为南极洲的旅游和其他非政府活动制定一个全面和一致的框架"； 2024 年"推动南极条约协商会议特别工作组制定旅游规则框架，预计 2028 年完成"	对《南极条约》具有约束力，部分当事国已依据以上决定通过国内立法方式对本国前往南极旅游国民的活动进行规制

续表

文件类型	通过时间与规制内容	是否有效
决议 （Resolution）	1995 年"旅游和非政府经营者在报告访问南极洲时，应向有关国家主管部门提供以下信息"； 1996 年"通过教育等方式促进对南极洲科学、美学和荒野价值的理解和欣赏"； 1997 年"使用标准表格，用于南极洲旅游和非政府活动的预先通知和访问后报告，以便获得一致的信息"； 2004 年"所有当事国向秘书处提名一个单一联络点，以提供有关南极洲旅游业和非政府活动的信息"； 2007 年"建议各当事国劝阻任何可能严重助长南极环境及其依赖和相关的生态系统长期退化的旅游活动"； 2007 年"劝阻或拒绝授权使用载有 500 名以上乘客的船只的旅游经营者在南极洲进行任何登陆"； 2008 年"考虑国际海事组织在制定有关海上搜救问题的准则方面所做的工作，开展南极海上救援"； 2009 年"规定了南极旅游的一般原则，包括遵守南极条约体系规定、风险预防、生态保护、科研优先于旅游、遵守南极旅游规定、国际合作、教育意义等"； 2012 年"各当事国根据其国内法并酌情，在评估拟在南极洲进行的拟议陆上考察活动时，利用所附问题作为授权或对南极洲非政府陆上活动进行类似监管程序的一部分加以考虑"； 2014 年"要求各当事国在国内法层面落实 2014 年的措施，保证生效"； 2014 年"建议按照本国立法酌情用于南极洲的旅游业和非政府活动：鼓励经营者利用基于风险的评估进程作为规划工具；考虑运营商开发的基于风险的评估，作为授权或可比监管过程的一部分"； 2017 年"依据《极地规则》《南极游客指南》和《关于在南极组织和开展旅游和非政府活动的人员指南》更新关于南极条约区域内旅游和其他非政府活动的应急规划、保险和其他事项的准则"； 2021 年"更新《南极游客一般准则》与《访客网站指南清单》"； 2022 年"建议各政府尽一切努力防止，而不是授权、允许或批准在南极洲建造和（或）利用任何专门用于旅游和其他非政府活动的构筑物和/或设施"；	对《南极条约》具有约束力，部分当事国已依据以上决定通过国内立法方式对本国前往南极旅游国民的活动进行规制

续表

文件类型	通过时间与规制内容	是否有效
决议 （Resolution）	2023 年"建议在《南极条约》区域内组织或开展旅游或其他非政府活动的经营者停止载客量超过 500 人的船只在南极洲进行的任何船外活动、在野生动物集中地区使用直升机娱乐的活动，以上活动仅可通过紧急措施程序进行"； 2024 年"建议南极条约协商会议秘书处更新英文版本的《南极游客通用指南》"	对《南极条约》具有约束力，部分当事国已依据以上决定通过国内立法方式对本国前往南极旅游国民的活动进行规制

4. 南极海域范围内南极条约体系与国际法的适用冲突与博弈

《南极条约》依据其原则条款对南极具体活动的规定主要集中于以建立科考站和派遣科考队为例的科学考察与研究，并对相关的视察活动进行了规定。以上活动大多发生在南极大陆及其周边岛屿，并未直接涉及南极周边海域。但是《南极条约》第 6 条在规定《南极条约》适用的地理范围时，仍旧在该条款的后半部分对南极周边海域作出了"本条约不损害各国依国际法在南极周边海域享有的公海权利"的强调性表述。❶ 可以看出，即使 20 世纪 60 年代受设备水平与资源需求的影响，当事国尚未在南极海域进行大规模活动，但南极周边海域的价值与法律地位始终为当事国所关注。随着《南极海豹保护公约》《南极海洋生物资源养护公约》的签署生效，组成南极条约体系的国际条约中涉及南极海域活动的规则占据了绝对重要比例。《关于环境保护的南极条约议定书》出台后，愈发强调了对南极海洋环境包括冰环境的保护，附件四整体由预防海洋污染的规则组成，并且该议定书第 7 条禁止了除科学研究外与南极矿物资源有关的一切活动。在 2048 年之前，除非对南极矿物资源活动实行具有约束力的法律制度，否则不能取消对南极矿物资源活动的禁令。❷ 因此，囊括了鲸鱼、南极磷虾、犬牙鱼等大量海洋动物在内的生物资源更加成为各国最为关注与争夺的南极资源所在。与此同时，南极条约协商会议通过的措施、决议与决定中涉及南极海域活

---

❶ 《南极条约》第 6 条、第 7 条、第 9 条等。
❷ 《关于环境保护的南极条约议定书》第 7 条与第 25 条等。

动的规定也在不断增加。

甚至在南极治理议题中，生物勘探、非法捕捞、气候变化、海洋保护区等核心议题的主要治理对象均位于南极海域之中，或相关活动均发生于南极海域之中。因此，南极条约体系中有关南极海域的规则已形成一定的法律体系：以南极海洋生物资源养护为基础，涉及生物多样性保护、科学研究、资源勘探、环境保护等重点领域。恰好这些领域也是全球化背景下国际海洋法等国际法重点关注并试图完善规制的问题所在。例如，就生物多样性保护而言，联合国环境规划署发起并于1992年通过、1993年生效的《生物多样性公约》是一项全球性保护地球所有生物资源的国际公约；就气候变化而言，联合国大会于1992年通过的《联合国气候变化框架公约》，由150多个国家及欧洲经济共同体共同签署，终极目标是将大气温室气体浓度维持在一个稳定的水平，在该水平上人类活动对气候系统的危险干扰不会发生；就非法捕捞、海洋保护区、海洋科研、资源勘探等一系列海域范围内的活动而言，以《联合国海洋法公约》为核心的国际海洋法体系均已存在以联合国为基础的相关全球性公约对其加以规制。所以，南极条约体系从区域层面出发所形成的有关南极海域活动的规则与全球层面已有的相关规则必然存在较大范围的适用冲突问题，属于南极条约体系与国际法碰撞最为激烈的所在。在此基础上，南极海域法律地位在国际法层面的不确定性一方面是加剧以上规则适用冲突的重要原因之一，另一方面也受以上规则适用冲突的影响引起国际社会的关注。

综上所述，通过对南极活动进行空间范围的划分对比可以得出，在南极治理问题下，组成南极条约体系的规则中涉及南极海域活动的规则最多，陆域活动次之，空域活动最少。由此导致国际海洋法成为以联合国为核心的国际法体系与南极条约体系同时适用于南极时最易产生较多法律冲突的国际法制度。故而，基于《联合国海洋法公约》作为当代国际海洋法的制度基石与"宪章"性法律文件的现状，南极治理问题下南极条约体系与《联合国海洋法公约》对南极海域活动规制的冲突性与兼容性研究，则成为分析解决南极海域条约适用争议的重点所在。

（二）南极条约体系与《联合国海洋法公约》的规则适用冲突

既然南极海域活动同时受到南极条约体系与以《联合国海洋法公约》为核心的国际海洋法制度体系的规范与调整，那么要分析南极条约体系和《联合国海洋法公约》适用于南极海域所出现的法律冲突，就可以通过考察二者的发展进程来依次归纳出相关法律问题。

1. 《南极条约》缔结后至《联合国海洋法公约》缔结前

1959年《南极条约》出台后各国开始签署缔约，此时与1982年《联合国海洋法公约》的出台间隔共20余年。在其前10年的时间内，《南极条约》对南极海域的法律定位存在较大的模糊性，《南极条约》第6条作为规定该条约所适用的地理范围的条款，其粗略的表述造成了法律解释的极大不确定性。它不仅只是笼统地以南纬60度为界划分了南极地区与非南极地区，并未明确南纬60度以南的大陆、海洋、冰架等可能出现不同活动的区域的法律地位，而且还在该条款的后半部分特别强调了对各国依照国际法在南纬60度以南的地理范围内所享有公海权利的承认与保护。所以，此时间段内《南极条约》与当时的国际海洋法并未存在法律适用冲突，甚至《南极条约》第6条的规定为当时的国际海洋法在南极海域留下了较大的适用空间。❶

但是，进入20世纪70年代后，南极海洋生物资源以其巨大的储量与价值得到国际社会越来越多的关注，《南极条约》的当事国也积极开展针对南极海洋生物资源规制的缔约活动。随着1972年《南极海豹保护公约》、1980年《南极海洋生物资源养护公约》的出台，以《南极条约》为核心的南极条约体系逐渐发展形成。不同于《南极条约》对南极海域法律地位与规则的模糊处理，南极条约体系中有关南极海域的规则数量逐渐增加，并且从《南极条约》当事国发展而成的南极条约协商国集团明确提出南极海

---

❶ 阮振宇.南极条约体系与国际海洋法：冲突与协调[J].复旦学报(社会科学版)，2001(1)：131-137.

域应当属于南极条约体系的管辖范围之内。例如,《南极海豹保护公约》第1条规定:"本公约适用于南纬60度以南海域,并且当事国均承认《南极条约》第4条的规定。"《南极海洋生物资源养护公约》则将其适用的海域范围直接扩展至南纬60度以南,以及该纬度与构成南极海洋生态系统一部分的南极辐合带之间,直至南纬45度。虽然此时《联合国海洋法公约》尚未出台,但是南极条约协商国对涉及南极海域管辖权所属问题的较激进式处理,不仅引发了以联合国为核心的国际法体系对南极条约体系作为区域性法律制度合法性的质疑,更为南极条约体系与《联合国海洋法公约》出台后的多项法律冲突奠定了直接基础。

2.《联合国海洋法公约》缔结后至《关于环境保护的南极条约议定书》缔结前

1982年第三次联合国海洋法会议正式通过《联合国海洋法公约》,并进入缔约程序。此时,南极条约协商会议正聚焦如何规制南极矿产资源开发与利用。由此,南极条约体系与《联合国海洋法公约》迎来了法律冲突最为激烈且复杂的10年。具体而言。

(1)《联合国海洋法公约》是否适用于南极海域。

根据联合国官网统计,截至2025年9月16日,共有157个国家与地区签署了《联合国海洋法公约》,170个国家与地区批准加入该公约。[1] 相比于联合国所拥有的193个当事国,可以认为该《联合国海洋法公约》是自1945年批准《联合国宪章》以来最重要的国际成文法并得到了国际社会的普遍承认与实践。《联合国海洋法公约》由序言、17个部分,共320条,以及9个附件组成。它包括领海、毗连区、专属经济区、大陆架、公海、国际海底区域等海域划分与沿海国权利义务制度,并且对海洋环境保护、海洋科学研究、海洋技术转让及海洋争端解决等各领域的海洋问题予以制度规范,形成了人类历史上迄今为止最为全面、最为完整的动态海洋法典,首次为合理管

---

[1] UN. Consolidated table of ratifications/accessions, etc[EB/OL]. [2023-05-06]. https://www.un.org/Depts/los/reference_files/Los104UNCLOSStatusTableEng.pdf.

理海洋资源及为后代子孙保护海洋资源提供了一个通用的法律框架。❶ 回顾《联合国海洋法公约》的谈判过程，联合国第三次海洋法会议开始于1973—1982年结束，共历时9年，召开16次，涉及多方利益与立场分歧，最为突出的是发展中国家与发达国家之间就海域划分，（如专属经济区制度）的争议。最终通过"一揽子协定"的方式所通过的案文草案，既是不同代表方利益妥协的结果，也代表了"二战"结束后新一轮国际力量对比下全球海洋权益的调整与分配。那么作为全球海洋组成部分的南极海域是否包含在《联合国海洋法公约》的管辖范围之内？抑或是基于《南极条约》对南极主权冻结的规定生效在先，是否导致《联合国海洋法公约》无法适用于南纬60度以南的南极海域？对于这一问题，笔者查阅现有披露的谈判文件并未找到《联合国海洋法公约》的谈判过程中对南极问题的讨论，部分学者达成共识认为联合国第三次海洋法会议进行过程中存在刻意避免南极问题的可能，并且在《联合国海洋法公约》的文本及其附件中均未出现南极一词。❷ 因此，在《联合国海洋法公约》出台后，有关其是否适用于南极海域的法律争议突出，主流观点认为既然《联合国海洋法公约》没有明确将南极海域排除在其适用的地理范围之外，那么《联合国海洋法公约》应当适用于南极海域；也有部分观点认为南极领土主权冻结，南极大陆之上不存在主权国家，那么何来"沿海国"。最终，1986年联合国秘书长所作的"南极洲问题"报告中对此问题作了明确解释："《联合国海洋法公约》是适用于所有海域的全球性公约，任何海域都不可排除对其的适用。"❸ 至此，关于《联合国海洋法公约》是否适用于南极海域的争议结束，即《联合国海洋法公约》的规定适用于南极海域。由此，《联合国海洋法公约》所

---

❶ 刘楠来.第三次联合国海洋法会议与中国对海洋权益的维护[J].边界与海洋研究,2019,4(5):38-41.

❷ STOKKE O S, VIDAS D. Governing the Antarctic:The Effectiveness and Legitimacy of the Antarctic Treaty System[C]. New York:Cambridge University Press,1996.

❸ UN doc. A/41/722, of 17 November 1986 [EB/OL]. [2022-05-06]. https://documents-dds-ny.un.org/doc/UNDOC/GEN/N86/261/45/PDF/N8626145.pdf?OpenElement.

规定的当代国际海洋法制度与南极条约体系项下南极治理制度的法律冲突正式登上历史舞台。

（2）南极海域适用公海制度的范围是否变化。

《联合国海洋法公约》为当代国际海洋法所创立的专属经济区、大陆架、国际海底区域制度是对南极海域法律地位产生直接冲击的新规则。除此之外，《联合国海洋法公约》对领海宽度的增加，以及公海自由制度的调整也对南极海域的治理产生了一定的影响。首先，结合《南极条约》第4条与第6条的条款内容，以及之后出台的保护海豹与南极海洋生物资源公约，可以得出在南极条约体系的形成发展过程中，它对南极海域作为一个整体的法律地位认定，逐渐从偏向适用公海自由制度转为偏向适用南极条约体系的相关区域性养护措施。其次，虽然《南极条约》的主权冻结原则确保了南极大陆之上暂无主权国家存在，导致以南极大陆为基线❶向海延伸无法适用《联合国海洋法公约》的海域划分制度，只能将南极海域暂定为国家管辖范围外海域，但是南极领土主权声索国及在南半球上拥有领土主权的国家（如澳大利亚、新西兰、英国、法国、阿根廷、挪威等国家）则可依据《联合国海洋法公约》的相关海域划分制度向南极海域延伸要求在此之上的相关主权性权利。❷ 其中，依据领海、专属经济区、国际海底区域制度所产生的主权性权利主张尚存在一定的协调空间，唯南半球沿海国依据《联合国海洋法公约》设立的大陆架制度所提出的主权性权利主张对南极条约体系在南极海域的适用产生的冲击最大，二者的法律冲突至今尚未得到解决，并且随着南极条约体系的发展而表现出不同的冲突程度，本小节第三部分（《关于环境保护的南极条约议定书》缔约后至今）详述。最后，本段主要对除海底外其他海域制度（即南纬60度以南的上覆水域）所发生的法律冲突进行总结。可知，当以澳大利亚为代表的阿根廷、智利、

---

❶ 《联合国海洋法公约》适用于南极海域后，"基线"也存在不确定性，因为大陆上的冰盖与海域中的冰架相连，终年不分，导致南极海域低潮基线不确定是应从冰架外延算起，抑或是从大陆外延算起。

❷ 详见本书第一章第二节"三、南极海域法律地位和开发制度相关条约适用争议"所作的具体分析。

法国等南极主权声索国提出"双焦点主义"❶并通过国内立法的方式强调《南极条约》第 4 条与第 6 条仅冻结了南极大陆的领土主权,并没有冻结其依照在南极大陆领土主权声索而获得的在南极领海海域❷。因此,它可以依照《联合国海洋法公约》将其南极领海宽度由 3 海里拓宽为 12 海里,甚至发表声明向外继续扩展。在南纬 60 度以南的海域建立 200 海里专属经济区时,南极海域在《联合国海洋法公约》出台前依照 1958 年《公海公约》《领海与毗连区公约》等习惯,国际海洋法所适用公海制度的范围都在不断被压缩。此法律后果,既可以依据《南极条约》第 4 条与第 6 条规定的"已有主权声索的内容冻结"以及"保护南极海域公海权利"来做抗辩,但也可以依据《联合国海洋法公约》,对国际海洋法的海域划分制度的修订和新出台的《南极海洋生物资源养护公约》,对南极海域捕鱼自由等公海权利的限制性规则是《南极条约》关于保护南极海域公海权利要求的新发展而得到支持。因此,《联合国海洋法公约》出台后的 10 年内,其与南极条约体系在南极海域除海底外上覆水域的法律冲突更多表现为各南极主权声索国的国内立法或声明等国内法律文件对南极公海范围的侵占与压缩。基于南极海域上覆水域的法律地位并无法被明确定义,南极条约体系中规制南极海洋生物资源制度的增加,使得此时仍旧是南极条约体系在此水域的法律适用中占主导趋势,《联合国海洋法公约》并未在领海与专属经济区的制度领域内对南极条约体系在南极海域的适用产生根本性冲击。

---

❶ "双焦点主义"原本是指一种条约谈判策略,表明对同一条款蕴含不同含义以适应不同的制定者的要求,是一种故意制造的模糊规定。具体到《南极条约》体系下,它是指以 1959 年《南极条约》第 4 条为核心的主权冻结原则产生的解释上的模糊性与不确定性。各方出于切身利益各执一词,"既不承认也不否认"已成为国际共识。"双焦点主义"的存在也使得不同立场方难以达成共识。杨俊敏,蒋昕. 南极海域外大陆架划界争端法律问题研究[J]. 浙江海洋大学学报(人文科学版),2018,35(2):1-11. DAVOR V. The Antarctic Treaty System and the Law of the Sea:a New Dimension Introduced by the Protocol,eds. Olav S S,Davor V,Governing the Antarctic :the effectiveness and legitimacy of the Antarctic Treaty system[M]. New York :Cambridge University Press,1996:81.

❷ 陈力. 论南极海域的法律地位[J]. 复旦学报(社会科学版),2014,56(5):150-160.

(3) 国际海底区域制度是否适用于南极海底。

相比于《联合国海洋法公约》的领海与专属经济区制度对南极条约体系在南极海域适用造成的限制性冲击,《联合国海洋法公约》所创立的国际海底区域制度则在此段时期内对南极条约体系在南极海域的适用及其在南极治理中的合法性造成了极大冲击,直到1991年《关于环境保护的南极条约议定书》出台后方告一段落。国际海底区域制度正式确立了当前国际法中的"人类共同继承财产"原则,将国家管辖范围以外的深海海底及其底土和矿物资源视为人类共同继承的财产,归全人类共有,并交由联合国项下的国际海底管理局统一管理,对国际海底区域内的所有活动有一定的管辖权。❶ 既然《联合国海洋法公约》适用于南极海域,那么南极海域中国家管辖范围外区域的深海海底及其底土与矿产资源就应当也适用国际海底区域制度,由国际海底管理局行使管辖权,南极条约协商国集团不再依据南极条约体系对相应区域拥有规制的权限。因此,自《联合国海洋法公约》出台后,以马来西亚为代表的非南极条约协商国向联合国提出议案,要求将"人类共同继承财产"原则适用于整个南极地区,由联合国替代原有依照南极条约体系而对南极拥有实际管辖权的南极条约协商国集团,将南极纳入联合国的管辖范围以内。此提案被以南极主权声索国及美国等在内的南极条约协商国极力抵制,在1982年南极条约协商会议紧急召开了第四次特别会议就《联合国海洋法公约》国际海底区域制度引发的对南极海底矿产资源开发的影响与应对展开讨论,并于1988年出台了《矿产公约》。❷ 值得关注的是,该公约第5条地理范围适用条款规定:"此公约适用于南极条约区域的所有深海海底及底土,其中深海海底是指超出国际法与地理意义上大陆架所规定范围的海床及底土。"❸ 对于将《联合国海洋法公约》与地

---

❶ 《联合国海洋法公约》第十一部分"区域":第133条至第191条款。

❷ ATS. Convention on the Regulation of Antarctic Mineral Resource Activities[EB/OL]. [2023-05-08]. https://www. ATS. aq/devAS/Meetings/Measure/355.

❸ Article 5 Area of Application: 3. For the purposes of this Convention "deep seabed" means the seabed and subsoil beyond the geographic extent of the continental shelf as the term continental shelf is defined in accordance with international law.

理意义中"大陆架"结合起来规定的原因,在公约的补充文件中解释为:为了与《联合国海洋法公约》的规定协调而采纳《联合国海洋法公约》中对大陆架的划界与定义,但是又基于依照《南极条约》南极大陆主权冻结存在无法确定"领海"以及受冰架影响无法划定"基线"等法律困境,因此引入地理意义的大陆架作为补充适用,也就是"临近海岸近海区域的海床与底土"。❶ 综上所述,受南极海域法律地位的不确定性影响,导致南极海域的深海海底与底土是否适用《联合国海洋法公约》的国际海底区域制度存在多种立场及对应依据。以此引发了联合国对南极条约体系合法性的质疑。促使南极条约协商国集团紧急出台《矿产公约》,试图通过该公约的出台将《联合国海洋法公约》的大陆架与国际海底制度嫁接到南极条约体系之中,为南极条约体系在南极治理中的管辖权增加合法性与法律确认。但是基于根植于南极条约体系的南极主权法律问题未解决,随着澳大利亚、新西兰、阿根廷、法国、挪威和智利等南极主权声索国拒绝签署《矿产公约》,该公约最终随着《关于环境保护的南极条约议定书》的出台生效而作废。国际海底区域制度对南极条约体系适用于南极海域所产生的法律冲突也只有等待《关于环境保护的南极条约议定书》的出台来解决。

3.《关于环境保护的南极条约议定书》缔结后至今

1991 年《关于环境保护的南极条约议定书》经过南极条约协商国两年的紧急磋商,正式出台并开始签署。此议定书禁止了在南极的一切矿产资源活动,有效期至 2048 年。自此之后,《联合国海洋法公约》国际海底区域制度在南极海域的适用问题在一定程度上得到解决,《联合国海洋法公约》与南极条约体系在南极海域的法律适用冲突集中至南极条约体系中《南极海洋生物资源养护公约》所规定至南纬 45 度海域的海洋生物资源养护措施与属于该公约当事国且为亚南极海域岛屿主权国家的专属经济区主权权利之间的法律冲突;以及南极海域外大陆架划界问题,尤其是依据南纬 60 度以北区域的岛屿或陆地主权,主张大陆架延伸至南纬 60 度以南的南

---

❶ ATS. Final Act[EB/OL].[2023-05-08]. https://www.ATS.aq/devAS/Meetings/Measure/355.

极海域部分。其中，第一项法律冲突通过南极条约体系项下的相关声明已得到较完善的解决❶，是为《联合国海洋法公约》与南极条约体系在南极海域合作共存的典例，于下文详述，此处主要对大陆架划界问题这一尚未解决的法律冲突进行讨论。

首先，法国与澳大利亚在第十五次南极条约协商会议上提出议案，要求废除《矿产公约》，因为《矿产公约》通过严格控制矿产开发活动来达到南极环境保护的方式属于南辕北辙，应当直接禁止任何矿产开发活动，并在此基础上拟定出台一部完整全面的南极环境保护公约。❷ 此议案的提出引发了南极条约协商国内部的巨大分歧，甚至一度危及南极条约体系的完整存续与实施。但是很快法国与澳大利亚的提案得到了美国、智利、新西兰等南极主权声索国与保留国的大力支持，历经6次南极条约特别协商会议，在较多南极条约协商国及联合国的共同支持下，1991年《关于环境保护的南极条约议定书》及其前四个附件正式出台，全面禁止了除科考外南极区域内的一切矿产资源活动。此规则的确立，表面上使南极条约体系与《联合国海洋法公约》在南极海域的法律适用冲突更加激烈。因为《联合国海洋法公约》中大陆架与国际海底区域制度的核心即为规制各国对深海海底及其底土之中矿产资源进行勘探开发的相关权利义务。《关于环境保护的南极条约议定书》对南极矿产资源开发利用的明确禁止，使得南极主权声索国依据"双焦点主义"可能享有的南极大陆架主权权利及国际海底区域制度中的"人类共同继承财产"原则在南极适用的可能均被大幅削减。但是，本质上以《关于环境保护的南极条约议定书》的出台为转折点，标志着南极条约协商国集团与南极条约体系外以联合国为核心的其他国家就当代南极治理目标达成了共识，即保护南极生态环境，继续将南极仅用于和平与科学。在此共识的基础上，《联合国海洋法公约》与南极条约体系在南极海域适用存在的领海、专属经济区、大陆架、国际海底区域制度中的法律冲

---

❶ 陈力.论南极海域的法律地位[J].复旦学报（社会科学版），2014，56（5）：150-160.

❷ ATS. Recommendation XV-1（ATCM XV-Paris,1989）[EB/OL].[2022-05-09]. https://www.ATS.aq/devAS/Meetings/Measure/170.

突,因受南极主权问题、南极自然环境等主客观因素的限制,在南极条约协商国与南极条约体系外的联合国国家之间逐渐被接受。直到2005年联合国大会通过第60/47决议撤销"南极洲问题",标志着在历经20余年的冲击与协调后,以联合国为核心的国际法体系对南极条约体系在南极治理中合法性存在了一定承认度,国际海洋法作为国际法体系的一部分也不例外。

其次,排除了以上较为复杂与庞大的法律制度冲突后,随着《联合国海洋法公约》的不断发展,当前留给南极条约体系与《联合国海洋法公约》适用于南极海域所存在的最大的法律冲突是南极海域外大陆架划界问题。由上文分析可知,随着《关于环境保护的南极条约议定书》的出台,南极主权声索国依据"双焦点主义"所主张的依据其在南极大陆的领土主权声索而享有的延伸至南极海域的大陆架主权权利,因矿产资源活动的禁止而失去法律实践意义,处于半冻结状态。然而,涉及南极海域的大陆架划界不仅有从南纬60度以南的南极大陆向北延伸至海而成的主张,还存在在南半球拥有领土主权的国家依据其在南纬60度以北的亚南极海域所拥有主权的岛屿与陆地向南延伸至海而成的大陆架主张,并且此部分大陆架划界主张中延伸至南纬60度以南海域的主张占比较多。以上问题构成了当前南极条约体系与《联合国海洋法公约》在南极海域最具法律实践意义的适用冲突。根据《联合国海洋法公约》大陆架划界规则,截至2009年大陆架界限委员会停止接受各国划界案为止,澳大利亚、新西兰、英国、法国、阿根廷、挪威均提交了涉及南极海域的大陆架划界申请,其中绝大多数国家对涉及南纬60度以南海域的部分均作了保留讨论的说明。[1] 以上划界申请案受到程序与实体法律规定的限制,大多未得到大陆架委员会的审理。仅澳大利亚以其亚南极海域中拥有主权的岛屿为基线提出的大陆架划界申请,因其岛屿陆地不存在主权争议,且提供了充足的科学数据支撑,故而委员会出于仅对划界案作出科学与技术指导层面的审议目的,声明其建议不影响其他条约有关事项后,基本通过了澳大利亚的两项延伸至南纬60度以南

---

[1] 朱瑛,薛桂芳.大陆架划界对南极条约体系的挑战[J].中国海洋大学学报(社会科学版),2012(1):9-15.

海域的大陆架划界案,支持了澳大利亚在南极海域的主权性权利主张。这是来自《联合国海洋法公约》对南极条约体系中主权冻结根本原则的一次较大的冲击,至今国际社会的主流观点不是对此划界建议合法性的质疑,而多集中于如何在已发生的法律事实基础上,找出《联合国海洋法公约》与南极条约体系在此问题之上新的协调路径,这也是本书试图解决的核心问题之一。

最后,依据《联合国海洋法公约》与南极条约体系的发展阶段不同总结二者在南极海域的法律冲突后,可知以上法律冲突可分为两种类型。一种是随着《联合国海洋法公约》修改或设立的当代国际海洋法海域划分制度所引发的与南极条约体系在南极海域治理规则适用的法律冲突,并且引发了对南极条约体系在南极治理中合法性的法律挑战,但是在南极条约体系的协调与发展之下此类法律冲突逐渐归于搁置状态,南极条约体系与《联合国海洋法公约》也找到了在南极治理中的共同目标即为南极生态环境保护。另一种是南极主权声索国依据"双焦点主义"对南极条约体系的主权冻结原则的模糊性加以利用,试图通过《联合国海洋法公约》海洋划界制度进一步增加其在南极海域拥有主权性权利的法律确信。此类法律冲突以当前南极外大陆架划界争端为矛盾焦点,是南极条约体系面临的又一较大的法律冲突,基于国际社会对《联合国海洋法公约》制度的认可,问题的关键仍是找到南极条约体系与《联合国海洋法公约》在南极的兼容可能。因此,基于历史经验及二者在各自治理领域中核心且不可动摇的法律地位,可知"适用区域"条款作为《南极条约》的内容,其在南极治理规则体系中所具有的效力等级与《南极条约》保持一致,并未受到较大的冲击与动摇。

(三) 南极条约体系兼容《联合国海洋法公约》规则的可能性

依上文分析还得出,南极条约体系与《联合国海洋法公约》适用于南极海域所产生法律冲突的重点解决路径是找出二者在南极海域协调兼容的可能所在,如此对"适用区域"条款未来的效力演进也具有一定的预测意义。总结南极条约体系中与南极海域相关的规则得出,当前南极海域治理主要由环境保护与资源开发两个领域的问题构成。因此,本书聚焦以上两个领域的法律规制现状,分析南极条约体系与《联合国海洋法公约》在其中协调共存的可能性。

1. 在南极海域生态环境保护领域的兼容

首先,《关于环境保护的南极条约议定书》将南极指定为仅用于和平与科学的自然保护区❶,使得南极条约体系在40余年发展后首次将环境保护正式纳入其法律原则之中。南极条约体系在南极治理中的重心也逐渐从资源开发利用向生态环境保护转移。但是,《关于环境保护的南极条约议定书》出台初期,由于南极条约体系的规则中与南极环境保护相关的经验较少,所以1994年联合国环境规划署作为观察员首次依据联合国第49/80号决议参加了第十八届南极条约协商会议,并提交信息文件对南极条约体系在环境保护中的运行尤其是IUU捕捞等问题形成调查报告。❷ 这成为联合国工作组深入参与南极治理的开端。❸《联合国海洋法公约》作为以联合国为核心的国际法体系中国际海洋法制度的核心,在南极海域生态环境保护问题上与南极条约体系协调共存的可能性也必然存在。

其次,南极条约体系与《联合国海洋法公约》在南极海域生态环境保护领域存在兼容性已拥有一定的法律实践支撑。例如,南极条约体系中《南极海洋生物资源养护公约》对当事国在南纬45度以南海域的生态环境养护活动限制与亚南极海域岛屿主权国在南极海域依据《联合国海洋法公约》所享有的捕鱼等主权性权利的法律冲突,就通过《南极海洋生物资源养护公约》委员会发表例外声明的方式得以解决。例外情况有三:①《南极海洋生物资源养护公约》生效前岛屿主权国以保护该海域海洋生物资源为目的的国内措施仍有效;②不经岛屿主权国同意,不得对《南极海洋生物资源养护公约》与《联合国海洋法公约》重叠适用海域采取特殊养护措

---

❶ 《关于环境保护的南极条约议定书》第2条[EB/OL].[2025-02-27]. http://treaty.mfa.gov.cn/Treaty/web/detail1.jsp?objid=1531876064307.

❷ ATS. Eighteenth Antarctic Treaty Consultative Meeting Final Report[EB/OL].[2022-05-10]. https://www.ATS.aq/devAS/Meetings/Past/48.

❸ 王婉潞.联合国与南极条约体系的演进[J].中国海洋大学学报(社会科学版),2018(3):16-22.

施；③未经岛屿主权国同意，不得在其拥有主权性管辖权的海域进行科考与研究。显然，该声明试图通过强调岛屿主权国依据《联合国海洋法公约》享有的优先权利，来协调《南极海洋生物资源养护公约》与《联合国海洋法公约》的法律冲突。南极条约体系之所以作出以上规定，是因为相关的岛屿主权国均为《南极海洋生物资源养护公约》当事国，故而《南极海洋生物资源养护公约》确立的南极海域生态环境保护的措施在原则上与各岛屿主权国利益一致。承认岛屿主权国依据《联合国海洋法公约》享有"优先权"，反而有利于将《南极海洋生物资源养护公约》对南极海域生态环境保护的原则转化为其国内法予以适用，从而增加法律实践，提高其直接效力，并更好地对抗第三国。

最后，随着气候变化的加剧，南极海冰融化不断扩大，受海洋的连通性影响，包含南极海域在内的南大洋也是全球海洋环境治理的重要组成部分。全球性国际条约与区域性国际条约的协调适用是全球海洋环境治理发展的主要趋势之一。当前以《联合国海洋法公约》为核心的国际海洋法制度中有关海洋环境保护的规则越来越多，南极条约体系中有关南极海域环境保护的规则也在不断增加。因此，本阶段是二者协调合作的"窗口期"。《联合国海洋法公约》第12部分"海洋环境的保护与保全"为国家管辖范围内与国家管辖范围外海洋环境的保护都奠定了制度基础，其与南极条约体系中《关于环境保护的南极条约议定书》附件四"预防海洋污染"具有较大的协调兼容空间；由联合国组织完成谈判正式出台的《BBNJ国际协定》被视为《联合国海洋法公约》项下的第三份议定书，其与《南极海洋生物资源养护公约》也存在较大的兼容可能性。例如，《BBNJ国际协定》第4条已经强调了"在解释和适用本协定时应尊重现有相关法律文书和框架及相关全球、区域和部门机构的权限，且不应损害现有相关法律文书和框架及相关全球、区域和部门机构，同时促进与这些文书、框架和机构协调一致"。❶ 因此，在南极海域生态环境保护领域，《联合国海洋法公约》与

---

❶ 根据《联合国海洋法公约》的规定就国家管辖范围以外区域海洋生物多样性的养护和可持续利用问题拟订的协定[EB/OL].[2025-02-27]. https://treaties.un.org/doc/Treaties/2023/06/20230620%2004-28%20PM/Ch_XXI_10.pdf.

南极条约体系存在较大协调合作的可能性。

2. 在南极海域资源合理利用领域的兼容

南极海域的资源主要由其深海海床与底土之中的矿产资源与上覆水域中的生物资源组成。

在矿产资源的合理利用方面，第一，目前各国的科学技术与装备水平尚未发展至开发南极海底矿产资源并获利的阶段。相较于太平洋、大西洋等海域，南极海域海底矿产资源开发难度大且成本高，并非各国及相关企业的选择。因此，《联合国海洋法公约》的当事国依据国际海底区域制度提出对南极海域矿产资源开发请求的可能性较低，并且国际海底管理局也会作协调处理。第二，《关于环境保护的南极条约议定书》规定至2048年《南极条约》区域内禁止一切矿产活动，并且2048年对《关于环境保护的南极条约议定书》的审查也应由当事国提出后开展。鉴于对南极海域提出大陆架主张的国家均为《关于环境保护的南极条约议定书》的当事国，这些国家为了维护南极矿产开发方面的平衡及自身利益，不会贸然依据《联合国海洋法公约》的大陆架制度违反《关于环境保护的南极条约议定书》的规则。所以，由于国际社会已对保护南极达成广泛共识，对于专属开采权可能危及南极条约体系对南极地区的资源保护的担忧可以消减。至少在之后的20余年间，《联合国海洋法公约》与南极条约体系在南极海域矿产资源开发领域的法律冲突并不明显。在2048年之后，二者的冲突可能会随着《关于环境保护的南极条约议定书》当事国的修改或退出要求而凸显，但国际社会可以通过提前修订《联合国海洋法公约》中关于南极海域的特殊规定，以应对未来可能出现的权利行使与资源保护的冲突。南极条约体系与《联合国海洋法公约》依旧在此领域存在法律适用的兼容性可能。

在生物资源的合理利用方面，《联合国海洋法公约》与南极条约体系最集中的法律冲突是南极海域生物资源勘探与非法捕捞的规制领域。生物勘探具体表现为上文分析的南极条约体系中的《南极海洋生物资源养护公约》对亚南极海域岛屿主权国在重叠水域行使专属经济区所赋予的主权权利的限制与冲突，此问题经过上文的分析可知存在协调的可行性并且在实践中得以解决。而在非法捕捞的规制问题上，根据《关于预防、制止和消除非法、不报告和不管制捕捞国际行动计划》(以下简称《国际行动计划》),非法捕捞主要是指外国船舶在沿海国管辖或区域渔业组织所管理的海域内未经许可及违反国内法规保护与管理规定等国际条约义务的捕捞活动,以及未事先报告的与未受管制的捕捞活动。根据《南极海洋生物资源养护公约》的规定,南极海洋生物养护委员会只能对违反此公约捕捞量规定的非《南极海洋生物资源养护公约》当事国的国民或船舶采取提请该国注意的措施。根据《国际行动计划》规定,海域管辖国有权采取足以有效预防、制止和消除非法捕捞的严厉惩罚措施,剥夺违法者从此类捕捞活动中所获得的利益。这可以包括采用以行政处罚制度为基础的民事处罚制度。关于岛屿主权国是否可以突破《南极海洋生物资源养护公约》对非《南极海洋生物资源养护公约》当事国采取处罚措施的问题,从澳大利亚在其南极海域的专属经济区内打击非法捕捞得到国际社会支持的法律实践来看,岛屿主权国对非《南极海洋生物资源养护公约》缔约国家非法捕捞行为采取措施不会引发过多争议。❶ 因此,在南极海域资源开发领域,南极条约体系与《联合国海洋法公约》,虽然存在一定规则与理论层面的法律适用冲突,但是综合分析规则的实效性、当事国的利益诉求与法律实践后,可以得出以上冲突并非完全不可解决,不能排除南极条约体系与《联合国海洋法公约》在南极海域法律适用中存在着兼容性。

二、"适用区域"条款的条约解释——南极海域法律地位争议的剖判

条约解释属于国际法的范畴。❷ 条约解释,一般是指对一个条约的具体规定正确意义的剖析说明。❸ 按照解释的主体可分为由国际法学者在其论著中所论述的有关解释条约的理论和原则的学理解释,以及由条约的当事国

---

❶ 杨俊敏,蒋昕.南极海域外大陆架划界争端法律问题研究[J].浙江海洋大学学报(人文科学版),2018,35(2):1-11.

❷ 詹宁斯,瓦茨.奥本海国际法(第一卷第二分册)[M].王铁崖,等译.北京:中国百科全书出版社,1998:661-668.

❸ 李浩培.条约法概论[M].北京:法律出版社,2003:344.

或其授权的国际机关所作出的对于条约的官方解释。相应地，按照解释的效力，条约解释可分为：获得条约全部当事国同意的有权解释，以及与其相对的未获得全部当事国同意的非有权解释。虽然在条约解释中所有的学理解释均属于非有权解释，但是其对于官方解释及有权解释的影响重大。《维也纳条约法公约》中关于条约解释的规定包括第31条、第32条、第33条，涵盖了当前条约解释通用的国际法规则、补充的解释资料及多种语文认证的条约解释。自联合国国际法院（ICJ）在1994年"领土争端案"中明确《维也纳条约法公约》所编撰的条约解释规则体现习惯国际法以来，随着联合国国际法院和世界贸易组织（WTO）争端解决机构等国际裁判机构的条约解释实践增多，国际法学界对条约解释的研究愈加重视。❶ 联合国国际法委员会自2008年起也设立了有关条约解释的专题工作组。❷ 虽然其议题主要关注与条约解释相关的嗣后协定和嗣后惯例，但是报告员的数次报告，尤其是13项结论草案及评注❸均涉及"条约解释通则和资料"，并且全面比较联合国国际法院、各种国际经济制度下的裁判机构、人权法院和人权事务委员会及其他国际裁判机构的条约解释实践。此外，2006年国际法委员会在解决国际法不成体系性问题的研究报告中重点提及条约解释的"体系整合原则"，即根据《维也纳条约法公约》第31条第3款（c）项，将被解释的条款置于相关国际法规则的体系背景中加以解读。❹ 2011年国际法委员会通过了有关条约保留的行为指南草案，其中对条约当事国"解释性声明"的保留作了详细的规定。❺ 可见，自21世纪以来，国际法委员会对条约解释的国际法问题始终较为关注，展开了专题等相关研究，并对条

---

❶ 张乃根.条约解释的国际法[M].上海:上海人民出版社,2019:3-4.

❷ 2008年12月1日大会决议[根据第六委员会的报告（A/63/439）通过],63/123,国际法委员会第六十届会议工作报告,A/RES/63/123.

❸ 与条约解释相关的嗣后协定和嗣后惯例第一次至第五次报告分别为联合国大会文件:A/CN.4/600,A/CN.A/671,A/CN.4/683,A/CN.4/694,A/CN.4/715.

❹ Conclusion of the work of the study group on the fragmentation of international law [EB/OL].[2025-02-27]. https://legal.un.org/ilc/texts/instruments/english/draft_articles/1_9_2006.pdf.

❺ International law commission. Reservation to Treaties, A/CN.4/L.779, 19 May 2011.

约解释的国际法实践加以总结。因此，在完成对"适用区域"条款法律实践的总结后，本节聚焦分析《南极条约》"适用区域"条款的条约解释，主要以《维也纳条约法公约》及国际法委员会的专题报告中除国际经济法、人权法等之外的一般国际法的条约解释为依据，辅以国内外学界对条约解释的研究观点，尝试讨论"适用区域"条款在条约解释中的不同结果，以及其与各项南极海域法律地位争议的关联所在，为下文解决与南极海域法律地位相关的条约适用争议提供理论依据。

（一）"适用区域"条款之一般国际法的条约解释与实践

1. 《维也纳条约法公约》关于条约解释的规定之适用

《维也纳条约法公约》规定的关于条约解释的原则和规则集中于第31条至第33条。这三条分别规定了解释通则、补充资料、经两种或两种以上语文认证的条约的解释规则。下文将以上述规定为依据，结合"适用区域"条款所符合的实际情况进行分析。

（1）条约解释的解释通则与补充资料。

《维也纳条约法公约》第31条规定条约解释的一般性规则共四项。第1项与第4项一般性规则合并强调了条约解释的基本原则是善意解释，其直接来源于《维也纳条约法公约》第26条中的条约必须遵守原则。条约解释是履行条约的一部分，因此研究有关资料及对它们评价的过程必须善意地进行，即使条约的文字清楚，但如果适用它们会导致一种显然荒谬或不合理的结果时，当事国必须寻求另一种解释。所以，对一个用语给予通常意义上的理解是重要的，因为合理的假定是，至少知道有确立的相反表示为止，通常意义是最可能反映当事国意图的内容。正如麦克奈尔所指出的，解释的任务是"对当事国明确表示的意向给予效果的责任，这就是它们根据周围的情形用词语表示的意向"[1]。同时，通常意义的确定不可能抽象地进行，只能根据条约的上下文及其目的与宗旨予以确定。在实践中，可考虑目的与宗旨更多的是确认意向解释，如果一项解释与该目的宗旨不相符合，那

---

[1] McNair. p365.

么它很有可能是错误的。❶ 第二项一般性规则，条约解释中的上下文所包含的内容除了条约的约文及序言和附件，还包括全体当事国因缔结条约所订与条约有关的任何协定和一个以上当事国因缔结条约所订并经其他当事国接受为条约有关文书的任何文书。以上协定和文书通常是在缔结条约之时或者缔结后不久作出的，它们不应被理解为仅是一种对于解释的帮助文本，而应当被认定为条约制定者的一种有价值的工具。因为使用这种方法的一个理由是政治性的妥协以促使条约的通过与签署，另一个理由则是维持条约内容的简洁性，一份有关条约中用语的具体适用的协定备忘录或换文可能比在条约中过多载入冗长的定义要更干净利落。❷ 第三项一般性规则是条约解释的嗣后规定和惯例。鉴于当事国可以后来同意更改条约，它们也可以同意一项对其用语的权威性解释，而这实际上相当于一项不需要进一步修正条约。❸ 因为该项规定用词为"协定"而协定的形式是多样化的，包括当事国会议通过的一项目的清楚的决定。《南极条约》第9条第1项规定了某些当事国可向本国政府建议旨在促进本条约的原则与宗旨的措施；第4项则规定这些措施应经过所有协商国同意后才能生效。这一规定在1961—1995年一直存在误解与适用错误的法律实践。因为协商国从一开始就通过了一些名为"建议"且内容主要是规范引导或程序性问题的文件，但是它们被当作应经过了第9条第4项完全同意程序才能生效的"措施"，这就导致大多数建议直到多年后才生效。直到1995年协商国一致同意今后应将符合第9条第1项的"措施"（意图赋予法律约束力）认定为建议需全部协商国同意后有效，而其他"决定""决议"均需要在每年一次的南极条约协商会议上通过方能生效。❹ 这就是《南极条约》受到《维也纳条约法公约》

---

❶ 安托尼·奥斯特.现代条约法与实践[M].江国青,译.北京：中国人民大学出版社,2005：204-205.

❷ 安托尼·奥斯特.现代条约法与实践[M].江国青,译.北京：中国人民大学出版社,2005：206-208.

❸ 参见1996年捷克与英国"为维也纳条约法公约第31条第3项的目的"关于1975年《领事公约》解释的换文（UKTS(1997)5）.

❹ ILM(1996),p.1188.

条约解释条款中嗣后规定的影响结果。除此，嗣后规定的惯例款项还要求在条约解释时，应当与上下文一并考虑的还有适用于当事国间关系的任何有关国际法规则。譬如，有时达成一种与当事方意图相一致的解释可能不但要求考虑条约缔结时的国际法（时际法），而且也要考虑当代的国际法。例如，当解释《南极条约》"适用区域"条款中的公海概念时，不仅要考虑到1958年的《公海公约》，还要考虑到1982年的《联合国海洋法公约》中对于公海制度的规定。

《维也纳条约法公约》第32条规定条约解释的补充资料仅给出了主要的补充性解释方法的例子，即依照主要的解释方法仍旧意义不明难解或解释结果荒谬时，可求助于同样的补充性解释方法，如以条约准备工作的文件为依据进行解释，在此种情况下，解释的目的不在于证实，而转为确定意义。在法律实践中存在即使条约的通常意义清楚明确，但如果从准备工作看通常意义并不代表当事国的意图，那么根据《维也纳条约法公约》中条约解释的"善意解释"原则，国际法院等机构的职责就是要求相关当事国对条款的通常意义进行修正。在此意义层面，这对于有关解释原则的无休止的辩论是一个有益的补充性方法。国际法委员会在实践中一般将准备工作的文件理解为书面材料如条约的连续草案、会议记录、在编撰会议上咨询专家的说明性声明、起草委员会主席无可争辩的解释性说明和国际法委员会的诠释记录。这些材料的价值取决于若干因素，最重要的是真实性、完整性和可能性。但是，一项谈判或起草的最重要部分经常是以非正式的形式进行的，没有任何可予以保存的协定记录，如《联合国海洋法公约》的出台就包含多次非正式会谈，一个特别的妥协方案得以通过的理由，以及它的原意是什么，都是很难确定的，更何况有些条款中措辞的表述是通过审慎选择决定的，目的就是克服一种几乎不可能调和的实质性分歧与冲突。例如，《南极条约》"适用区域"条款中关于公海权利的保护的处理就是如此。

（2）经两种或两种以上语言认证的条约的解释。

《维也纳条约法公约》第33条规定除依条约的规定，或当事国另外协议在出现文本意义分歧的情况下应以某一特定文本为准之外，每种经过认证的文本应同一作准。有些条约没有提出作准文本问题，在没有任何相反规定的情况下，每一文本应同一作准。通常在实践中，条约一般都会明确指出各种语言的文本是否同一作准。大多数的双边和多边条约都是两种或多种文字形式，例外的大多是一些非常古老的条约或者是一些具有相同母语或官方语言的国家之间缔结的条约。《南极条约》第14条明确规定了该条约用英文、法文、俄文和西班牙文写成，各种文本具有同等效力。同时，《南极条约》在谈判时主要以英文草案为基础，并且在非正式会议等过程中大多以英文进行和起草文件，所以下文在对《南极条约》的"适用区域"条款及其他相关条款进行解释与适用时，也主要以英文文本为依据。

2. 国际法委员会等关于条约解释的讨论之适用

《维也纳条约法公约》第31条与第32条是关于条约解释国际法规定的基石。对此国际法委员会在相关报告中多次作出了较为详细的释义，国际公法学家也对条约解释的原则与规则形成了不同的流派。这些对于一般性国际条约在实践中的条约解释实践，尤其是由国际法院等进行的有权解释中均具有一定的影响力，故在此加以概述。

（1）国际法委员会的条约解释专题报告。

按照国际法委员会的释义，首先《维也纳条约法公约》第31条的精神是"约文必须被推定为各条约当事国的意思的权威性的表示，从而解释的出发点是阐明约文的意义，而不是被推定为各条约当事国意思的权威性的表示，也就是说解释的出发点是阐明约文的意义，而非从头调查各当事国的意思"。总体而言，第31条强调的是条约解释是一种客观的解释，即约文解释。它并不是一种基于主观的解释，并且在解释时应当先将条约当事国当时的意思与约文相互剥离，然后以约文文字的客观释义为准，当事国的主观意思是次要考虑因素。其次，国际法委员会强调条约解释程序是一个统一体。一个条约的各项规定组成了一个单一的且互相紧密联系在一起的完整规则。再次，国际法委员会指出第31条并不为其中包含的条约解释规则规定法律上的上下等级关系，而只是按照逻辑把一些解释因素进行适当的排列。譬如，既然确定了解释的出发点是约文的意义，逻辑上就应当把善意解释原则作为第一个解释因素提出。最后，国际法委员会释义认为

第31条所列举的条约解释的因素均应为权威性的解释因素,因为这些因素都是与各当事国之间在约文中得到权威性表示的、当时或此后的含义有关的。

相比而言,《维也纳条约法公约》第32条所提及的条约准备资料和缔约的情况,按照设想的前提就不具有权威性的性质,只能作为补充解释因素。补充的解释因素或资料在很多情况下是不完全的或容易引发误解的,因此应当在其作为解释资料的价值上予以谨慎的评估,仅有作为证实由于适用第31条所得到的意义之用或按照第31条解释结果不合理是做补充之用。总之,第32条的容许使用补充资料以证实由于适用第31条所得到的意义,就在这两条之间建立了一般的联系并维持了解释程序的统一性,但是国际法委员会并无意在补充性解释资料与权威性解释因素之间划出一条严格的界限,始终需要具体问题作具体分析。[1]

(2)国际法学家关于条约解释的理论与评述。

从事条约解释的研究和著述的学者很多。总结各家观点,可分为三个学派:主观学派、客观学派、目的学派。

主观学派是指将条约解释的出发点建立在探讨和确定缔约者的缔约意图的条约解释学派。在主观解释学派看来,缔约者的缔约意图是支撑条约解释的轴心,从此轴心辐射出去符合其逻辑发展的一系列具体解释方法。主观解释学派的学者以劳特派特(H. Lauterpacht)为代表,菲德罗斯(A. Verdross)、古根海姆(Gugenheim)、韦斯特雷克(Westlake)等也属于其中。他们认为国际法中条约的解释是国内法中契约解释影响和延伸的结果。古罗马法学家西塞罗认为,"在约定中,应当注意的是人们的意思,而不是语言。"因此条约解释的首要且唯一的目标是确定当时各方表现于条约中的真正意图,除明确表达在条约中协商一致的意思外,还应包括未明确表达的,甚至隐含的意图和动机,如威斯特雷克所阐述的"必要之点在于寻找各当事国的真实意思"[2]。在此基础上,主观学派衍生出若干解释规则和方法,首要规则是条文约文的"通常意义"规则。按照劳特派特在其修

---

[1] 李浩培.条约法概论[M].北京:法律出版社,2003:351-352.

[2] EDWARD S Y. Treaty Interpretation: Theory and Reality[M]. Lanham, Maryland: University Press of America, 1987.

订的《奥本海国际法》中的阐释,应当是条约的"合理意义,而不是字面意义",即条约所用名词如果不是明白地用于某种专门的意义的,或者从上下文中看不出有另外的意思,就必须按照它们在日常生活用语中的通常意义来解释;以及如果一项规定的意义含糊不清。那么应在合理与不合理的两种意义中采取合理意义,在合理程度不同的两种意义中采取较合理的一种意义,在符合公认的国际法原则和对第三国的前条约义务与不符合这些原则和义务的两种意义中,采取符合原则与义务的意义。❶

客观学派是指将对条约解释的出发点和重心放在当事国协约的外在的结果,即它们之间达成的条约文本上,并不注重寻求条约文本之外当事国的隐含意图。客观学派认为,条约解释的实质是逻辑地诠释条约约文,包括逻辑地考察条约文本上下文之间的内在联系,反对对所谓缔约意图的主观臆测。该学派的代表性学者包括贝克特爵士(Sir Eric Beckett)及提出系统解释理论的麦克奈尔(Sir Arnold McNair)。总结贝氏的学说可得其主旨是强调条约本身在条约解释中的决定作用,肯定"词语的明白意义"规则在条约解释中的作用,以及反对滥用"准备资料",支持使用《维也纳条约法公约》现有的解释规则。总结麦氏的学说可知,其试图在主观、客观、目的之间找到一条综合折中的解释规则路径。❷ 他认为"词语的明白意义"并不排除当事国"共同意图"的推定,同样他也不鼓励对"准备资料"的寻求。❸ 此学说属于争议性较强的理论,其主要被批判的点在于这种认定方法使得解释者,从企图确定缔约各方自己选定而使用的词的实际意义,转为查明习惯赋予词语以什么意思,然后据此调和当事国之间的行为。❹

目的学派是指条约解释的规则与方法的有效性以符合条约的目的为标准,正如《维也纳条约法公约》第 31 条所采纳的"参照条约的目的与宗旨

---

❶ 劳特派特.奥本海国际法(上卷第二分册)[M].王铁崖,等译.北京:商务印书馆,1981:363.

❷ IAN S. The Vienna Convention on the Law of Treaties[M]. 2nd ed. 1984:115.

❸ LORD M. The Law of Treaties[M]. Oxford:Clarendon Press,1961:366.

❹ EDWARD S Y. Treaty Interpretation:Theory and Reality[M]. Lanham,Maryland:University Press of America,1987.

解释条约"。目的学派的代表人物保罗阿尔瓦雷斯（M. Alvarez）、赫克斯内尔（Hexner）及《哈弗条约法公约草案》的编撰组等。其中，阿尔瓦雷斯是最为突出的倡导人。他认为在阐释国际法的规则（包括国际条约中的规则）时，不应该以文本的字面意思为唯一依据，即使文本意义明白无误，条约解释仍应当建立在对条约的精神实质的探求，以及对规则的目的重视的基础上。占支配地位的解释原则应当是：一种制度或者一项有效的法律规则本身是有活力的。规则发展的情形要依据新的国际条件来判断，而不考虑造法者或立约者的意图。即使一项规则或者条约的文本意思明确，但由于在其生效后国际形势的变化导致再继续使用此规则或条约条款会导致不可接受不合理的后果，所以该规则或条约条款则不再适用。❶赫克斯内尔则从对国际组织章程解释的角度出发，将目的论解释的基本原则归纳为"国际组织的创立文件的方案设计、宗旨及其功用是确立文件条款意义的最可靠之向导"。❷

综上所述，在一般国际法中国际条约解释原则与方法在理论上存在不同的关注重点，但是综合各种理论可以得出它们均在《维也纳条约法公约》条约解释条款所规定的方法与路径之中，更多地表现为对不同解释方法在有权解释的法律实践中优先顺序的讨论与阐释。因此，下文对《南极条约》"适用区域"条款进行条约解释时，由于《南极条约》本身没有条款明确规定对该条约进行解释时应当适用的原则与方法，所以应当首先明确解释者的身份资格，然后以《维也纳条约法公约》所规定的解释方法依次进行实践讨论。

（二）南纬60度以南海域的法律地位争议与"适用区域"条款解释

虽然《南极条约》"适用区域"条款只包含短短一句话的内容，但是其

---

❶ EDWARD S Y. Treaty Interpretation：Theory and Reality[M]. Lanham，Maryland：University Press of America，1987.

❷ EDWARD S Y. Treaty Interpretation：Theory and Reality[M]. Lanham，Maryland：University Press of America，1987.

第二章 "适用区域"条款的产生与解释：南极海域法律地位

自身模糊性所引发的法律问题却复杂且重大，其中首当其冲的就是南纬60度以南海域法律地位的认定。依据前文所列主权声索和实践争议，可将现有南纬60度以南海域法律地位的争议分为三类，那么解释"适用区域"条款对争议问题产生的影响如何？

1. 南纬60度以南海域存在国家领土主权吗？

根据中国南极科学考察队员的访谈可知，南纬60度以南海域在国际科学考察活动中被各国科考队广泛视为公海，各国的科考船可直接进入南极主权声索国所声索南极大陆的近海区域，且并未引发与任何南极主权声索国的法律或外交纠纷。❶ 然而，在国际法层面，始终存在利益相关国的少数观点认为：依据国际海洋法"以陆定海"原则，南极主权声索国依其在南极大陆上的领土主权声索区域可作为"沿海国"向北延伸入海拥有在南纬60度以南的南极海域中的"领海"主权。❷

在理论与实践层面解决此争议问题的过程中，均离不开对《南极条约》"适用区域"条款展开解释的环节。依据《维也纳条约法公约》的规定，条约解释应当遵守"善意解释"原则，结合条约解释的法律实践所需，可依条约条款内容作通常意义解释，可依条约目的与宗旨作条款内容解释，也可联合与该条约相关文件作条款内容解释。鉴于三种解释方法的优先顺序在《维也纳条约法公约》中并无确定规定，现对《南极条约》"适用区域"条款分别依上述方法进行解释，回答南纬60度以南海域是否包含国家"领海"的法律问题。

首先，对"适用区域"条款作通常意义解释。第一，《南极条约》在空间上的适用范围是"南纬60度以南的区域，也包括此区域内的冰架"。第二，依据国际法的规定任何当事国在南纬60度以南区域所享有的公海权

---

❶ 中国第37次南极科学考察[EB/OL]. [2025-02-27]. http://coas.ouc.edu.cn/pogoc/2022/0607/c9711a372089/page.htm.

❷ 主要以维护南极主权声索国的利益的国际法学者为代表：如澳大利亚学者 DODDS K, HEMMINGS A D. Frontier vigilantism? Australia and contemporary representations of Australian Antarctic Territory [J]. Australian Journal of Politics & History, 2009, 55(4): 513-529.

利及其权利行使均被《南极条约》承认与保护。据此可得,《南极条约》当事国们应当承认并遵守南纬60度以南所有区域及其范围内的冰架均处于主权冻结状态的约定;与此并行,同时《南极条约》当事国们应当承认并遵守南纬60度以南海域之上存在公海以及公海权利,且此公海范围及公海权利的内容可随国际海洋法的变化而变化。"区域"(Area)在使用最为广泛的1961年韦氏大词典中做此语境下的通常意义解释为"4: a particular extent of space or surface or one serving a special function: such as a: a part of the surface of the body ; b: a geographic region"❶,即:一个地理区域。所以,南纬60度以南的陆地、水域及该范围内的所有冰架全部适用《南极条约》核心条款所规定的主权冻结原则,当事国已有的主权声索既不被承认也不被否定,当事国们也不再承认任何国家新提出的或变更的主权声索,此区域的主权归属保持未确定状态,同时当事国一致同意此区域内存在公海。基于此,虽然作为《南极条约》当事国的南极主权声索国(除挪威作保留声明外)在《南极条约》签订后陆续作出对其"南极领土主权"附属"领海"甚至"专属经济区"的主权声明,但是以上声明均违反了条约必须遵守的国际法基本原则,无法律效力。甚至,尽管依照国际海洋法中的习惯法规定沿海国对其领海主权为固有权利,无须明文公告宣示即可以获得。但是,南极主权声索国在南极大陆的领土主权声索并未得到国际社会的任何承认,因此它们无法依据国际海洋法获得合法的沿海国身份❷,进而无法凭借在南极大陆的领土声索而自动获得在南纬60度以南海域的"领海"主权声索。因此,对"适用区域"条款作通常意义解释后,根据现有国际法原则,可知南纬60度以南海域不存在任何国家的"领海"主权或主权性权利。

---

❶ 韦氏第三版新国际英语大辞典 V2.1.9版[EB/OL]. [2025-02-27]. https://www.merriam-webster.com/dictionary/area.

❷ 虽然"沿海国"是国际海洋法中的关键概念,但是《联合国海洋法公约》中仅有内陆国的定义(无海岸的国家),内陆国并不等于沿海国,显然其仅构成"沿海国"的地理因素,并不具有法律因素。国际法学界主流观点是:沿海国必须拥有海岸,同时该国必须对临岸陆地拥有主权和实际控制。CHRISTOPHER C J. The Antarctic Treaty and the law of the sea:Fifty Years On[J]. Polar Record,2010,46(1):14-17.

其次，对"适用区域"条款作目的解释：《南极条约》的序言与前三条共同规定了其宗旨与原则：和平利用、非军事化、科研自由。在符合以上三个目标的基础上，对"适用区域"条款作出相关解释，那么根据《南极条约》的签署背景分析，南极大陆之上的领土主权争夺是威胁南极和平的最大因素，为了维护南极和平稳定，保证南极不受战争侵袭，各当事国和平协商签订《南极条约》以主权冻结原则中止了南极大陆之上的领土主权争夺。所以为了继续维持南极领土主权争议的中止状态，保持南极和平利用的国际治理形势，"适用区域"条款中所规定《南极条约》在空间上的适用范围是"南纬60度以南区域"中的"区域"至少不应当作缩小解释，所以南纬60度以南的陆地、水域以及冰架都应当适用《南极条约》的相关规定。因此，在《南极条约》生效的期限内，南纬60度以南的陆地之上已经排除了任何国家拥有领土主权的可能性，南纬60度以南海域也应当与南纬60度以南大陆保持一致，排除其水域中包括任何国家领海的可能性。

最后，对"适用区域"条款作体系解释：在《南极条约》内与"适用区域"条款最为相关的条款除第4条冻结原则条款外，还有第8条涉及《南极条约》当事国在南极管辖权的条款。该条款规定各当事国在南极只能按照属人管辖行使管辖权，即"观察员和科学人员以及随从人员，在南极为了行使他们的职责而逗留期间发生的一切行为或不行为，应只受他们所属当事国的管辖"，当事国其他管辖权的行使必须受到南极条约协商国的共同协商才可以获得。置言之，《南极条约》第8条排除了当事国在南极的属地管辖权。又因为属地管辖的权利正当性的直接来源是主权国家的领土主权，所以《南极条约》第8条排除了南纬60度以南区域存在国家领土主权的可能性。所以结合《南极条约》第8条对"适用区域"条款作体系解释可以得出：《南极条约》在空间上的适用范围是南纬60度以南的一切区域，包括陆地、水域及冰架，所以南纬60度以南的海域中同样不存在国家的领土主权。

综上所述，通过对"适用区域"条款作条约解释可以得出《南极条约》在空间上的适用范围为南纬60度以南的一切地域，包括此纬度范围内的陆地、水域及冰架，南纬60度以南海域中不存在任何国家的领海或领土主权。

2. 南纬 60 度以南海域上覆水域是公海吗？

继排除在南纬 60 度以南海域中存在领海主权的可能性后，围绕"适用区域"条款条约解释最直接、最具争议性的法律问题是：南纬六十度以南海域的上覆水域是不是国际海洋法中的公海。此问题主要针对"适用区域"条款的第二部分内容"本条约的规定不应损害或在任何方面影响任何一个国家在该地区内根据国际法所享有的对公海的权利或行使这些权利"。同样，按照上文所总结的通常意义解释、目的解释及体系解释来回答此问题。

首先，对"适用区域"条款作通常意义解释：第一，《南极条约》适用于南纬 60 度以南的所有地域，包括南纬 60 度以南的陆地、水域及冰架；第二，《南极条约》的当事国就南纬 60 度以南的水域中存在依国际海洋法而划定的公海区域达成一致，并且国际海洋法所规定的公海权利同样适用于南纬 60 度以南的水域之中。显然，根据此通常意义的条约解释，仅可以得出南纬 60 度以南海域中存在公海，以及国际海洋法在空间范围上同样可以适用于南纬 60 度以南的南极海域；但是"适用区域"条款中并未对"公海"加以界定与划定其具体的地理范围，并且对于海床和底土等法律地位也均无任何规定，因此无法得出南纬 60 度以南海域的上覆水域是否全部为公海，也无法得出其所适用的国际海洋法是 1958 年的《公海公约》，还是现行有效的《联合国海洋法公约》，进而公海权利的内容也无法得以明确。故而，需要再对"适用区域"条款的进行目的解释及体系解释，以期可以找出答案。

其次，根据《南极条约》序言和相关条款中对签署宗旨与原则的规定，结合《南极条约》的起草历史以及签署背景，对"适用区域"条款作目的解释：根据前文对"适用区域"条款出台的历史背景与制定过程的总结，可知南极主权声索国认为除已有主权声索或存在主权争议大陆外的南极大陆的附属海域方为公海，其他南纬 60 度以南海域中的部分均应为具有主权归属的区域；但是此主张得到《南极条约》当事国的反对，与之相对，以美国为代表的大多数当事国的观点是南纬 60 度以南海域应当全部属于公海，所有当事国均在此海域范围内享有航行自由、捕鱼自由等公海权利。为了协调以上冲突，"适用区域"条款在内容设定过程中特别作了的模糊性处理：既没有在"适用区域"条款中明确将南纬60度以南的海域排除在《南极条约》在空间上的适用范围之外，也没有在"适用区域"条款中明确列出南纬60度以南海域中的公海范围及其相关权利。"适用区域"条款编撰的主要目的是辅助《南极条约》第4条冻结原则的实施，次要目的是协调当事国们对南纬60度以南海域的主权及其法律地位争议从而促成《南极条约》的签署生效。因此，对"适用区域"条款作目的解释可以得出，自《南极条约》签署以来，南纬60度以南海域上覆水域法律地位的争议始终存在，其核心在于南极主权声索国要求对部分海域拥有主权与以美国为代表的其他当事国要求对南纬60度以南海域拥有完全自由航行与开发的权利之间的冲突，南纬60度以南海域上覆水域是不是"公海"只是既有冲突在概念或定义层面的表现，因此仅靠"适用区域"条款自身或其过去的谈判历史无法回答南纬60度以南海域上覆水域是否为公海这一问题，需要借助"适用区域"条款的法律实践，在南极条约体系的发展形成中去通过体系解释来回答此问题。

最后，对"适用区域"条款作体系解释：基于前文的分析，研究《南极条约》的国际法学者们，也主要从体系解释入手对"适用区域"条款作出分析，进而得出与南纬60度以南海域法律地位相关的理论性结论。其中，以复旦大学的陈力教授以及国际关系学院吴慧教授的观点为主流观点，即通过对南极条约体系中《南极海豹保护公约》《南极海洋生物资源养护公约》《关于环境保护的南极条约议定书》和其附件在空间上适用范围等相关规定的总结与比较，可知构成南极条约体系的各条约均对《南极条约》的主权冻结原则加以承认与强调，并且其在空间上的适用范围均包括南纬60度以南的南极海域尤其是其上覆水域。同时，《南极条约》各当事国在其国内的南极立法中也将南纬60度以南海域视为《南极条约》在空间上适用所包括的区域。❶ 因此，可以得出在南极条约体系的发展及法律实践中南纬60度以南海域的上覆水域进一步明确排除了任何国家在此范围内用于领土主权的可能性，其作为"公海"的法律地位依旧是《南极条约》当事国较

---

❶ 吴慧,张欣波.论"南极条约地区"的地域范围[J].国际法研究,2021(4):3-19.

为主流的观点。❶ 但是《南极条约》当事国尤其是南极条约体系项下的南极条约协商国，也越来越认可与遵守其在南纬60度以南海域的上覆水域不仅享有《联合国海洋法公约》所规定的航行自由等公海权利，同时也应当遵守南极条约体系中尤其是《南极海豹保护公约》《南极海洋生物资源养护公约》所规定的对该水域进行划区管理的相关规则。简言之，结合"适用区域"条款的通常意义解释、目的解释及体系解释，可以得出南纬60度以南海域上覆水域的法律地位可以依国际海洋法与以《南极条约》为核心的南极条约体系认定为"公海"，那么《南极条约》当事国在此范围内所拥有的"公海权利"，则同样既受到《联合国海洋法公约》公海制度的规定也受到南极条约体系中与此范围内水域相关规则的限制。如何确定相关权利的范围与种类，则主要由下一小节条约适用争议的解决之中加以分析和讨论。

3. 南纬60度以南海域海床、洋底和底土是国际海底区域吗？

有关南纬60度以南海域的海床、洋底和底土是不是国际海底区域，是否适用"人类共同继承财产"原则的争论，在1988年《矿产公约》出台时最为激烈。虽然《矿产公约》并未生效且迅速被《关于环境保护的南极条约议定书》取代，但是关于南纬60度以南海域底土法律地位的问题始终存在，并且对南极矿产资源开发制度的发展影响巨大。所以，通过对"适用区域"条款进行条约解释，尝试找出解答此问题的有关理论与实践依据。

首先，对"适用区域"条款进行通常意义解释：既然《南极条约》在空间上的适用范围是南纬60度以南的所有区域，包括陆地、水域及冰架，那么水域之下的海床和底土按照通常理解也应当包含在区域范围内。然而，在《南极条约》签订之时，国际海洋法的成文条约中仅有《公海公约》《大陆架公约》，习惯法中也没有国际海底区域的概念与规定，国际海底区域属于1982年《联合国海洋法公约》出台后当代国际海洋法新产生的制度。因此无法根据"适用区域"条款认定南纬60度以南海域的海床和底土的法律地位是国际海底区域。

其次，对"适用区域"条款进行目的解释：当事国签署《南极条约》

---

❶ 陈力,等.中国南极权益维护的法律保障[M].上海:上海人民出版社,2018:88.

的首要目的是非军事化地和平利用南极的资源，并且为了达到利用南极资源的目的在《南极条约》的条款中始终将科学考察作为《南极条约》重点关注支持与规制的南极活动。经过科学考察可知南纬60度以南海域的海床和底土中蕴含着丰富的矿产与石油资源。因此，《南极条约》当事国中势必有非南极主权声索国希望将南纬60度以南海域的海床和底土置于《南极条约》的规制之下，从而为其进一步开发利用南极资源提供有力的法律依据；同时也势必有南极主权声索国反对将南纬60度以南海域的海床和底土置于《南极条约》的规制范围之下，从而以主权为依据保护其开发利用南极资源的排他性权利。此冲突最大的表现为规范南极矿产资源开发的《矿产公约》因无法得到以澳大利亚、法国为首的南极主权声索国的签署和认可而无法生效，最终被禁止南极条约区域内一切矿产活动的《关于环境保护的南极条约议定书》取代。在《矿产公约》在空间上适用范围的条款拟定与谈判过程中，各谈判方无法就南极海底的概念等具体制度性问题达成一致，只能将矛盾扩大并外化为南极环境保护与资源开发之间的争论。❶ 由此，南纬60度以南海域海床和底土的法律地位无法在《南极条约》当事国中达成一致，尤其是如对其认定为国际海底区域，那么就是将其置于《联合国海洋法公约》的规制之下，从"适用区域"条款的目的解释推理可得此认定必将得到《南极条约》当事国的普遍反对，不论是南极主权声索国，抑或是非南极主权声索国。

最后，对"适用区域"条款做体系解释：根据上文对南纬60度以南海域上覆水域法律地位的分析可知，随着南极条约体系的不断发展，"适用区域"条款中所保障的各国的公海权利不断受到限制。《南极海洋生物资源养护公约》限制了各当事国在此区域内捕鱼的自由权利；《关于环境保护的南极条约议定书》以南极环境保护为宗旨和导向，全面禁止了"南极条约区域"范围内除科学考察外任何与矿产资源有关的活动。以上规定对"适用区域"条款中规定的南纬60度以南的海域的法律地位均产生了较大的影响。就南纬60度

---

❶ 何柳.南极海域矿产资源的法律冲突及发展趋势[J].亚太安全与海洋研究,2020(6):53-66,3.

以南海域的海底而言，《关于环境保护的南极条约议定书》第 7 条禁止矿产活动直接排除了当事国依据《联合国海洋法公约》将南纬 60 度以南海域的海床、洋底和底土认定为国际海底区域，并适用"人类共同继承财产"原则予以开发利用的可能性；❶ 也间接地禁止了周边主权国家依据"双焦点主义"可能享有的大陆架权利，❷ 此问题在下一小节作详细分析。综上所述，通过对"适用区域"条款进行条约解释，可知南纬 60 度以南海域海床、洋底和底土的法律地位被《南极条约》当事国及南极条约协商国认定为国际海底区域的可能性基本被排除。当前南纬 60 度以南海域的海床和底土主要置于南极条约体系《关于环境保护的南极条约议定书》中的相关规则规制之下，最大的挑战是澳大利亚等四国依据《联合国海洋法公约》大陆架制度所作出的外大陆架申请延伸至南纬 60 度以南的海域，下文作详细分析。

（三）南纬 60 度至南极辐合带海域的法律地位争议与"适用区域"条款解释

南纬 60 度至南极辐合带海域的法律地位争议并不直接受到《南极条约》"适用区域"条款模糊性的影响，其主要产生于以《南极条约》为基础的南极条约体系中《南极海洋生物资源养护公约》与《联合国海洋法公约》的条约冲突。所以，对《南极条约》的"适用区域"条款进行解释也将对此区域法律地位争议产生影响，具体分析如下。

1. 南纬 60 度至南极辐合带海域存在主权性权利吗？

"适用区域"条款明确规定《南极条约》在空间上的适用范围是南纬 60 度以南的区域，但是在《南极条约》发展成为南极条约体系的过程中所出现的《南极海洋生物资源养护公约》第 1 条规定该公约在空间上的适用范围既包括南纬 60 度以南的区域也包括南纬 60 度至南极辐合带之间的海域范

---

❶ TULLIO S. The Antarctic Treaty System and the New Law of the Sea: Selected Questions[J]. Francuoni and Tullio Scovazzi, International Law of Antarctic, Kluwer Law International, 1996: 391-392.

❷ DAVOR V. The Antarctic Treaty System and the Law of the Sea: a new dimension introduced by Protocol[J]. Olav Schram Stokke & Davor Vidas, Governing the Antarctic, Cambridge University Press, 1996: 81.

围，因为从保护南极海洋生物资源的目标出发，此范围也是构成南极海洋生态系统的一部分。❶ 然而，在南极海洋生物资源养护委员会依据《南极海洋生物资源养护公约》在其适用区域内通过决议的方式设立管理规则的过程中受到了来自南极海域周边岛屿主权国家的反对，它们认为依据《联合国海洋法公约》所规定的专属经济区及大陆架制度，它们岛屿附属的专属经济区与大陆架已经进入南纬60度至南极辐合带之间的海域，南极海洋生物资源养护委员会所设立的禁渔及打击 IUU 登临检查等相关海域范围内的治理规则在一定程度上对它们在此海域范围内拥有的主权性权利造成了限制。那么依照《南极条约》《联合国海洋法公约》的规则，南纬60度至南极辐合带之间的海域之上存在主权性权利吗？还是回到对"适用区域"条款的解释中找出答案。

首先，从通常意义层面对"适用区域"条款进行解释，可知《南极条约》适用的范围仅为南纬60度以南的区域，不包括南纬60度以北的区域，因此南纬60度至南极辐合带之间的海域并不适用《南极条约》的主权冻结原则，在此空间范围内按照当前生效的《联合国海洋法公约》所设立的海域划分制度存在主权国家拥有主权性权利的可能性。

其次，从目的解释的层面对"适用区域"条款进行解释，可知《南极条约》当事国们在缔结条约时最想冻结主权的区域是南极大陆，之所以最终划定为南纬60度以南区域，是因为南极大陆自南极点向北最远延伸至约为南纬60度。因此，《南极条约》当事国在缔约谈判时并未涉及南纬60度以北区域主权的归属的问题，所以南纬60度至南极辐合带之间的海域并不适用主权冻结原则，存在主权国家在此范围内依据拥有主权的亚南极海域岛屿而获得领海主权或专属经济区等主权性权利的可能性。❷

最后，从体系解释的层面对"适用区域"条款进行解释，以《南极条

---

❶《南极海洋生物资源养护公约》第 1 条 [EB/OL]. [2025-02-27]. http://www.gov.cn/gongbao/content/2006/content_443275.htm.

❷ VIGNI P. Antarctic Maritime Claims: "Frozen Sovereignty" and the Law of the Sea [J]. Alex G. Oude Elferink and Donald R. Rothwell, The law of the sea and Polar Maritime Delimitation and Jurisdiction, Martinus Nijhoff Publishers, 2001: 97-99.

约》为核心的南极条约体系，在遵守《南极条约》和平利用、非军事化、科研自由原则的基础上，逐渐形成了南极治理的第四大原则——环境保护原则，这是南极条约体系对《南极条约》的完善与发展，得到南极条约协商国的同意和实践。但是，南极主权冻结原则始终是南极条约体系的基石，是以南极条约体系为核心的南极区域治理的基本原则。因此，虽然在南极条约体系的条约构成《南极海洋生物资源养护公约》中出现了其在空间上的适用范围扩展至南极辐合带，但是适用主权冻结原则的南极条约区域在空间上的范围始终应当与《南极条约》"适用区域"条款所规定的南纬60度以南区域保持一致，不应当扩展至南纬60度以北。因此，南纬60度至南极辐合带区域不应适用主权冻结原则，应当存在主权国家在此范围内拥有主权或主权性权利的可能性。

综上所述，根据对"适用区域"条款进行条约解释，可知《南极条约》主权冻结原则仅适用于南纬60度以南区域，南纬60度至南极辐合带之间海域应当可以存在沿海国的领海或专属经济区、大陆架等主权性权利。又因为依照现行有效的国际海洋法核心规则《联合国海洋法公约》的相关规定，按照实际地理情况，该亚南极海域内不存在近海的主权国家，即不存在主权国家的领海，所以南纬60度至南极辐合带之间海域的法律地位只涉及专属经济区与大陆架等主权性权利的讨论，将在接下来的小节中详述。

2. 南纬60度至南极辐合带海域上覆水域有主权国家的专属经济区吗？

根据上文对"适用区域"条款的通常意义、目的和体系解释，《南极条约》承认南纬60度以南海域中存在国际海洋法"公海"的法律地位，由此可知，《南极条约》并没有排除《联合国海洋法公约》在南纬60度以南海域的适用；又因为南极条约体系中的各公约均未排除《联合国海洋法公约》在南极条约区域的适用，所以在南纬60度至南极辐合带海域中，既可以适用由《南极条约》发展而成的南极条约体系中的《南极海洋生物资源养护公约》，也可以适用《联合国海洋法公约》。因此，南纬60度至南极辐合带海域的上覆水域有无主权国家的专属经济区，在条约适用问题上不存在争议，属于事实问题。

根据《联合国海洋法公约》第 55 条与第 57 条对专属经济区法律地位及宽度的规定❶，自 1978 年起法国、挪威、南非、澳大利亚、阿根廷、英国依次根据其在亚南极海域的主权岛屿，作为岛屿主权国宣告其由岛屿向南延伸 200 海里的专属经济区（部分国家先作出 200 海里渔业区专属权利的声明，后按照《联合国海洋法公约》再声明为专属经济区），以上专属经济区均位于南纬 60 度至南极辐合带之间。❷ 并且，以上专属经济区声明，除阿根廷与英国涉及岛屿主权归属的争议外，基本主权归属明确，因此在以上专属经济区范围内拥有《联合国海洋法公约》所规定的主权权利的声明在理论与实践中均未得到他国的质疑或反对。❸ 南纬 60 度至南极辐合带之间海域的上覆水域存在主权国家的专属经济区，并不是此空间范围内的争议性法律问题。存在争议的法律问题是：以上国家在此范围内的专属经济区所具有的主权权利的种类与范围如何被限定？以及除以上专属经济区外的上覆水域同时受到《联合国海洋法公约》与《南极海洋生物资源养护公约》的规制，该水域的法律地位当属公海，同样《南极海洋生物资源养护公约》的规则是否会对《联合国海洋法公约》当事国在此水域内享有的公海权利造成限制，该限制是否具有合法性与正当性？

---

❶ 《联合国海洋法公约》第 55 条："专属经济区是领海以外并邻接领海的一个区域，受本部分规定的特定法律制度的限制，在这个制度下，沿海国的权利和管辖权以及其他国家的权利和自由均受本公约有关规定的支配。"第 57 条："专属经济区从测算领海宽度的基线量起，不应超过二百海里。"UN.《联合国海洋法公约》[EB/OL].[2022-10-27].https://www.un.org/zh/documents/treaty/UNCLOS-1982#5.

❷ 法国于 1978 年宣告凯尔盖朗与克洛泽群岛为其专属经济区，且获得南极海洋生物资源养护委员会主席声明的承认和支持。French EEZ Legislation, Journal Official (Feb. 11,1978), Decree no. 78-144. 而后，挪威于 1976 年声明了对布维岛的专属经济区、南非于 1979 年声明了对爱德华王子岛的专属经济区、澳大利亚同年声明了对所属赫德岛和麦克唐纳岛的 200 海里渔业区的专属权利，并于 1994 年声明了专属经济区、阿根廷和英国对其主权争议岛屿南佐治亚和南桑德维奇群岛所属的专属经济区分别做出了声明。VIGNI P. Antarctic Maritime Claims:"Frozen Sovereignty"and the Law of the Sea[J]. Alex G. Oude Elferink and Donald R. Rothwell, The law of the sea and Polar Maritime Delimitation and Jurisdiction, Martinus Nijhoff Publishers,2001:90.

❸ 陈力,等.中国南极权益维护的法律保障[M].上海:上海人民出版社,2018:80.

主权权利出自1958年的《大陆架公约》，而后《联合国海洋法公约》在专属经济区与大陆架制度中对其加以使用。之所以用"主权权利"主要是为了区别于"主权"，沿海国在专属经济区和大陆架并不享有与领海相同的权利，其权利种类和范围是受到限制的。❶ 最突出的一点是，主权具有排他性，但是主权权利并不具有排他性。《联合国海洋法公约》规定在专属经济区其他国家均享有自由航行等权利，专属经济区的所属国应当尊重并确保他国行使相关权利。因此，存在《南极条约》第4条冻结了南纬60度以南区域的主权，但是是否冻结了该范围内的主权权利的质疑，但是又因为《南极条约》第4条与第6条"适用区域"条款的模糊性措辞使得南极主权声索国并找不到可以支持其继续在南纬60度以南海域声索主权或主权权利的直接依据，因此争议与质疑只能始终是争议与质疑，南纬60以南区域主权的悬而无解和无所进展，就是《南极条约》最大的目的。至于南纬60度至南极辐合带之间海域的主权权利问题自然不在《南极条约》的规制范围内，因而此空间范围内上覆水域的法律地位较为明确，适用《联合国海洋法公约》的海域划分制度即可。此范围内最大的争议问题是，不同当事国依据《联合国海洋法公约》所规定的专属经济区开发制度与《南极海洋生物资源养护公约》所规定的禁渔等环境保护规则之间的权利义务冲突，将集中体现于下文与南极海域生物资源尤其是渔业资源开发制度相关的争议问题之中。因《南极海洋生物资源养护公约》属于南极条约体系项下的公约，故以上争议问题的产生与解决，也与南极条约体系的核心公约《南极条约》及其"适用区域"条款存在密切关联。

3. 南纬60度至南极辐合带海域海床和底土有主权国家的大陆架吗？

依据"适用区域"条款的条约解释可知，《南极条约》在空间上的适用范围为南纬60度以南区域，因《南极条约》所规定的主权冻结原则，在此范围内的陆地、水域、冰架乃至海床底土的主权均被冻结，法律地位不确定。但是，与南纬60度至南极辐合带上覆水域相对的底部洋底、海床和底土中存在周边亚南极海域岛屿主权国家，依据《联合国海洋法公约》大陆

---

❶ 尹年长.论专属经济区的国家主权权利[J].湛江海洋大学学报,2006(2):6-11.

架制度所获得的大陆架主权权利；除此之外，剩余海床和底土的法律地位应依据《联合国海洋法公约》第11部分规定属于国际海底区域，适用人类共同继承财产原则，以上均为无他国异议和反对的法律事实。那么，由此区域关联而出现的南极海域法律地位争议问题是，依据《联合国海洋法公约》第76条的规定❶，沿海国的大陆架从测算领海宽度的基线量起到大陆边的外缘可最大扩展到200海里的距离，由此导致南极周边主权国家，在南纬60度至南极辐合带之间区域的大陆架向南扩展至南纬60度以南的海域之中，依据《南极条约》主权冻结原则以及"适用区域"条款，《南极条约》当事国对进入南纬60度以南区域的大陆架主权权利并不支持或承认，但是《联合国海洋法公约》当事国依据大陆架制度所获得的大陆架主权权利也具有合法性，由此导致南纬60度以南区域是否存在大陆架主权权利的法律争议。❷

在法律实践层面，截至2013年已经向大陆架划界委员会提出延伸入南纬60度以南海域的大陆架划界申请的国家有澳大利亚、阿根廷、挪威、英国四国；智利、新西兰、法国声明保留对涉及南纬60度以南区域海域大陆架划界主张的权利。❸ 提出申请的四个国家，既是《南极条约》的当事国，也是《联合国海洋法公约》的当事国，更是《关于环境保护的南极条约议定书》的当事国，以上三个条约均在有效期内。这导致它们四个国家依据《联合国海洋法公约》应当可以在南纬60度以南海域的海床和底土进行矿

---

❶ 《联合国海洋法公约》第76条："1.沿海国的大陆架包括其领海以外依其陆地领土的全部自然延伸，扩展到大陆边外缘的海底区域的海床和底土，如果从测算领海宽度的基线量起到大陆边的外缘的距离不到200海里，则扩展到200海里的距离。2.沿海国的大陆架不应扩展到第4款至第6款所规定的界线以外。3.大陆边包括沿海国块没入水中的延伸部分，由陆架、陆坡和陆基的海床和底土构成，它不包括深洋洋底及其洋脊，也不包括其底土。"UN.《联合国海洋法公约》[J].[EB/OL].[2022-10-28].https://www.un.org/zh/documents/treaty/UNCLOS-1982#6.

❷ 朱瑛,薛桂芳,李金蓉.南极地区大陆架划界引发的法律制度碰撞[J].极地研究,2011,23(4):318-327.

❸ 朱瑛,薛桂芳.大陆架划界对南极条约体系的挑战[J].中国海洋大学学报(社会科学版),2012(1):9-15.

产资源的勘探和开采，但是依据《南极条约》和《关于环境保护的南极条约议定书》南纬 60 度以南海域的海床和底土禁止除科学研究外的一切矿产活动。当前，大陆架划界委员会基本同意澳大利亚涉南极条约区域的大陆架申请，其他三国因为划界所依据的主权岛屿存在一定的主权争议，因此大陆架划界委员会暂未作出明确的审议意见。虽然大陆架划界委员会针对澳大利亚申请案中增加了"不妨害与其他条约有关的事项"的建议，且作为一个由地质学家、地球物理学家和水文学家等组成的科学团队，大陆架划界委员会仅仅给予各国大陆架划界的科学和技术指导，但是其审议建议作为国际软法的效力不断加强。因此，在一定程度上加剧了《联合国海洋法公约》与南极条约体系中，各条约在南极海域中的适用冲突，并且此与大陆架法律地位相关的法律争议并不是争议的核心问题，与大陆架主权权利等涉及南极海域资源开发制度的法律争议才是核心争议问题，在下一章作详细分析。

第三节　南极海域法律地位相关条约适用争议的协调和应对

在第二章前两节，本书以南极海域法律地位争议为基础，完成了"适用区域"条款出现与意义的归纳总结，通过对《南极条约》中此条款制定的历史背景与谈判过程以及其所起作用和解释应用演进的考察，以小见大地反映了南极领土主权争议的缘起和发展现状，国家主权对以《南极条约》为核心的南极条约体系形成的影响，以及南极条约体系与以联合国为核心的国际法之间的联系与冲突。结合前文将南极条约协商国需应对的南极条约体系法律挑战分为内部与外部两大类：内部挑战是南极条约体系在南极治理中的规则空白或缺失；外部挑战是以联合国为核心的全球性国际法与区域性法律制度南极条约体系在南极治理中的法律冲突。又因为南极主权问题（南极法律地位的不确定）是导致以上挑战出现的根本原因，"适用区域"条款的既生模糊性（作为导致南极海域条约适用争议的直接原因）是导致南极条约体系法律挑战加剧的重要因素，所以在通过解释《南极条约》"适用区域"条款以南纬60度和水域底土为界对南极海域法律地位争议进行纵横分解后，行文至本节将正式聚焦与南极海域法律地位争议相关的条约适用争议问题的分析与解决。

一、与南极海域法律地位相关的条约适用争议的分析

问题的分解可以分为纵向分解法、横向分解法与时间分解法。结合南极海域条约适用争议此问题产生的原因及其性质与特征，可知应适用横向分解法进行对问题的认识与梳理，即把问题分为几个并列的组成部分，逐个分析解决。原因是：根据前文的分析，南极领土主权争议虽为导致条约适用争议问题出现的根本原因，但却因与南极条约体系的相互限制而超出协商国解决问题的能力范围；同时，南极条约体系与《联合国海洋法公约》在南极海域的法律竞合显然是南极海域条约适用争议问题出现的直接原因和主要原因。因而，从南极条约协商国应对南极条约体系法律挑战，解决南极海域条约适用争议的目标出发，按照《南极条约》"适用区域"条款的内容及《维也纳条约法公约》所规定的条约适用的具体规则，将与南极海域法律地位相关的条约适用争议以发生的空间范围为界，分解为南纬60度以南海域中存在的条约适用争议和南纬60度至南极辐合带海域中存在的条约适用争议，进而对其进行研究则既具有解决问题的价值也未超出协商国的能力范围，值得进一步分析讨论。

根据上一节对南极海域法律地位争议问题的分解可知，依据《南极条约》"适用区域"条款及主权冻结原则等规定，南纬60度以南海域的上覆水域和海床和底土之上均存在法律地位争议，南纬60度至南极辐合带海域的上覆海域和海床和底土的法律地位基本不存在争议问题，因此与南极海域法律地位争议相关的条约适用争议则主要聚焦于南纬60度以南海域，依据《维也纳条约法公约》条约适用规则可分解如下（表2-6）。

表 2-6 与南极海域法律地位相关的条约适用争议分解

分层	南纬 60 度以南海域法律地位争议		南纬 60 度至南极辐合带海域法律地位争议	
		相关条约适用争议		相关条约适用争议
上覆水域	是否存在主权国家的领海主权和专属经济区等主权权利？是否为公海？	条约在时间上的适用范围争议	此区域不在《南极条约》在空间上的适用范围之内，故适用《联合国海洋法公约》，存在主权国家依据亚南极海域主权岛屿划得的专属经济区等主权性权利，各国在此区域还享有公海自由权利，以上法律地位的认定均无异议，故此区域暂无纯粹的法律地位争议问题，此区域内主要涉及资源开发制度争议	条约在时间上的适用范围争议	—
		应当适用《南极条约》签署时已出台的 1958 年《公海公约》还是现行有效的《联合国海洋法公约》？		—
		条约在空间上的适用范围争议		条约在空间上的适用范围争议
		该区域包含在《南极条约》还是《联合国海洋法公约》在空间上的适用范围内？		—
		不同条约适用的条约冲突问题		不同条约适用的条约冲突问题
		该区域应当优先适用《南极条约》还是《联合国海洋法公约》？		—

续表

分层	南纬60度以南海域法律地位争议		南纬60度至南极辐合带海域法律地位争议	
洋底、海床和底土（是否存在主权国家的大陆架主权权利？是否为国际海底区域？）	条约在时间上的适用范围争议	应当适用《南极条约》签署时已出台的1958年《大陆架公约》还是现行有效的《联合国海洋法公约》？	此区域不在《南极条约》在空间上的适用范围之内，适用《联合国海洋法公约》。存在主权国家依据亚南极海域主权岛屿划得的大陆架等主权性权利，各国在此区域还划定了国际海底区域，以上法律地位的认定均无异议，故此区域暂无纯粹的法律地位争议问题	条约在时间上的适用范围争议	—
	条约在空间上的适用范围争议	该区域包含在《南极条约》还是《联合国海洋法公约》在空间上的适用范围内？		条约在空间上的适用范围争议	—
	不同条约适用的条约冲突问题	该区域应当优先适用《南极条约》还是《联合国海洋法公约》？		不同条约适用的条约冲突问题	—

（一）南纬60度以南海域的条约适用争议——条约在时间上的适用范围之争

南纬60度以南海域法律地位争议问题主要包括：南纬60度以南海域的上覆水域中"是否存在主权国家的领海主权与专属经济区等主权性权利""是否全部为公海""是否全部适用《南极条约》主权冻结原则法律地位并不确定"；南纬60度以南海域的海床和底土中"是否存在主权国家大陆架

以及外大陆架延伸所至的大陆架等主权性权利""是否全部为国际海底区域""是否全部适用《南极条约》主权冻结原则法律地位并不确定"。以上法律地位争议，所涉及的条约适用争议问题中均包括条约在时间范围上的适用之争，即在第一章理论问题中所提到的"时际法"问题。

具体而言，"适用区域"条款第二部分规定，《南极条约》当事国依据国际法在南纬60度以南区域中享有的公海权利均得到承认和保护。根据1945年《国际法院规约》第38条，国际法的渊源主要分为国际条约和国际习惯。1959年《南极条约》签署时与公海有关的国际条约法应当是1958年出台的《公海公约》，而后1961年《南极条约》生效，《公海公约》则于1962年正式生效，1982年《联合国海洋法公约》正式出台其第311条"同其他公约和国际协定的关系"第1款明确规定"在《联合国海洋法公约》当事国之中，相较于1958年《公海公约》《大陆架公约》，《联合国海洋法公约》应优先适用"。❶ 在国际习惯法中公海自由原则一般认为以航行自由和捕鱼自由为传统内容，而后发展到飞越自由等权利，公海的空间范围也在不断变化，总之公海自由原则在国际习惯法中同样不断变化。❷

时际法的基本原则是"法不溯及既往"原则，而后该原则在1969年出台的《维也纳条约法公约》中被固定为第二节"条约之适用"部分的第1条内容，即第28条"条约不溯及既往"。当前，《南极条约》的当事国均为《维也纳条约法公约》的当事国，且均未对第28条作出保留，那么就《南极条约》的当事国而言，"适用区域"条款中所规定的依国际法承认且保护南纬60度以南区域的公海，所依国际法应当是1958年《公海公约》，还是1982年《联合国海洋法公约》中的公海制度？如果依照1958年《公海公约》，那么南纬60度以南海域上覆水域存在公海的结论不会改变，但是《联合国海洋法公约》中新设的专属经济区等制度，将影响南纬60度以南海域上覆水域是否存在专属经济区等主权性权利，以及1958年《大陆架公约》仅规定可扩展至200海里的外大陆架，而《联合国海洋法公约》的大

---

❶ 《联合国海洋法公约》第311条。UN.《联合国海洋法公约》[EB/OL].[2022-10-31]. https://www.un.org/zh/documents/treaty/UNCLOS-1982#16.

❷ 张磊.论公海自由与公海保护区的关系[J].政治与法律,2017(10):91-99.

陆架制度中范围扩至350海里，由此导致如果适用《联合国海洋法公约》，则南纬60度以南海域的海床和底土中可以存在主权国家的大陆架。以上关于条约在时间范围上的适用争议，直接对南纬60度以南海域的法律地位确定产生决定性影响，因此《南极条约》的当事国根据其对南极不同的主权声索与利益诉求对是否遵守《维也纳条约法公约》所规定的条约不溯及既往规则，适用何时出台的相关国际海洋法各执一词。

（二）南纬60度以南海域的条约适用争议——条约在空间上的适用范围之争

相较于南纬60度以南海域法律地位相关的条约适用争议中，与不同条约在时间范围上的适用争议，不同条约在空间范围上的适用之争则更加聚焦也更加激烈，即根据"适用区域"条款，《南极条约》在空间上的适用范围是南纬60度以南区域，但是同时此区域的公海权利被承认和保护，那么是否可以合理推出《南极条约》在空间上的适用范围不包括南纬60度以南的海域，而仅包括陆地与冰架？以及在《联合国海洋法公约》并无明确规定该公约在空间上适用范围的条款，《联合国海洋法公约》对海域的规制主要以沿海国的领海基线为界向海延伸，又因为南极大陆适用《南极条约》主权冻结原则，所以按照《联合国海洋法公约》以陆定海的适用规则，《联合国海洋法公约》并不应当适用于南极海域。

但是，《联合国海洋法公约》及《南极条约》中也并未明确排除南极海域在其空间上的适用范围之内。直到1986年联合国秘书长报告明确指出：《联合国海洋法公约》是适用于所有海域的全球性公约，因此南极海域应当在《联合国海洋法公约》的适用范围之中。❶ 所以，在国际法实践中南纬60度以南的南极海域，既属于《南极条约》的适用范围，也属于《联合国海洋法公约》的适用范围。区域性的《南极条约》与全球性的《联合国海洋法公约》并行对南纬60度以南海域加以规制。

然而，在国际法理论中，南纬60度以南海域属于国家管辖范围外海域，

---

❶ UN. UN doc. A/41/722 of 17 November 1986 [EB/OL]. [2022-11-01]. https://documents-dds-ny.un.org/doc/UNDOC/GEN/N86/261/45/PDF/N8626145.pdf.

《维也纳条约法公约》中并无对条约在此类空间范围内适用的规则可以借鉴,所以就《南极条约》与《联合国海洋法公约》在空间上的适用范围是否包括南纬60度以南海域始终存在争议,并且虽然因"适用区域"条款第二部分明确规定了南纬60度以南海域存在公海,不会对此范围海域的上覆水域法律地位造成直接影响,但是对于此范围内海域的海床和底土是否适用《联合国海洋法公约》认定为国际海底区域,抑或是适用《南极条约》适用主权冻结原则始终存在影响,为保证以《南极条约》为核心的南极条约体系在南极治理中的稳定发展,也需要对此类条约适用之争加以应对和解决。

(三) 南纬60度以南海域的条约适用争议——条约冲突中不同条约适用之争

南纬60度以南海域法律地位争议集中表现在条约冲突层面,即为南纬60度以南海域适用《南极条约》的主权冻结原则,还是《联合国海洋法公约》中的公海与国际海底区域等海域划分制度。根据《维也纳条约法公约》中对条约冲突的解决原则:一方面,《南极条约》签订在前,《联合国海洋法公约》签署在后,因此根据"后约优于先约"的条约冲突解决规则,南纬60度以南海域应当适用《联合国海洋法公约》,然而《南极条约》"适用区域"条款的第一部分中,明确规定了《南极条约》在空间上的适用范围为"南纬60度以南所有区域"并未明确将海域排除,同时第二部分又明确了对此区域内公海法律地位与公海权利的承认与保护,由此导致该条约冲突适用原则无法彻底解决上述冲突问题;另一方面,《南极条约》属于南极区域性治理条约属于特别法,《联合国海洋法公约》属于全球性治理条约属于一般法,因此依据"特别法优于一般法"的条约冲突解决规则,南纬60度以南海域应当首先适用《南极条约》,《联合国海洋法公约》中如有与《南极条约》规则相冲突的条款也应当先以适用《南极条约》中的规则为主,然而由于国际法的碎片化与不成体系性,导致国际法中很难确定特别法与一般法的标准。❶由此导致此条约冲突适用规则在国际法实践中很难操作。

---

❶ 廖诗评.论后法优先原则与特别法优先原则在解决条约冲突中的关系[J].河南大学学报(社会科学版),2011,51(2):7-14.

当然,《维也纳条约法公约》还规定了如果相冲突的条约中有关于条约冲突解决规则的条款,应当适用此条款。但是《南极条约》与《联合国海洋法公约》中并无相关条款,因此留给有关南纬60度以南海域《联合国海洋法公约》与《南极条约》在法律地位确认方面的条约冲突的解决路径,只有借助南极特殊的地缘政治进而通过巧妙的法律技术与实践安排来避免此冲突。所以,《南极条约》"适用区域"条款的第一部分与第二部分相结合,为解决此条约冲突问题提供了答案,即针对南纬60度以南海域法律地位这一事项,两个条约中均不作明确规定,不订明即可有达到兼容的可能性。❶ 由此,南纬60度以南海域的上覆水域可以同时适用《南极条约》的主权冻结原则,同时承认《联合国海洋法公约》中的公海地位与公海权利,以此产生的规则冲突事件再通过协商等方式分别加以解决。但是,随着南极海域在国际关系中的安全性与战略性不断提高,此解决方法越来越受到质疑和挑战,并进一步影响了《南极条约》主权冻结原则的稳定性。因此,针对南纬60度以南海域《联合国海洋法公约》与《南极条约》在法律地位方面的条约冲突,需要从条约冲突的理论与技术层面进一步分析与解决。

二、与南极海域法律地位相关的条约适用争议的解决

(一) 条约在时间上的适用范围争议问题

《南极条约》当事国在应对和解决与南极海域法律地位相关的条约适用争议中所包含的条约在时间范围上的适用争议系列问题时,应当重点关注的法律问题是:"适用区域"条款第二部分所述"当事国依据国际法在南纬60度以南海域所享有的公海权利受承认与保护"中所依据的"国际法"究竟为1958年《公海公约》还是1982年《联合国海洋法公约》?

首先,在理论上,《维也纳条约法公约》第28条将最早产生于国内法,而后在国际法的时际法中也由来已久的"法不溯及既往"原则成文化,通过条约的方式固定了下来。就《维也纳条约法公约》自身而言,其本身也遵循该原则,只对当事国在《维也纳条约法公约》生效后再缔结的国际条

---

❶ 陈力,等.中国南极权益维护的法律保障[M].上海:上海人民出版社,2018:91.

约有约束力，否则不具有约束力。❶ 当然，如果《维也纳条约法公约》中的规定构成国际习惯法，如"条约不溯及既往"原则，那么对《维也纳条约法公约》的当事国在此公约生效前所缔结的国际条约也应当具有约束力，因为本质上是国际习惯法在对这些条约生效前所缔结的条约产生约束力，而非《维也纳条约法公约》违反了其第4条不溯及既往的规定。所以，无论依据《维也纳条约法公约》抑或国际习惯法中时际法的相关规定，"条约不溯及既往"原则应当对《南极条约》的当事国均具有一定的约束力。那么《公海公约》于1962年生效，《联合国海洋法公约》于1994年生效，而《南极条约》自1961年起对英国、美国、澳大利亚、法国等12个原始当事国正式生效，并且它们均为南极治理中的核心参与国。根据《维也纳条约法公约》中"条约不溯及既往"原则的基本含义，以上当事国在《南极条约》"适用区域"条款中所依据的国际法，既不是《公海公约》也不是《联合国海洋法公约》，因为《南极条约》对以上12个国家的生效时间均早于这两个国际海洋法公约的生效时间，故而《南极条约》"适用区域"条款中对公海法律地位和权利的认定所依据的国际法，只能是国际习惯法中的公海自由原则。但是，国际习惯法中的公海自由原则规定除领海之外均为公海，各国在公海享有捕鱼自由、航行自由等一切权利。南纬60度以南所有主权被冻结，不存在沿海国，因此不存在领海，南纬60度以南海域均为公海。毫无疑问，此结论的推出与《南极条约》当事国对南纬60度以南海域的主权及主权权利的要求相冲突，并且存在"条约不溯及既往"原则的例外情况。在国际判例"巴勒斯坦特许权案"中国际法院就支持了《洛桑条约》第十二号议定书的追溯效力。❷ 国际法院认为第十二号议定书的一个基本特性就是其效力扩及先前的一个时间产生且一直存续的法律情势。所以，以此推论，《联合国海洋法公约》中的公海制度是《公海公约》及国际习惯法中公海自由原则的情势存续与发展所得，其应当同时是其当事国及

---

❶ 《维也纳条约法公约》第4条规定："本公约不溯既往，以不妨碍本公约所载任何规则之依国际法而毋须基于本公约原应适用于条约者之适用为限，本公约仅对各国于本公约对各该国生效后所缔约之条约适用之。"

❷ Mavrommatis Palestine Concessions Case. PCIJ, Series A, No. 2. 34.

《南极条约》当事国的主权国家具有追溯力。根据以上条约的实际当事国，《南极条约》"适用区域"条款中所依据的国际法应当推定为《联合国海洋法公约》。

其次，在实践上，《南极条约》各当事国就"适用区域"条款中所依据的"国际法"解释为《联合国海洋法公约》基本达成一致，主要表现为南极主权声索国在《联合国海洋法公约》出台后，均以其所设立的新的专属经济区制度为依据，在南纬60度以南海域要求以其"南极领土"为基线划定的200海里专属经济区主权权利，虽然其声明违反了条约必须遵守原则而不具有合法性，但是其对专属经济区的声索行为反映了其对南纬60度以南海域适用《联合国海洋法公约》的支持态度，且其他当事国对依据《联合国海洋法公约》规定南纬60度以南海域的公海权利没有明确的异议表示。

综上所述，针对"适用区域"条款中所述国际法依据为《联合国海洋法公约》，是否违反了《维也纳条约法公约》的"条约不溯及既往"原则，从国际法理论与实践层面中均可得出不违反的结论。此结论也支撑了《南极条约》当事国在南纬60度以南海域存在公海及公海自由权利法律地位的主流观点。虽然美国作为《南极条约》当事国并不是《联合国海洋法公约》的当事国，但是《联合国海洋法公约》中的公海制度是对国际习惯法中公海自由原则的成文化规范，其对于美国等非当事国所具有的约束力具有一定的合法性。[1] 所以，针对与南纬60度以南海域法律地位相关的条约适用争议中所包含的条约在时间范围上的适用争议，通过对《维也纳条约法公约》第28条的条款解释与对《南极条约》"适用区域"条款的体系解释，可以初步得出《联合国海洋法公约》属于《南极条约》"适用区域"条款中所述认定南纬60度以南海域存在公海法律地位国际法依据的结论。该结论也属于《南极条约》以及南极条约体系在南极治理法律实践中的主流观点，并无突出反对意见存在。但是如果南极条约协商国们想要彻底解决此条约适用争议，只能以南极条约协商会议为平台，通过出台决议或决定等

---

[1] 张新军.变迁中的"航行自由"和非缔约国之"行动"[J].南大法学,2020(4)：110-129.

法律性文件加以明确。

（二）条约在空间上的适用范围争议问题

条约在空间上的适用范围在《维也纳条约法公约》中由第29条进行规制，即"除条约表示不同意思，或另经确定外，条约对每一当事国之拘束力及于其全部领土。"该条款的目的在于确定一个条约对当事国领土的适用范围问题，即全部领土。但是，就一个条约在当事国领土之外，也就是国家主权管辖外的空间范围的适用问题，《维也纳条约法公约》并无相关规定。这导致关于公海、国际海底区域、外层空间、南极等国际条约在空间范围上的适用并无规定。一方面，因为如果明确规定一个条约适用于该条约当事国国家管辖权之外的空间范围，那么此规定将与国家管辖权止于其领土主权的范围之内国际法规定产生冲突，造成国家域外管辖权的扩张，在国际公法领域造成理论与实践困难[1]。另一方面，因为国际法委员会在解决此规制空白问题的过程中发现，公海、国际海底区域、外层空间及南极等国家管辖范围外区域相关的国际条约涉及当事国应当遵守的在空间上适用范围规则的具体条款几乎没有。换言之，因为以上区域无确定的领土主权，因此不适用法律的属地管辖原则，一般通过属人管辖原则对当事国的权利义务加以分配和实施，如《南极条约》"适用区域"条款以及第8条的相关规定。因此，国际法委员会在讨论后决定受技术与需求的影响，暂不在《维也纳条约法公约》中增加当事国应当遵守的条约在国家管辖范围外区域适用的具体规则。国际法委员会在20世纪60年代对此问题的处理具有较高的可行性与合理性。

但是，随着科技的发展与人类发展的不断加速，人类开发公海、国际海底区域、外层空间及南极等区域资源的需求在迅速增加，20世纪90年代《南极条约》当事国开始讨论试图设立南极矿产资源的开发规则。这导致《南极条约》在空间上的适用范围必须进一步明确，因为《南极条约》主权冻结原则在空间上的适用范围直接决定南纬60度以南大陆、水域及海床和

---

[1] 李小明.对反垄断的域外管辖与国家主权关系问题的探讨[J].求索,2006(9)：104-107.

底土的法律地位及其资源的所有权归属。然而，《南极条约》当事国的依据只有具有模糊性的"适用区域"条款，在国际公法领域无法找到相关的规则与判例加以引证。这在一定程度上加剧了南极矿产资源开发规则谈判与出台的失败，导致很多规则无法在法律技术层面找到协调争议的依据或方法，最终只能以《南极条约》冻结南极主权为例，通过《关于环境保护的南极条约议定书》再次冻结南极矿产活动，直到《关于环境保护的南极条约议定书》规定的 2048 年。

综上所述，关于《南极条约》在空间上的适用范围争议问题，《维也纳条约法公约》中并没有相关规则对当事国加以规制，只能以《南极条约》"适用区域"条款为主要依据。因此，对"适用区域"条款的解释将直接影响《南极条约》在空间上适用范围争议问题的解决，即《南极条约》是否适用于南纬 60 度以南的海域，此问题也将对南纬 60 度以南海域的上覆水域和海床底土的法律地位产生直接影响。根据前文对"适用区域"条款解释的分析，可以得出《南极条约》在空间上的适用范围应当包括南纬 60 度以南的所有区域，陆地、水域、底土及冰架均在其适用范围之内，同时南纬 60 度以南海域的上覆水域也存在当事国的公海与公海权利。《南极条约》在时间上的适用范围争议问题的解决，针对在空间上适用范围争议问题解决，虽然在南极治理现状中并非亟待处理的问题，但应当由《南极条约》协商国以南极条约协商会议为平台通过出台决议或决定加以明确，以为以《南极条约》为核心的南极条约体系未来在南极治理中的稳定发展解决困难和障碍。

（三）条约冲突中不同条约适用争议问题

根据《维也纳条约法公约》第 30 条等的规定，《南极条约》与《联合国海洋法公约》同时适用于南纬 60 度以南海域所存在的条约冲突要满足的条件是：第一，主权国家既是《南极条约》的当事国也是《联合国海洋法公约》的当事国；第二，《南极条约》与《联合国海洋法公约》对于此类当事国均在有效期；第三，《南极条约》与《联合国海洋法公约》对于此类当事国在南纬 60 度以南海域所规定的权利和义务的分配存在不可调和的矛盾，导致当事国无法同时履行《南极条约》与《联合国海洋法公约》的相关条款。结合《南极条约》"适用区域"条款和主权冻结条款所对应的《联合国海洋法公约》中有关公海和国际海底区域制度的条款,可知当前《南极条约》的 58 个当事国中,仅有阿拉伯联合酋长国和美国没有加入《联合国海洋法公约》,但是美国始终坚持《联合国海洋法公约》中所规定的公海自由原则属于国际习惯法对其使用,以及美国于 1994 年签署了《关于执行 1982 年 12 月 10 日〈联合国海洋法公约〉第十一部分的协定》即承认并适用《联合国海洋法公约》的国际海底区域制度,因此,在《南极条约》与《联合国海洋法公约》均生效的时期内,对于《南极条约》当事国而言,基本存在与《联合国海洋法公约》出现条约冲突的可能性。

与南纬 60 度以南海域法律地位相关的条约适用争议的核心是:《南极条约》当事国按照第 4 条"主权冻结"条款和第 6 条"适用区域"条款,应当遵守南纬 60 度以南区域均主权冻结同时承认存在公海和公海权利;但是《南极条约》当事国作为《联合国海洋法公约》的当事国,同时应当按照《联合国海洋法公约》关于公海和国际海底区域的规定,在南纬 60 度以南海域的上覆水域遵守公海自由原则,其海床和底土遵守国际海底区域以及 200 海里外大陆架的制度与规则。如此,对《南极条约》的绝大部分当事国而言,南纬 60 度以南海域的上覆水域,通过解释"适用区域"条款存在既冻结主权又适用公海自由原则的可能性,但是南纬 60 度以南海域的海床和底土无法做到,既冻结主权又遵守《联合国海洋法公约》所规定的沿海国大陆架的主权权利及主权属于全人类的人类共同继承财产原则。通过前文的分析可知,以上条约冲突产生的根本原因是南纬 60 度以南海域法律地位的不确定,即与"适用区域"条款自身的模糊性关系密切。根据《维也纳条约法公约》的规定,在解决条约冲突的法律方法中所包含的条约解释方法、冲突条款方法及习惯国际法规则,如上位法优于下位法、特别法优于一般法、后约优于先约等均存在一定的缺陷和不足。例如,就解决以上条约冲突而言,无法判定《联合国海洋法公约》与《南极条约》在国际法中的法律位阶高低,也因为两个条约规定的主要法律问题不同而不可一概而论适用后约优于先约。又因为《南极条约》中并无冲突条款的具体规定,所以,解决此条约冲突的较为合理有效的法律方法仅剩条约解释的方

第二章 "适用区域"条款的产生与解释：南极海域法律地位

法。如上所述，通过解释《南极条约》"适用区域"条款，可以得出《联合国海洋法公约》的公海制度与《南极条约》主权冻结原则可以同时适用于南纬60度以南海域的上覆水域的结论，而海床和底土的条约冲突主要集中于资源开发权利义务冲突，在下一章详述。

本章小结

本章是全文的第二章，主要目的是解决与南极海域法律地位相关的条约适用争议。通过第一章的论证已知南极海域的条约适用争议可分为"与南极海域法律地位相关的条约适用争议"和"与南极海域资源开发制度相关的条约适用争议"，二者均为南极条约协商国应对南极条约体系当前法律挑战所需要解决的关键问题，并且《南极条约》"适用区域"条款是与南极海域条约适用争议的产生与发展最为密切相关的国际法规则。

首先，本章从历史的研究视角出发，回顾总结了《南极条约》"适用区域"出台的历史背景与拟定过程，得出各国对南极大陆领土主权的争夺以及国家主权在国际造法进程中的影响力是导致《南极条约》"适用区域"内容的决定性因素，且并不排除其内容在南极条约体系的发展中被修改的可能性。

其次，本章总结了以南极条约体系为核心的南极区域治理规则与以联合国为核心的全球性治理规则在不同地域范围之间的冲突和协调现状，得出当前以《南极条约》为核心的南极条约体系规则与以《联合国海洋法公约》为核心的国际海洋法规则在南极海域范围内的适用中冲突最为集中和激烈，由此凸显出《南极条约》当事国制定"适用区域"条款对解决南极海域条约适用争议问题的重要意义，即为协调南极条约体系与《联合国海洋法公约》的法律冲突提供了连接点和着力点。那么根据《维也纳条约法公约》的规定，对《南极条约》"适用区域"条款自身分别进行通常意义、目的及体系条约解释，从而完成与南极海域法律地位相关的条约适用争议的问题分解，可知南纬60度以南海域的条约适用争议主要与南极海域法律地位争议相关，而南纬60度南极辐合带海域的条约适用争议中则与南极海域法律地位争议相关性较小。

最后，聚焦南纬60度以南海域的条约适用争议，以《维也纳条约法公约》关于条约适用规则的条款规定为依据，结合实际争议问题，分为：条约在时间上的适用范围争议，即《南极条约》"适用区域"条款中对公海认定所依据的国际法是否为1982年《联合国海洋法公约》；条约在空间上适用范围争议，即《南极条约》在空间上的适用范围是否包括南纬60度以南海域的上覆水域、海床和底土；条约冲突中《南极条约》当事国中同时是《联合国海洋法公约》当事国的国家，如何协调遵守《联合国海洋法公约》的公海制度、国际海底区域制度、外大陆架制度与《南极条约》主权冻结原则所规定的同一地理范围内不同的法律地位认定和权利义务分配冲突。结合上述分析，本书继续以"适用区域"条款作为解决争议问题的研究对象，初步得出《南极条约》当事国亦尤其是在南极治理中拥有实际话语权和管辖权的南极条约协商国们借助南极条约协商会议，通过决议或决定对《南极条约》"适用区域"条款进行条约解释的方法，分别从时间上、空间上及条约冲突三个方面依次对"适用区域"加以解释，将协商国对此问题的主流观点或最大一致性结论（"适用区域"条款既没有排除《南极条约》也没有排除《联合国海洋法公约》在南纬60度以南海域的适用，二者可同时适用于南纬60度以南海域。）加以明确和成文化，则可为初步解决以上与南极海域法律地位相关的条约适用争议提供参考的结论。

第三章
"适用区域"条款的实施与发展：南极海域开发制度

包含在南大洋中的南极海域所蕴含的巨大资源无疑是其成为当前南极治理中焦点性区域的最根本原因，南极资源的开发是事关所有主权国家国家利益的安全问题。受到20世纪70年代起在国际政治经济思想中占主流地位的新自由主义思想的影响，相比于传统现实主义重目的不重手段，质疑国际法，明确以捍卫国家利益为宗旨的国际治理政策，以英国、美国为代表的西方经济大国在采纳了新自由主义思想后，在国际治理政策和战略中更加相信国际法的规制作用，认为制定国际规则及设立国际组织所产生的对主权国家的约束力是维护国家利益过程中可靠有效的国际治理路径[1]。例如，英国的"撒切尔主义"、美国的"里根经济

---

[1] 何驰.国际法上的非政府组织：理论反思与重构[J].中外法学,2020,32(3):826-839.

学"等❶战略思想在南极治理中也得到了体现,尤其体现在南极条约体系框架下南极海域资源开发制度的设立与发展。

因此,本章继上一章以《南极条约》"适用区域"为研究对象分析并尝试解决与南极海域法律地位相关的条约适用争议后,继续以"适用区域"条款作为研究对象,尝试分析并解决与南极海域资源开发制度相关的条约适用争议。首先,从《南极条约》"适用区域"条款的实施入手,通过分析该条款的适用情形及其适用的法律效果,分别总结出南极海域生物资源与非生物资源制度建设的特点与存在的法律问题。其次,从《南极条约》"适用区域"条款的发展入手,通过分析该条款自身内容及其效力程度未来可能的变化方向,讨论依据《维也纳条约法公约》通过条约修订完善该条款的可行性。最后,对与南极海域资源开发制度相关的条约适用争议的产生与影响进行分析,结合修订《南极条约》"适用区域"条款的讨论,研究如何利用《南极条约》"适用区域"条款在规则层面对南极海域另一大类条约适用争议加以协调和解决,具体如下。

第一节 "适用区域"条款的适用情形与法律效果

南极大陆和南大洋中蕴含着丰富的资源、能源是世界公认的科学性事实。❷但是,南极洲及其周边海域的资源是否具有商业价值,应如何进行分配,以及人类的开发活动是否会对相关生态环境造成不可逆的损害,进而影响地球和人类整体及代与代之间的环境权益,以上问题始终在自然科学与社会科学领域均存在较大争议。直到1959年,以美国为首的包括7个主权声索国在内的12个南极治理核心参与国达成一致,借用规则与制度为工具,在国际法层面签署了《南极条约》,依其第6条"适用区域"条款的内

---

❶ 刘志云.全球化背景下自由主义国际关系理论的创新与国际法[J].江西社会科学,2010(5):165-173.

❷ 颜其德.南极资源及国际纷争[J].科学,1991(4):280-282.

容，选定南纬 60 度为界，将南纬 60 度以南（包括南纬 60 度）的区域与南纬 60 度以北的区域，且根据《南极条约》第 4 条"主权冻结"条款两块区域分别被划分为主权冻结且法律地位冻结的区域和主权较明确且法律地位较明确的区域。领土主权可以分为领土管辖权与领土所有权两个方面。联合国第 1803（XVII）号决议宣布："各民族及各国行使其对自然财富与资源之永久权"，"各国必须根据主权平等原则，互相尊重，以促进各民族及各国有权自由地行使对自然资源之主权"。❶ 因此，国家主权可延伸至对领土中所蕴含自然资源的开发利用和保护的自由权利，即国家依主权对其领土中资源的所有权衍生出了一种以资源实际利用者为主体、以对资源物的合理利用为内容的私权性的资源利用权，这种权利虽然来源于主权但不等于主权，它为国家资源主权的积极行使创设了权力载体。❷ 基于此，《南极条约》"适用区域"条款具有了法律实践层面的研究意义。

对于《南极条约》的当事国而言：一方面，"适用区域"条款以南纬 60 度为界将南极大陆和部分南大洋的主权归属冻结，使得此区域内所蕴含自然资源的所有权及利用权在法律实践层面纳入以《南极条约》为核心的南极条约体系治理之下，由南极条约协商国等借助南极条约协商会议、南极海洋生物资源养护委员会、南极环境保护委员会等国际合作平台共同构建其开发制度；另一方面，"适用区域"条款排除了《南极条约》对南纬 60 度以北南大洋主权问题的干预，但是由《南极条约》发展而来的《南极海洋生物资源养护公约》根据生态整体性原则，突破南纬 60 度的界限，对部分南纬 60 度至南纬 45 度之间的南大洋中的生物资源的开发利用加以规制，导致此类规则与《联合国海洋法公约》中与海洋资源开发等主权权利相关规则出现法律冲突。因此，本节从《南极条约》"适用区域"条款的适用情形与法律效果两个法律实践环节出发，对南极自然资源开发制度的形成、发展以及存在的问题进行总结和归纳，为下文分析与南极海域资源开发制度相关的条约适用争议奠定基础。

---

❶ 联合国大会第 1803(XVII)号决议："天然资源之永久主权"[EB/OL].[2025-02-27].https://www.un.org/zh/documents/treaty/A-RES-1803(XVII).

❷ 巩固.自然资源国家所有权公权说再论[J].法学研究,2015,37(2):115-136.

按照有机物属性将南大洋中所蕴含的资源进行划分,可以分为生物资源与非生物资源,而在非生物资源中矿产资源和淡水资源是储量占比较大的两类主要资源。❶但是,由于淡水资源在南极的主要载体是冰架,而冰架在《南极条约》及南极条约体系中的法律地位并未得到明确的规定,在国际法中也没有条约或习惯法对其进行规制。"适用区域"条款规定《南极条约》在空间上的适用范围是南纬60度以南区域,随后又补充说明"包括该范围内一切冰架"。基于此,学界存在南极冰架类陆地或类海洋的对立观点,同时也未排除南极冰架独立于南极海域与南极大陆自成一类拥有特殊的法律属性的观点,也有观点明确认为南极冰架不包含于《南极海洋生物资源养护公约》适用范围之内,❷ 总体而言,尚未形成将南极冰架与南极海域视为具有相同法律属性或法律地位的统一观点。❸ 故而,在以"适用区域"条款的法律适用为切入点,研究南极海域资源开发制度所存在问题的过程中,本节暂将以冰架为主要载体的淡水资源排除在南极海域所含资源的分类之外,仅聚焦南极海域中的生物资源与矿产资源。

一、"适用区域"条款与南极海域生物资源开发制度

根据《维也纳条约法公约》规定,条约的适用主要可分为条约在空间范围中的适用、条约在时间范围中的适用及不同条约适用于同一事项所产生的冲突问题。然而,聚焦到条约实施过程中的条款适用问题,则涉及更为狭义的当事国对条约的执行问题以及条约对第三国的约束力问题,它们分别在《维也纳条约法公约》第二编"条约之缔结和生效"、第三编第一节"条约之遵守"、第三编第四节"条约与第三国"的内容中有所涉及。❹

---

❶ 颜其德.南极资源及国际纷争[J].科学,1991(4):280-282.

❷ 陈力,刘思竹.论冰架在南极条约体系中的法律地位[J].复旦学报(社会科学版),2023,65(1):161-172.

❸ JOYNER C C. Ice-covered regions in international law[J]. Natural Resources Journal, 1991,31:213.

❹ 维也纳条约法公约[EB/OL].[2025-02-27].http://treaty.mfa.gov.cn/tykfiles/20180718/1531876068204.pdf.

具体到《南极条约》"适用区域"条款的适用方式,首先,可以明确的是在全球层面、区域层面、国家层面均存在南极海洋生物资源开发养护相关的规则,它们共同构成了当前南极海洋生物资源的开发制度。其次,根据前文的分析,"适用区域"条款乃至以《南极条约》为核心的南极条约体系法律实践意义所在即为对南极资源开发加以规制,并且除全球层面外,区域性与部分国内法中有关南极海洋生物资源开发养护规则的内容均与《南极条约》"适用区域"条款的狭义适用有着密切的关系。最后,本节就以南极海洋生物资源开发制度为视角切入研究,通过分析《南极条约》"适用区域"条款在当事国国内的适用情形以及其在适用过程中对第三国的效力情况,总结出南极海洋生物资源开发制度的构成、缺陷与可完善之处,为下文分析该条款的发展方向奠定了基础。

(一)《南极条约》当事国对"适用区域"条款的执行情况

1. 条约必须遵守原则

《维也纳条约法公约》第26条规定了在条约有效期内所有当事国(当事国)均应善意履行条约所规定的义务。该原则最早产生于罗马法,而后发展成为一项国际习惯法,然后在《维也纳条约法公约》中得以成文化。条约的当事国如果违反条约必须遵守的原则并且违反条约的具体规定,则构成国际不法行为,应当负国际责任。但是,在《维也纳条约法公约》编撰过程中,国际法委员会将国际责任的内容作为非条约法问题处理,并未体现在《维也纳条约法公约》之中,仅在第73条规定了本公约的规定不妨碍与国家责任相关条约的实施。同时,条约的遵守还应当符合"善意履行"要件。善意履行条约内容的前提是善意解释条约的条款。因此,《维也纳条约法公约》第31条所规定的条约的解释应当符合条约的目的与宗旨。作善意的解释,也是条约必须遵守原则得以落实的前提。当然,条约必须遵守原则必然存在例外情形,否则该原则自身的正当性则会受到挑战,导致不公正的结果。首先,条约的内容以及签署必须合法有效、公平公正。其次,条约签署后如果出现重要的情况变化,按照原条款履行会导致当事国遭受不公平的法律结果时,按照情势不变条款,应当允许该当事国终止或退出条约（《维也纳条约法公约》第五编条约之失效、终止及停止实施）；最后，国家自保权也是限制条约必须遵守原则的一项赋予国家的限制性权利。显然，后面两项对条约必须遵守原则的限制和例外情形，经常被当事国用作对其违约行为的诡辩依据，但是不可取消。❶

具体至《南极条约》"适用区域"条款，在理论中，因为条约必须遵守原则是一项国际习惯法，因此所有当事国均应遵守此原则，无论是否为《维也纳条约法公约》的当事国，以及其加入《南极条约》的时间是否早于其成为《维也纳条约法公约》当事国的时间。并且，当前55个当事国应当对《南极条约》的各项条款所赋予的义务加以履行（除去其所保留的条款），包括《南极条约》第6条"适用区域"条款。又因为尚无当事国明确表示保留对《南极条约》"适用范围"条款的履行，所以《南极条约》的55个当事国均应当善意履行在南纬60度以南区域，包括该区域内一切冰架所承担的搁置主权争议，和平利用南极的国际法义务，并且应当承认并保护南纬60度以南海域中的公海法律地位及各当事国依据国际海洋法（《联合国海洋法公约》）所享有的公海自由权利。在实践中，各当事国对"适用区域"条款的履行和遵守，则主要表现为《南极条约》在其各自国内的适用之中，在下一小节中作详细论述。

2. 条约国内执行类别

当事国对条约的执行就是条约在当事国国内的适用，涉及条约与国内法的关系这一国际法问题。根据《维也纳条约法公约》第二编"条约的缔结与生效"中的相关规定可知，条约与国内法关系的一般规则由条约在国内法的地位及条约转化成国内法的方式两个部分组成。就条约在国内法中地位而言，共存在以下四种情况：第一，国内法规定条约效力高于国内法；第二，规定条约与国内法的效力相等；第三，规定经过一定的国内立法程序后，条约与国内法具有相等的效力；第四，条约与国内法的效力不做比较，只有当在某问题的规定上国内法与条约的规定相冲突时，才优先适用条

---

❶ STRUPP K, SCHLOCHAUER H, eds. Wörterbuch des Völkerrechts 2nd ed. [M]. Berlin: Walter de Gruyter, 1960-62:710.

约的规定。就条约转化成国内法的方式而言，共存在以下两种方式：第一，通过特定的国内立法程序将条约的规定转化成国内法的规定；第二，除按照《维也纳条约法公约》规定的签字和批准程序之外，不需要经过任何其他国内立法程序既可以将条约的规定直接纳入国内法，此为"自执行条约"。

具体至《南极条约》"适用区域"条款在当事国国内的执行情况，首先，《南极条约》现有的29个协商国中，英美法系中以意大利、英国为代表的部分判例法国家对条约转化为国内法方式选择了需要经过特定的程序将条约的规定转化为国内法；以德国和中国（《中华人民共和国缔结条约程序法》《缔结条约管理办法》）为代表的成文法国家，则没有采取必须把条约转化为国内法的制度；美国则代表了通过司法判例作出了可以直接纳入国内法执行的条约和需要经过国内立法方可纳入国内法执行条约的分类。除此之外，大部分当事国（如荷兰、法国、西班牙、日本等）均在宪法中明文规定条约的执行只是以公布为条件，无须通过立法转化为国内法。根据以上当事国国内所规定的条约转化为国内法的方式进行考察，可知以上29个协商国均已完成将《南极条约》转化为国内法的程序，并且均未排除"适用区域"条款的适用。

其次，就条约与国内法的效力大小问题而言，阿根廷在宪法中明文规定国内法效力高于条约，条约的法律效力在其宪法与法律之下，此规定较为特殊，导致阿根廷无法避免违约的风险，又因为阿根廷是南极主权声索国之一，而其国内南极法明确将其所声索的南极大陆区域划为领土主权地。这导致《南极条约》"适用区域"条款与其南极法发生冲突，且阿根廷无法依约执行，形成法律实践中的违约后果。除此之外，美国、德国等大部分协商国均规定条约与国内法的法律效力相等，如果出现冲突首先通过善意解释原则化解冲突，其次通过后法优于前法的原则加以适用。法国、中国、俄罗斯等少数协商国则规定条约的效力高于国内法，尤其是荷兰在宪法中明确规定条约的效力高于其国家宪法。因此，大部分《南极条约》协商国的国内南极立法均与"适用区域"条款所规定的南纬60度以南区域领土主权冻结相一致，属于对该条款的执行。但是，仍然存在南极主权声索国通过国内立法宣示其"南极领土"，且国内法效力高于条约，从而不履行《南极条约》"适用区域"条款所规定内容的情形,此行为违反了条约必须遵守的国际法原则,但是却尚未承担任何明确的国际责任。并且,在以印度为代表的部分国家南极立法中,明确将南纬60度以南的海域和上空纳入《南极条约》在空间上的适用范围(第二章表2-2),这也是"适用区域"条款在国内执行中存在的特殊情况,为南极海域的条约适用争议增加了复杂性。

(二)"适用区域"条款对非《南极条约》当事国的约束力

《维也纳条约法公约》第34条至第38条规定了条约与第三国的法律关系。国际法上有条约必须遵守的古老原则,也同时存在条约的相对效力原则(第三国无损益,pact teriis nec nocent nec prosunt)。这是基于国家主权平等原则的必然结果。主权国家之间互为平等的国际法主体,不存在管辖权,并且在主权国家之上也不存在超过所有国家的国际立法机构,所以,任何国际立法程序都不可以将法律规则强加于少数不同意的国家。❶ 基于此,条约的相对效力原则要求条约既不能给非条约当事国的第三国施加义务,也不可以为其创设权利(《维也纳条约法公约》第34条)。在此一般性原则之外,必然存在例外情况,这才是国际条约中所规制的条约与第三国关系的重点内容。

1. 条约相对效力原则的例外

首先,联合国依据《联合国宪章》对该宪章的非当事国也就是非会员国赋予了国家独立、主权不受侵犯等权利,同时也施加了维护国际和平等义务。❷ 虽然,国际法学家认为《联合国宪章》已经构成国际习惯法,从而对所有国际法主体具有普遍约束力,但是其在法律实践中的确是条约相对效力原则的一个例外。其次,在《维也纳条约法公约》中,第34条"非经第三国同意"这一限制性的表述就为条约效力扩张至非当事国提供了可能。在《维也纳条约法公约》关于为非当事国设定义务和权利的规定的前提均

---

❶ 詹宁斯,瓦茨.奥本海国际法(第一卷第二分册)[M].王铁崖,等译.北京:中国大百科全书出版社,1998:660.

❷ 《联合国宪章》第2条第6款:本组织在维持国际和平及安全之必要范围内,应保证非联合国会员国遵行上述原则。

为第三国的同意，主要包括为第三国规定义务的条约、为第三国规定权利的条约、取消或变更第三国的权利或义务的条约。《维也纳条约法公约》第38条还明确规定了如果条约所载规则成为国际习惯法则对第三国具有约束力的情形，即当事国之间适用所缔结条约本身的规定，在当事国与非当事国之间及非当事国之间适用所形成的国际习惯法。

2. 条约发展为习惯法的可能

最后，《维也纳条约法公约》第36条与第38条为依据条约建立对国际社会普遍有效的制度奠定了法理基础。虽然经过国际法委员会的讨论，最终没有在《维也纳条约法公约》的条文中明确规定此为第三国设立权利义务的特殊情形，但是在实践中关于非军事化、中立化或国际化的国际条约，以及关于国际交通水道的国际条约中均存在普遍性国际制度的形成趋势。旨在通过建立区域制度冻结南纬60度以南区域一切领土主权要求，从而维护南极和平利用的《南极条约》就是其中之一。❶ 因此，基于《南极条约》非当事国的不同立场，很难得出《南极条约》"适用区域"条款对所有非当事国均具有普遍约束力的结论。❷"适用区域"条款的内容，既以南纬60度为界划分南极区域，虽然没有被国际社会正式承认为国际习惯法，但是其在法理与实践中均具有发展成为具有普遍约束力的国际制度组成的可能性，从而在一定程度上为《南极条约》的非当事国设立了可能具有约束力的和平利用南纬60度以南的南极区域的权利和义务的发展趋势。

（三）南极海域生物资源开发制度的剖析与完善

《南极条约》第9条明确规定，南极条约协商国有权通过南极条约协商会议对"南极生物资源的保护与保存"出台对所有《南极条约》当事国具有约束力的管理措施。在此基础上，1978年《南极海豹保护公约》正式生效、1982年《南极海洋生物资源养护公约》正式生效、1998年《关于环境保护的南极条约议定书》正式生效，南极条约体系项下的南极海洋生物资

---

❶ 李小涵.南极条约体系规则的习惯国际法形成研究[M].北京:中国政法大学出版社,2022:156.

❷ 邹克渊.南极条约体系与第三国[J].中外法学,1995(5):41-46.

源养护与开发制度框架构建完成。除此之外,联合国机制下的《生物多样性公约》和《联合国海洋法公约》中有关国家管辖区域外海洋生物资源开发与保护的规则也是南极海域生物资源开发制度的重要组成部分。同时,因为本书的南极海域最南端至南极辐合带,所以在南极辐合带拥有专属经济区和大陆架的岛屿主权国家相关的海洋生物资源养护与开发制度也是其制度构成的组成部分之一。下文,依次按照南极条约体系、联合国和国内层面的相关规则对南极海域生物资源开发制度进行分解和剖析。

1. 南极条约体系框架下南极海域生物资源开发制度概述

目前,南极海洋生物资源开发与保护的制度构建和讨论主要集中在南极条约体系框架下,南极条约协商国及《南极海洋生物资源养护公约》当事国分别通过南极条约协商国会议和南极海洋生物资源养护委员会两个平台持续关注并推进有关南极海洋生物资源勘探开发与保护议题的开展。

首先,就《南极条约》而言,和平利用、非军事化与科学考察自由三大基本原则是南极海域生物资源开发制度构建过程中必须遵守的基础性要求。

其次,就《南极海豹保护公约》而言,它主要包括基于海豹濒临灭绝后果而设定的补救性措施,也是南极条约体系中首次对南极海洋生物资源开发加以管理的公约,是此类制度构建的开始。该公约规定禁止在南纬60度以南海域中针对各类海豹资源进行商业性的捕杀活动。同时,为了合理开发利用海豹资源,公约鼓励进行生物研究,获取统计资料,增加科学知识,从而帮助建立更加科学的海豹捕猎规则。公约的具体措施包括:发放特别许可证、设立禁猎期、设立海豹特别保护区及在南极考察科学委员会下建立用于信息交流和科学建议的海豹委员会。[1]

再次,就《南极海洋生物资源养护公约》而言,它是南极条约体系中有关南极海域生物资源开发与保护的核心公约。它也是南极条约体系的组成条约中唯一把《南极条约》"适用区域"条款规定的南纬60度以南区域拓展至构成南极海洋生态系统一部分的南极辐合带之间的海域的公约。该

---

[1] 刘惠荣,刘秀.南极生物遗传资源利用和保护的国际法研究[M].北京:中国政法大学出版社,2013:166-170.

区域内除鲸类和海豹外所有海洋生物资源均适用此公约。❶ 公约第 2 条规定："本公约目的是养护南极海洋生物资源，且养护包括合理利用。"❷ 因此，该公约的核心内容即为设立措施对南极海域生物资源进行捕捞控制，从而合理利用该资源。公约的具体规则包括限制捕获量、预防方法与生态系统方法相结合及设立观察制度和监督制度。其中，观察与监督制度的实施力度在不断增强，尤其是针对在《南极海洋生物资源养护公约》所规定的海域范围中所出现的 IUU 捕捞活动，南极海洋生物资源养护委员会公示并禁止从事 IUU 捕捞活动的船舶名单，并禁止再次进入规定海域；南极海洋生物资源养护委员会还规定《南极海洋生物资源养护公约》观察员和检察员的报告应当作为国内诉讼程序中的有效证据予以使用。以上措施保证了《南极海洋生物资源养护公约》有效实施的同时，也引发了较多主权国家在南极辐合带以南其专属经济区及大陆架上行使主权权利的规则冲突与法律争议。

最后，就《关于环境保护的南极条约议定书》及南极条约协商会议和南极海洋生物资源养护委员会通过的相关养护措施而言，《关于环境保护的南极条约议定书》的出台，标志着南极条约体系正式将《南极条约》三大原则拓展出第四原则——环境保护原则。然而，环境保护原则与和平利用原则并不冲突，环境保护原则并非禁止开发南极资源，而是需要通过制度建设在环境保护的基础上保证资源的合理开发。《关于环境保护的南极条约议定书》与《南极条约》在空间上的适用范围一致，其主要制度性措施包括设立自然保护区（南极大陆）、环境影响评价制度、动植物保护和许可证制度、环境责任与基金制度等。《关于环境保护的南极条约议定书》的环保制度主要规制的是南极大陆之上的动植物资源，以及其最为重要的第 7 条禁止南极条约区域内进行矿产资源相关的活动一款，也与南极海域生物资源开发制度相关性较为微弱。所以，《关于环境保护的南极条约议定书》只是

---

❶ 此区域内鲸类资源的捕捞和利用受《国际捕鲸规则公约》规制；海豹资源的捕捞和利用受《南极海豹保护公约》规制。

❷ 《南极海洋生物资源养护公约》第 2 条[EB/OL].[2025-02-27]. http://treaty.mfa.gov.cn/tykfiles/20180718/1531876075707.pdf.

南极条约体系中对南极海域生物资源开发制度加以补充的构成成分，而《南极海洋生物资源养护公约》委员会每年召开的南极海洋生物资源养护公约大会所通过的南极公海保护区等养护措施和决议，则是与南极海域海洋生物资源开发密切相关的另一组制度构成，但其设立的法律依据等问题始终存在争议。

2. 联合国机制下南极海域生物资源开发制度概述

以《联合国宪章》为基础的联合国大会及其职能部门始终没有放弃对南极大陆及其周边海域的管辖，虽然在"南极洲问题"结束后，联合国机制承认了南极条约体系在南极治理中具有合法性，但是以南极条约体系为核心的南极条约协商国，也通过扩大南极条约协商国的范围变相接受了以联合国大会为主体的联合国机制参与南极治理的现实趋势。因此，南极海洋生物资源开发制度的另一个重要组成部分，即为以联合国机制为基础的全球层面的相关规则，主要包括国际海洋法领域的《联合国海洋法公约》、国际环境法领域的《生物多样性公约》、国际知识产权法中的《布达佩斯条约》及《BBNJ 国际协定》等。

就《联合国海洋法公约》而言，依据前一章对南极海域法律地位问题的分析，可知其公海制度、大陆架制度及国际海底区域制度均可在南极海域生物资源开发中予以适用。在《南极条约》生效期间内，依据"适用区域"条款的规定，南纬60度以南海域的上覆水域同时适用《联合国海洋法公约》的公海制度与《南极条约》的主权冻结原则，体现在该区域内生物资源主要是渔业资源开发制度的争议焦点，即为南极海洋生物资源养护委员会设立在此区域内的两大南极海洋保护区中的禁渔措施是否与《联合国海洋法公约》公海制度中的捕鱼自由权出现权利冲突，又因为《南极海洋生物资源养护公约》公约的 37 个当事国与欧盟除美国外均为《联合国海洋法公约》的当事国❶，所以一旦《南极海洋生物资源养护公约》当事国援引

---

❶ United Nations Multilateral Treaties Deposited with the Secretary-General, chap. XXI [EB/OL]. [2023-02-12]. https://www.un.org/Depts/los/reference_files/Los106UNCLOSStatusTableEng.pdf.

《联合国海洋法公约》公海制度反对《南极海洋生物资源养护公约》在南纬60度以南海域设立海洋保护区,则此南极海洋生物资源养护措施的实施与发展将陷入僵局。同时,如前文所述,南极海洋生物资源养护委员会所设立的与海洋保护区制度相关的渔业资源养护视察和监督制度以及打击IUU捕捞的制度,也存在与《联合国海洋法公约》制度中主权国家在南极辐合带周围的专属经济区的渔业资源开发权利的冲突。南极辐合带以南海域的海床和底土中所具有的生物资源多以定居种生物或微生物为主,受科学技术发展现状的限制暂无较高开发价值,而该区域范围内的资源主要以矿产资源为主,在下一小节作详细分析。

就《生物多样性公约》而言,由于该公约是在国家主权基础之上建立的,主要用以规制国家管辖范围内的生物多样性问题,所以适用于主要由国家管辖范围外区域构成的南极海域具有较大的局限性。但是,根据现有南极海洋生物资源开发制度的发展趋势,可以得出《生物多样性公约》中有关遗传资源的获取和惠益分享原则及保护和可持续利用规则对于南极海洋生物资源开发与保护具有一定的指导性和借鉴性。例如,《生物多样性公约》第15条规定生物资源的获取是以具有主权权利的国家法律为依据,但是南极海洋中的生物资源因为其所在区域的领土主权、法律地位无法确定,导致其资源权属并不明确。虽然南极条约体系是南极治理的核心规则体系,但是南极条约协商国并不具有对南极海洋生物资源的勘探开发等活动的绝对管辖权,因此应当在完善南极条约体系中对南极海洋生物资源监管规则的基础上,依据为了人类共同的利益这一目的,根据不同的海域范围找出适用知情同意和共同协商原则的方法。例如,依据"适用区域"条款,对南纬60度以南海域中的生物资源的勘探开发可由南极条约协商会议管辖,南纬60度至南极辐合带之间的生物资源则可以在排除主权国家主权权利的区域外,由南极海洋生物资源养护委员会进行管辖。

就《布达佩斯条约》而言,南极海域生物资源在遗传领域的开发与利用主要是针对微生物资源,对于微生物的专利申请主要受《布达佩斯条约》规制。此条约适用于南极海洋生物资源开发的主要限制也是南极海域领土主权与法律地位的不确定,导致南极海洋生物资源权属不确定,因此应当参考该条约的具体规则，正确确定由有资格与权利保藏微生物的机构，进而开展用于专利程序的南极海域微生物资源的保藏活动。[1]

就《BBNJ国际协定》而言，该协定第1条规定其对国家管辖范围外海域（《联合国海洋法公约》项下的公海与国际海底区域）生物多样性的养护与可持续利用加以规制，具体包括遗传资源的获取与惠益分享，包括海洋保护区在内的划区管理工具、环境影响评价、能力建设与海洋技术转让四个方面的大议题。[2]南纬60度以南海域适用《联合国海洋法公约》或《南极条约》均可被认定为国家管辖范围外海域，南极辐合带至南纬60度海域适用《联合国海洋法公约》同样存在公海与国际海底区域，因此南极海域包含在《BBNJ国际协定》空间上的适用范围之内。那么当《南极条约》《南极海洋生物资源养护公约》的当事国签署加入该协定，它们在南极海域生物资源开发的过程中，应当同时遵守南极条约体系与《BBNJ国际协定》的双重规则，必将存在两方规则冲突的潜在问题。虽然《BBNJ国际协定》的案文中明确规定不与已有国际法规定出现冲突，但是始终无法避免南极海洋生物资源养护委员会或南极条约协商会议随着应对南极气候变化等问题的需要通过南极海洋生物资源开发相关的决议或措施，造成如设立海洋保护区的标准不一致等冲突。

3. 国内法层面南极海洋生物资源开发制度概述

据统计，在南极辐合带至南纬60度之间共有英国、法国、澳大利亚等国家依照其主权岛屿而享有的《联合国海洋法公约》项下的专属经济区及其生物资源开发等主权权利。又因为以上岛屿主权国均为《南极海洋生物资源养护公约》当事国，因此它们在南极辐合带至南纬60度之间存在的专属经济区中的捕鱼等生物资源开发相关的活动是否受到《南极海洋生物资源养护公约》及《南极海洋生物资源养护公约》委员会通过的养护措施的

---

[1] 刘惠荣,刘秀.南极生物遗传资源利用和保护的国际法研究[M].北京:中国政法大学出版社,2013:148-170.

[2] 施余兵.国家管辖外区域海洋生物多样性谈判的挑战与中国方案——以海洋命运共同体为研究视角[J].亚太安全与海洋研究,2022(1):35-50,3.

规制，是以上国家与南极海洋生物资源养护委员会共同关心和现实中亟待解决的问题。在已有的法律实践中，并未出现明显的权利义务冲突，该结果主要得益于南极海洋生物资源养护委员会通过了主席声明承认且强调了，以上国家依据《联合国海洋法公约》所享有的专属经济区权利优先于《南极海洋生物资源养护公约》所规定的养护义务，以及岛屿主权国在此其专属经济区内与海洋生物资源养护有关的国内规则应优先适用。[1]

所以，在南极辐合带至南纬60度之间海域的生物资源养护规制中，澳大利亚、法国与英国等在此区域拥有专属经济区的国家的国内立法，如澳大利亚于1994年起草制定的《南极海洋生物资源保护管理条例》等，并未与《南极海洋生物资源养护公约》及南极条约体系中的相关规则出现冲突，甚至通过国内立法强化和促进南极条约体系相关养护措施的实施。但是，在南极辐合带至南纬60度之间海域的生物资源开发活动中，《南极海洋生物资源养护公约》及南极海洋生物资源养护委员会通过的措施，主要以养护为主，以开发利用为辅，而英国、法国、澳大利亚三国的国内立法中也没有针对此区域的特别开发立法，因此两方开发制度均存在较大的空白，这为英国、法国、澳大利亚后期通过国内立法完善该区域的海洋生物资源开发制度的工作埋下了冲突隐患，原因在于《南极海洋生物资源养护公约》之下的养护措施也正在加大对此区域生物资源的养护程度。一旦两方出现管辖冲突，就有可能会有国家考虑是否退出养护公约，以维护自身利益。

4. 南极海洋生物资源开发制度存在的问题和完善

综上所述，现有南极海域生物资源开发制度存在三大问题。第一，南极海洋生物资源开发制度碎片化严重，全球性、区域性及国内层面的生物资源开发规则相关性较低，无法就具体的开发活动（如生物勘探等）形成体系化的规则。第二，南极海洋生物资源开发制度空白化严重，以南极条约体系为核心的南极治理规则体系中有关南极海域渔业、微生物等生物资

---

[1] CCAMLR. Headquarters Agreement between the Commission for the Conservation of Antarctic Marine Living Resources and the Government of Australia[EB/OL]. [2023-02-14]. https://www.CCAMLR.org/en/system/files/e-pt2_1.pdf.

源勘探、捕捞、专利保护等开发活动相关的规则十分欠缺，相关规则多集中于对南极海洋生物资源的禁止捕捞、划区管理及监测等保护措施，仅有少量南极海洋生物资源养护委员会通过的措施中有所涉及，但多以限制性规定为主。第三，南极海域生物资源开发制度冲突化严重，在碎片化、空白化的基础上还存在冲突化严重的问题。因为相关开发活动缺少以南极条约体系为核心的区域性的规则的规范，导致主权国家在进行渔业捕捞、生物勘探等活动时多以全球性的国际条约为依据，但是以上国际条约多为普遍性或适用于国家管辖范围内区域，并不适用于南极海域的特殊自然性质与法律属性，但根据条约在空间上适用的范围又无法排除其在南极海域的适用，进而导致以上开发制度与《南极海洋生物资源养护公约》及南极条约体系中的相关生物资源养护措施出现冲突，限制双方的实施。

总结以上问题出现的根本原因，可知虽然南极条约体系仍旧是南极海洋生物资源治理的核心规则体系，但是南极条约体系在南极海洋生物资源的养护与开发的平衡中出现了偏差。当前，以《南极海洋生物资源养护公约》为主导的南极海域生物资源治理规则体系主要以资源的养护为主，以开发为辅，进而出现了发展迅速的养护制度与空白化开发制度的鲜明对比。然而，《南极条约》与《南极海洋生物资源养护公约》的目的条款中都明确指出要合理利用南极资源。因此，当前完善南极海洋生物资源开发制度的关键之处是发展补充南极海洋生物资源中与捕捞活动、勘探活动及专利保护等相关的规则，避免与养护南极海洋生物资源规则的冲突，平衡养护与开发，真正做到南极海域生物资源的可持续利用。

二、"适用区域"条款与南极海域矿产资源开发制度

南极 220 多种矿产资源分布如下：西部大陆蕴藏有供全世界开发利用 200 年的铁矿和约 5000 亿吨的巨大煤矿资源；东南部大陆蕴藏有大量的铜、铅、锌、钼及少量的金、银、铬、镍、钴等有色金属资源；南大洋海底则蕴藏有当前人类社会最需要的石油和天然气资源，以及多金属锰矿资源，其中油气资源已探测年可开采量是当前全球石油产量的 2~3 倍，尤其以罗

第三章 "适用区域"条款的实施与发展：南极海域开发制度

斯海海底前景最为可观。❶

南极矿产资源的利用和管理持续处在国际社会的极高关注之下。即便《关于环境保护的南极条约议定书》的正式生效已标志着2048年前除科学研究以外，任何《南极条约》"适用区域"条款所规定的地理范围内的矿产资源活动进入禁令时代❷，《矿产公约》试图构建的矿产资源活动整体管制框架暂告失败，但当前围绕2048年后南极矿产资源活动前景问题及其与南极环境保护制度的关系所进行的讨论依然层出不穷。❸

故此，《南极条约》第6条"适用区域"与南极矿产资源开发制度尤其是南极海域矿产资源开发制度的发展关系密切，具体如下。

（一）"适用区域"条款对南极矿产活动的影响

在西方法社会学中，法律效果是指法律或判决对社会生活的作用、影响，衡量法律效果如何看法律作用的结果能否达到法律的预期目标。❹ 在行为学概念中，效果是一种状态，是指法的行为规则在社会中为人们所遵守、适用和执行的状态。❺ 可见，法律效果具有现实的和理想的两面。前者可以称为法律的现实效果，后者可称为法律的规范期待效果，即狭义的法律效果，也是本书所指法律效果。"适用区域"条款作为《南极条约》的内容，在通过条约适用理论明确其适用情形的基础上，其适用对于南极矿产资源活动所产生的法律效果可分为以下三种。

1. 对南纬60度以南大陆及冰架下矿产资源活动的禁止效果

1991年签署、1998年生效的《关于环境保护的南极条约议定书》现共

---

❶ 朱建钢,颜其德,凌晓良.南极资源及其开发利用前景分析[J].中国软科学,2005(8):17-22,10.

❷ 《关于环境保护的南极条约议定书》第1条(b)款规定:"南极条约地区"系指根据南极条约第6条南极条约各项规定所适用的地区;第7条规定:任何有关矿产资源的活动都应予以禁止,但与科学研究有关的活动不在此限。

❸ 李雪平,迟一诺.2048年后南极矿产资源活动的管制措施研究[J].中国海洋大学学报(社会科学版),2022(5):57-66.

❹ 朱景文.现代西方法社会学[M].北京:法律出版社,1994:204.

❺ 谢邦宇.行为法学[M].北京:法律出版社,1993:377.

有42个当事国，占《南极条约》58个当事国的3/4，且29个南极条约协商国均为其当事国，且不断有新的南极条约非协商国加入。《关于环境保护的南极条约议定书》的签署与生效，正式标志着以《南极条约》为核心的南极条约体系确立起除主权冻结、和平利用、科研自由外的第四大基本原则——环境保护原则。《关于环境保护的南极条约议定书》序言指出："各当事国要加强南极条约体系以确保南极应继续并永远专为和平目的而使用。各方就制定一个保护南极环境及依附于它的和与其相关的生态系统的综合制度是符合全人类利益的目的达成一致，并且希望为此目的的完成对《南极条约》的补充。"《关于环境保护的南极条约议定书》第1条"定义"条款也首先对《南极条约》、南极条约地区、南极条约协商会议、南极条约协商国、南极条约体系等七个概念予以限定，明确《关于环境保护的南极条约议定书》是在《南极条约》基础上对南极条约体系的又一次补充，不与《南极条约》的相关规定形成冲突。因此，《关于环境保护的南极条约议定书》中"南极"一词即为"南极条约地区"所指：《南极条约》第6条"适用区域"条款所规定的条约各项规定所适用的地区。所以，根据第6条的内容与上文有关南极海域法律地位的分析，可知《关于环境保护的南极条约议定书》第7条规定的"除科学研究外所有与矿产资源相关的活动均被禁止"适用于《南极条约》第6条"适用区域"条款所规定的南极条约地区中大陆与冰架自始至今不存在争议，南纬60度以南大陆及冰架之下的所有矿产资源活动全部被禁止。质言之，对于包括所有南极条约协商国在内的《关于环境保护的南极条约议定书》当事国必须在南纬60度以南的大陆与冰架区域遵守此禁令，因为"适用区域"条款规定了"本条约各条款适用于南纬60度以南的地区，包括一切冰架"。故此，禁止南极条约协商国在南纬60度以南大陆与冰架之下对矿产资源进行开发的权利即为"适用区域"条款作用于南极矿产资源开发活动的直接法律效果之一。

2. 对南纬60度以南海底中矿产资源活动的限制效果

"适用区域"条款前半段的内容是南纬60度以南区域，包括该范围内一切冰架。那么，除去南纬60度以南的大陆，蕴含有矿产资源的还有南纬60度以南的海床与底土，《关于环境保护的南极条约议定书》的当事国是否可以开采此部分区域内的矿产资源呢？同样，依据本书第二章有关南极海域法律地位条约适用争议的分析可知，南纬60度以南海域的海底其法律地位存在适用《联合国海洋法公约》国际海底区域的人类共同继承财产原则或《南极条约》主权冻结原则的争议，且《南极条约》"适用区域"条款并未明确排除《联合国海洋法公约》在南纬60度以南海域海底的适用。同时，该条款后半部分还明确规定了在南纬60度以南海域的上覆水域中对国际海洋法规则中各国公海权利的承认与保护。因此，依据条约解释中的目的解释与体系解释可知：首先，"适用区域"条款并未明确将南纬60度以南海域海底排除出《南极条约》在空间上的适用范围之外，南纬60度以南海域海底存在适用《南极条约》主权冻结原则的可能性，即有可能属于《关于环境保护的南极条约议定书》中所指南极条约地区；其次，"适用区域"条款也未排除《联合国海洋法公约》在南纬60度以南海域海底的适用人类共同继承财产原则对其矿产资源进行开发的可能性。综上所述，对《关于环境保护的南极条约议定书》当事国而言，其在南纬60度以南海域的海床和底土区域开发矿产资源的权利既有可能受到第7条的禁止，也有可能受到它们同时作为当事国的《联合国海洋法公约》国际海底区域开发制度的限制。但是，结合《关于环境保护的南极条约议定书》当事国的数量与国家实践分析，以及在国家管辖范围外区域法无禁止即自由的习惯法原则，可知"适用区域"条款对南极条约协商国在南纬60度以南海底开发矿产资源权利并无直接的禁止性效果，更接近于间接地来自《联合国海洋法公约》国际海底区域开发制度的限制性效果。

3. 对南极辐合带至南纬60度海底矿产资源活动的保留效果

除以上区域外，根据生态系统的关联性，南极辐合带至南纬60度海域海底之中的矿产资源开发活动也与南极条约体系的环境保护规则相关联。但是，《关于环境保护的南极条约议定书》严格以《南极条约》"适用区域"条款的南纬60度为界，对于当事国在南纬60度以北海域的矿产资源开发活动并不做禁止。同时，《南极海洋生物资源养护公约》虽然在适用范围中包含南极辐合带至南纬60度还有的部分上覆水域，但是其所设立的海洋生物资源的保护区均在南纬60度以南海域，同样未超出南纬60度以南海域，也无明确与南极海域海床和底土矿产资源开发活动相关的治理规则。最后，因为南极辐合带至南纬60度的海床和底土中存在《联合国海洋法公约》当事国依据主权岛屿而划分的大陆架与国际海底区域，依据《联合国海洋法公约》的相关海域制度，主权国家及《联合国海洋法公约》的当事国有权在南极辐合带至南纬60度海域的海床和底土之中进行矿产资源的开发活动。因此，《南极条约》"适用区域"条款保证南极条约体系在南极矿产资源开发活动的管理规则中严格以南纬60度为界，并未如生物资源养护一般突破此界限，保留了同时作为《联合国海洋法公约》当事国与《南极条约》协商国的相关国家在此海底范围内进行矿产资源开发活动的权利。

（二）南极海域矿产资源开发制度的研判与预测

虽然，早在20世纪70年代美国已估计南极海域中的罗斯海、威德尔海和别林斯高晋海可发现的石油储量为450亿桶，天然气为3.32万亿立方米，苏联估计南极海域的石油储藏量远超阿拉斯加，日本估计南极大陆架石油为45亿桶，天然气为3.3万亿立方米[1]，但是，以上估计均为地质学领域的粗略数据。一方面，不能证明南极海域确切的油气资源储量，另一方面以上油气资源的勘探与开发至今仍旧受到技术与经济两大因素制约，所以南极海域中以油气资源为主的矿产资源在实际开发利用中更偏向于"假设的资源"。进入21世纪20年代，随着科学与生产力的发展，协商国在南极大陆之上建立的科学考察站与日俱增，技术与经济已经不再是部分强国开发南极海域矿产资源的最大制约因素，南极海域矿产资源已变为现实可得的资源。此时，国家利益博弈下的国际政治与国际关系因素成了限制部分有开发能力的国家在南极海域进行矿产资源开发利用的直接制约因素。因此，以规则为基础的法律和制度工具再次得到重视，南极矿产资源（尤其是南极海域矿产资源）开发制度继20世纪90年代《关于环境保护的南极条约议定书》签署后重新在南极条约体系与《联合国海洋法公约》等规则体系下得到讨论，具体如下。

---

[1] ZORN S A. Antartic minerals: A common heritage approach[J]. Resources Policy, 1984, 10(1): 2-18.

1. 南极条约体系下南极海域矿产资源开发制度的基本原则与南极环境保护

1976 年在巴黎举行的关于南极矿产资源的特别筹备会议拟定了四项基本原则，并在 1977 年第九届南极条约协商会议上由第Ⅸ-1 号建议所采纳。❶而后在 1981 年第十一届南极条约协商会议上通过的第Ⅺ-1 号建议中又增设了第五项基本原则。❷ 这五项基本原则如下：第一，《南极条约》协商国将继续在处理南极矿产资源问题中发挥积极和负责任的作用；第二，必须完整地维护《南极条约》；第三，保护独特的南极环境及其依赖的生态系统应是一个基本考虑因素；第四，协商国在处理南极矿产资源问题时，不应损害南极的全人类的利益；第五，《南极条约》第 4 条的规定不应受到该制度的影响。开发制度的当事国应确保《南极条约》第 4 条所述的原则在适用于《南极条约》所涵盖的地区时得到保障。除此，在 1981 年通过的建议中还明确规定了"该矿产资源制度适用于在南极大陆及其邻近近海地区进行但不侵犯深海海底的所有矿产资源活动。适用领域的确切限度将在拟订该制度时确定。"此项建议自 1989 年生效，得到当时 14 个《南极条约》协商国与 6 个当事国的批准。至此，《南极条约》协商国正式将南极矿产资源制度纳入南极条约体系规则范围之内。随后，历经 6 年、12 次会议谈判后，《矿产公约》正式通过，等待签署生效。虽然《矿产公约》最终因未得到全部协商国的批准而未得以生效，且在《关于环境保护的南极条约议定书》生效后被正式作废，但是《矿产公约》作为南极条约体系中曾经最为庞杂的公约，其对于南极矿产资源制度的形成发展的研究有着不可或缺的意义。同时，又因为 1981 年第十一届南极条约协商会议上通过的第Ⅺ-1 号建议仍旧有效，其中有关南极矿产资源制度的五项基本原则也成为当前研究南极海域矿产资源开发制度的重要法律依据。

---

❶ ATS. Recommendation Ⅸ-1（ATCM Ⅸ-London，1977）[EB/OL]. [2023-01-28]. https://www.ats.aq/devAS/Meetings/Measure/117.

❷ ATS. Recommendation Ⅺ-1（ATCM Ⅺ-Buenos Aires，1981）[EB/OL]. [2023-01-28]. https://www.ats.aq/devAS/Meetings/Measure/133.

考察以上五项基本原则及《矿产公约》第2条规定南极矿产资源开发制度的"目标和一般原则"可知，南极环境保护是南极条约体系中南极矿产资源开发制度的基本原则，始终贯穿于矿产资源开发的各个环节。由于矿产活动对南极生态与环境造成的破坏可能性远大于其他类型的活动，因此矿产资源开发制度必须制定更高更严格的环境保护标准。所以，以《矿产公约》在确定环境保护的一般原则的同时，所规定的四项关于矿产资源活动的判定原则可知，对拟定中的矿产资源活动的环境影响进行评估和判定是南极矿产资源开发制度是否允许活动的先决条件。除此之外，《矿产公约》规定了在《南极条约》第9条制定为保护区、特别保护区等任何保护区内均禁止矿产资源活动，并且在《南极海洋生物资源养护公约》委员会划定的任何保护区内也对矿产资源活动予以禁止或限制，以及其他如有必要划定的保护区内均禁止活动。❶ 环境影响评价与环境保护区规则，以及若干严格环境标准的设定，突出表现了在南极矿产资源开发制度中南极环境保护始终在矿产资源开发之前，位于规则设定最优先考虑的位置。然而，《矿产公约》仍旧因其环境保护条款不充分、不合理受到以《南极条约》协商国为主的各方代表的批判，并最终未得到签署生效。部分协商国认为南极环境保护与南极矿产资源开发是对立而行的两件事，应当在全面禁止南极矿产资源活动已达到环境保护目标。随着1991年《关于环境保护的南极条约议定书》的出台与签署，无疑当前的南极条约体系作出了如上安排。在环境保护依旧占据南极治理主导地位的现在，南极条约体系内并无直接有关南极海域矿产资源开发制度的讨论，但是五项基本原则与《联合国海洋法公约》中大陆架、国际海底区域开发等规则的存在，依旧为在符合环境保护的要求下南极海域矿产资源开发制度的形成奠定了法理基础。

2. 南极条约体系下南极海域矿产资源开发制度的组织机构与制度遵守执行

南极条约体系内首先正式设立的常设机构是依据《南极海洋生物资源

---

❶ ATS. Convention on the Regulation of Antarctic Mineral Resource Activities[EB/OL]. [2023-01-28]. https://www.ats.aq/devAS/Meetings/Measure/355.

养护公约》设立的南极海洋生物资源养护委员会并下设科学委员会和秘书处，随后依据《关于环境保护的南极条约议定书》设立了南极环境保护委员会，2001年在第二十四届南极条约协商会议协商国通过决定设立南极条约秘书处协助南极条约协商会议与南极环境保护委员会履行职能。目前，南极条约体系中尚无针对南极矿产资源活动管理的专门性机构，也不存在任何机构专门管理南极海域矿产资源的开发活动。当下，南极海域矿产资源开发活动在南极条约体系中同时受到南极条约协商会议与南极环境保护委员会的联合管理，南极海洋生物资源养护委员会因针对南极海域生物资源而不作涉及。第十一届南极条约协商会议通过的第Ⅺ-1号建议作为当前有关南极矿产资源活动管理的有效文件，其中也并未直接提到组织机构的安排，仅在早期谈判中由协商国一致认为专设组织机构是必要的。虽然在《矿产公约》中存在有关南极矿产资源活动管理机构的详细安排，包括总委员会、科学咨询委员会、管理委员会，以及一个当事国特别会议、秘书处和其他一般性机构安排等附属机构，但是在《矿产公约》谈判过程中主权声索国与非主权声索国、发达国家与发展中国家、《南极条约》协商国与非协商国之间均存在利益冲突，且尤其以第一类冲突最为尖锐，以上机构设立的核心目的是平衡各方的利益诉求，而非更好地管理南极矿产资源活动。因此，《矿产公约》中有关南极矿产资源活动管理机构的设置对于南极海域矿产资源开发制度中的组织机构设立具有一定的借鉴意义，但绝不可以全盘复制。

1981年第十一届南极条约协商会议通过的第Ⅺ-1号建议规定，未来的矿产资源制度应适用于南极大陆及其沿海区域的一切矿产资源活动。[1] 该规定一方面明确了南极海洋矿产资源开发制度包含在南极条约体系内，另一方面明确了矿产资源开发活动的所有阶段均应受到南极条约体系相关规则的约束。以南极海域的油气资源为例，矿产资源的开发活动主要包括：属于科学活动的勘探阶段、基本的商业性勘探阶段、勘探性钻探阶段及资源

---

[1] ATS. Recommendation Ⅺ-1（ATCM Ⅺ-Buenos Aires，1981）[EB/OL].［2023-03-28］. https://www.ats.aq/devAS/Meetings/Measure/133.

开采阶段。整体而言以国际海底区域矿产资源开发制度为例可划分为勘探与开采两个大的阶段。《矿产公约》将南极矿产资源活动划分为普查、勘探、开采三个阶段，并对当事国在每个阶段的权利义务和责任作出了较为详细的规定。《矿产公约》还引入了对条约与第三国关系的处理、《南极条约》中规定的视察制度、责任议定书、和争端解决机制来保障《矿产公约》的遵守与执行，尤其是争端解决机制大多借鉴《联合国海洋法公约》中国际海底区域活动争端的解决程序。总之，《矿产公约》遵守与执行的核心原则可以归纳为除非按照公约或公约生效的各项措施，否则一切矿产资源活动均不可进行。此原则适用于当事国以及所有经营者且对第三国也有一定的效力。[1] 以上遵守与执行的规定，既想做到平衡各方利益，又试图保证以南极环境保护为先的制度宗旨，但《矿产公约》无法生效的结果给出了评判，可借鉴但仍需完善。

3. 全球海洋治理背景下南极海域矿产资源开发制度的发展与未来

随着《关于环境保护的南极条约议定书》的生效，《矿产公约》正式退出南极条约体系，南极条约体系下的南极海域矿产资源开发制度历经讨论出台与作废后，再次回到无制度规制状态。与20世纪80年代不同，现在的无制度状态是在《关于环境保护的南极条约议定书》第7条禁止在《南极条约》"适用区域"条款规定的空间范围内进行任何与矿产资源相关的活动的规定下呈现的无活动可规制的结果。但是，正如本书研究背景与研究目的所述，随着科技与经济的发展，随着国际海洋法的不断变化，"适用区域"条款所规定的南纬60度以南区域中确实在现在与未来不再存在任何矿产资源开发活动吗？答案必然是否定的。首先，《关于环境保护的南极条约议定书》的首个有效期至2048年，也就是说2048年后存在《关于环境保护的南极条约议定书》失效、南纬60度以南区域不再禁止矿产资源活动的可能性。其次，"适用区域"条款所规定的南纬60度以南区域属于《关于环境保护的南极条约议定书》中所述"南极条约区域"，但是蕴藏着绝大部分油气资源的南纬60度以南海域的海床与底土其领土主权被《南极条约》

---

[1] 邹克渊.南极矿物资源与国际法[M].北京:现代出版社,1997:27.

第三章 "适用区域"条款的实施与发展：南极海域开发制度

被冻结的法律地位不断受到来自《联合国海洋法公约》大陆架及国际海底区域制度的挑战，一旦技术过关，资源紧缺，作为《南极条约》当事国的大国强国是否选择优先遵守《联合国海洋法公约》而非南极条约体系规则也未可知。最后，随着国际海底区域开发制度已经由勘探阶段发展至开采阶段的谈判与制定，一旦《开采规章草案》❶得以通过，《联合国海洋法公约》框架下的国际海底区域矿产资源开发制度将全部建成，为南极海底矿产资源开发活动提供全阶段的规则借鉴，《矿产公约》所无法突破的南极环境保护优先及各方利益的平衡等困境将得到新的解决可能，无法排除南极条约协商国依据第XI-1号建议，由整个南极缩小至聚焦南极海底矿产资源开发制度谈判的重启。

《联合国海洋法公约》的国际海底区域制度同样没有排除在南极海底的适用，一旦国际海底区域矿产资源开发制度建立，其对于将南极海底矿产资源活动的管理限定在南极条约体系之内必将产生极大的冲击，甚至对南极条约体系作为南极治理核心规则体系也是毋庸置疑的巨大挑战。因此，南极条约协商国以维护南极条约体系的发展，维护南极的和平稳定为目的，应当争分夺秒，在国际海底区域《开采规章草案》生效之前，对南极海底矿产资源开发活动作出相应的规制。这既是全球海洋治理发展背景下时代的需求，也是人类认识南极、保护南极、利用南极的未来的需求。完善南极海域矿产资源开发制度的讨论前提，是南纬60度以南海底的法律地位可以同时受到《南极条约》与《联合国海洋法公约》两个国际条约的界定，这一点在第二章"适用区域"条款与南极海域法律地位中已作论证不再赘述。那么，接下来如何利用"适用区域"条款做到协调南极海域矿产资源开发活动中各方利益，并且遵循南极治理中环境保护优先原则，成为完善南极海域矿产资源开发制度的关键。

---

❶ Draft regulations on exploitation of mineral resources in the Area [EB/OL]. [2025-02-27] https://www.isa.org.jm/node/19311.

第二节 "适用区域"条款的发展方向与条约修订

根据上节分析，当前《南极条约》"适用区域"条款对南极海域不同纬度上层水域中的生物资源及海床与底土中的矿产资源活动产生了不同程度的法律效果。例如，在限制了南纬60度以南水域中部分区域捕鱼自由权的同时，也冲击了南极辐合带至南纬60度水域中部分区域中的主权性权利；以及在限制了南纬60度以南海底矿产资源活动的同时，也保留了南极辐合带至南纬60度海域海底的矿产资源活动。以上效果是导致当前南极条约体系中的南极海域资源开发制度不断面临法律挑战的直接原因。

然而要在南极条约体系内完善南极海域生物资源和矿产资源开发制度，以达到维护南极条约体系和南极治理共同稳定发展的目的，首要应当解决的问题仍旧是《联合国海洋法公约》中公海制度、专属经济区制度、大陆架制度、国际海底区域制度等与南极海域尤其是南纬60度以南海域中资源开发制度适用争议的协调应对。因此，在通过对"适用区域"条款进行条约解释以应对关于南极海域法律地位的条约适用争议后，本章在分析"适用区域"条款发展方向的基础上，讨论是否可以通过对其进行继条约解释之后更具影响效力的条约修订，以应对与南极海域资源开发制度相关的条约适用争议。

首先，在法教义学层面讨论，同国内法一样，当事国在国际条约缔结时并没有能力预见到未来产生的所有问题。因此，适时更新条约以适应国际实践的发展，是应对国际社会各种变化的必然要求，所以条约的修订在国际法上具有重要的实际意义。针对"适用区域"条款而言，讨论《南极条约》中该条款修订的可能性，主要从《南极条约》本身的相关规定及《维也纳条约法公约》中对一般多边条约修正的规则入手分析，暂不涉及国际组织章程的修正。其次，地缘政治与国际制度不仅在国际政治理论中有交织，在制度法律实践中也有应对国际格局变化的共同需要。❶ 制度与规则不是建立在理想主义之上，而是建立在对利益的理解之上。❷ 如果某种国际制度或规则能在为其成员国提供公共服务功能与沦为主导国用作谋取国家利益的工具之间保持平衡，那么它将富有生命力。❸ 国际规则与制度之间存在竞合、嵌套或重叠现象已屡见不鲜，往往国际条约的初次签订仅是这项国际制度的逻辑起点，其效果有着富有成效的不清晰性❹，此时条约的修订及后续协议的补充则可能为解决条约解释歧义、适用冲突，或者为提高抛弃单个条约的难度及预防竞争性单边行为维护治理稳定均意义重大。最后，南极治理规则中的《南极条约》及南极条约体系应当也不例外，符合国际环境变化的适当解释与修订对维护其自身的稳定发展意义重大。

一、《南极条约》关于条约修订规则的规定之适用

上文以"适应区域"条款为指引完成对南极条约体系法律挑战下与南极海域资源开发相关的条约适用争议的问题分析后，本章继续以"适用区域"条款为研究对象，讨论通过修订该条款对此部分条约适用争议问题加以解决的可行性所在。

条约的修订是指条约当事国在缔结条约后于该条约有效期间内改变其规定的行为。❺ 修订既可增加条款，亦可删除条款，还可变更条款内容。《维也纳条约法公约》将条约的修订分为"修改"（modification）与"修

---

❶ 朱翠萍,吕嘉欣.南极治理:地缘政治博弈与国际制度合作[J].太平洋学报,2021,29(12):78-92.

❷ ROBERT O K. Power and Governance in Partially Globalized World[M]. London:Psychology Press,2002:11.

❸ 李巍.国际秩序转型与现实制度主义理论的生成[J].外交评论(外交学院学报),2016,33(1):31-59.

❹ DANIEL B. The Geopolitics of Antarctic Governance:Sovereignty and Strategic Denial in Australia's Antarctic Policy[J]. Australian Journal of International Affairs,2016,70(3):261.

❺ 李浩培.条约法概论[M].北京:法律出版社,2003:366.

正"（amendment）两种。❶ 其中，修订原条约的当事国意在使得修订后的条约只为原条约少数当事国所接受的行为是修改；而修订原条约的当事国意在使得修订后的条约能为原条约全部当事国所接受的行为是修正。对于双边条约而言，仅存在条约的修正一种情况；对于多边条约而言，条约的修正实践在时间与数量上远超条约的修改。此外，还有对多边条约进行检查（review）以达到修正目的的制度，在实际上属于一种条约修订的制度。上述条约修订的制度也均将在下文针对《南极条约》"适用区域"条款这一规定展开分析与适用讨论。

第二次世界大战之前，传统的条约修订规则要求必须经过全体当事国共同同意方可对条约进行修订，这是从条约必须遵守原则和国家主权原则推导而出的必然结论，并且成了当时的习惯国际法。1871年《伦敦宣言》明确规定"国际法的一个基本原则是除非通过友好的协商与各当事国的同意，否则国家无权解除一个条约的义务或改变其规定"。第二次世界大战后，建立政治、经济或军事性的区域国际组织的组成文件等多边条约依旧遵守全体一致原则，如1949年《北大西洋公约》第12条的规定及1992年建立欧盟的《马斯特里赫特条约》等。但是，全体一致原则很容易赋予少数国家对抗多数国家的特权，因此国际法委员会开始对条约的修订这一问题进行研究，并逐渐提出部分当事国同意的修改原则。但是，由于多边条约的扩大使得各国日益意识到事先在条约中规定条约修正条款的重要性，又根据特别法优于普通法的原则，条约本身对修订有规定的按照条约规定实行，条约本身没有规定的方适用《维也纳条约法公约》相关规定，因此在实践中，一致同意的条约修正仍旧是条约修订的主要法律实践形式，《维也纳条约法公约》所规定的条约的修改程序仅构成剩余规则。

《南极条约》作为"二战"后签署的普通多边条约，在其第12条第1款中明确规定了"只有协商国全体一致同意，才可随时对条约规定进行变

---

❶ 《维也纳条约法公约》第39—41条［EB/OL］.［2025-02-27］. https://www.un.org/chinese/law/ilc/treaty.htm.

更或修改"。❶《南极条约》"适用区域"条款的修订虽然在表面看来仅需全体当事国中符合条件的部分特殊当事国（协商国）的同意即可进行，但是实质上需取得同意的当事国并不可被任意划定或变更，而是始终确定的一部分具有实际投票权与决策权的当事国来代表剩余当事国，因此在实质上"适用区域"条款的修订应且只应适用全体（协商国）一致同意的修正程序。

（一）提议和参加修正的主体、时间与决定

原则上条约的任何当事国都有权提议对条约进行修正。❷但是也存在例外情况，如为了限制修正的提议，条约可能对提出修正的主体数目作出要求。在《修正1969年国际有无损害民事责任公约的1992年议定书》第14条第2款规定："经不少于1/3当事国的要求，国际海事组织应召开修订或修正《1992年责任公约》的当事国会议。"此外，如果条约是在国际组织的内部或该组织的主持下缔结的，该国际组织的有权机关也可以提出对条约的修正，甚至可以指定它们有权提出修正的条款。就《南极条约》而言，根据第12条第2款第（1）项的规定并非所有当事国均有权提出条约的修正提议，而仅为有权参加南极条约协商国会议的协商国，即由《南极条约》第9条第2款规定的"在南极建立科考站或派遣科学考察队的国家"。❸

---

❶《南极条约》第12条第1款规定："（甲）经其代表有权参加第9条规定的会议的缔约各方的一致同意，本条约可在任何时候予以变更或修改。任何这种变更或修改应在保存国政府从所有这些缔约各方接到它们已批准这种变更或修改的通知时生效。（乙）这种变更或修改对任何其他缔约一方的生效，应在其批准的通知已由保存国政府收到时开始。任何这样的缔约一方，依照本条第1款（甲）项的规定在变更或修改开始生效的两年期间内尚未发出批准变更或修改的通知，应认为在该期限届满之日已退出本条约。"

❷ 一般来说，非当事国无权提出修正条约，但确实存在非当事国要求修订条约以便加入的先例："二战"前英国与德国作为非当事国要求修订《保护码头工人不受意外事故损害公约》。李浩培.条约法概论[M].北京：法律出版社，2003：387.

❸《南极条约》第12条第2款规定："（甲）如在本条约生效之日起满30年后，任何一个其代表有权参加第9条规定的会议的当事国用书面通知保存国政府的方式提出请求，则应尽快举行包括一切当事国的会议，以便审查条约的实施情况。"《南极条约》第9条第2款规定："任何根据第13条而加入本条约的当事国当其在南极进行例如建立科学站或派遣科学考察队的具体科学研究活动而对南极表示兴趣时，有权委派代表参加本条第1款中提到的会议。"

有些条约规定无论在任何时候都可以提出修正建议。例如，1951年《关于难民地位的公约》第45条第1款规定："任何当事国都可随时通知联合国秘书长，请求修改本公约。"在实践中，一般条约中如无对修正提议提出时间的明确规定，一般依此适用，但是也有的条约为了维护其稳定性，会规定在其生效一段时间后，才能提出修正提议。例如，2003年《联合国反腐败公约》第69条第1款规定："当事国可以在本公约生效满5年后提出修正案并将其送交联合国秘书长。"就《南极条约》而言，第12条第1款规定在《南极条约》当事国中的协商国一致同意，则可在任何时间对条约内容进行修正；第12条第2款规定在《南极条约》生效30周年后当事国中的任何协商国可以书面提交审查条约实施情况的请求，并召开全体当事国大会，超过1/2的协商国加1/2当事国同意的情况下，可对条约内容进行任何变更或修改，不同意的当事国可以在修订生效的两年后退出公约。❶ 由此可知，《南极条约》的修正提议分为两种：普通的修正案可随时由协商国提出，全体协商国经南极条约协商国大会全体同意后生效，当事国接到修改通知两年后未批准修改则自动认定为退出《南极条约》；特殊的修正案也仅有协商国提出，但应在《南极条约》生效30周年后方可提出且应作为实施情况审查申请的附加要求，召开全体当事国大会且超出1/2全体当事国总数的国家同意即生效，不同意国家应在接到通知两年后正式向保存国发出退出通知方可进入退出《南极条约》程序。所以，当前既可以提出针对《南极条约》内容的普通修正案，也可以提出需当事国主动启动退出机制的特殊修正案。

修正条约的提议一般向条约的保管机关或保管国政府提出，如《南极条约》规定协商国应当向保存国（美国）政府提出修正提议。对于保存国政府组织召开的外交会议缔结的多边条约，最终是否要进行修正，一般都

---

❶ 《南极条约》第12条第2款规定："（乙）在上述会议上，经出席会议的大多数当事国，包括其代表有权参加第9条规定的会议的大多数当事国，所同意的本条约的任何变更或修改，应由保存国政府在会议结束后立即通知一切当事国，并应依照本条第1款的规定而生效。（丙）任何这种变更或修改，如在通知所有当事国之日以后两年内尚未依照本条第1款（甲）项的规定生效，则任何当事国得在上述时期届满后的任何时候，向保存国政府发出其退出本条约的通知；这样的退出应在保存国政府接到通知的两年后生效。"

是依照条约本身的规定来决定。例如,《南极条约》规定经参加南极条约协商会议的当事国的全体同意后,修正提案即可通过。虽然没有明确规定,是否只要协商国提出修正案就要在协商国会议中予以受理。但是针对《南极条约》生效满30周年后提出的作为审查实施情况附属性文件的特殊修正案,则明确规定必须尽快举行全体当事国大会予以受理。

(二) 修正案的通过、生效与法律后果

联合国成立后缔结的大多数多边条约,对于修正案的通过基本都以多数通过制代替了全体一致规则。不同的条约可能规定了不同的比例,如1968年《不扩散核武器条约》规定了全体当事国的多数票通过原则,而1973年《濒危野生动植物种国际贸易公约》规定修正案经到会参加投票的成员国的2/3通过即通过。并且随着表决方式的变化,以联合国为核心的当事国数量较多的普遍性多边国际条约在修正案进行表决前一般还要求当事国尽可能以协商一致的方式使得修正案通过,如1982年《联合国海洋法公约》第312条规定"只有在协商一致没有结果的情况下,作为最后手段才可诉诸多数票表决通过";1997年《〈联合国气候变化框架公约〉京都议定书》中也有类似规定。《南极条约》则规定了南极条约协商国会议上提出的普通修正案需全体协商国一致同意后通过,《南极条约》生效30周年后有可能启动的全体当事国大会上提出的特殊修正案则需要全体当事国的大多数和协商国的大多数同时同意后方可通过。因此,《南极条约》修正案的通过与否相较于其他以联合国为核心的多边国际条约限制性条件更加复杂,通过的难度较高。

一般来说,修正案通过后,仍旧需要当事国的批准、接受或核准才能生效。根据修正案生效的方式不同,可概括分为以下四种情况:一是修正案仅对同意受其约束的国家生效;二是修正案对全体当事国生效;三是修正案只对接受它的国家生效,不接受的国家将丧失当事国的资格;四是如果在一定期限内对修正案无当事国表示反对,则默示视为同意接受。就《南极条约》而言,属于第三种情况。当南极条约协商国全部将其批准普通修正案的通知交至保存国美国后,修正案对每一个当事国生效,任何在生效两年后未向保存国提交批准修正案通知的当事国自动退出《南极条约》,

失去当事国身份。由全体当事国大会通过的修正案同样适用此规则，不同之处仅有未批准修正案的当事国不是自动失去当事国身份，而是需向保存国主动提交退出条约通知两年后正式失去当事国身份。

就条约修正的法律后果而言，如果多边条约的修正案仅在接受它的当事国之间生效，必然会造成对同意事项的两种条约制度并存，从而产生条约冲突的问题，此时需要依据前文分析的《维也纳条约法公约》第30条规定予以解决。但是，在很多情况下，一个当事国同时执行两个不同的条约制度是不可能的，因此也有条约规定了预防措施，如《南极条约》所规定的不接受修正案的国家则丧失当事国资格。除此之外，1970年《铁路货物运输国际公约》第69条还规定了"修订产生的新公约生效后，旧公约及其附件均被废除不再有效"；国际劳工组织则通过限制修改前后新旧公约当事国流动的方式，保证当事国仅受到其中一个公约约束，且促进了旧公约逐渐被新公约淘汰的进程。总体而言，出现的条约冲突可通过条约内部规定予以适当的应对。

二、《维也纳条约法公约》关于条约修订规则的规定之适用

如果条约本身未规定完整的修正程序，以及即使有相关规定，但是随着国际关系的发展等情势变迁不再完全适用，那么在条约的规定不足以解决修正的程序性问题时，就可以诉诸1969年《维也纳条约法公约》第40条的规定。❶ 此条款是对多边条约修正程序的补充，在性质上属于剩余规则。

---

❶ 《维也纳条约法公约》第40条："多边条约之修正：一、除条约另有规定外，多边条约之修正依下列各项之规定。二、在全体当事国间修正多边条约之任何提议必须通知全体当事国，各该当事国均应有权参加：(a)关于对此种提议采取行动之决定；(b)修正条约之任何协定之谈判及缔结。三、凡有权成为条约当事国之国家亦应有权成为修正后条约之当事国。四、修正条约之协定对已为条约当事国而未成为该协定当事国之国家无拘束力，对此种国家适用第30条第4款(b)项。五、凡于修正条约之协定生效后成为条约当事国之国家，倘无不同意思之表示：(a)应视为修正后条约之当事国，并(b)就其对不受修正条约协定拘束之条约当事国之关系而言，应视为未修正条约之当事国。"

（一）提议和参加修正的主体与修正的对象

按照《维也纳条约法公约》第 40 条第 2 款的规定，在全体当事国之间修正多边条约的提议必须通知全体当事国，各当事国都有权参加关于这种提议采取行动的决议及关于修正条约的任何协定的谈判和缔结。这一条虽与《南极条约》规定的仅协商国有权参与修正案的谈判与缔结相冲突，但是基于特殊法优于普通法的原则，毫无疑问应当适用《南极条约》的规定。但是《南极条约》并没有明确规定提出修正案的主体是否又限于南极条约协商国，根据《维也纳条约法公约》的规定，条约的每一个当事国都有提出修正案的权利，因此可推定就南极条约协商会议而言，任何当事国均可以提出关于《南极条约》条款修订的提议。

按照国际法委员会的研究报告，《维也纳条约法公约》第 40 条的修正原则应当仅适用于已经生效的多边条约的修正，不适用于未生效的多边条约的修正程序的规范等问题，因为在国际法实践中存在对尚未生效的多边条约进行修订以促使该条约能获得足够数量的批准书从而正式生效的情况。例如，1982 年《联合国海洋法公约》在联合国的主持下得以通过出台，但是由于美国等发达国家反对其十一部分关于海底开发制度的规定，又因为《联合国海洋法公约》只允许一揽子接受不允许保留，所以以美国为首的多个国家拒绝签署批准《联合国海洋法公约》，导致公约通过十余年后仍无法生效。最后，发展中国家为促使《联合国海洋法公约》尽快生效，多次召开协商会议，并于 1994 年通过了《关于执行 1982 年 12 月 10 日〈联合国海洋法公约〉第十一部分的协定》，该协定作为单独的文书予以解释和适用，它对《联合国海洋法公约》第十一部分的当事国费用等八个方面内容进行了修正，需要单独的批准，同时该协定规定国家批准《联合国海洋法公约》即推定为批准此协定。因此，《联合国海洋法公约》在正式生效前即经历了修正谈判，且参与国家并非其当事国，所以最终《执行协定》没有采用任何"修正"或"修改"措辞，目的就是规避与《维也纳条约法公约》所规定的条约修正原则的冲突问题。此处理值得我们进一步思考，《维也纳条约法公约》相关规定的缺失，以及应对解决条约冲突问题的路径。

（二）谈判国的权利与修正的效果

为保护在条约中享有利益但是没有同意接受条约约束的谈判国，在国际法委员会的主持下，多种观点激烈讨论后，《维也纳条约法公约》第40条第3款承认谈判国与修正后的条约有利益关系，因而这类国家既可以同意接受原条约的约束，亦可以同意接受修正后条约的约束，但是它们不能参加修正协议的缔结与谈判。置言之，如国际法委员会在其研究报告中所作解释：意识到在国际法实践中条约当事国经常希望联合有权成为条约当事国的国家进行修正协议的谈判和缔结，以促进对修正后条约尽可能的广泛参加。但是已经同意接受条约约束的那些国家如果认为单独地进行修正以便在修正后的条约中包含它们所期望改进的权利是适当的，那么以上国家的此项权利应当得到承认。所以，不应超过对有权成为原条约当事国的其他国家赋予成为修正后条约当事国的权利，而它们被承认的权利是成为原条约的当事国和修正后条约当事国的权利。[1] 因此，就《南极条约》而言，参与条约修正案谈判的国家仅限于该条约的当事国，不可以添加其他国家，但是在修正案生效后，其他利益相关国可以选择继续加入原条约或新条约，成为新的当事国。

最后，根据《维也纳条约法公约》第30条的规定，同时为原条约和修正后条约的当事国的国家与仅为其中一个条约的当事国的国家之间相互的权利义务关系，以两国均为当事国的条约来决定。[2] 但是在当代国际法实践中，缔结于国际组织内部的多边条约一般会在条约中作相反的特殊规定。

---

[1] REPORTS OF THE COMMISSION TO THE GENERAL ASSEMBLY [EB/OL]. [2025-05-20]. https://legal.un.org/ilc/documentation/english/reports/a_cn4_191.pdf.

[2] 《维也纳条约法公约》第30条："关于同一事项先后所订条约之适用：一、以不违反联合国宪章第103条为限，就同一事项先后所订条约当事国之权利与义务应依下列各项确定之。二、遇条约订明须不违反先订或后订条约或不得视为与先订或后订条约不合时，该先订或后订条约之规定应居优先。三、遇先订条约全体当事国亦为后订条约当事国但不依第59条终止或停止施行先订条约时，先订条约仅于其规定与后订条约规定相合之范围内适用之。四、遇后订条约之当事国不包括先订条约之全体当事国时：(a)在同为两条约之当事国间，适用第3项之同一规则；(b)在为两条约之当事国与仅为其中一条约之当事国间彼此之权利与义务依两国均为当事国之条约定之。五、第4项不妨碍第41条或依第60条终止或停止施行条约之任何问题，或一国因缔结或适用一条约而其规定与该国依另一条约对另一国之义务不合所生之任何责任问题。"

此外，虽然在条约修正后准备加入条约的国家，可以加入新的条约，也可以加入旧的条约，还可以同时加入新旧两项条约，但是如果这些国家没有明示其加入的条约，那么依据《维也纳条约法公约》第40条第5款的规定，它们与接受新条约的国家之间的关系视为它们也加入了新条约，与未接受新条约的当事国之间的关系视为它们加入的是旧条约，从而降低条约冲突出现的可能性。此规定也为针对《南极条约》"适用区域"条款修正的可行性研究提供了一定的依据和启示。

第三节 南极海域开发制度相关条约适用争议的协调和应对

一、与南极海域资源开发制度相关的条约适用争议的分析

继前文分析得出《南极条约》"适用区域"条款在法律实施过程中有引发南极条约体系内区域性国际条约及以《联合国海洋法公约》为代表的全球性国际条约在南极海域的适用争议的事实，且进一步对南极条约体系内南极海域生物资源与矿产资源开发制度的稳定实施造成了消极影响和挑战，同时"适用区域"条款在实施发展中并不排除自身获得条约修订的可能性。故此，本节同样以"适用区域"条款所定南纬60度为界，在依据以《维也纳条约法公约》为核心的条约适用理论分解完成与南极海域中各区域开发制度相关的条约适用争议后，依次探讨是否及如何通过对"适用区域"条款的修订来应对和解决以上争议问题。同上，依据生物资源与矿产资源主要存在区域，按照南纬60度以南海域上覆水域、南纬60度以南海域海床和底土、南极辐合带至南纬60度海域上覆水域、南极辐合带至南纬60度海床和底土四个区域划分对南极海域资源开发制度所面临的法律挑战及其相关的南极海域条约适用争议梳理如下（表3-1）。

表 3-1　与南极海域开发制度相关的条约适用争议分解

分层	南纬 60 度以南海域法律地位争议		南纬 60 度至南极辐合带海域法律地位争议	
		相关条约适用争议		相关条约适用争议
上覆水域	《南极海洋生物资源养护公约》委员会所通过的限制该区域内犬牙鱼与磷虾等渔业资源捕捞的管理措施（如海洋保护区等）与国际海洋法新发展（如《BBNJ国际协定》等）是否存在潜在制度冲突？	条约在时间上的适用范围争议	《南极海洋生物资源养护公约》委员会打击该区域内IUU捕捞活动的管理措施与《联合国海洋法公约》专属经济区制度是否存在冲突？	条约在时间上的适用范围争议
		应当适用《南极条约》签署时已出台的1958年《公海公约》还是现行有效的《联合国海洋法公约》及其已有及未来的议定书？		—
		条约在空间上的适用范围争议		条约在空间上的适用范围争议
		该区域包含在《南极条约》还是《联合国海洋法公约》在空间上的适用范围内？		—
		不同条约适用的条约冲突问题		不同条约适用的条约冲突问题
		该区域应当优先适用以《南极条约》为核心的南极条约体系各条约（《南极海洋生物资源养护公约》）还是《联合国海洋法公约》？		该区域应当优先适用《南极海洋生物资源养护公约》还是《联合国海洋法公约》？

续表

分层	南纬60度以南海域法律地位争议		南纬60度至南极辐合带海域法律地位争议	
洋底、海床和底土	非《关于环境保护的南极条约议定书》当事国是否有权利在此区域进行矿产资源的勘探开发活动？	条约在时间上的适用范围争议 / —	《南极海洋生物资源养护公约》在空间上的适用范围延伸至南极辐合带的部分区域不包括其深海海底区域，仅包括上覆水域。因此，《南极海洋生物资源养护公约》委员会没有制定管理措施限制其当事国在该区域内勘探开发矿产资源活动的权力，无南极条约体系下资源开发制度条约冲突	条约在时间上的适用范围争议 / —
		条约在空间上的适用范围争议 / 该区域包含在《南极条约》还是《联合国海洋法公约》在空间上的适用范围内？		条约在空间上的适用范围争议 / —
		不同条约适用的条约冲突问题 / 该区域应当优先适用以《南极条约》为核心的南极条约体系各条约（《关于环境保护的南极条约议定书》）还是《联合国海洋法公约》？		不同条约适用的条约冲突问题 / —

（一）南纬60度以南海域的条约适用争议——条约在时间范围上的适用之争

首先，在南纬60度以南海域的上覆水域中存在着全球性海洋法规则冲击南极条约体系项下区域性海洋生物资源开发与保护规则的法律挑战，尤其是随着《BBNJ国际协定》作为《联合国海洋法公约》项下第三执行协定对国家管辖以外海域生物多样性的养护和可持续利用从惠益分享、划区管理工具、环境影响评估、能力建设与技术转让四个方面作出了全面具体的规则与机构设置。例如，其中与公海海洋保护区设定建设相关的规则与《南极海洋生物资源养护公约》委员会在南纬60度以南海域上覆水域设立海洋保护区的养护措施规定重合度极高，在《BBNJ国际协定》正式生效后，存在以下法律挑战的可能：按《BBNJ国际协定》现在公布的草稿文件，❶ 在该协定生效后根据第1条与第3条"适用"条款其适用于"国家管辖以外的区域"，即《联合国海洋法公约》所规定的公海和国际海底区域。❷ 经第二章分析，在南纬60度以南海域的上覆海域中存在《南极条约》与其他国际公约同时适用的可能性。但是基于"适用区域"条款中特别提出保护当事国依据国际法在南纬60度以南区域所享有的公海权利，那么此处的"公海"权利的权利范围是否随国际海洋法的新发展从1958年《公海公约》变更为1982年《联合国海洋法公约》，以及继续变更为《BBNJ国际协定》出台后所限定的"公海权利"范围，要知道随着国际海洋法的发展，在法律与实践层面尤其是以捕鱼自由权为例的"公海自由"所涵盖的活动种类与范围均在不断缩小。那么，《BBNJ国际协定》生效后《联合国海洋法公约》下进一步受限的公海权利范围，将对南极条约体系下依据《南极海洋生物资源养护公约》设立在南纬60度以南海域上覆水域海洋保护区的正当性更加起到支撑作用。原因在于，《南极海洋生物资源养护公约》中所规定的对南极海域上覆水域生物资源的保护及其海洋保护区养护措施中划定区域的"禁渔"规则，在1958年《公海公约》中无法直接找到养护公海生物资源与环境的规则支撑，直到1982年《联合国海洋法公约》的公海制度中方出现有关"公海生物资源的养护与管理"规则❸，并作为众多支持设立南极海洋保护区的国家在南极海洋生物资源养护委员会谈判中反驳以俄罗斯

---

❶ 第五届会议续会会议议程[EB/OL].[2025-02-27].https://documents-dds-ny.un.org/doc/UNDOC/LTD/N22/743/74/PDF/N2274374.pdf?OpenElement.

❷ 根据《联合国海洋法公约》关于养护和可持续利用国家管辖范围以外区域海洋生物多样性的协定案文草稿[EB/OL].[2025-02-27].https://www.un.org/bbnj/sites/www.un.org.bbnj/files/draft_agreement_advanced_unedited_for_posting_v1.pdf.

❸ UN.《联合国海洋法公约》第117~119条[EB/OL].[2023-02-09].https://www.un.org/zh/documents/treaty/UNCLOS-1982#7.

为首，认为南极海洋保护区违反公海捕鱼自由原则的反对派的有力论据。随着《BBNJ 国际协定》的出台，支持国必将以此为依据反驳要求在南纬60度以南海域上覆水域遵守"绝对性"公海捕鱼自由原则的国家。此时，必将引发究竟南纬60度以南海域的上覆水域作为公海应当适用1958年《公海公约》的权利义务规则，还是随着时间发展适用当前《联合国海洋法公约》中的公海制度的争议。

其次，在南纬60度以南的洋底、海床和底土中是否同样存在下述问题：如果认定澳大利亚、阿根廷、挪威、英国四国所提出其国家在南大洋中主权岛屿划定且延伸至南纬60度以南海底的大陆架划界申请通过，则南纬60度以南海底属于主权国家大陆架的区域应当适用1958年《大陆架公约》抑或1982年《联合国海洋法公约》的大陆架制度。答案是否。不同于公海自由原则内涵的改变，《联合国海洋法公约》的大陆架制度中对沿海国权利义务的规定与《大陆架公约》中的规定并无明显不同。最重要的是在《南极条约》"适用区域"条款中并未明确列出"大陆架"，仅对"公海"权利的保护予以明确规定，因此按照《维也纳条约法公约》中有关条约溯及力的规则，南纬60度以南的洋底、海床和底土如果依据《联合国海洋法公约》认定了大陆架则适用《联合国海洋法公约》中的大陆架制度，以及如果依据《联合国海洋法公约》认定了国际海底区域则适用《联合国海洋法公约》中的国际海底区域制度，则并不存在条约在时间范围上的适用争议问题。

（二）南纬60度以南海域的条约适用争议——条约在空间范围上的适用之争

相较条约在时间范围上的适用争议，南纬60度以南海域的上覆水域与深海海底之中所存在的条约在空间范围上的适用争议，与南极海域资源开发制度的挑战更加直接相关且影响最大。

在南纬60度以南海域的上覆水域之中存在的条约在空间范围上的适用争议，依旧是南纬60度以南海域的上覆水域是否包含在《南极条约》在空间上的适用范围之内，以及是否包含在《联合国海洋法公约》在空间上的适用范围之内。该适用争议既与南极海域的法律地位相关，也与南极海域的资源开发制度紧密相关。与法律地位相关的情况不再赘述,就其对南极条约体系下南极海域开发制度造成的法律挑战而言分析如下。

首先,《南极海豹保护公约》第1条规定条约在空间上的适用范围条款明确规定"本公约适用于南纬60度以南海域,且缔约各方确认《南极条约》第4条的规定",第2条规定"在本公约允许的条件之外,缔约各方不得在适用范围内猎杀指定种类的海豹",如第二章所述《联合国海洋法公约》同样规定其适用于南纬60度以南海域,那么按照《联合国海洋法公约》的公海制度,其当事国在南纬60度以南海域的上覆水域拥有捕鱼自由的权利。又因为《南极条约》"适用区域"条款规定其当事国应当认可并保护各国在南纬60度以南上覆水域中享有的公海权利,那么《南极海豹保护公约》所规定的针对其当事国的禁止猎杀该区域范围内海豹的规则无法得到其当事国的绝对遵守。因为《南极海豹保护公约》的当事国均为《南极条约》的当事国,且除美国外均为《联合国海洋法公约》的缔约国,南极条约体系中有关南极海域禁止猎杀海豹的制度在法理与实施中均存在难以解决的法律问题。

其次,《南极海洋生物资源养护公约》及其项下设立的南极海洋保护区及其养护措施中有关在南纬60度以南海域上覆水域划定的特殊区域的禁渔与视察等制度,同样具有与《联合国海洋法公约》中公海制度中赋予当事国捕鱼等生物资源开发的权利产生冲突的问题,进而直接导致以俄罗斯为代表的同时作为《联合国海洋法公约》与《南极海洋生物资源养护公约》当事国的国家援引公海自由原则,反对其他《南极海洋生物资源养护公约》当事国提出的在南纬60度以南海域设立海洋保护区的提案,导致南极条约体系中有关南极海域生物资源养护与可持续利用制度无法得到实施。

最后,随着《BBNJ国际协定》生效且适用于所有国家管辖范围外的海域之后,其有关海洋保护区等划区管理工具的制度设定,必然与南极条约体系中的相关规定出现重合或冲突。虽然《BBNJ国际协定》明确规定了"在解释和适用本协定时不应损害相关法律文书和框架以及相关全球、区域、次区域和部门机构,并应促进与这些文书、框架和机构的一致性和协调性",但是其作为《联合国海洋法公约》项下的第三大执行协定,始终存在冲击南极条约体系中有关南纬60度以南海域上覆水域生物资源开发与养护规则的威胁。因此，应当如何解决南纬60度以南海域上覆水域既包含在以《南极条约》为核心的南极条约体系海洋生物资源开发制度的适用范围内，也包含在《联合国海洋法公约》在空间上的适用范围之内所导致的南极海域生物资源开发制度法律挑战，是结合"适用区域"条款否定任一方在空间上适用范围不包含南纬60度以南海域的上覆水域，抑或是对具体制度冲突加以协调，是为症结所在。

在南纬60度以南海域的海床、洋底与底土之中，所存在的该区域包含于《南极条约》还是《联合国海洋法公约》在空间上的适用范围之内的条约适用争议，直接对《关于环境保护的南极条约议定书》第7条等有关南极条约区域即南纬60度以南区域禁止一切矿产活动的禁矿制度的法律依据以及制度实践造成较大的法律挑战。因为如果南纬60度以南海域的深海海底同样适用《联合国海洋法公约》，那么除去已经依据大陆架制度向大陆架划界委员会提交外大陆架划界申请的四个国家，在此区域内的特定范围中依据《联合国海洋法公约》享有矿产资源开发的合法权利，但同时澳大利亚、阿根廷、挪威、英国均为《关于环境保护的南极条约议定书》的当事国，应当遵守在南纬60度以南的南极条约区域内禁止一切矿产资源活动的规则所导致的以上四国对此规则遵守与否的态度不明，尚存在内部磋商协调的可能性外；南纬60度以南的深海海底如果在《联合国海洋法公约》的空间适用范围之内，则除去少数国家大陆架区域外剩余的广阔区域应当适用"人类共同继承财产原则"，其矿产资源属于全人类所有，《联合国海洋法公约》的所有当事国可以依据国际海底区域制度在此区域内拥有对矿产资源勘探开发的合法权利，而这些国家中有少部分国家同时也是《关于环境保护的南极条约议定书》的当事国，大部分国家并非《关于环境保护的南极条约议定书》或《南极条约》当事国。它们之中以冰岛等为代表已经就对南极海域之下的矿产资源开发权作出了有关声明。这是从南极条约体系外部对南极条约体系里有关南极海域矿产资源开发制度发起的挑战。因此，如何通过《南极条约》"适用区域"条款对南极条约区域的地理范围加以明确，从而缓解来自南极条约协商国内外对南极条约体系中现有矿产资源开发制度，尤其是南极海域范围内的法律挑战，是解决南纬60度以南海域中与资源开发相关的条约在空间上的适用范围争议的核心目的。

（三）南纬60度以南与南纬60度至南极辐合带海域——条约冲突的适用之争

自南极辐合带至南极大陆的全部水域，也即本研究涉及的南极海域中遍布不同多边国际条约与公约之间的条约冲突，尤其在与南极海域生物资源和矿产资源开发制度相关的国际条约中法律冲突更为复杂与激烈。按照条约冲突在空间适用范围上的不同，可总结如下。①在南纬60度以南海域的上覆水域之中应当优先适用以《南极条约》为核心的南极条约体系内的各项条约（如《南极海洋生物资源养护公约》）还是国际海洋法的核心条约（《联合国海洋法公约》）？②在南纬60度以南海域的深海海底之中应当优先适用以《南极条约》为核心的南极条约体系内的各项条约（如《关于环境保护的南极条约议定书》）还是国际海洋法的核心条约（《联合国海洋法公约》）？③在南极辐合带至南纬60度海域的上覆水域之中应当优先适用《南极海洋生物资源养护公约》还是《联合国海洋法公约》？以上不同条约在条约冲突中的适用争议，与南极条约体系中南极海域生物资源和矿产资源养护与开发制度的实施与发展均密切相关。

就南纬60度以南海域的上覆水域之中所存在的与南极海域生物资源开发制度密切相关的条约冲突而言，首先，当前既是《南极海洋生物资源养护公约》当事国也是《联合国海洋法公约》当事国的国家，如澳大利亚、英国、法国等，在遵守南极海洋生物资源养护委员会依据《南极海洋生物资源养护公约》制定的南奥克尼群岛南大陆架海洋保护区与罗斯海海洋保护区养护措施中所规定的禁止除科学考察为目的的商业捕捞活动时，是否构成对《联合国海洋法公约》所赋予当事国的公海自由捕鱼权的放弃？是否认为《南极海洋生物资源养护公约》作为南纬60度以南海域上覆水域的区域性海洋治理规则，其效力优先于《联合国海洋法公约》在南纬60度以南海域对于当事国所具有的效力程度？其次，对于《南极海洋生物资源养护公约》项下的，尤其是海洋保护区养护措施中有关生物资源观察和检查制度原则上，仅可对船旗国是《南极海洋生物资源养护公约》当事国的船只加以实施,而船旗国是《联合国海洋法公约》当事国的船只在南纬 60 度以南海域上覆水域中享有公海航行自由权,不可被登临检查,那么当同时是《联合国海洋法公约》和《南极海洋生物资源养护公约》当事国的某国家,按照养护措施的规定对船旗国既为《联合国海洋法公约》当事国也是《南极海洋生物资源养护公约》当事国的船只进行登临检查,该进行检查的国家是否在遵守《南极海洋生物资源养护公约》规则的同时,违背了《联合国海洋法公约》的规则?如果其未进行登临检查,则是否在遵守《联合国海洋法公约》规则的同时违背了《南极海洋生物资源养护公约》规则赋予其的义务?换言之,同时作为《南极海洋生物资源养护公约》与《联合国海洋法公约》当事国的国家,应如何在南纬 60 度以南海域的上覆水域履行以上两个国际条约的规则,从而避免条约冲突的出现是解决南极条约体系中南纬 60 度以南海域生物资源养护与开发制度法律挑战的关键问题之一。

就南纬 60 度以南海域的深海海底之中,所存在的与南极海域矿产资源开发制度密切相关的条约冲突而言,《关于环境保护的南极条约议定书》的当事国在南极条约区域内被禁止采矿,根据《南极条约》"适用区域"条款南纬 60 度以南海域的洋底、海床和底土等深海海底应当包含在南极条约区域内,那么同时作为《关于环境保护的南极条约议定书》与《联合国海洋法公约》及其第十一部分有关国际海底区域开发管理制度的执行协定的当事国的国家(如阿根廷、澳大利亚、英国及中国等国家),在南纬 60 度以南海域的深海海底遵守《关于环境保护的南极条约议定书》规定则不可进行矿产资源的勘探开发活动,遵守《联合国海洋法公约》有关国际海底区域的制度则可以在此区域进行矿产资源的勘探与开采,如此给两个条约的共同当事国造成了有关南极海域矿产资源开发制度的条约适用冲突;除此之外,同时作为《关于环境保护的南极条约议定书》与《联合国海洋法公约》当事国的部分特殊国家,还存在依据《联合国海洋法公约》大陆架制度所划大陆架延伸进入南纬 60 度以南的海床和底土之上,那么在此区域内如果澳大利亚等国依据《联合国海洋法公约》获得的大陆架主权权利自行进行矿产资源的开发,那么同样构成对《关于环境保护的南极条约议定书》第 7 条禁矿规则的违背,从而形成不同条约因为适用区域重合而导致同一当事国无法同时履行不同条约各自权利义务规定的条约冲突情形。

就南极辐合带至南纬60度海域的上覆水域之中，所存在的与南极海域生物资源开发制度密切相关的条约冲突而言，主要表现为南非、澳大利亚与法国等依据其在亚南极海域的主权岛屿根据《联合国海洋法公约》专属经济区制度而划定的在南极辐合带与南纬60度海域之间的四个专属经济区与《南极海洋生物资源养护公约》在空间上的适用范围出现重合，从而导致以上专属经济区的主权国家，既是《南极海洋生物资源养护公约》当事国，也是《联合国海洋法公约》当事国，它们无法在重合区域同时履行《南极海洋生物资源养护公约》所规定如打击IUU活动、限制捕捞量等养护该区域范围内海洋生物资源的义务以及享有《联合国海洋法公约》专属经济区制度所赋予它们在此区域内专属性的开发和利用海洋生物资源的权利。为了协调此条约冲突，南极海洋生物资源养护委员会与以上国家均作出了努力。一方面，南极海洋生物资源养护委员会通过主席声明承认以上国家在《南极海洋生物资源养护公约》生效前所作出的开发此重合区域生物资源的一切措施的有效性，并且保证只有经过以上国家同意后，方可对重合区域实施养护措施以及科学考察活动，显然南极海洋生物资源养护委员会在此条约冲突中以《联合国海洋法公约》赋予岛屿主权国家的专属经济区主权权利为优先。与此同时，澳大利亚等国家也在其国内有关此专属经济区的立法中特别规定了配合《南极海洋生物资源养护公约》养护义务的特别保护措施，在法律实践中构成了对《南极海洋生物资源养护公约》的承认与配合。最后依据《南极海洋生物资源养护公约》第11条的规定，如果以上国家确定违反《南极海洋生物资源养护公约》规定施行其根据《联合国海洋法公约》享有的权利，则南极海洋生物资源养护委员会应寻求与可对毗邻海区行使管辖权的缔约方合作，以协调对相关种群的养护措施。如此，在南极辐合带至南纬60度海域上覆水域存在的条约冲突是当前与南极海域资源开发制度相关的最现实且影响最大的冲突之一，需重点应对协调。

就南极辐合带至南纬60度海域的深海海底之中是否存在与南极海域矿产资源开发制度密切相关的条约冲突而言，《南极海洋生物资源养护公约》第1条规定的公约的适用对象为南极辐合带中部分区域至南极大陆之间水域之中的海洋生物资源,包括鱼类、软体动物、甲壳动物和包括鸟类在内的所有其他生物种类。如此可知,《南极海洋生物资源养护公约》在空间上的适用范围,仅为南极辐合带部分区域至南极大陆的上覆水域,并不包括该区域范围内的深海海底。因此,严格来讲南极条约体系中各个条约以及相关管理措施在空间上的适用范围是不包括南极辐合带至南纬60度海域的洋底、海床和底土等深海海底区域,又因为本文讨论的是南极海域中与南极条约体系相关的条约冲突,故而对于南极辐合带至南纬60度海域深海海底是否存在除与南极条约体系相关之外的条约冲突暂不作分析与讨论。

二、与南极海域资源开发制度相关的条约适用争议的解决

综上所述,南纬60度以南海域的上覆水域存在与南极海域资源开发制度相关的条约在空间范围上、时间范围上及不同条约间条约冲突中的条约适用争议;海床与底土区域中则同时存在条约在空间范围上及不同条约间条约冲突中的条约适用争议。南极辐合带至南纬60度的海域中仅上覆水域存在与南极海域资源开发制度相关的不同条约间条约冲突中的条约适用争议;而南极辐合带至南纬60度海域的海床和底土中暂不存在与南极海域资源开发制度相关的条约适用争议,该区域暂未对南极条约体系构成法律挑战,不作赘述。以上条约适用争议同样与《南极条约》"适用区域"条款的内容密切相关,因此在前文对"适用区域"条款适用情形、法律效果、发展方向与内容修订讨论的基础上,分析如何以《南极条约》"适用区域"条款为作用对象加以修正以协调与南极海域资源开发制度相关的条约在时间上、空间上以及条约冲突中存在的条约适用争议。

(一)条约在时间范围上的适用争议问题

就与南极资源开发制度相关的条约适用争议中集中于时间适用上的争议问题而言,仅存在《南极条约》"适用区域"条款中所规定的保护当事国的公海权利,是指适用《南极条约》签署时存在的1958年《公海公约》所规定的公海权利?还是现行有效的《联合国海洋法公约》中所规定的公海权利?此有关条约在时间范围上的争议适用问题,与第二章中与南极海域法律地位相关的条约适用争议中对应问题具有一致性。在第二章中,根据

《维也纳条约法公约》有关条约在时间范围上的适用原则以及对"适用区域"条款的条约解释得出结论：以《南极条约》为核心的南极条约体系规则中所指公海权利应当以《联合国海洋法公约》公海制度所规定的公海权利范围为依据，而非1958年《公海公约》所规定的权利范围，既当事国在南纬60度以南海域的上覆水域在享用捕鱼自由等公海自由权利的同时也应承担《联合国海洋法公约》中所规定的保护公海环境的义务，其所享有的公海自由是受到一定限制的权利，并非绝对的自由。

而且，依据第二章对《维也纳条约法公约》第28条"条约不溯及既往"原则的分析适用，可知，因不涉及国际强行法等特殊情况，所以《南极条约》当事国意思表示所形成的合意优先于"条约不溯及既往"原则。而《南极条约》"适用区域"条款中的公海权利范围适用《联合国海洋法公约》已在《南极条约》之后签署的《南极海洋生物资源养护公约》《关于环境保护的南极条约议定书》以及保护南极海域的各相关养护措施中得到南极条约协商国的法律实践。因此，就南极海洋生物资源养护公委员会所通过的限制该区域内犬牙鱼与磷虾等渔业资源捕捞的管理措施（如海洋保护区等）与国际海洋法新发展（如《BBNJ国际协定》等）是否存在潜在制度冲突等与南极海洋生物资源开发制度相关的法律挑战及其项下的条约适用争议而言，明确"适用区域"条款中所规定的"公海权利"应以《联合国海洋法公约》中权利范围为准，而非《公海公约》中无限制性的公海自由，既能对现存的条约在时间适用上的争议问题加以解决，又能缓解与南极海域开发制度相关的法律挑战。

那么，在第二章所提出的南极条约协商国通过南极条约协商会议以决议或决定的方式，对《南极条约》"适用区域"条款加以条约解释，明确其所述"公海"及其权利范围。以《联合国海洋法公约》中公海制度为依据是为解决南极海域中与南纬60度以南海域上覆水域法律地位相关的条约在时间范围上的适用争议的方法，是否同样适用于本章与南纬60度以南海域上覆水域开发制度相关的条约在时间范围上的适用争议的解决路径呢？答案是肯定的。因为与法律地位相比开发制度的政治敏锐性更低，《南极条约》各当事国对条约解释确定合意的方式接受度更高。在国际法中，不同于主权归属与法律地位的强相关，特定区域内存在资源开发权的主体与该区域主权的主体不一致的情况。那么，是否存在《南极条约》当事国对《南极条约》"适用区域"条款加以修正从而在根本上明确此条约在时间范围上适用争议的问题的可能性呢？结合本章第二节对《维也纳条约法公约》以及《南极条约》自身所规定的条款修正的程序要件难以达成，以及本争议问题通过条约解释已足够得到解决的争议现实，可知以此为原因对"适用区域"条款加以修正的可能性微乎其微。前两章均对"适用区域"条款自身内容模糊性的重要法律与政治意义加以论证，所以，在此问题用尽其他可救济手段前并不能达到修正"适用区域"条款内容的效果，是以解决与南极海域开发制度相关的条约在时间范围上适用争议的问题时，依旧以对"适用区域"条款加以条约解释协调路径为优。

（二）条约在空间范围上的适用争议问题

在与南极海域开发制度相关的条约适用争议中，有关条约在空间范围上的适用争议问题，同样集中于南纬 60 度以南海域的上覆水域及其深海海底之中。首先，南纬 60 度以南海域的上覆水域是否包含于《南极条约》在空间上的适用范围之内，是否包含于《联合国海洋法公约》在空间上的适用范围之内？其次，南纬 60 度以南海域的洋底、海床和底土是否包含于《南极条约》在空间上的适用范围之内，是否包含于《联合国海洋法公约》在空间上的适用范围之内？前者与南极条约体系中南纬 60 度以南海域生物资源开发制度所包含的海洋保护区禁捕等区域性养护措施，受到来自《联合国海洋法公约》当事国反对的法律争议有关；后者则与南极条约体系中南纬 60 度以南海域矿产资源开发制度所涉及的禁矿等区域性制度受到来自《联合国海洋法公约》当事国援引国际海底区域人类共同继承财产原则及其开采制度的质疑等法律争议相联系。

就南纬 60 度以南海域的上覆水域是否包含于《南极条约》在空间上的适用范围之内，第二章与南极海域法律地位相关条约在空间范围上的适用争议，经过对"适用区域"条款进行文义、体系及目的解释，得出南纬 60 度以南海域上覆水域包含于《南极条约》在空间上的适用范围之内，南极主权声索国以其在南极大陆之上声索领土区域为基线依据《联合国海洋法公约》领海、专属经济区等制度在南纬60度以南海域上覆水域所声明的"领海"或"专属经济区"均属于对《南极条约》"主权冻结"条款和"适用区域"条款的违背，不具有任何法律效力。同时，南纬60度以南的上覆水域也应当包含于《联合国海洋法公约》在空间上的适用范围之内，同样是以第二章对"适用区域"条款的文义、体系及目的解释为依据，可以得出"适用区域"条款之中所承认和保护的当事国的"公海权利"是国际海洋法中所规定的公海自由权。结合前文条约在时间范围上的适用争议，可知当前国际海洋法指的是《联合国海洋法公约》。因此，通过对"适用区域"条款进行条约解释可得南纬60度以南海域的上覆水域同时包含于《南极条约》与《联合国海洋法公约》在空间上的适用范围之内。此结论可以解决有关南纬60度以南海域上覆水域法律地位的争议问题，即该区域对于《联合国海洋法公约》当事国而言适用公海制度，对于《南极条约》当事国而言适用主权冻结原则，对于同时作为《联合国海洋法公约》与《南极条约》的当事国而言，则在适用主权冻结原则的同时也承认和保护当事国的公海自由权。然而，这就引出了本章需要解决的南极海洋生物资源养护委员会在南纬60度以南海域上覆水域之中依据《南极条约》《南极海洋生物资源养护公约》所设立的两个海洋保护区及其养护措施中的禁渔、检查等规则，是否侵犯了双重身份当事国在此区域依照《联合国海洋法公约》所享有的捕鱼自由、航行自由等公海权利？结合前文有关条约在时间范围上的适用争议讨论，同样可以通过对"条约适用"区域条款中的"公海权利"范围加以解释，即可解决此问题。因为《联合国海洋法公约》公海制度之下的公海权利，并非绝对不受限制的自由权，而是当事国在承担海洋环境及其资源养护义务的基础上享有的有所限制的自由权。海洋保护区养护措施以及打击IUU活动规则并没有超出《联合国海洋法公约》所规定的限制范围，因此结合生态预防原则以及科学数据原则可知，《南极条约》之下南极海洋生物资源养护委员会在南纬60度以南海域上覆水域所设立的区域性养护措施，并未侵犯相关当事国在此区域内享有的国际海洋法所规定的公海权利。那么，针对俄罗斯等在南极海洋保护区提案以及审查过程中提出的反对意见应当如何处理呢？在实践中获得成功的方法是依据《国际法原则宣言》中和平解决国际争端原则在谈判等过程中，通过对"适用区域"条款的条约解释与俄罗斯等当事国加以协商，以求达成合意（罗斯海海洋保护区谈判过程如上）。对于今后可能发生的类似的与南极海域开发制度相关的条约在空间上的适用争议引发的制度挑战而言，是否可以通过对"适用区域"加以修正的方式一劳永逸地解决争议呢？例如，将"适用区域"条款中的"公海"权利范围予以明确列举。答案是否。一方面，俄罗斯等国作为南极条约协商国之一必然不会同意此项修正，则依据《南极条约》的条款修正程序，必须经全体当事国同意方可生效，程序上无法达到要求；另一方面，此明确"适用区域"条款所保护当事国公海权利范围的修正内容难以确定其范围所在。因为南极海域科研数据有限，无法为其限制范围提供足够的科学证据，且明确的公海权利范围会导致"适用区域"条款平衡当事国利益诉求以及协调国家立场的功能失效，进而有可能加速以《南极条约》为核心的南极条约体系的不稳定，起到与修正其内容所想达到的目的相反的效果。

南纬60度以南海域的海床、洋底和底土是否包含于《南极条约》在空间上的适用范围之内，以及是否包含在《联合国海洋法公约》在空间上的适用范围之内的情况与上覆水域相同。通过《南极条约》"适用区域"条款的条约解释可以得出南纬60度以南海域的深海海底包含于《南极条约》在空间上的适用范围之内，而并未包含于《联合国海洋法公约》在空间上的适用范围之内。如此，结合《关于环境保护的南极条约议定书》中规定南极条约区域内禁止与矿产资源有关的活动，可知《联合国海洋法公约》中国际海底区域制度规定深海海底的矿产资源归全人类所有，通过平行开发制度加以开发利用的制度在2048年《关于环境保护的南极条约议定书》审议前并不适用于南纬60度以南海域的深海海底，在此之前南极条约体系中南纬60度以南海域深海海底矿产资源开发制度与《联合国海洋法公约》中规定国际海底区域制度不会产生较大的冲突。但是，真正的与南极条约体系在南纬60度以南海域深海海底矿产资源开发制度相冲突的问题，是亚南极海域的岛屿主权国依据《联合国海洋法公约》大陆架制度向南划出300海里大陆架，其中有四个国家的外大陆架申请延伸至南纬60度以南海域的深海海底。根据《联合国海洋法公约》大陆架制度可知，以上国家拥有在其大陆架区域内采矿的主权性权利。这是对南极条约体系中南纬60度以南海域深海海底禁矿制度的最大挑战与威胁。而面对此法律挑战，"适用区域"条款的条约解释无法给出协调方案，修正"适用区域"条款当前也在程序与内容上存在极大的困难，只有到2048年《关于环境保护的南极条约议定书》首先面临审议上方，有可能对南极条约体系的禁矿制度及其空间范围加以谈判讨论和调整。基于此，《南极条约》"适用区域"条款当前对此条约在空间上的适用争议引发的制度挑战问题暂无有效解决路径。但是，结合在实践中仅有澳大利亚的南极外大陆架划界案得到了大陆架划界委员会的支持，其他划界申请暂无任何进展，以及澳大利亚受到技术等限制，暂无法在南纬60度以南海域的深海海底进行矿产资源的勘探或开采活动。所以，可以得出相关法律挑战数量较少且对象明确，因此可以适用《南极条约》以及《联合国海洋法公约》中的争端解决条款，尝试通过谈判、协商等方式解决特定争议，而非舍近求远，通过修正"适用区域"条款的内容等代价较大的方式加以应对。

（三）条约冲突中不同条约适用争议问题

在与南极海域开发制度相关的条约适用争议中，有关条约冲突中不同条约适用的争议问题是主体。在南纬60度以南海域的上覆水域、深海海底及南纬60度至南极辐合带海域的上覆水域中，均存在《联合国海洋法公约》与南极条约体系中《南极海洋生物资源养护公约》或《关于环境保护的南极条约议定书》在此区域有关资源开发制度的适用冲突。突出表现为同时作为《联合国海洋法公约》与南极条约体系中，各条约当事国的国家无法在南极海域之中同时履行《联合国海洋法公约》以及南极条约体系各条约中与海洋生物资源或矿产资源开发相关的权利义务条款，尤其是涉及权利的条款。同时，作为《南极海洋生物资源养护公约》与《联合国海洋法公约》当事国的国家无法在南纬60度以南海域的上覆海域中同时遵守《南极海洋生物资源养护公约》所设海洋保护区养护措施中的禁渔规则，以及《联合国海洋法公约》所规定的此区域可获得捕鱼自由的规则。同时作为《关于环境保护的南极条约议定书》与《联合国海洋法公约》当事国的

第三章 "适用区域"条款的实施与发展：南极海域开发制度

国家无法在南纬 60 度以南海域的深海海底同时遵守《关于环境保护的南极条约议定书》所规定的禁矿规则，以及《联合国海洋法公约》所规定的此区域内矿产资源平行开发规则，甚至部分国家依《联合国海洋法公约》大陆架制度在该区域内所获得的矿产资源开发权等主权权利也出现冲突。同时，作为《南极海洋生物资源养护公约》与《联合国海洋法公约》当事国在南纬 60 度至南极辐合带的部分区域还无法同时遵守《南极海洋生物资源养护公约》所规定的行使检查、视察、打击 IUU 活动的规则与依《联合国海洋法公约》在此区域所获得的专属经济区资源开发主权权利，以及公海捕鱼航行自由等权利。结合上文对与南极海域资源开发制度相关的条约在时间上、空间上适用争议问题的讨论可知，以上不同条约在条约冲突中的适用争议问题与上文所述问题基本重合，只是对相同问题的不同分解结果。

首先，结合前两节的问题分析，对《南极条约》"适用区域"加以条约解释以及争议问题当事国或南极条约体系相关机构与当事国之间通过协商等完成意思表示形成合意，是当前在实践上解决争议的有效途径，并且该方法也符合《维也纳条约法公约》关于条约在时间上与空间上适用的规范与要求，即条约当事国的意思表示所形成的合意为主优先适用，其他规则为辅。其次，《维也纳条约法公约》中有关条约冲突中条约适用的规则同样以当事国的意思表示所形成的写在相关条约中的冲突解决条款以及当事国的合意为条约适用的优先规则，而上位法优于下位法，特别法优于普通法的其他规则一般为补充适用规则。最后，虽然南极条约体系中各条约并未在内容规定与除《南极条约》外其他条约的关系，但是《联合国海洋法公约》第 311 条规定了其与其他国际条约的适用关系。总结以上条约适用冲突，可知冲突的另一方条约均为《联合国海洋法公约》。

因此，根据《联合国海洋法公约》第 311 条所规定的"本公约两个或两个以上缔约国可订立仅在各该国相互关系上适用的、修改或暂停适用本公约的规定的协定，但须这种协定不涉及本公约中某项规定，如对该规定予以减损就与公约的目的及宗旨的有效执行不相符合，而且这种协定不应影响本公约所载各项基本原则的适用，同时这种协定的规定不影响其他缔约国根据本公约享有其权利和履行其义务；以及缔约国同意对第 136 条所载关于人类共同继承财产的基本原则不应有任何修正,并同意它们不应参加任何减损该原则的协定",对于《联合国海洋法公约》当事国而言公海自由原则、人类共同继承财产原则要优先于南极条约体系中相关条约的规定。基于各条约出台签署的时间先后顺序,解决条约冲突且维持《南极海洋生物资源养护公约》《关于环境保护的南极条约议定书》继续有效可行的方案只能是通过解释《南极条约》"适用区域"条款承认南纬60度以南海域上覆水域之上的公海权利,但依照《联合国海洋法公约》限制其自由限度,进而消除权利义务之间的冲突;排除南纬60度以南海域海床、洋底和底土构成的深海海底包含在《南极条约》主权冻结原则在空间上的适用范围之内此区域暂不适用《联合国海洋法公约》国际海底区域制度,进而消除区域重合导致的冲突;以及南纬60度至南极辐合带的部分上覆水域不在《南极条约》主权冻结原则在空间上的适用范围之内,《南极海洋生物资源养护公约》作为区域性管理机构应在遵守《联合国海洋法公约》的基础上实施养护措施,即对于相同当事国而言《联合国海洋法公约》在此区域优于《南极海洋生物资源养护公约》适用,通过声明等方式加以明确进而解决冲突。显然,以上解决方法均需要对"适用区域"条款加以解释。那么可否通过对"适用区域"条款加以修正,如明确各区域的条约适用而解决条约冲突争议呢?答案是否。因为明确各区域的条约适用规则并不能解决南极条约体系下南极海域有关资源开发制度的法律挑战,而是将问题引向该区域的资源开发制度在《联合国海洋法公约》与南极条约体系各条约中选择哪一方,放弃哪一方的冲突激化。既无法在程序和修改内容上加以实现,也无法达到维护南极条约体系稳定发展的目的,是不可取的。

本章小结

本章讨论了与南极海域开发制度有关条约适用争议。基于南极海域资源的构成,分为南极海域生物资源开发制度及南极海域矿产资源开发制度。其中,生物资源主要分布于南极海域的上覆水域,矿产资源分布于南极海域的海床、洋底和底土构成的深海海底之中。南极条约体系中对南极海洋生物资源与矿产资源的开发养护制度安排不同，以《南极海洋生物资源养护公约》为主对南极海洋生物资源加以养护和可持续利用并重的规制；以《关于环境保护的南极条约议定书》为主对南极条约区域内的矿产资源予以禁止开发的规则。基于上述原因本章首先从《南极条约》"适用区域"条款对《南极条约》当事国与非当事国的适用情形及"适用区域"条款对南极海域矿产资源活动产生的法律效果两个方面，分别对南极海域生物资源开发制度以及南极海域矿产资源开发制度的现状及其发展与完善方向进行了剖析和判断，得出全球海域治理背景下南极条约体系的区域性养护开发制度与《联合国海洋法公约》的全球性海洋划界管理制度所导致当事国在南极海域的权利义务冲突，是当前与南极海域开发制度相关条约在时间上、空间上及条约冲突中存在适用争议的主要原因。《南极条约》"适用区域"条款作为判定南极条约区域空间范围的核心条款，前文通过对其进行条约解释解决了南极海域法律地位相关的条约适用争议，那么在与南极海域开发制度相关的条约适用争议问题中，除去条约解释，是否存在条约修订的可能性与解决问题的可行性呢？在以《南极条约》和《维也纳条约法公约》为依据完成对修订"适用区域"条款程序要件的分析后，得出虽然存在修正"适用区域"条款内容的可能性，但是对于南极条约体系稳定与发展的消极影响大于积极影响。最后，通过把南极海域以南纬60度为界划分后，分解出与南极海域开发制度相关的条约适用争议在时间、空间及条约冲突中的条约适用争议问题，讨论得出争议问题的当事国通过对"适用区域"条款进行条约解释作为意思表示达成合意，是解决与南极海域资源开发制度相关的条约适用争议的有效路径，而对"适用区域"进行修正的路径，既在程序上难以符合要求也在修改内容上无法做到解决相关条约适用争议问题，此路径适得其反应予以避免，保证南极条约体系的整体稳定。

第四章
"适用区域"条款与条约适用理论的法教义学反思

继前三章从理论到实践完成了对南极海域条约适用争议问题的分析与解决后,本章继续在南极海域条约适用法律问题在实践层面解决路径的基础上,反思第一章所定位的方法论——"国际法中的条约适用理论"下有待解决的难题,以实践创新反哺理论发展,尝试对关于国际条约在空间上、时间上及相互之间的冲突适用等理论的完善问题予以讨论。

第一节 国际条约在空间上的适用范围问题

《维也纳条约法公约》第三编"条约之遵守、适用与解释"、第四编"条约之修正与修改"、第五编"条约之失效、终止及停止施行"是继国际条约完成缔结且正式生效、各条约产生法律拘束力后就条约的作用、变化与消灭整个过程应如何分情况规范达成的合意。❶ 其中，条约在空间上的适用范围、在时间上的适用范围、在条约冲突中的适用等条约适用问题是对条约所产生法律约束力方向的描述；当事国对条约的实施、条约对第三国的相对效力是对条约所产生法律约束力大小的描述；条约的解释与修正则是当事国直接作用于条约条文对条约所产生法律约束力的方向或大小加以改变的影响因素。当然，如第一章分析所得，国家利益、国际关系、科技水平、自然环境等构成世界格局的要素，始终是决定已生效国际条约所产生法律约束力作用、变化与消灭的根本原因。但是，《维也纳条约法公约》主要以条约中各条款为研究对象从法教义学层面对条约所产生的约束力加以描述与规范的方法，既对本书从国际法维度解决南极海域条约适用争议的实践问题具有重要理论意义，又对在具体规则层面认识与讨论条约效力理论问题提供了重要的可操作性意义。因此，在前文研究的基础上，本章以《南极条约》"适用区域"条款应对南极海域中相关国际条约在时间上、空间上、与条约冲突中的适用争议问题的讨论为案例，对以《维也纳条约法公约》为核心的条约适用理论以及确定条约所产生约束力的方向问题的完善进行分析。首先，是条约在空间上的适用范围问题。

一、"适用区域"条款解释对条约在国家管辖外区域适用规则补充的启示

《维也纳条约法公约》仅第29条规定了国际条约在空间上的适用范围规则——"除条约表示不同意思，或另经确定外，条约对每一当事国之拘束力及于其全部领土。"❷ 此为剩余规则，表示首先对于条约在空间上的适用范围以当事国的意思自治优先，其次在当事国无明确意思表示的情况下，则条约在空间上的适用范围也即条约的约束力原则上及于当事国领土的全部区域。因此，根据《维也纳条约法公约》的规定在决定国际条约在空间上的适用范围时，当事国的意思表示需作首要考察的因素，而这些意思表

---

❶ 维也纳条约法公约[EB/OL].[2025-02-27]. https://www.un.org/zh/documents/treaty/ILC-1969-3.

❷ 同❶.

示或在当事国达成共识的基础上，以该条约中适用区域条款的形式存在，如英国因为《妇女政治权利公约》缺少适用区域条款且无法做到适用于其全部领土区域而拒绝批准，❶或是通过当事国批准书或递交保留条款的方式特别规定该条约不适用于其领土的某些区域或还适用于被保护地等附属领土区域，如英国在1963年批准《公海公约》时表示"代表联合王国对公约的批准不扩展于波斯湾受英国保护的国家"❷。由此可知，《维也纳条约法公约》第29条对国际条约在空间上的适用范围的规定多集中于条约在当事国领土区域内的适用规则，且对于当事国的"全部领土"是否包括海外属地、保护地、自治区等并无确定限制，可由当事国依据主权国家的意思自治原则通过明示或默示的方式予以适用或限制。

因此，《维也纳条约法公约》第29条下当事国的意思表示也集中于说明国际条约适用于其领土内的哪些区域范围，对于国际条约如何适用于国家主权管辖外区域，既无明确的规则规范也缺少当事国意思表示的法律实践，而《南极条约》"适用区域"条款当属国际条约在国家管辖外区域空间上适用范围中最具代表性也最具实践和研究意义的规范案例。一方面，在公海、国际海底区域、南北极与外层空间等当前得到国际共识属于国家管辖范围外的区域中，仅在南极形成了以《南极条约》为核心的南极条约体系此具有较高区域性的国际治理规则体系，公海、国际海底区域与外太空则或为单一条约（如《关于各国在月球和其他天体上活动的协定》）或包含于《联合国海洋法公约》等全球性国际条约之中。另一方面，《联合国海洋法公约》并未穷尽划定并列出所有公海和国际海底区域所在区域的经纬度等数据，《月球协定》等也仅通过排除法规定了其适用于月球、太阳系内地球以外的其他天体，而《南极条约》"适用区域"条款明确且具体地规定在"南纬60度以南区域，包括所有冰架"之上适用《南极条约》的所有规定，各当事国能就如此确定的区域范围达成合意，当属条约在国家管辖范围外适用中国家意思自治的成功实践典范。

---

❶ SIR I S. The Vienna Convention on the Law of Treaties[M]. 2nd ed. Manchester: Manchester University Press, 1984: 89.

❷ UKTS No. 5(1963), op. Cit p. 90.

所以，如第一章所述，《维也纳条约法公约》缺少对于针对国际条约在国家管辖范围外区域空间上适用范围的具体规则，既因为此类规则存在导致当事国获得在国家管辖外区域管辖权，从而冲击国家领土主权理论，并存在侵犯非当事国在此区域所拥有权利的可能性，又因为国际条约在国家管辖范围外区域空间上的适用范围不能一概而论，不同条约当事国能否就此问题达成合意并写入条款之中取决于条约调整的权利义务内容以及各国国家利益之间的博弈等复杂因素。即便《南极条约》"适用区域"条款明确规定了《南极条约》在空间上的适用范围，但是正如前文所述，仍旧会因为南极主权未定及各国争夺南极资源等根本原因而导致以《南极条约》为核心的南极条约体系中各条约与《联合国海洋法公约》等全球性条约在南极海域等区域出现条约适用争议，威胁南极条约体系在南极治理中的稳定与发展。那么，在利用"适用区域"条款解决这些条约适用争议问题的过程中，也可反思是否通过此例找出对《维也纳条约法公约》所缺少的条约在国家管辖范围外区域空间上适用范围规定的若干补充，以及找到导致《维也纳条约法公约》缺少此类规则原因的分析和应对方向。

那么，首先根据前文对"适用区域"条款协调《联合国海洋法公约》与南极条约体系各条约在南极海域的条约适用争议的解释，笔者尝试从下面两个方面对《维也纳条约法公约》中条约在国家管辖范围外空间上适用范围的规则进行阐释与适用补充。

（一）法律地位未定的国家管辖外区域

大多数情况下，当国际条约在空间上适用范围仅属于当事国的领土之内而不涉及国家管辖范围外区域时，大部分国际条约并不会对其在空间上的适用范围作明文规定，并且通常不会出现问题，除非当事国中有海外领地而条约的内容可能适用于它们时需要当事国作意思表示。但是，当国际条约在空间上的适用范围既涉及当事国的领土区域，也涉及国家管辖范围外区域时，如按照《南极条约》"适用区域"条款，《南极条约》当事国既被要求对其处于此区域范围的国民适用《南极条约》，同时《南极条约》也应当在当事国的领土区域内具有法律效力，又如《关于环境保护的南极条约议定书》既规定在南极条约区域内生效，同时也要求对南极考察组织在当事国领土内实行监督，以及当事国应当通过立法等活动对其予以落实。毕竟，所有国际条约都会要求在当事国的领土区域内采取一定的行动，以立法活动为典型但又不仅局限于立法活动。

当条约在空间上的适用范围涉及国家管辖范围外区域时，因为当事国在该区域不拥有主权，所以无法对该区域产生当然的管辖权，而仅能通过签署条约与当事国达成合意对处于该区域的国民加以管辖，从而实现针对该区域的若干治理活动。此时，当事国或缔约国之间的合意是"管辖权"得以产生的法理基础。尤其是，当所涉及国家管辖外区域的法律地位尚未确定之时，如南极虽然依据《南极条约》暂时冻结了领土主权及其相关争议，此时在空间适用范围上涉及南纬60度以南区域的国际条约中所设立的对此空间区域内资源开发等相关的权利义务规定，必然随着国际法的发展存在未来侵害到部分条约当事国合法权益的可能性。例如，《关于环境保护的南极条约议定书》暂时限制了各当事国在南纬60度以南区域开发矿产资源的权利，但是《联合国海洋法公约》中的国际海底区域制度赋予了所有当事国在深海海底勘探开采矿产资源的权利，此时《关于环境保护的南极条约议定书》禁矿规定对当事国约束力的来源就是各当事国签署批准《关于环境保护的南极条约议定书》时达成的在南极条约区域内禁矿的合意。虽然《关于环境保护的南极条约议定书》的缔约国同时也可能是《联合国海洋法公约》及《关于执行〈公约〉第十一部分的协定》的当事国，但是只有当《关于环境保护的南极条约议定书》当事国就此规定达成新的合意后，《关于环境保护的南极条约议定书》当事国的国民才有在南纬60度以南区域进行矿产资源开发活动的绝对合法性。由此可得，当国际条约在空间上的适用范围涉及法律地位未得以确定的国家管辖范围外区域时，该条约当事国就条约在空间上适用范围达成的合意是该条约在空间上适用范围的基本规定。当然，该合意可以通过条约解释等方式进行调整，从而与不断发展的国际法、不断出现的国际公约新发展协调适用。

因此，结合《维也纳条约法公约》缺少条约在国家管辖范围外区域空间上适用规则的原因，以及《南极条约》"适用区域"条款通过条款解释得出南纬60度以南海域上覆水域既可适用《南极条约》亦可适用国际海洋法

（《联合国海洋法公约》）中公海制度的结论，并解决南纬60度以南海域上覆水域中相关条约在空间范围上的适用争议后，可知就涉及在极地、网络等法律地位尚未明确的国家管辖外区域，凡在空间范围上涉及在此区域内适用的现存国际条约，如在条文中已列明该条约在空间上的适用范围，那么当事国应要求其公民按照条约的规定在限定空间范围内履行条约所赋予的权利与规定的义务；如未在条文中列明条约在空间范围上的适用范围或所列范围存在歧义时，则当出现条约在空间范围上适用争议问题时当事国可以通过文义解释、目的解释及体系解释等条约解释的方法就在空间上的适用范围达成适时的合意，进而解决争议。这属于对《维也纳条约法公约》第29条前半部分"除条约表示不同意思，或另经确定外"意思自治规则的扩大适用。

（二）法律地位确定的国家管辖外区域

就涉及在国际海底区域、外层空间等法律地位已被《联合国海洋法公约》和《月球协定》等确定为人类共同继承财产，且得到普遍国际法律实践的国家管辖外空间领域中，适用的双边条约或多边条约。首先，必然应当依据国际法在以上区域适用人类共同继承财产原则，该区域及其资源为全人类共同所有。因此，相关条约的各当事国均需要求本国公民在以上区域内在遵守其条约规定的同时，不可干扰非当事国及其公民依据以《联合国宪章》为基础的国际法在此区域内行使权利与承担义务。

其次，由于国际海底区域与外层空间尚处于人类勘探开发的初始阶段，因此存在较多正在谈判与磋商中的条约文本。例如，第五次政府间谈判会议续会上正式通过的《BBNJ国际协定》对国际海底区域及公海的生物资源养护与可持续利用加以规范。再如，国际海底管理局主持拟定的《国际海底区域矿产资源开发规章》已形成多版草案案文，在以上案文中对各条约在空间上的适用范围均作出了较为详细规定。已公布的最新版《BBNJ国际协定》案文草稿中第3条"适用区域"条款第一部分规定，"本协定适用于国家管辖范围以外的区域"，第二部分又作了主权国家军舰的"主权豁免"的补充："本协定不适用于任何军舰、军机或海军辅助船。除第二部分外，本协定不适用于为缔约方所拥有或经营并在当时只供政府非商业性服务之用的其他船只或飞机。不过，每个缔约方应采取不损害由其拥有或经营的此类船只或飞机的操作或操作能力的适当措施，确保这些船只或飞机的活动方式在合理可行范围内符合本协定的规定"。❶可见缔约方对于《BBNJ国际协定》在空间上的适用范围在作出规范的同时，还重点强调了对于各国主权权利的保护。

因此，在法律地位确定的国家管辖外区域中适用的国际条约，其在空间上的适用范围应当在条约的条文中予以明确，既符合《维也纳条约法公约》第29条规定的当事国"意思自治优先"原则，同时也应当避免对第三国主权权利的侵犯，以及保障条约当事国在此区域内遵守条约规定其主权权利不受到额外损害。因此，此类条约在空间上的适用范围条款应当在谈判时尽量达成全部缔约国的合意，从而尽量减少歧义。又基于《维也纳条约法公约》中有关条约对第三国的效力规则已成为国际习惯法，尤其是第34条"条约非经第三国同意，不为该国创设义务或权利"，故如果条约出现空间范围适用争议需进行条约解释，条约当事国应当将《维也纳条约法公约》第34条、第29条及该条约的适用区域条款同时作为依据，对该条约在国家管辖范围外区域空间上的适用范围加以确定，以避免损害第三国的合法权利。

二、"适用区域"条款修正对条约在国家管辖外区域适用规则补充的启示

根据前文修正"适用区域"条款协调《联合国海洋法公约》与南极条约体系各条约在南极海域的条约冲突，本书尝试从下面两个方面对条约在国家管辖范围外区域空间上的适用范围规则进行阐释与适用补充。

（一）签署或批准时的声明

在国际条约空间上适用范围的法律实践中，有些国际条约（如《联合

---

❶ 根据《联合国海洋法公约》的规定就国家管辖范围以外区域海洋生物多样性的养护和可持续利用问题拟订的协定［EB/OL］.［2025-02-27］. https://treaties.un.org/doc/Treaties/2023/06/20230620%2004-28%20PM/Ch_XXI_10.pdf.

国宪章》）必须在当事国的全部领土范围内适用，从而使其有效；也有一些国际条约根据其规定会明确地或以必要的默示确认其所涉及的各当事国的领土；另外也有国际条约可能仅适用于当事国的一个或一些海外领地。❶ 此外，如果一项条约根据其性质显然不适用于当事国的所有领土，但没有说明可适用的领土范围和缺少领土条款，一项已经确立的实践是由国家决定，如果有这种情况，该条约应延伸适用于它的哪些海外领地。例如，国家在签署或批准条约时会表明立场，声明该条约或仅适用于其宗主领土，或者也可延伸到一个或多个海外领地。

当前，国际法委员会特别报告员认为，一国"排除"多边条约对其海外领地适用的实践相当于一项保留。❷ 但是，以英国为首的拥有海外领地的国家多认为此类声明并非保留，其目的并不是排除条约的某些条款，而是确立一种基于《维也纳条约法公约》第 29 条的"意思表示"，属于对所批准条约在空间上适用范围条款的修订。联合国秘书长对此类声明表示的观点是：国家在领土适用方面的持续实践及其他国家的默认，同样确立了《维也纳条约法公约》第 29 条规定的该国的不同意思表示，所以此类声明并不构成当事国对于条约在空间上适用范围规则的特殊意思表示，而是对第 29 条的履行。❸

就在空间上的适用范围涉及南极海域的多边条约而言，《南极海洋生物资源养护公约》在空间上的适用范围包含了澳大利亚、法国、阿根廷及智利依据其在南极大陆中的领土主权声索地而延伸出的 200 海里专属经济区，以及法国依据其在南纬 60 度以北海域中所拥有的主权岛屿向南延伸至南极辐合带以南划定的专属经济区。以上国家均依据《联合国海洋法公约》专

---

❶ 奥斯特.现代条约法与实践[M].江国青,译.北京:中国人民大学出版社,2005：177.

❷ 国际法委员会特别报告员关于条约保留的第三次报告(1998 年), UN Doc. A/CN.4/491/Add.3, pp.18-20, and ILC Report 1998, UN Doc A/53/10. 182-183, 195 and 206-209.

❸ UN Depository Practice, paras. 284-285[EB/OL].[2025-02-27] https://treaties.un.org/Pages/Resource.aspx?path=Publication/SGBulletin/Page1_en.xml.

属经济区制度作出了相关声明，而南极海洋生物资源养护委员会当前对于前面四国依据因领土主权争议而声明的专属经济区未作应对。法国依据其在亚南极海域主权岛屿向南划定伸入南极辐合带与《南极海洋生物资源养护公约》空间适用范围重合的专属经济区声明，仅得到委员会主席声明的承认与支持。由此可知，应当支持国际法委员会将当事国或缔约国关于排除或承认国际条约在其海外领地的声明视为"保留"而非对《维也纳条约法公约》第29条"意思自治"的延伸适用，如此可以避免形成法律实践，从而影响有领土主权争议的海外领地法律地位的认定。如若随着国际法的发展，当事国声明的领地范围与其已签署批准的国际条约在空间上的适用范围出现重合，那么也无须对此条约在空间上的适用范围条款加以修正，而可以通过声明承认的方式最低程度地减少对其他当事国的影响，并解决争议问题。

（二）反对领地延伸的声明

有时多边条约的当事国反对将条约延伸适用于一个海外领地，通常是因为有关该领地主权存在争议。例如，就南极主权声索国而言，阿根廷一贯反对英国的条约延伸于福克兰群岛、南佐治亚和南桑威奇群岛，以及英国"南极领地"，阿根廷对上述区域都有领土主张。在这种情况下，条约的保存机关（通常是联合国秘书长）会散发反对等相关反应的文本，由此打破得到国际社会普遍认可的条件，从而无法成立对《维也纳条约法公约》第29条中所规定的当事国就条约在空间上使用过范围的不同意思表示。也就是说，涉及在国家管辖范围外区域适用的国际条约中在空间上的适用范围条款在法律实践中其效力应当高于存在反对意见的领地延伸声明，以上领地延伸或变更声明如果出现与以上条约在空间上适用范围相重合的区域，当事国无须对条约的适用区域条款作出修正，相关当事国不得以其声明作为不遵守所签署条约规定的有效依据。

第二节 国际条约在时间上的适用范围问题

通过上文解决南极海域条约冲突的研究可知，南极海域条约冲突的产生与"适用区域"条款在适用所涉及时际法的法律问题也有一定的关系。"适用区域"条款中"公海"的法律地位及其空间范围在《南极条约》出台时已由《公海公约》规定。随着国际海洋法的发展,当前《联合国海洋法公约》已经取代《公海公约》成为国际海洋法的核心法律规则。《联合国海洋法公约》规则体系下的公海制度相较于《公海公约》的规定,当事国可拥有的公海面积在减少,公海自由权利也不断受到以海洋生态环境保护为目的的限制。因此,"适用区域"条款中"公海"规则随时间发生的变化,导致了《联合国海洋法公约》与南极条约体系中各条约在南极海域的条约冲突。

总结上一章通过解释或修正"适用区域"条款的方法来解决以上条约冲突,可以反思如何进一步在理论上对条约在时间上的适用范围中"条约不溯及既往"原则的实施理论加以规范。

一、"适用区域"条款解释对条约不溯及既往原则实施的启示

根据前文对"适用区域"条款协调《联合国海洋法公约》与南极条约体系各条约在南极海域法律地位相关的条约适用争议的分析,从《南极条约》当事国对于"适用区域"条款的法律实践以及"适用区域"条款条约解释结果的一致性,反思对条约不溯及既往原则的适用情形进行补充,强调条约当事国之间就该原则是否适用达成的合意,当为判断该条约项下相关条约是否具有溯及力最重要的判断规则之一。

(一) 条约有无溯及力的判定

首先,根据《维也纳条约法公约》第28条可知:原则上,国际双边或多边条约没有溯及力,条约对其当事国在条约生效之日以前发生的任何行为或事实均不发生效力。但是,条约不溯及既往并非一项绝对的原则,当事国的合意是打破该原则的有力条件。质言之,国际条约是否有溯及力,及溯及既往到什么程度,最终是取决于缔约的各方的共同意见。在条约当事方均同意的情况下,条约当然可以适用于一个先前已经存在而在条约生效后继续存在的行为、事实或情势。一个国际性法院或法庭也可以根据一

项条约的管辖条款对某些发生在条约生效之前的事项具有管辖权。

其次，将《维也纳条约法公约》第53条与第64条结合可知：条约无溯及力的绝对情形是存在的，即国际强行法规则❶一经确立，是不会允许与之相抵触的任何法律制度与它同时并存的，如领土划分规则、战争中立国规则、人权保护规则等，所以构成国际强行法的国际条约在理论上绝对不具有溯及力。《维也纳条约法公约》第53条规定了某项条约在缔结时与一般国际法强制规则抵触者无效。该条款明确了在某项国际强行法规则之后订立并与该项规则相抵触之条约的法律效力问题，而对先于某项国际强行法规则而订立的条约，如果它与该项强制规则相抵触，其法律效力又该当如何？《维也纳条约法公约》第64条的规定恰好弥补了这方面的不足，即某项国际强行法新规则的产生对某条约的有效性并不具有追溯力，如果该项条约与新产生的强制规则相抵触，那么后者对前者的影响仅在于使前者"成为无效条款而终止"，却不能使得前者自始无效。❷ 也就是说，在强行法规则出现之时起已存在的与其相冲突的条约无效，而非该冲突条约自生效起均变为无效。基于此，构成国际强行法规则的国际条约在《维也纳条约法公约》的规定下，当属不受条约当事国意思自治的影响而完全无溯及力的条约。那么因为《维也纳条约法公约》第4条明确规定了该公约无溯及力，因此《维也纳条约法公约》公约生效前缔结生效且违背某项强行法规则的双边或多边条约可否不适用《维也纳条约法公约》第53条的规定，从而继续有效实施呢？联合国国际法委员会对此未作明确表示，但是由于《维也纳条约法公约》第49条至第52条分别规定了基于欺诈、贿赂、强迫、武力威胁等签署的条约自始不具有法律效力，且联合国国际法委员会

---

❶ 国际强行法：国际法上一系列具有法律拘束力的特殊原则和规范的总称，这类原则和规范由国际社会成员作为整体通过条约或习惯，以明示或默示的方式接受并承认为具有绝对强制性，且非同等强行性质之国际法规则不得予以更改，任何条约或行为（包括作为与不作为）如与之相抵触，归于无效。张潇剑.论国际强行法的定义及其识别标准[J].法学家,1996(2):49-51,85.

❷ 张潇剑.论国际强行法的追溯力及对其违反的制裁——兼评《维也纳条约法公约》的有关规定[J].中国法学,1995(1):88-94.

认为依据"不得以条约安排来加以损抑之规则"第 49 条等自始无效条款可追溯适用于《联合国宪章》生效后❶，有关强行法规则的条款与以上条款在追溯结果上具有相似性。因此，也可得出在《维也纳条约法公约》生效前《联合国宪章》生效后缔结的违背当时存在的强行法规则的国际条约也可适用第 53 条，即该条约无效❷，从而排除了构成强行法规则的国际条约具有溯及力的可能性的出现。

（二）条约具有溯及力的合意

就 1961 年生效的《南极条约》"适用区域"条款中"公海"的法律性质应当适用 1962 年生效的《公海公约》，还是 1994 年生效的《联合国海洋法公约》中的公海制度的相关规定这一条约在时间上的适用争议问题而言，虽然通过对"适用区域"条款的解释可以得出《南极条约》的原始当事国及不断加入的当事国当前的意思表示应适用《联合国海洋法公约》下的公海制度的结论，但是如果严格按照《维也纳条约法公约》中作为国际习惯法的"条约不溯及既往"原则的规定，"适用区域"条款中"公海"法律性质的界定既不可适用《公海公约》也不可以适用《联合国海洋法公约》，因为二者都在《南极条约》的生效时间之后方生效。然而，通过《南极条约》当事国在法律实践中就适用《联合国海洋法公约》的公海制度达成较高范围的合意，以及这与对"适用区域"条款进行目的解释、体系解释等后，得出的结论与南极海域法律地位相关的条约在时间上适用范围争议的结论相一致，可知《南极条约》当事国就《联合国海洋法公约》中的公海制度具有溯及力适用于《南极条约》对公海法律性质的界定之中达成了一致。因此，对于《维也纳条约法公约》中有关条约有无溯及力的判定规则可知，除构成国际强行法规则的条约外，国际双边条约或多边条约中各当事国的合意是决定某项条约有无溯及力的最终判定准则。

---

❶ Yearbook of International Law Commission. Vol 2,1966:248-249.

❷ 张潇剑.论国际强行法的追溯力及对其违反的制裁——兼评《维也纳条约法公约》的有关规定[J]. 中国法学,1995(1):88-94.

二、"适用区域"条款修正对条约不溯及既往原则实施的启示

根据前文是否修正"适用区域"条款协调《联合国海洋法公约》与南极条约体系各条约在南极海域与资源开发制度相关条约适用争议的讨论,以及所得出的无须修正"适用区域"条款,结合《南极条约》《联合国海洋法公约》等当事方通过意思自治解决相关争议,即可维持南极条约体系中与生物资源及矿产资源养护与可持续利用的稳定和实施的结论,本书从下面两个方面对条约不溯及既往原则实施方法的细化加以讨论。

(一)关于暂时适用规则的讨论

《维也纳条约法公约》第25条规定,条约或条约的部分条款在条约生效前如果满足"(a)条约本身如此规定;或(b)谈判国以其他方式协议如此办理"的任一情形,则可在条约正式生效前提前暂时适用。例如,《关于执行1982年联合国海洋法公约第十一部分的协定》第7条规定了:"本协定如到1994年11月16日尚未生效,它应由同意通过本协定的国家或签署本协定的国家和国际主体暂时提前适用,除非它们通知本协定的保管者将不暂时适用本协定。"❶ 该规定是通过签署国家默认的方式同意条约内容的暂时提前适用,当然签署国家也拥有拒绝提前暂时适用规则的权利。例如,最后该协定并未按期生效,在已经签署协定的79个国家中,有17个国家选择不提前暂时适用协定内容。如果条约中没有提前暂时适用的条款,则一般条约在实践中暂时提前适用是通过同意的国家投票赞成具有以上效果的决议而产生,并且条约在符合生效条件前提前暂时适用的日期一般是条约中规定的生效日期,当然也可以由已经签署条约的国家通过协商就某日期达成一致而自此提前适用。

当然暂时适用是受到期限限制的。一方面,条约的暂时适用条款中可以明确规定适用的期限;另一方面,《维也纳条约法公约》第25条第2款规定:"除条约另有规定或谈判国另有协议外,条约或条约一部分对一国暂

---

❶ 《关于执行1982年联合国海洋法公约第十一部分的协定》第7条[EB/OL].[2025-02-27]. http://treaty.mfa.gov.cn/tykfiles/20180718/1531876070678.pdf.

第四章 "适用区域"条款与条约适用理论的法教义学反思

时适用，于该国将其不欲成为条约当事国之意思通知已暂时适用条约之其他各国时终止"，即签署国家也可以在条约正式生效前任何时间自行决定停止对其的提前适用。受到国家政治与国际关系等因素的影响，在实际法律实践中，可以得到提前暂时适用的国际条约数量并不多。虽然《维也纳条约法公约》将此规则纳入"条约的缔结与生效"之编，但是在其产生的法律效果层面暂时适用规则应当属于条约不溯及既往原则的特殊情况之一，因为对于同意提前暂时适用条约内容的签署国家而言，条约对在其正式生效前以上国家的相关活动是否遵守规定产生了约束力，从而使得条约具有了对在其正式生效前当事国的活动是否符合规定产生了溯及力。从暂时适用规则需要以条约签署国家的同意为前提方可适用的要求看，该原则属于《维也纳条约法公约》第28条规定的除当事国另有意思表示外，条约不溯及既往中当事国的特殊意思表示要件。因此，当事国的意思表示仍旧是决定条约是否条约对一当事国生效之日以前所发生之任何行为或事实或已不存在之任何情势发生拘束力的根本条件。

正如前文在讨论是否需要修订"适用区域"条款以解决与南极海域资源开发制度相关的条约在时间范围上的适用争议时，得出的结论是先以当事国的意思自治与具体协商为主，暂不修订《南极条约》相应条款，南极条约体系中具有充足保障当事国协商后达成合意的规定。例如，南极条约体系中《关于环境保护的南极条约议定书》要求所有26个谈判国批准后生效。由于这一需求及履行立法的各种复杂情况，《关于环境保护的南极条约议定书》的生效被拖延了6年。在《关于环境保护的南极条约议定书》的最后文件中规定："本次会议同意保证议定书的各项规定早日有效的执行是可取的。在本议定书生效之前已达成协议所有《南极条约》的缔约国需要根据它们的法律制度并在可行的范围内适用附件一至附件四，以及个别采取此种步骤使其尽早实现。"[1] 当然，生效之前阶段的实际执行充其量是其补缀，存在不适用的这种选择。但是无论有没有最后文件中的这种规劝，情况也是这样的。该句中插入"根据它们的法律制度并在可行范围内"或

---

[1] ATS. 关于环境保护的南极条约议定书[EB/OL]. [2023-04-15]. https://www.ats.aq/e/key-documents.html.

类似的什么表述,在大多数暂时适用条款中都可以发现,例如前面提到的《联合国海洋法公约》的《关于第十一部分的执行协定》中也有这种规定。综上,在南极条约体系与《联合国海洋法公约》中均存在提前暂时适用的规定且均以当事国的同意或拒绝的意思表示为首要条件,而条约的暂时适用规则可以成为条约不溯及既往原则实施过程中当事国达成合意的一种特殊实施方法的补充情形。

(二) 关于筹备委员会作用的讨论

除暂时适用规则之外,现在国际社会对于解决条约在正式生效前的实施问题,越来越多地使用一种更进步的方法,即条约通过后建立筹备委员会。❶ 这通常是一个由所有谈判国或签字国组成的机构,并且被赋予了为条约作出必要安排的任务。例如,尽管一个条约的监督机构只有在条约正式生效后才能正式工作,但在此之前需要制定其程序规则草案,招募秘书处工作人员,确定场所,以及解决条约实施的财政支持问题。尤其在条约是有关建立一个国际组织以待条约生效起即可开展工作时成立筹备委员会变得至关重要。例如,《联合国海洋法公约》就建立了一个筹备会并工作了多年,南极条约协商会议的工作人员在南极条约秘书处正式成立之前也承担了类似委员会的工作任务。❷ 因此,筹备委员会是暂时适用规则得以落实的重要机构保障,也为合意下条约可溯及既往的实施提供方法支持。

第三节 国际条约在条约冲突中的适用问题

条约冲突是条约法中一个较为模糊的领域。原因在于,一方面,处理相同事项的相关条约之间的关系是复杂的,可能体现为时间的重合、空间的重合或规范对象的重合;另一方面,这种条约冲突并没有给各国外交部

---

❶ 例如,全面禁止核试验条约组织筹备委员会(Preparatory Commission for the Comprehensive Nuclear-Test-Ban Treaty Organization)。

❷ 奥斯特.现代条约法与实践[M].江国青,译.北京:中国人民大学出版社,2005:154-155.

门在法律实践中造成过度不可解决的威胁,因此《维也纳条约法公约》中对条约冲突解决方法的规定并不全面。随着多边条约的不断增加,特别是有关环境的多边条约数目和复杂性的增大,条约冲突所引发的不良后果越来越突出。例如,在南极海域,《联合国海洋法公约》与《南极海洋生物资源养护公约》关于海洋保护区的不同规定,直接导致不同条约的不同当事国在南极海域所实施的环境保护与资源开发活动失衡。前文通过对"适用区域"条款的解释与修正,从时间、空间与权利义务等维度对《南极条约》及南极条约体系有关南极海域的规则加以厘清,并最终达到了协调《联合国海洋法公约》与南极条约体系各条约在南极海域条约冲突的目的。这对于条约冲突解决规则的完善具有一定的借鉴和启发意义,具体表现如下。

一、"适用区域"条款解释对条约冲突解决规则完善的启示

根据前文解释"适用区域"条款协调《联合国海洋法公约》与南极条约体系各条约在南极海域的条约冲突,可以尝试从下面两个方面对以《维也纳条约法公约》第30条为核心的条约冲突解决规则进行完善。

(一) 对《维也纳条约法公约》第30条剩余规则的讨论

根据南极海域条约适用争议中与南极海域开发制度相关的条约冲突可知,通常条约冲突主要集中于义务的冲突,且此类情况最为常见。当然,对于条约而言,权利义务是结合在一起的。如果做极端推理,则任何国家所享有的条约上的权利必然对应着另外一个国家依据条约所负有的义务,经此转化,所有的条约冲突都可以归为条约义务冲突。《维也纳条约法公约》第30条就是基于此❶没有在条文中加入"冲突条款";《联合国海洋法公约》第311条规定了"同其他公约和国际协定的关系";南极条约体系项

---

❶ 《维也纳条约法公约》第30条第1款:"以不违反联合国宪章第103条为限,就同一事项先后所订条约当事国之权利与义务应依下列各项确定之。"《联合国宪章》第103条:"联合国会员国在本宪章下之义务与其依任何其他国际协定所负之义务有冲突时,其在本宪章下之义务应居优先。"

• 275 •

下的各条约无此类条款。当然《维也纳条约法公约》第 5 条、第 40 条、第 59 条也分别对条约冲突的处理有所规范，但是因为第 30 条的内容是对习惯法的成文化编撰❶，具有更加广泛的约束力，因此对该条规则的完善更具法理与实践意义。

首先，《维也纳条约法公约》第 30 条仅适用于两项多边条约均为有效且正在实施的情况之下，而不应当适用于一项条约已经终止或依据《维也纳条约法公约》第 59 条的默示停止实施的情况。例如，在与南极海域开发制度有关的不同条约之间的条约适用冲突中《联合国海洋法公约》与 1958 年《公海公约》中分别所规定的"公海权利"应当适用《联合国海洋法公约》而非《公海公约》，因为在《联合国海洋法公约》第 311 条第 1 款明确规定"在各缔约国间，本公约应优于 1958 年 4 月 29 日日内瓦海洋法公约"。如此，同时作为两个条约的当事国应当优先适用《联合国海洋法公约》中的公海权利而非《公海公约》中的规定。

其次，《维也纳条约法公约》第 30 条第 4 款中的规则确定在每一情形中特定的当事国的相互权利与义务仅在它们之间适用；这些规则并不解除任何当事国缔结或适用一项与它根据另一项条约对于另一个国家所承担义务不符的条约的国际责任。如果另一项条约的当事国的权利受到侵犯，违反条约的所有正常后果会随之出现，受到侵害的当事国可以根据《维也纳条约法公约》第 60 条终止或暂停条约的实施或追究侵犯国的国际责任。当然，第 4 款的规定不妨碍多边条约的若干当事国在它们之间缔结修改该条约的协定，但是应当符合《维也纳条约法公约》第 41 条的规定。由于《南极条约》《南极海豹保护公约》《南极海洋生物资源养护公约》《关于环境保护的南极条约议定书》中均没有"冲突条款"的规定，而《联合国海洋法公约》第 311 条规定了六项有关于其他条约冲突时当事国应当遵守的规则，均可适用于与南极海域法律地位及开发制度相关的条约冲突，其核心依旧

---

❶ MUS J. Conflicts between Treaties in International Law[J]. Netherlands International Law Review,1998,45(2):208-232. VIERDAG E. The Time of the Conclusion of a Multilateral Treaty:Article 30 of the Vienna Convention on the Law of Treaties and Related Provisions[J]. British Yearbook of International Law,1988,59(1):75-111.

是在保证不影响其他当事国权利义务的基础上以当事国的合意为基础加以协调。结合通过《南极条约》当事国解释"适用区域"条款而协调与南极海域法律地位相关的条约冲突的分析,可知当事国权利义务是"适用区域"在进行条约解释中的目的解释与体系解释的基础。

最后,根据《维也纳条约法公约》第 59 条第 1 款的规定❶可知,在确定第 30 条所规定的哪些条约是先签订的和哪些条约是后签订的时,有关日期是条约"可见"即通过的日期,而不是生效的日期。基于此,《南极条约》通过于 1959 年,《公海公约》通过于 1958 年,按照条约在时间上的适用范围争议来讲,在《联合国海洋法公约》未出台前,《公海公约》中对公海权利的规定适用于《南极条约》"适用区域"条款中对公海权利的承认与保护也是符合规定的。《维也纳条约法公约》第 30 条 "关于同一事项先后所订条约之适用"中的"关于同一事项"至今欠缺明确或严格的解释,应当进一步加以研究。

(二) 运用除《维也纳条约法公约》外其他条约解释规则的讨论

根据"适用区域"条款可知,《维也纳条约法公约》所规定的文义解释、目的解释和体系解释均可用来作为工具调整当事国之间的权利义务分配,协调条约冲突。除此之外是否存在其他条约解释规则可以用来协调条约冲突呢?答案是有的,如将特别法由一般法原则与条约体系解释加以联合适用,以及在国际经济法中较为常用的有效解释规则等。它们可在具体冲突情形下作为对《维也纳条约法公约》条约冲突解决规则的补充适用。

所谓有效解释指的是对于一些个别规定的解释应使其具有与词语通常意义和约文的其他部分相一致的最为完全的效果,并使约文每一部分都具

---

❶ 《维也纳条约法公约》第 59 条第 1 款:"任何条约于其全体当事国就同一事项缔结后订条约,且有下列情形之一时,应视为业已终止:(a) 自后订条约可见或另经确定当事国之意思为此一事项应以该条约为准;或(b) 后订条约与前订条约之规定不合之程度使两者不可能同时适用。"

有理由和意义。❶ 如果一个条约允许有两种以上的解释，而其中之一会导致条约归于不恰当的效果，那么按照善意原则及与条约的目的和宗旨之要求，应采用使条约有效的解释原则。在《维也纳条约法公约》制定之前，国际司法实践中已经广泛运用有效解释原则。例如，在"英伊石油平台案"中，国际法院指出条约解释应该使条约的每一个字都具有理由和意义。❷ 在GATT/WTO 争端解决机制中，专家组和上诉机构更是将有效解释方法作为解释WTO 协议的重要手段。有效解释规则与解决条约冲突中的推定不冲突原则密切相关，可以说二者是同一个问题的两个方面，或者说是从两个角度表述同一个问题。当针对同一问题时若两个以上的国际条约条款均有规定，推定不冲突原则要求应首先推定这些规定之间不存在矛盾或冲突。这必然要求这些国际条约规定各自具有确定的含义，且不应随意将其解释为失效或者通过解释认为该条款在意义上是多余的。这也是有效解释原则的应有之义。❸

总之，作为《维也纳条约法公约》中核心制度的条约解释规则，虽然长期以来被视为澄清约文含义的重要工具，但其在解决条约冲突中的外部功能却往往被忽视。事实上，条约解释既有利于探求缔约国在约文中未明示的意图，还可作为确定特别法的手段和工具，以保证特别法原则运用于具体的冲突解决。鉴于解决条约冲突对于国际法治建设的重要性，条约解释制度在现代国际法中也就被赋予了全新的历史使命。不过由于国际法律体系缺乏明确的规范效力等级，这使得条约解释方法无法像国内法律体系中的解释方法那样在规范等级明确有序的法律体系中发挥巨大的作用。如果国际法

---

❶ 唐青阳.规则的解释与解释的规则——WTO 规则的法解释研究[D/OL].重庆：西南政法大学,2005:70. https://kns.cnki.net/kcms2/article/abstract?v=_mP9DtK6WVe1r78Jqg1phOuw3rzmu6NtQQ－NIcyYZL7bOlQjBnyN6YTcpIml1yCXm_EJVP_zxpxnxDMVkBcSCwM_8SABzEgYQnaYEfaM1xWqXdJuixNyqnsx02aD-oDmjoq-Avh3EL2HiIbUCr5Oj4WTcE2BoBt3hVNCicriLHalSotEi5EprXmKUH57oFhEdLwf0Zxih5Q=&uniplatform=NZKPT&language=CHS.

❷ 余敏友,陈喜峰.论解决WTO 法内部冲突的司法解释原则[J].法学评论,2002(6):105-112.

❸ 廖诗评.条约解释方法在解决条约冲突中的运用[J].外交评论(外交学院学报),2008(5):103-110,5.

律体系能够在法律规范的效力等级问题上有所发展，条约解释方法的作用也会相应大大增强。[1]

二、"适用区域"条款修正对条约冲突解决规则完善的启示

根据前文修正"适用区域"条款协调《联合国海洋法公约》与南极条约体系各条约在南极海域的条约冲突，可以尝试从下面两个方面对条约冲突解决规则进行完善。

（一）允许一致的补充性条款规则的适用

1963年《维也纳领事关系公约》第73条规定："一、本公约之规定不影响当事国间现行有效的其他国际协定。二、本公约并不禁止各国间另订国际协定以确认或补充或推广或引申本公约之各项规定。"上述第一项规定既维持了各当事国在该公约对其具有约束力之前所缔结的领事协定，又用该公约统一的规定取代这些协定。这被认为是不必要或不合适的，国家应该自由地缔结一些并不是简单补充该公约的协定。第二项规定使得当事国可以缔结一些不减少该公约义务的补充性领事协定，但是禁止了（虽然没有明文表示）缔结条约规定更多的限制性权利或义务，从而减少公约的义务。因此需要某些最低的统一标准，而非通过修正条约条款事无巨细地去对不同当事国的双边条约在时间、空间及权利义务的分配中予以协调。

鉴于《维也纳领事关系公约》所规定的事项的重要性和普遍适用性，以及在相同问题上已有许多多边条约与双边条约，因此允许一致的补充性条款规则在一定程度上是处理条约冲突的较为通用的规则。例如，在《联合国海洋法公约》中第311条就是对此"允许一致性条款"的化用，其规定如下。首先，在各缔约国之间，《联合国海洋法公约》优于由《公海公约》《大陆架公约》等构成的日内瓦海洋法公约。其次，《联合国海洋法公约》应不改变各缔约国根据与该公约相符合的其他条约而产生的权利和义务，但是以不影响其他缔约国根据《联合国海洋法公约》享有其权利或履

---

[1] 廖诗评.条约解释方法在解决条约冲突中的运用[J].外交评论(外交学院学报)，2008(5):103-110,5.

行其义务为限。最后,《联合国海洋法公约》两个或两个以上缔约国可以订立仅在各该国相互管辖上适用的,修改或暂停适用该公约的规定的协定,但须在这种协定不涉及《联合国海洋法公约》中某项规定的前提下,如对该规定予以减损就与《联合国海洋法公约》的目的与宗旨的有效执行不相符合,而且这种协定不应该影响《联合国海洋法公约》所载各项基本原则的适用,同时这种协定的规定也不影响其他缔约国根据该公约享有其权利和履行其义务。❶ 正如针对与南极海资源开发制度有关的条约冲突中,不应对《南极条约》"适用区域"条款的内容加以修正,影响更多南极条约缔约国在南极的合法权益;而应依据《联合国海洋法公约》的规定,对《联合国海洋法公约》的规定加以协调适用,是为协调条约冲突的优化方案。

(二) 国际组织的连续性组成文件的效用

若干国际组织经常替换其组织文件,但是其文件始终保持连续有效,其具体制度的内容中涉及条约条款修正的部分同样与在南极条约体系下协调条约冲突规则互为启示,也对《维也纳条约法公约》条约冲突规则的适用有所补充。例如,由巴黎和伯尔尼公约建立的联盟几次通过条约予以修订。每一项修订文件都是继续存在的初始公约的一个修订本,而由该初始公约所建立的联盟也是如此。如果一个国家加入了最新近的文件但没有表明其加入对于以前的文件是否有效,这些联盟的实践认为加入国已经默示接受了初始公约及其后的各项文件。这种实践已经长期被接受。尽管国际组织连续性约章效力可传递不是一项正式的规则,却可以在《维也纳条约法公约》第 5 条保存条款中找到支持。❷

当然,在任何情况下,该实践试图处理的问题也可以通过适用《维也纳条约法公约》第 40 条中有关多边条约的修正规则予以解决。❸ 例如,《联

---

❶ UN.《联合国海洋法公约》第 311 条[EB/OL].[2023-02-18]. https://www.un.org/zh/documents/treaty/UNCLOS-1982#16.

❷ 《维也纳条约法公约》第 5 条:本公约适用于为一国际组织约章之任何条约及在一国际组织内议定之任何条约,但对该组织任何有关规则并无妨碍。

❸ UN.《维也纳条约法公约》第 40 条[EB/OL].[2023-02-18]. https://www.un.org/zh/documents/treaty/ILC-1969-3.

合国海洋法公约》在1994年通过的有关第十一部分国际海底区域的执行协定中基于此规则，规定："执行协定通过后，任何批准、正式确认或加入《联合国海洋法公约》的文书应亦表示同意接受本执行协定的约束；任何国家或实体除非先前已经确立抑或同时确立其同意接受《联合国海洋法公约》的约束，否则不可以确立其同意接受本执行协定的约束。"❶ 同样在构成南极条约体系的各条约中，如《关于环境保护的南极条约议定书》《南极海豹保护公约》，均存在对《南极条约》第4条"主权冻结"条款与第6条"适用区域"条款的确认与连续性适用，这是保证南极条约体系合法有效的根本原则。基于此不可对"适用区域"条款等核心条款做任意修正，而应在协调条约冲突的同时保持其连续性和有效性。如此既维护了南极条约协商国们在依据南极条约体系而获得的在南极的合法权益，同时保障了南极治理规则体系的完整性与稳定性。故此规则意义重大，不可随意作出相关条款的修正。

本章小结

本章属于问题解决环节中对以《维也纳条约法公约》为核心的条约适用理论现存争议问题的完善与应对的章节。本章根据法教义学的分类，结合《南极条约》"适用区域"条款通过条约解释或修正应对南极海域条约适用争议的讨论，从时间、空间、相互冲突三个角度，对条约适用理论进行了评价与完善的讨论，完成了理论指导实践、实践发展理论的研究过程。

与第一章理论方法论述中所提出的法教义学视域下现有条约适用理论存在的争议问题相对应，总结"适用区域"条款通过条约解释解决南极海域与法律地位相关的条约适用争议，以及"适用区域"条款不应通过条约修正解决南极海域与开发制度相关的条约适用争议的分析，可以得到对条约适用理论中条约在空间上、时间上及条约冲突中适用规则的完善或补充如下：

---

❶ UN. 有关1982年联合国海洋法公约第十一部分的规定[EB/OL].[2023-02-19]. http://treaty.mfa.gov.cn/Treaty/web/detail1.jsp?objid=1531876070677.

首先，就条约在空间上的适用规则而言，关于条约在国家管辖范围外区域空间上适用范围规则的缺失，以《联合国宪章》与《维也纳条约法公约》为基础分析可知，条约在法律地位未定的国家管辖外区域空间上的适用规则，应当以条约的当事国意思表示形成的合意为准。当事国可通过条约解释对空间范围的限定达成更为具体的合意，但不应对第三国产生强制性约束力。条约在法律地位确定的国家管辖外区域空间上的使用规则应当在遵守此区域适用的国际法原则（如国际海底区域适用人类共同继承财产原则）的基础上由当事国依据各自的意思表示达成合意，且不可损害任何第三国的依相关国际法原则而获得的合法权利。

其次，就条约在时间上的适用规则而言，其存在的条约是否可以存在溯及既往的特殊情况，以及条约的暂时适用是否违背条约不溯及既往原则等争议，依据《维也纳条约法公约》与国际强行法等理论论述和适用可知，除与领土、人权、战争中立权等相关的国际强行法外，其他条约原则上不溯及既往。但是，如果当事国就条约具有一定的溯及力达成合意，则该条约可具有一定溯及力。暂时适用规则正是条约当事国表达溯及力合意的一种特定方式，因此该规则并非条约不溯及既往原则的冲突规则，它的具体适用依旧以当事国的意思表示为基础。

最后，就条约在条约冲突中的适用规则而言，其存在多种条约冲突因两个国际条约当事国的不同而同时存在的复杂情形，导致《维也纳条约法公约》第 30 条所规定的规则以及特别法优于一般法、强行法优于普通法等习惯法性质的协调规则适用受到挑战。基于《维也纳条约法公约》与《联合国宪章》有关国家主权及和平解决国际争端等原则，如遇到复杂的条约适用冲突，应首当以条约中冲突适用条款为主并结合条约解释等方法加以适用和协调，其后可以《维也纳条约法公约》第 30 条剩余规则为基础，结合相关条约中允许一致的补充性规则加以适用和协调。总之，在完善或补充当前以《维也纳条约法公约》为基础构成的条约适用规则时，除遵守《联合国宪章》以及《维也纳条约法公约》的相关规定外，条约当事国的意思表示所达成的合意，是解决一切条约适用规则缺失与争议首要且核心的合法依据。

至此，以《南极条约》"适用区域"条款为研究对象，对南极海域条约适用争议此法律实践与法学理论相结合的问题分析与解决已接近尾声。接下来，基于《联合国宪章》中国家主权原则及和平解决争端原则，结合本章及其之前两章的分析可知，无论在条约适用理论的法理层面，抑或南极海域条约适用争议的实践层面，当事国的意思表示始终是条约适用规则完善及条约适用争议解决过程中最为重要的法律影响因素。又因为国家的意思表示以国家的利益选择为依据，故此，后续章节将利用前文解决南极海域条约适用争议问题的理论与实践经验，结合中国在南极治理中的利益所在，分析讨论中国在解决南极海域条约适用争议中的立场选择，以及未来继续以南极条约体系为核心参与南极治理可能存在的挑战及应对，为中国利用法律等工具更加长远有效地参与南极治理，维护中国在南极的合法权益提供路径启示。

第五章 "适用区域"条款与中国参与南极治理的路径选择

南极关乎人类生存和可持续发展的未来，建设一个和平稳定、环境友好、治理公正的南极，符合中国和国际社会的共同利益。1984 年，中国首次派出南极考察队，开启了中国南极事业发展的光辉历程。经过 40 余年的发展，中国的南极事业从无到有、由小到大，在南极基础建设、科学研究、环境保护、可持续利用、文化宣传、全球治理、国际交流与合作等领域均取得了重要成就，并为南极全球治理作出了应有的贡献。中国在南极的工作进展主要包括以下几个方面：初步建成南极考察基础设施体系；持续提升南极科学研究水平；有效保护南极环境和生态系统；大力开展南极文化宣传和科普教育；积极参与南极全球治理；广泛开展国际交流与合作。❶中国一贯支持《南极条约》的

---

❶ 国家海洋局发布《中国的南极事业》 我国政府首次发布白皮书性质的南极事业发展报告[EB/OL]. [2025-02-27]. http://www.gov.cn/xinwen/2017-05/23/content_5196076.htm.

宗旨和精神，坚决维护南极条约体系的稳定，是南极全球治理机制的维护者、参与者和建设者。那么，在分析完南极海域条约适用争议的解决路径，以及讨论了国家利益与国家意思表示在国际条约适用中的重要性后，接下来，自然应结合中国在南极的合法利益与南极治理现状，以"适用区域"条款为基点，探讨中国作为南极条约协商国应对以南极海域条约适用争议为集中表现的南极条约体系法律挑战的路径选择。

第一节 "适用区域"条款与中国在南极的利益和权益维护

前文以"适用区域"条款为研究对象，对南极海域条约适用争议法律问题从实践与理论层面加以分析与解决的过程，论证了"国际法作为维系国际社会秩序的实在规则体系（国际习惯规则和条约规则），其效力根据是国家意志间的协议；因此，国家意志在国际法规范功能发挥过程中是必须考虑的一个重要因素，它直接影响且制约着国际法规范功能的发挥"此现实主义结论。❶ 依据以霍布斯为代表的理性行为理论可知，将国家看作一个理性主体，其国家意志中的最深层意识是自保和追求自身及其国家利益的最大化。❷ 所以，在国际法层面以规则体系为工具，讨论中国参与南极治理的路径选择时，首先应当考察的是中国在南极的国家利益。国家利益是国家赖以生存与发展的权益，根据国家利益在逻辑层面的构成，国家利益可分为国家主权利益、国家安全利益与国家发展利益。又因为《南极条约》冻结了南纬60度以南区域的领土主权，因此就中国在南极的国家利益而言，此处重点考察安全与发展两个方面：前者侧重于中国与国际社会在南极共同的安全利益的考量；后者侧重于符合国际法规则的国家发展权益的考量。

---

❶ 刘志云.国家利益理论的演进与现代国际法——一种从国际关系理论视角的分析[J].武大国际法评论,2008(2):12-55.

❷ 霍布斯.论公民[M].应星,冯克利,译.贵阳:贵州人民出版社,2002:3-13.

一、维护中国在南极的国家安全利益

依据总体国家安全观,中国在南极的国家安全利益主要涉及进出自由与安全、科学研究、开发利用和环境保护等方面。维护中国在南极国家安全利益,就要确保这些利益的安全,以及保有持续维护这些利益安全的能力。[1] 鉴于国际法与国家利益已形成共同体关系,即国际法不仅是获取与维护各个层次国家利益的工具,生成与维护相关国际法律制度本身也是绝大多数主权国家的国家利益。[2] 南极国际治理之下的规则体系也不例外。当前,以南极条约体系为核心的南极治理规则体系与中国在南极的国家安全利益息息相关。因此,可以依据前文对"适用区域"条款的条约解释等分析,从以下两个方面利用南极条约体系更有效地维护中国和国际社会在南极的安全利益。

(一)合理解释"适用区域"条款以维持南极主权冻结现状

正如本书第二章所述,虽然《南极条约》第 4 条"主权冻结"条款与第 6 条"适用区域"条款将南纬 60 度以南区域的领土主权及其相关争议冻结,但是随着以《联合国海洋法公约》为核心的国际海洋法、科技水平和资源需求的变化与发展,越来越多的国家开始将南极领土主权争夺对象从南极大陆转移至其周边的南极海域,其中包括南极主权声索国、占据地理优势或国际关系优势的南极条约协商国及非南极条约缔约国等发展中国家等。这种转移它们包括但不限于:法国通过国内南极法令,以其在南极大陆之上的主权声索地为基线,延伸至南纬 60 度以南海域的上覆水域之中划定 200 海里专属经济区;澳大利亚以其在南纬 60 度以北的亚南极海域所拥有的主权岛屿为基线,向南要求大陆架延伸至南纬 60 度以南海域的海床、

---

[1] 吴慧,张欣波. 国家安全视角下南极法律规制的发展与应对[J]. 国际安全研究,2020,38(3):3-20,157.

[2] 刘志云. 国家利益的层次分析与国家在国际法上的行动选择[J]. 现代法学,2015,37(1):139-148.

洋底与底土；南非等国家在《BBNJ 国际协定》的谈判过程中，以条款建议的方式提出南纬 60 度以南海域的深海海底属于国际海底区域，适用人类共同继承财产原则等要求。以上声索性法律文件均对以《南极条约》为核心的南极条约体系在南极治理中的核心地位造成了巨大的法律挑战，对于南纬 60 度以南区域在维持领土主权冻结现状的基础上，继续保持和平与稳定的发展趋势造成了巨大的国际治理威胁。

中国虽然在南纬 60 度以南区域不存在领土主权声索，但是作为《南极条约》的缔约国及南极条约协商国，当前有责任也有必要维持南极主权冻结现状，从而保证南极的和平与发展。首先，主权原则是现代国际关系准则的基石。历史反复告诫，丛林法则、强权逻辑肆意抢占领土资源是战乱之源。值此世界巨变之际，更应警惕霸权对主权原则的侵犯，呼吁国际社会遵守以《联合国宪章》为基础的国际法，遵守《南极条约》在生效期对南极领土主权冻结的约束力。其次，人类是不可分割的安全共同体。各区域及各国的安全利益都是相互依赖的。应对全球安全挑战的长久之道在于秉持安全不可分割原则，重视彼此的合理安全关切，构建均衡、有效、可持续的安全架构。❶ 南极作为国家管辖范围外新疆域的重要组成区域，其安全与全人类共同的利益密不可分，因此维护南极的和平与安全就是维护全人类整体的安全，自然也涵盖中国的国家安全利益在内。最后，中国和世界上绝大多数国家开展南极活动的根本前提在于可以自由进出与和平利用南极，而南极出现的任何"领土化"倾向都与之相悖。❷

综上所述，本书通过对"适用区域"条款进行条约解释，对南极条约体系下与南极海域法律地位相关的条约适用争议加以协调，并得出以下结论：南极海域在适用《南极条约》主权冻结原则的同时，并不排除对《联合国海洋法公约》适用的结论；以及如果一个国家同时是《南极条约》与《联合国海洋法公约》的当事国，出现其无法同时履行两个国际条约对该区

---

❶ 王毅.落实全球安全倡议,守护世界和平安宁[EB/OL].(2022-04-24)[2025-02-27].http://www.gov.cn/guowuyuan/2022-04/24/content_5686889.htm.

❷ 吴慧,张欣波.国家安全视角下南极法律规制的发展与应对[J].国际安全研究,2020,38(3):3-20,157.

域的权利义务规定时，一般在实践中以该当事国的国家意志为主，与南极条约体系中的相关规则加以协调，且并不违反以《维也纳条约法公约》为核心的条约适用理论。在实践与理论层面解决与南极海域法律地位相关的条约适用争议，缓解南极条约体系在南极治理中面临的法律挑战，对于维护其在南极治理规则体系中的核心地位意义重大。并且，因为南极条约体系以《南极条约》为基础，所以维护该体系的稳定地位对维护南极领土主权冻结现状及维护我国在南极的国家安全利益均意义重大。

（二）充分利用"适用区域"条款以完善南极治理具体规则

在南极海域法律地位复杂难定且领土主权声索再度四起的背景下，美国和南极主权声索国以环境保护为口号，积极推动设立各类特别保护区域，并作为管理方变相圈地，抢占在南极大陆与南极海域具有战略意义的特定区域的实质性管辖权。目前，南极已设立特别保护区、特别管理区、历史遗址和纪念物及海洋保护区共167处。其中，美国与南极主权声索国分别设立以及美国单独或联合提议设立特别保护区数量超过总数的80%。每个南极特别保护区、特别管理区和海洋保护区都有独属于它们的且具有一定法律约束力的管理措施，它们在保护环境的同时，也限制了各国在南极的活动自由。又鉴于推动扩大南极大陆及其周边海域保护区空间范围和保护程度的他国力量仍在增加，而中国在南极的科考范围在不断发展，所以南极特别区域规制的扩展可能影响中国在南极的行动自由及合理利用南极的权利。在这种情况下，如何在南极国际法治中平衡合理利用与环境保护之间的关系，是需要长远谋划的课题，事关中国在南极长期的国家安全利益。❶

例如，1984年我国第一支南极考察队成立，以"为人类和平利用南极作出贡献"为目标正式吹响了中国向南极前进的号角。时至今日，长城站、昆仑站、泰山站、中山站，依次矗立在南极大陆中部自西向东的腰线区域，而2018年开始建设的罗斯海新站（在建，名字暂未公布）则在南极最重要

---

❶ 吴慧,张欣波.国家安全视角下南极法律规制的发展与应对[J].国际安全研究，2020,38(3):3-20,157.

的边缘海（罗斯海）沿岸筑基开建。罗斯海中有丰富的渔业资源及独特的地貌地形，大量的南极特别保护区和特别管理区，以及当前全球最大的海洋保护区均在罗斯海。罗斯海区域当属是南极国际治理的重点区域，具有高度的全球治理示范效应。因此，我国在罗斯海区域科学考察站的建成，必将填补我国南极地区的考察空白，进而支撑我国在罗斯海及南太平洋的海洋环境调查和保护工作，同时对维护我国在南极的国家利益具有长期战略意义。

但是，仅有以科学考察为支撑的实践活动作为回应并不能全面彻底地应对南极新一轮圈地之争。利用以南极条约体系为核心的南极治理规则体系，从规则制度层面加以回应，增加中国在南极治理中的实质性存在度更为重要。首先，根据前文对"适用区域"条款的目的解释与文义解释，明确南纬60度以南海域的上覆水域在《南极条约》于空间上的适用范围之内，因此中国作为《南极条约》当事国及南极条约协商国拥有参与治理南纬60度以南海域上覆水域的合法权利。其次，根据前文对"适用区域"条款的条约解释中所包含的体系解释，《关于环境保护的南极条约议定书》以南极环境保护为宗旨和导向，全面禁止了"南极条约区域"范围内除科学考察外任何与矿产资源有关的活动，以上规定对《南极条约》"适用区域"条款中规定的南纬60度以南的海域的开发制度产生了较大的影响。就南纬60度以南海域的海底而言，《关于环境保护的南极条约议定书》第7条禁止矿产活动在当前的一定程度上削减了《关于环境保护的南极条约议定书》当事国在2048年之前依据《联合国海洋法公约》将南纬60度以南海域的海床、洋底和底土认定为国际海底区域，并适用"人类共同继承财产"原则予以开发利用的合法性。但是《关于环境保护的南极条约议定书》面临着在2048年因审查不通过而失效的可能，此时，南纬60度以南海域的深海海底是否仍旧包含在《南极条约》"适用区域"条款规定的空间范围内？以及南纬60度以南海域的深海海底开发应当由南极条约体系项下的南极条约协商国予以管理，还是由国际海底管理局抑或《BBNJ国际协定》予以管理？中国可以尽快就以上问题在南极条约协商会议上提出议案加以讨论，并给出一定的解决方案，从而在接下来有可能出现的南极海底之争的规则设定层面占据主动。

二、维护中国在南极的国家发展权益

国内学者陈玉刚、王婉潞总结出中国在南极的发展利益体现为以下五方面：第一，中国具有南极事务的参与权；第二，中国具有南极科考和考察其他国家科考站及信息交流的权利；第三，中国具有开发使用南极特定资源的权利，包括南极海域的捕鱼权、获取南极淡水资源的权利、参与南极的生物勘探的权利等；第四，拥有在南极对本国公民的执法权和保护权；第五，拥有和平使用南极海域及空域的权利。❶ 因为以上利益均为中国作为南极条约协商国按照《南极条约》规定依法获得的，所以以上利益既是中国在南极的发展利益也是中国在南极的发展权益，具有合法性。因此，对于以上发展权益的维护就是中国严格按照《联合国宪章》《南极条约》《联合国海洋法公约》等国际公约行使自己合法权利的过程。

（一）适当维系"适用区域"条款以协调南极海域现有条约冲突

如前文所述，南极海域受以《南极条约》为核心的南极条约体系和以《联合国海洋法公约》为基础的国际海洋法体系的规范调整。在二者的影响下，南极海域的国际条约存在着日益复杂的在时间上、空间上及条约冲突中的适用争议问题，具体表现为：与南极海域法律地位相关的南极周边国家对专属经济区和大陆架的要求；与南极海域开发制度相关的国际海底区域制度是否应在南极海域适用等争议问题。这些都体现了南极条约体系所包含的规则与以《联合国海洋法公约》为代表的国际海洋法重叠适用于南极海域时产生的不同当事国自身权利义务的碰撞和冲突。并且，在气候变化、科技进步、资源竞争等诸多因素的共同作用下，冲突很可能进一步加剧。❷

《联合国海洋法公约》以沿海国为基础建立了领海、基线、大陆架、专

---

❶ 陈玉刚,王婉潞.试析中国的南极利益与权益[J].吉林大学社会科学学报,2016,56(4):95-105,190.

❷ 薛桂芳.我国拓展极地海洋权益的对策建议[J].人民论坛·学术前沿,2017(11):50-55,95.

属经济区等法律制度，也建立了国际海底区域制度，将国家管辖范围以外的深海海底及其底土和矿产资源视作人类共同继承遗产，交由国际海底管理局管辖。但是，一方面《联合国海洋法公约》中沿海国等关键概念的内涵、外延并不明晰，另一方面《南极条约》"适用区域"条款自身内容的模糊性导致南纬60度以南海域的上覆水域、底土和洋底是否包含在《南极条约》主权冻结原则在空间上的适用范围之内等问题均不明确。这些核心问题的不确定在国际法层面直接导致了南极海域地位不明确，以及南极海域资源开发制度的缺失和模糊。[1] 因而，不经过一定的调整和完善，南极海域条约适用争议很难得到妥善的解决，甚至会威胁南极条约体系在南极治理中核心规则体系的地位。然而，根据前文以"适用区域"条款为研究对象，试图通过解释或修正解决南极海域条约适用争议的结论可知，《南极条约》当事国（主要是南极条约协商国）可通过条约解释的方法对"适用区域"条款加以解释，可以在一定程度上协调与南极海域法律地位相关的条约适用争议。但是，对"适用区域"条款加以修正并不能协调与南极海域开发制度相关的条约适用争议的结果，反而会因为任何具体化或清晰化的内容修正导致"适用区域"条款失去其固有的模糊性，以及该模糊性给《南极条约》当事国带来的表示国家意志的自由空间，从而大大挤压了当事国根据条约适用规则自主解决南极海域条约适用争议的空间。与之相反，不少专家论述过可通过对《联合国海洋法公约》进行相应修正，使得其中的国际海底区域制度直接适用于南极地区的相关海域，而《联合国海洋法公约》第三执行协定《BBNJ国际协定》不失为一个好的机会，其中对于国家管辖范围外区域中海洋生物遗传资源惠益分享制度的设定，对于聚焦矿产资源的国际海底区域制度与其他国际海洋法制度的协调适用具有一定的借鉴意义。

因此，中国应当从维护自身在南极合法发展利益的目标出发，积极协调应对南极海域现存条约适用争议，但是不应对《南极条约》"适用区域"条款加以修正，而应当在《BBNJ国际协定》中找出适当的条款，对《联合国海洋法公约》中国际海底区域等制度在空间上及竞合中的适用范围加以

---

[1] 梁咏.对南极地区的国际法展望与中国立场：人类共同遗产的视角[J].法学评论,2011,29(5):84-90.

解释，进而在《关于环境保护的南极条约议定书》到期后，可以在南极海域资源开发制度构建中争取一定的主导权。

（二）深入分析"适用区域"条款以连接区域与全球南极治理规则

一方面，中国对南极而言是个略微晚到的国家。1959—1979年，无论是签订《南极条约》，还是召开第一届南极条约协商会议，以及期间的南极科考和治理，中国均缺了席。直到1980年，中国的南极科考人员才首次登上南极大陆。从1985年被接纳为南极条约协商国起，中国的南极参与水平与实力快速增长。尽管如此，中国的南极科研尚未达到顶尖水平，中国参与南极治理的程度还有提高空间。另一方面，就南极条约体系本身来说，自《关于环境保护的南极条约议定书》签订30余年来，南极条约体系未再增加重要条约，但这正是有史以来人类南极活动增加最为迅速的时期。南极条约体系落后于时代的发展，与全球性治理规则出现适用冲突和争议，导致众多学者对南极条约体系自身的稳定与未来表示担忧，更有一部分学者认为2048年《关于环境保护的南极条约议定书》到期后将无法续约，矿产资源开发重回议程，这必将严重影响南极条约体系的稳定。[1]

如前所述，维持南极条约体系在南极治理中核心规则体系的地位对于维护中国在南极的发展权益意义重大。因此，就中国而言，面对南极条约体系法律挑战加剧的局势，应当抓住机会，在帮助南极条约体系应对挑战的过程中提高中国在南极的实质性存在度。一方面，中国可以深入分析当利用"适用区域"条款解决南极海域条约适用争议时，使得南极条约体系中《南极海洋生物资源养护公约》等国际条约与《联合国海洋法公约》等国际海洋法规则在南极海域协调适用的关键之处，究竟在与南极海域法律地位相关的制度设定层面，还是与南极海域开发制度相关的法律问题之中。南极治理中有两个极端敏感的问题，分别是领土主权和矿产资源开发。这两个问题是相互关联的，整个南极条约体系建立在对这两个问题的压制与

---

[1] 陈玉刚,王婉潞.试析中国的南极利益与权益[J].吉林大学社会科学学报,2016,56(4):95−105,190.

维稳之上。因此，维护现有机制能够对几乎所有相关、不直接相关的国家产生整体性与全局性的影响。维护现行机制不仅能够维护南极地区的和平与稳定，也是表明和平利用南极的最佳方式之一。

在南极条约体系面对和解决法律挑战的历史过程中，20世纪90年代，通过扩大南极条约协商国的数量，使得联合国机制对其在南极治理中的合法性予以了一定程度上的认可，从而得到进一步的发展与稳定。另外，中国可以通过深入分析"适用区域"条款在《南极条约》生效与实施过程中发挥的重要作用，将南极法律治理经验推广至全球治理范围之中。如今，世界各国还不能拿出一个令人满意的全球治理方案，南极治理可以为全球治理提供可参考的治理模式。在理念上，南极条约体系的搁置争议、和平利用、寻求合作等一系列举措，为国际社会解决争端提供了可供参考借鉴的模式，也可能对全球治理带来观念上的冲击与变革，对全球治理具有启发性。[1] 例如，南极海洋保护区的设立及其养护措施规则的设立就对当前公海保护区及《BBNJ国际协定》中划区管理工具制度安排提供了充足的经验与数据。中国在此过程中，有机会获得更多南极事务中的参与权与话语权。近年来，我国的参与姿态由被动跟随转为积极主动，但是仅有参与权并不能自动获得话语权。借助对《南极条约》"适用区域"条款的深入分析，通过在国际社会上以南极治理为例提出对应解决方案，不仅能够展示中国和平利用南极、成为负责任大国的决心，也能影响议程设置，从而成为南极事务主导国，更有效地维护我国在南极的发展权益。

第二节 "适用区域"条款对中国参与南极治理的法理启示

既然中国在南极拥有安全与发展两大战略性国家利益，那么中国参与

---

[1] 何柳，CHEN Jueyu，HUANG Rui. 南极条约体系的法律挑战及中国南极基本权益的维护[J]. 中华海洋法学论，2021，17(3)：34-76.

南极治理的必要性与重要性毋庸置疑。如何在前文研究的基础上,继续以"适用区域"条款为研究对象找出利用以《联合国宪章》为基础的国际法及以《南极条约》为核心的南极条约体系,从国际法的理论与实践层面分别提高中国参与南极治理的能力,维护中国在南极的国家利益,是接下来的研究目标所在。本节首先分析"适用区域"条款对中国参与南极治理的法理启示,分为中国在南极享有的国际法权利与承担的国际法义务两个维度。

一、充分行使在南极享有的国际法权利

冷战结束后,各国基本转为通过以条约为主的国际法律文件的形式来界定与其他国家或国际组织之间的关系,以国际法的权利、义务形式来细化国家间的行为规范。结合国际关系和国际法理论实践可知,以国际法体系为依托的权利所体现的是一种国家之间平等的、衡向的关系,它是利益或利益诉求在国家之间的合法分配。虽然它所体现的并不一定是实质意义上的平等,但至少是在合法意义上的平等,是国际法价值的根本体现。[1] 中国作为国际法主体中的重要一员,坚定维护以《联合国宪章》原则和宗旨为基础的国际法体系,呼吁各国都应当依法行使权利,反对歪曲国际法,反对以"法治"之名行侵害他国正当权益、破坏和平稳定之实。中国始终坚持提高国际法在全球治理中的地位和作用,确保国际规则被有效遵守和实施。尤其是在人类新的活动领域之中,自中国加入《南极条约》以来,中国不仅是南极条约体系的坚定拥护者,更是其维护者和积极实践者,因此中国参与南极治理,改善南极治理机制,必须首先充分行使在南极依据《联合国宪章》的原则和宗旨及所签署的多边或双边条约而享有的合法权利。

(一)中国在南极大陆享有的国际法权利

中国作为《南极条约》《南极海豹保护公约》《南极海洋生物资源养护公约》《关于环境保护的南极条约议定书》的当事国及南极条约协商国,在南纬60度以南的南极大陆上应当遵守《南极条约》的主权冻结原则,即在

---

[1] 高潮.国际关系的权利转向与国际法[J].河北法学,2016,34(11):173-181.

"适用区域"条款规定的空间范围内不得提出新的主权主张。那么,中国在南极大陆享有哪些国际法权利呢?同样,根据以《南极条约》为核心的南极条约体系的规定,中国在南极大陆一方面主要享有科学考察自由与国际合作自由,以及为达到以上目的而附属的通行自由、航空自由等权利;另一方面则享有以和平目的使用军事人员或装备、自由视察及协商会议的提案权和决策权等制度性权利。

行使这些权利可以合法、有效地增进一国在南极的利益,因而被所有南极事务大国所珍视。未来,中国应通过积极行使这些权利来维护自身在南极的利益和国际社会的共同利益。首先,中国应将南极科考、南极政治和法律研究的成果及时转化为可支撑实务工作的资料,以此增强中国在南极条约协商会议和南极海洋生物资源养护委员会中提出会议倡议和文件的能力,并更加灵活地行使审议权和决策权。其次,在"监督"与"执法"方面,中国应积极行使《南极条约》赋予的视察权和《南极海洋生物资源养护公约》赋予的检查权,保障中国在南极的行动自由,维护南极利益。最后,在行使提案权、视察权和检查权时,中国可加强与利益相关国家的协调与合作,凝聚共识,增加联合行动的数量。❶

(二) 中国在南极海域享有的国际法权利

相比于南极大陆,中国在南极海域享有的国际法权利范围要广泛得多。首先,《南极条约》"适用区域"条款对当事国在南纬60度以南海域上覆水域之中的公海权利是承认与保护的,因此基于前文对相关条约在时间、空间及冲突中适用的分析可知,中国作为《联合国海洋法公约》及《南极条约》的当事国,在南纬60度以南海域的上覆水域之中,既享有《联合国海洋法公约》所规定在保护生态环境的限制下的捕鱼、航行、飞越、科学研究铺设海底电缆和管道,以及建造国际法所容许的人工岛屿和其他设施的自由权利,同时还享有作为南极条约协商国在此区域自由视察、建立海洋保护区等生物资源养护措施的提案与决策等权利。

---

❶ 吴慧,张欣波.国家安全视角下南极法律规制的发展与应对[J].国际安全研究, 2020,38(3):3-20,157.

其次，由于《南极条约》"适用区域"条款的自身模糊性，《南极条约》并没有对南纬60度以南海域的海床、洋底和底土等构成的深海海底是否也包含在《南极条约》主权冻结原则等在空间上的适用范围之内加以明确。因此，此区域所出现的与南极海域法律地位及开发制度相关的条约在空间范围上的适用争议最为集中。既有亚南极海域中岛屿主权国依据《联合国海洋法公约》大陆架制度向南划出300海里延伸至南纬60度以南海域深海海底的大陆架划界争议，又有《联合国海洋法公约》当事国依据国际海底区域制度认为此区域属于国际海底区域，其资源为人类共同继承财产为全人类所拥有，因此拥有对此区域内矿产资源的勘探开发权争议。中国作为在亚南极海域不拥有任何主权岛屿的国家，显然在南纬60度以南海域的深海海底中并不具有拥有大陆架主权权利的机会。但是，作为《联合国海洋法公约》以及南极条约协商国，一方面，中国依据国际海底区域制度可以在南纬60度以南海域的深海海底获得开矿采矿权利；另一方面，也可以依据南极条约体系获得此区域与科学研究、环境保护等相关决议和措施的提案和决策权。依据前文对相关条约适用争议的分析和讨论，可知解决该区域内现存条约适用争议的有效路径是在维持《南极条约》"适用区域"条款乃至南极条约体系稳定的基础上，以存在条约适用争议或冲突当事国的意思表示及其合意如大陆架划界权利保留声明等为首要解决方案。维持南极条约体系的稳定是保证其有效应对法律挑战以及保证南极治理保持和平与发展的重要一环。这一结论与维护中国在此区域内的国际法权利的需要不谋而合。因为只有在保持"适用区域"条款一定的模糊性以及南极条约体系规则保持稳定的前提下，中国在南纬60度以南海域深海海底之中拥有的国际法权利的种类和范围方可以达到最大化。一方面，可以拥有《联合国海洋法公约》赋予的对此区域矿产资源的所有权；另一方面，可以拥有南极条约体系赋予的对此区域的一定程度的管理权。

最后，对于南纬60度至南极辐合带之间的海域，中国作为《南极海洋生物资源养护公约》的当事国拥有对其他当事国船只加以检查以及打击该区域内IUU活动的检查监督权。同时，作为《联合国海洋法公约》的当事国在此区域内的非主权国家专属经济区和大陆架等区域，中国还享有公海以及国际海底区域制度所赋予当事国的各项权利。总之，中国作为《联合国海洋法公约》与南极条约体系内各多边条约的当事国，在南极海域既可以最大程度地享有海洋资源开发权，也较大程度地享有区域性的海洋活动管理权。如何在遵守国际法规则的基础上，合法合理地充分适用这些权利，则与《南极条约》"适用区域"条款因时因事的条约解释及其背后国际关系和国家利益的博弈息息相关，应从国内和国际两个方向出台相应政策加以引导和支持。

二、严格履行在南极承担的国际法义务

国际法中的国际义务主要出现于国际法与国内法关系的实践中，是国家对国际义务的履行和遵守。依据是否具有强制性可以分为两种情况：第一，对于国际强行法或国际习惯所规定的国际义务，如不得侵略他国，不得干涉他国内政等，各国必须无条件遵守，不得以国内法的不同规定为由拒绝履行；第二，对于非为国际强行法所规定的国际义务，各国应当履行和遵守。但当该国际义务本身并非公平正当时，或该国际义务违背了该国对于其国家基本利益或者国民基本人权的保护，抑或国家对于承担该义务的承诺并非出于自愿时，各国有权不履行和遵守这些国际义务。❶ 因此，国际义务的遵守和履行同样与国家利益的维护相互关联。中国在南极所应遵守履行的国际义务以所签署的《南极条约》以及构成南极条约体系的各多边条约为基础，主要可以分为两大类：维护南极的和平与发展、保护南极的环境与生态。

（一）维护南极的和平与发展

《南极条约》第 1 条规定："南极洲应仅用于和平目的。在南极洲，应特别禁止任何军事性措施，如建立军事基地和设防工事，举行军事演习，以及试验任何类型的武器。"《南极条约》第 5 条规定："禁止在南极洲进行任何核爆炸和处理放射性废料。"《南极条约》序言规定："承认南极洲永远

---

❶ 窦希铭.论国际法的概念及其体系构成——兼析当前国际法领域的基本热点问题[EB/OL].[2025-02-17]. http://iolaw.cssn.cn/flxw/200807/t20080731_4601264.shtml.

继续专用于和平目的和不成为国际纠纷的场所或对象,是符合全人类的利益的。"由上可知,《南极条约》当事国首要义务是维持"适用区域"条款规定的南纬60度以南区域的和平与稳定。和平利用南极与非军事化是每一个《南极条约》当事国都必须遵守的国际义务。

尽管中国尚未正式发布南极国家政策,但在不同历史阶段,曾以领导人题词、讲话、主管部门白皮书等形式宣示目标和方针,指导南极活动。1984年,邓小平同志为首次南极考察题词"为人类和平利用南极作出贡献",与《南极条约》和平利用的宗旨高度契合。2014年,国家主席习近平在慰问"雪龙"号科考船时,指出要"更好认识南极、保护南极、利用南极",指明了中国为人类和平利用南极做贡献的主要实践领域和方向。2017年,第40届南极条约协商会议在中国召开之际,国家海洋局发表中国首部白皮书性质的南极事业发展报告《中国的南极事业》,从契合《南极条约》宗旨的角度,提出了中国维护南极和平与发展的基本立场。[1]

当前,各国在南极海域的主权权利主张在一定程度上对南极的和平利用构成了威胁。中国此时作为南极治理中的负责任大国,有义务积极且合理地引导南极条约协商国利用《南极条约》"适用区域"条款的内容,通过条约解释等方式,对现存于南极海域之上与南极海域法律地位相关的条约适用争议进行协调,维护南极条约体系在南极治理中的稳定,维护南极的和平与发展。

(二) 保护南极的环境与生态

《关于环境保护的南极条约议定书》签订以来,环境保护成为南极治理中的首要议题。设立保护区成为南极条约协商国的主要环境保护措施之一。各协商国竞相指定保护区,成为近30年来南极治理中最显著的现象,其中以领土主权声索国和美国表现尤为突出。指定特别保护区的多为领土主权声索国,且指定区域几乎落在其声索的领土范围内。从指定保护区数量上看,现今共有7个南极特别管理区,其中5个区域由美国单独或联合他国指

---

[1] 邓贝西,张侠.南极事务"垄断"格局:形成、实证与对策[J].太平洋学报,2021,29(7):79-92.

定。在南极领土主权未定与环境保护的双重背景下,领土声索国利用环境保护来加强本国对南极区域的有效管控,非声索国则积极加入这轮新的竞争,以免自身参与南极的利益受到损害。❶《南极条约》"适用区域"条款所规定的南纬60度以南地区的适用范围,也被南极条约体系中《南极海洋生物资源养护公约》以海洋生态养护整体性为依据,向北拓展至南极辐合带的部分区域。由此可知,中国在严格履行保护南极环境与生态的国际义务,也有机会提高在南极条约体系下参与南极治理的实质性存在度,获得有关南极海域治理的更加有效的管理权限及制度性话语权。

2005年起,我国开始利用南极条约体系中的环境保护规则,积极申请设立南极特别管理区和特别保护区。我国单独或联合他国分别成功申请建立拉斯曼丘陵特别管理区、格罗夫山哈丁山特别保护区、伊丽莎白公主地阿曼达湾特别保护区。与此同时,中国连年提交信息文件,内容包括特别管理区的管理、事故、建设新考察站、极地科学亚洲论坛、北极考察、设施维修等。2018年起,我国不再将注意力全部放在申请建立昆仑站特别管理区上,而是一方面研究如何规范我国在南极冰穹A地区的考察和研究活动,进而保护该地区脆弱的南极环境;如南极海域海洋保护区的设立与建设中。与此同时,中国递交的信息文件数量和内容增多,并且内容上与工作文件相辅相成。信息文件内容包括环境保护报告、事故报告、新科考站环境评估、科研工作组等,在科学上和法理上为我国建立保护区提供有力支撑。❷ 以上工作表明,我国初步学会如何利用南极条约体系规则来履行我国南极环境义务以及保护我国在南极区域的正当权益。

2020年起,气候变化已成为南极治理环境与生态保护最重要的议题。南极海域包含在受全球气候变化与人类活动影响最大、最直接的海区之内,面临着全球气候变暖、海洋酸化、物种入侵及商业捕鱼带来的多重压力。IUU捕鱼远远超出可持续发展所设定配额的捕获量也给南极海洋生态系统与

---

❶ 王婉潞.中国参与南极治理的历史进程与经验思考:以协商会议和养护会议为例[J].极地研究,2021,33(3):421-431.

❷ 王婉潞.中国参与南极治理的历史进程与经验思考:以协商会议和养护会议为例[J].极地研究,2021,33(3):421-431.

环境造成不可逆的破坏。中国应继续严格履行《南极海洋生物资源养护公约》和《联合国海洋法公约》所赋予的环境保护义务。2018年，中国分别就三个海洋保护区提案发表观点，强调东南极保护区提案应考虑其必要性、确定性、可测量性、责任性及严格性，威德尔海保护区提案需要更多的科学数据和分析作为支撑，针对南极半岛保护区提案中国表示愿意在闭会期间合作解决。次年，中国对有关南极海域渔业的讨论增多，并继续就研究与监测计划、海洋保护区的数据支持等展开讨论，并表示愿意提供相应数据，与有关方进行合作。❶ 中国始终着力加强科研规划和能力建设，把握南极海洋生物资源保护与利用的合理平衡，推动形成公平合理的海洋资源开发与成果分享秩序。❷

第三节 "适用区域"条款对中国参与南极治理的制度启示

近年来，中国依据《联合国宪章》宗旨与原则，利用南极条约体系不断通过行使权利和履行义务的方式，参与南极科学考察、环境保护等治理活动，从而提高了中国在南极治理中的制度话语权。在此基础上，结合中国在南极的长期战略利益，在维护以联合国为核心的国际体系、以国际法为基础的国际秩序、以联合国宪章宗旨和原则为基础的国际关系基本准则的基础上，可知《南极条约》"适用区域"条款在解决南极海域条约适用争议问题的过程中对中国参与南极治理有以下两点制度化建设启示。

一、积极参与国际南极治理规则的制定，支持南极条约体系的稳定发展

正如《中国的南极事业》发展报告所述，在参与南极治理的过程中，

---

❶ 同❶.

❷ 马金星.全球海洋治理视域下构建"海洋命运共同体"的意涵及路径[J].太平洋学报,2020,28(9):1-15.

第五章 "适用区域"条款与中国参与南极治理的路径选择

中国始终坚持和平利用南极,加强南极环境和生态系统保护,并致力于提升南极科学认知,鼓励开展南极科学考察研究,愿为南极全球治理提供更加有效的公共产品和服务。❶ 未来,中国一方面将继续坚定不移地走和平利用南极之路,坚决维护《南极条约》体系稳定,加大南极事业投入,提升参与南极全球治理的能力;另一方面中国也愿与国际社会一道,共同推动建立更加公正合理的国际南极秩序,携手迈进,打造南极"人类命运共同体",为南极乃至世界和平稳定与可持续发展作出新的更大的贡献。❷ 鉴于南极海域条约适用争议法律问题是当前南极条约体系面临的法律挑战中最为突出且紧迫的问题之一,中国在解决此问题中的立场与行动乃至中国在应对南极条约体系法律挑战中的立场和行动,均对中国在南极的战略利益维护及南极条约体系在南极治理中的稳定发展影响重大。

(一) 中国在解决南极海域条约争议中的立场和行动

南极条约体系从形成至今已走过60余年的发展历程。在这个过程中,南极治理不断面临新的法律挑战。全球气候变暖、海洋环境污染等问题对南极的影响日趋明显。随着人类探索和利用南极的能力和需求不断增加,人类在南极活动也日益广泛和多元,南极的经济社会价值越来越受到关注,南极旅游、生物勘探等新型活动纷纷兴起,给南极治理带来新的压力。❸ 如何有效应对这些挑战,是南极治理中无法回避的重要议题。为此,我国2017年在北京召开的第40届南极条约协商会议上提出以下五点倡议:一是坚持以和平方式利用南极,构建人类命运共同体;二是坚持遵守南极条约体系,完善以规则为基础的南极治理模式;三是坚持平等协商互利共赢,把南极打造成国际合作的新疆域;四是坚持南极科学考察自由,进一步夯

---

❶ 国家海洋局发布《中国的南极事业》 我国政府首次发布白皮书性质的南极事业发展报告[EB/OL].[2025-02-27]. http://www.gov.cn/xinwen/2017-05/23/content_5196076.htm.

❷ 《中国的南极事业》发布 已初步建成南极考察基础设施体系.人民日报[EB/OL](2017-05-23)[2025-02-27]. http://www.sass.cn/101004/41007.aspx.

❸ 黄惠康.国际海洋法前沿值得关注的十大问题[J].边界与海洋研究,2019,4(1):5-24.

实保护和利用南极的科学基础;五是坚持保护南极自然环境,维护南极生态平衡和实现南极永续发展。❶

  以上倡议应用于解决南极海域条约争议法律问题中也不例外。就与南极海域法律地位相关及与开发制度相关的条约适用争议,根据《联合国宪章》的宗旨与原则,中国作为《南极条约》当事国,在《南极条约》生效期内自当遵守"适用区域"条款所规定的南纬60度以南区域适用主权冻结原则;当然,中国同时作为《联合国海洋法公约》当事国,也应当在《联合国海洋法公约》生效期内遵守其公海制度、国际海底区域制度等划界制度赋予中国的权利与义务。因为中国作为南极条约协商国,依据《南极条约》的规定拥有南极环境保护议题的提案权与决策权;所以中国应当在遵守《联合国宪章》所规定的互相尊重主权、领土完整、互不侵犯、互不干涉内政、平等互利、和平共处及和平解决国际争端原则的基础上,根据不同条约适用争议所导致的南极条约体系法律挑战或争议问题,在南极条约体系下合理解释《南极条约》"适用区域"条款的内容,促使各当事国通过谈判、协商及和解等有助于当事国通过意思表示形成合意解决争议或冲突的方式解决问题,避免当事国提请全部缔约国大会对"适用区域"条款进行修正等,容易导致南极条约体系因失衡而崩溃的方式的适用,从而维持南极条约体系在南极海域治理及南极治理中的核心规则地位,维护南极治理的稳定发展及中国在南极的战略利益。

(二) 中国在应对南极条约体系法律挑战中的立场和行动

  与应对南极海域条约适用争议法律问题相同,以小见大,中国在应对南极条约体系法律挑战中的立场与行动也应坚持前述五点倡议,并且应当将重点工作落于进一步促进南极科学考察自由与环境保护活动的规范化制度化治理之上,通过完善南极条约体系中有关南极资源开发与环境保护平衡的制度安排,从根源上解决法律挑战。

---

❶ 时任国务院副总理张高丽出席开幕式并发表题为"坚持南极条约原则,共谋人类永续发展"主旨讲话。讲话全文载:中国国际法实践案例选编.北京:世界知识出版社,2018.190-193.

关于南极的保护与利用，中国始终主张应正确认识和看待南极保护与利用的关系。加强保护是和平利用南极的基本前提，合理利用是发挥南极价值的题中之义，平衡兼顾是南极国际治理的基本理念。在未来南极治理中，要坚持南极保护与利用兼顾，切实做到在保护中利用南极，在利用中保护南极；要坚持以规则为基础，加强保护与利用的法律制度。坚持现有南极条约体系，包括"冻结"南极矿产资源开发等制度，同时因应形势变化，针对南极旅游、生物勘探等新问题和新挑战，探讨制定相应的法律规范和监督机制，不断完善南极治理法律框架；坚持以科研为先导，夯实保护与利用的科学基础；坚持以合作为支撑，实现保护与利用的相互促进。[1]

除此，当前阶段中国的核心行动任务是熟悉并运用既有南极治理规则，维护中国南极利益并阻止他国以实力为基础的南极秩序构建企图或限制其对南极海洋生物资源的垄断利用，最终实现深度参与、引领南极治理体系变革。综上所述，我们应坚持以现有南极条约体系为治理基础，合理利用《南极条约》"适用区域"条款，继续"冻结"南极领土要求和禁止南极矿产资源开发，充分利用《联合国海洋法公约》之下的公海制度，继续发挥南极条约协商会议的决策和统筹协调作用。坚决维护《南极条约》第9条确立的"协商一致"的决策机制，这是中国参与制定南极海洋治理规则过程中所享有的可根据自身利益否决提议的重要权利。[2]

二、加速构建国内南极治理法律法规体系，维护中国在南极的合法权益

2015年以来，中国对全球治理议题的重视程度越来越高，其背后反映了中国与世界关系正在发生的根本性变化：中国从全球治理体系的"局外人"，逐渐变成融入者和学习者，现在正在变成改革者乃至引领者。在此进

---

[1] 张业遂.共担南极治理责任,再谱保护利用新篇——外交部副部长张业遂在"我们的南极：保护与利用"特别会议上的主旨发言[M].中国国际法实践案例选编.北京:世界知识出版社,2018:196-199.

[2] 吴宁铂.中国参与南极海洋治理的国际法构建:机遇、障碍与路径[J].国际法学刊,2022,11(2):63-78,155.

程中，中国逐渐形成了具有自身特色的新型全球治理观，试图超越传统国际政治的丛林法则、零和博弈、地缘竞争等固有思维，推动建立一种更加开放、普惠、包容、平等的新型全球治理体系。在此理念指引下，中国提出了"一带一路"、构建人类命运共同体等倡议。目前，虽然南极的法律地位仍存在争议，但南极是地球最后一块儿鲜为人涉足的区域，关乎全人类的福祉，是"人类命运共同体"的最佳践行地之一。制定南极立法和南极政策文件是管理本国南极活动、指导南极事务合作和维护南极权益的基本途径，也是南极条约体系的内在要求。在中国南极事业开拓创新的历史阶段，中国需要在全球安全倡议的指导下，联结南极研究中的国际关系和国际法视角，系统分析国家安全与南极法律规制的关系，以统筹把握和推进南极事业。❶

（一）中国的南极立法和南极政策文件现状

纵观南极条约体系，《南极条约》和《关于环境保护的南极条约议定书》在法律实践层面将整个条约"适用区域"条款所规定的空间范围设定为了一个自然保护区，要求各成员国通过国内立法等形式履行区域性国际义务。目前，29个南极条约协商国中，有26个已出台了南极相关法律法规，2022年《印度南极法案》正式通过生效，目前仅中国、波兰、厄瓜多尔三国还没有法律层面的南极立法。加快推进南极活动立法，既有利于我国恰当履行《南极条约》义务，也有利于减少国际舆论压力，彰显负责任大国的良好形象。

21世纪之前，我国在南极的活动主要是科学考察，活动类型比较单一，且主要由国家有关部门组织和实施，对南极活动全过程实施严格规范的统筹管理，较为规范和科学。近年来，南极活动呈多样化发展，既包括科研、调查、监测，也涉及渔业、旅游、生物基因开发等领域。新形势对我国南极活动管理（尤其是南极环境保护的管理）提出了新要求，以往针对南极考察活动的管理制度无法完全适用于其他南极活动，亟须根据南极条约体

---

❶ 吴慧,张欣波.国家安全视角下南极法律规制的发展与应对[J].国际安全研究，2020,38(3):3-20,157.

系的要求制定更加全面的法律法规。

目前，虽然我国缺少法律层面的南极立法，但是我国已建立了诸多南极考察活动管理体系，为开展南极旅游等活动的环境管理奠定了基础。自然资源部极地考察办公室先后发布了《南极考察活动行政许可管理规定》《南极考察活动环境影响评估管理规定》等系列规章制度，对南极考察活动实施行政许可管理。在应急处置方面，《极地考察总体应急预案》也已颁布实施，还有《中国极地考察数据管理办法》《访问中国南极考察站管理规定》等，这些规章制度为南极立法的出台奠定了坚实的实践基础。2018年十三届全国人大常委会立法规划公布，包括3类共计116件立法项目。其中，南极活动与环境保护法被列为一类立法项目。南极立法已正式提上日程近七年，有望近期获得突破。

（二）中国南极立法与南极政策文件的完善

综上所述，结合中国在南极的长期战略利益的维护，基于中国依据国际法在南极所享有的权利与承担的义务，以及南极和平稳定发展的治理需要，中国在参与南极治理的国内立法层面应当从以下方面加以补充和完善，争取达到充分合理利用以"适用区域"条款为代表的南极条约体系规则构成，通过促进南极条约体系在当事国国内法中加以落实的进度，更好地帮助其应对以南极海域条约适用争议为代表的法律挑战。

一方面，在南极立法中，中国应从战略高度确立和体现中国南极政策的基本目标和主要原则，特别是需要在立法目的中强调维护"全人类的利益"，以弱化任何对南极的领土主权要求和据此提出的海洋权利要求。这完全符合南极法律规制的宗旨和国际社会的共同利益，有助于在南极践行"人类命运共同体"理念。

另一方面，中国应加紧正式版南极政策文件的研拟和制订，重申维护《南极条约》和平利用宗旨并鼓励科学合作的基本政治立场，确保以南极和平利用为目的的自由进出和自由开展科学研究的两项基本权益，确立对南极实体和非实体资源可持续利用的原则，同时提出中国规范南极活动、注重环境保护的举措。同时，基于《南极条约》第4条与第6条规定的冻结范围，美国、俄罗斯、日本、荷兰、德国和印度已就澳大利亚等国的南极大陆架划界案向联合国提出外交照会，明确不承认任何国家对南极的领土主权要求，中国可考虑在白皮书中也表明此立场。

本章小结

综上所述，基于《南极条约》"适用区域"条款解决南极海域条约适用争议法律问题的分析基础，对于中国参与南极治理的法律实践启示主要包含以下三点。

第一，结合中国在南极的长期战略利益构成，就维护中国在南极的国家安全利益而言，中国应当在合理解释《南极条约》"适用区域"条款的基础上，充分利用《联合国海洋法公约》中的公海制度，同时借助"适用区域"条款的模糊性措辞，积极推动南极海洋生物资源养护委员会在南纬60度以南海域上覆水域设立海洋保护区及其养护措施时能够充分平衡南极海域生物资源的保护与开发，尽量减少南极条约体系中区域性海洋治理规则与《联合国海洋法公约》全球性规则的冲突，从而维护南极条约体系在南极治理中的稳定与核心法律地位。就维护中国在南极的国家发展权益而言，中国就应对南极海域条约适用争议应取积极态度，且应避免对《南极条约》"适用区域"条款的修正，呼吁在维持南极条约体系现有规则体系稳定完整的基础上对"适用区域"条款等重要规则加以条约解释，充分利用南极条约协商国协商达成合意的平台南极条约协商会议解决争议法律问题。

第二，以更好地维护中国在南极的国家利益为目标，依据《联合国宪章》的宗旨和原则，以及中国缔结的以《南极条约》和《联合国海洋法公约》等为代表的多边条约，明确中国在南极享有的国际法权利与义务。中国应当在严格履行维护南极和平稳定、保护南极环境生态等国际义务的基础上，充分行使在南极大陆及其海域所享有的科学考察自由、国际合作自由，以及有关南极资源开发与环境治理活动的提案权与决策权等国际法权利。尤其是，基于《南极条约》"适用区域"条款在理论与实践中的特点，中国应当特别注意南极条约体系与《联合国海洋法公约》同时适用的南极海域之中，随着《关于环境保护的南极条约议定书》到达 2048 年审查之时，中国同时作为《关于环境保护的南极条约议定书》当事国及《联合国海洋法公约》的当事国，在南极海域深海海底所享有国际法权利变化的可能，并提前在国际国内法律层面均做好提案或立法的应对。

第三，最后就"适用区域"条款对中国参与南极治理的国内政策启示方面，积极参与国际南极治理规则的制定，支持南极条约体系的稳定发展；以及加速构建国内南极治理法律法规体系，维护中国在南极的合法权益，当属目前南极政策中最为迫切且重要的完善方向。一方面，在南极立法中，中国应从战略高度确立和体现中国南极政策的基本目标和主要原则，特别是需要在立法目的中强调维护全人类的利益，以弱化任何对南极的领土主权要求和据此提出的海洋权利要求。另一方面，在南极政策文件中，以《中国的北极政策》白皮书为参考，表明参与南极事务的基本立场是保护南极和平与发展，保护人类共同利益，以减少开展南极活动所受到的质疑。

结　论

　　与北冰洋几乎被大陆包围相反，南极海域无边无际的海水包围着南极大陆，同时咆哮的西风带又将其与人类常住的大陆相分隔。随季节显著变化的海冰和南极大陆一望无垠的冰盖，形成了南极地区独特的地理环境。它们所产生的冰雪、大气、海洋和生物间的相互作用，极大地影响着全球气候系统，遗世独立的南极海域始终无处不在地影响着人类生存的环境，影响着人类的未来。加强科学考察与研究，是人类更好地认识、保护和利用它的最直接方法；完善治理规则与制度，则是人类更好地认识、保护和利用它的最根本方法。

　　以《南极条约》为核心的南极条约体系构成了南极大陆至南极辐合带之间南极海域养护与合理利用的区域性治理制度，以联合国为核心的《联合国海洋法公约》等规则体系则成为南极海域治理中全球性制度的重要组成部分。当区域性制度与全球性制度同时适用于相同空间区域之内，加之关键性多边条约当事国身份的重合及体系内条约的不断变化与增加，南极海域出现以条约为主要载体的制度适用争议问题实属应当。显然，以上条约适用争议构成了当前南极海域国际治理在法律维度的重要威胁，尤其是对区域性较为明显的南极条约体系的冲击最为突出。因此，用国际法的理论与实践解决南极海域的条约适用争议对于维持南极海域乃至南极国际治理及南极条约体系的稳定和发展均意义重大。

　　无论从南极条约体系在南极治理传统安全与非传统安全等新老议题中所发挥的实际性约束力，还是从南极条约体系发展历程中逐渐获得且增加的法律确信和国家实践，抑或中国作为南极条约协商国，维护南极条约体系而在南极治理中额外获取制度性话语权的可能性判断，在利用南极条约体系解决南极海域条约适用争议的过程中，对南极条约体系加以完善，从而维持其在南极治理中的核心法律制度地位是保证南极和平与发展及维护中国在南极国家利益的合理路径选择。

基于此，《南极条约》第6条"适用区域"条款以其内容的模糊性与南极海域条约适用争议的产生和解决联系最为密切，成为解决该法律问题的关键。根据争议问题产生的直接原因将南极海域条约适用争议分为与法律地位相关和与开发制度相关的条约适用争议，结合《维也纳条约法公约》有关条约适用的普遍性规则将两类争议问题分别分解为条约在时间上、空间上、和条约冲突中的适用争议。首先，从"适用区域"条款的产生与实施入手分析解决与南极海域法律地位相关的条约适用争议，得出当事国可通过对"适用区域"条款进行符合《南极条约》《维也纳条约法公约》等国际法规定的条约解释，明确南纬60度以南海域上覆水域的公海法律地位，以及南纬60度以南海域深海海底在《关于环境保护的南极条约议定书》生效前暂不适用《联合国海洋法公约》国际海底区域制度等合意，并以在当事国间有相对约束力的法律文件的形式成文化，进而解决条约适用争议。其次，从"适用区域"条款的实施与发展继续分析解决与南极海域法律地位相关的条约适用争议，得出当事国同样可以通过解释"适用区域"条款的方式解决条约之时间上与空间上的适用争议问题，就在条约冲突中解决条约适用争议。例如，澳大利亚等四国依据《联合国海洋法公约》大陆架制度，在南纬60度以南海域的深海海底拥有部分区域的主权权利与它们依据南极条约体系中《关于环境保护的南极条约议定书》要履行在南极条约区域禁矿的国际义务相冲突，虽无法通过对"适用区域"条款加以解释得到解决，但可以在当事国与南极条约体系或南极条约协商国会议之间通过协调依据意思表示达成和解的合意而解决。绝不可以尝试通过对"适用区域"条款内容的修正对此类条约适用争议问题加以解决。一方面，依据《南极条约》及《维也纳条约法公约》的规定，修正条款的程序要件难以达到。另一方面，依据条约冲突的内容无法对条款的内容——修正，肆意对

"适用区域"条款内容的调整只会得到适得其反的结果，即会加速南极条约体系失去利益平衡的效用而走向崩塌。综上所述，以当事国的意思表示为依据，借助对"适用区域"条款进行条约解释帮助当事国就争议问题的解决达成合意，是解决南极海域条约适用争议的可行路径。

而此分析得出的问题解决路径对于完善法教义学视域下以《维也纳条约法公约》为核心的条约在空间上、时间上及条约冲突中的条约适用规则也有一定的理论启示，即除遵守《联合国宪章》及《维也纳条约法公约》的相关规定外，条约当事国的意思表示所达成的合意是解决众多条约适用规则缺失与争议首要且核心的合法依据。除此，南极海域条约适用争议法律问题解决路径对中国参与南极治理也具有一定的实践启示，主要包括中国应当在严格履行维护南极和平稳定、保护南极环境生态等国际义务的基础上，充分行使在南极大陆及其海域所享有的科学考察自由、国际合作自由，以及有关南极资源开发与环境治理活动的提案权与决策权等国际法权利。尤其是，基于《南极条约》"适用区域"条款在理论与实践中的特点，中国应当特别注意南极条约体系与《联合国海洋法公约》同时适用的南极海域之中，随着《关于环境保护的南极条约议定书》到达 2048 年审查之时，中国同时作为《联合国海洋法公约》的当事国在南极海域深海海底所享有国际法权利变化的可能，并提前在国际国内法律层面均做好应对等。

2023 年 1 月 25 日，据中国卫星海岸带成像仪图像分析发现，布伦特冰架（Brunt ice shelf）上的一条多年裂缝完全断开，形成众多冰山。脱离冰架后的冰山漂移与消融，将影响海洋生态系统稳定、海上航行安全、海平面变化应对，以及全球气候变化等。与此同时，南极上空的臭氧层空洞受气候变化影响正处于缓慢恢复但波动加剧的阶段，由此导致辐射与污染也在不断变化。《南极条约》"适用区域"条款在涵盖南极海域的同时也涉及南纬 60 度以南区域的冰架乃至上空，因此对"适用区域"条款的规则与制度研究远不应止于此，本书抛砖引玉，期待可对该条款从法律层面继续更加深入全面的研究。本书得到"中央高校基本科研业务费专项"（项目编号：202515027）的支持，文中疏漏由笔者负责。

参考文献

一、中文文献

（一）著作

［1］伊恩·布朗利,国际公法原理［M］.4 版.曾令良,等译.北京:法律出版社,1990.

［2］奥沙利文,地理政治论——国际间的竞争与合作［M］.李亦鸣,等译.上海:国际文化出版公司,1991.

［3］詹宁斯,奥本海国际法［M］.王铁崖,译.北京:中国大百科全书出版社,1995.

［4］哈特,法律的概念［M］.张文显,等译.北京:中国大百科全书出版社,1996.

［5］凯尔森著,法与国家的一般理论［M］.沈宗灵,译.北京:中国大百科全书出版社,1996.

［6］阿列克西,法律论证理论［M］.舒国滢,译.北京:中国法制出版社,2002.

［7］约翰·奥斯丁,法理学的范围［M］.刘星,译.北京:中国法制出版社,2002.

［8］杰弗里·帕克,地缘政治学:过去、现在和未来［M］.刘从德,译.北京:新华出版社,2003.

［9］霍布斯,论公民［M］.应星,冯克利,译.贵阳:贵州人民出版社,2004.

[10] 博登海默.法理学:法律哲学与法律方法[M].邓正来,译.北京:中国政法大学出版社,2004.

[11] 罗伯特·基欧汉.局部全球化世界中的自由主义、权力与治理[M].门洪华,译.北京:北京大学出版社,2004.

[12] 奥斯特.现代条约法与实践[M].江国青,译.北京:中国人民大学出版社,2005.

[13] 奥兰·扬.复合系统:人类世的全球治理[M].杨剑,等译.上海:上海人民出版社,2019.

[14] 黄惠康,黄进.国际公法国际司法成案选[M].武汉:武汉大学出版社,1987.

[15] 位梦华,郭琨.南极政治与法律[M].北京:法律出版社,1989.

[16] 韩德培.现代国际法[M].武汉:武汉大学出版社,1992.

[17] 陈治世.条约法公约析论[M].台北:学生书局,1992.

[18] 谢邦宇.行为法学[M].北京:法律出版社,1993.

[19] 朱景文.现代西方法社会学[M].北京:法律出版社,1994.

[20] 赵里海.海洋法问题研究[M].北京:北京大学出版社,1996.

[21] 邹克渊.南极矿物资源与国际法[M].北京:现代出版社,1997.

[22] 王铁崖.中华法学大辞典:国际法卷[M].北京:中国检察出版社,1996.

[23] 陈致中.国际法案例[M].北京:法律出版社,1998.

[24] 万鄂湘,石磊,杨成铭,等.国际条约法[M].武汉:武汉大学出版社,1998.

[25] 南极条约体系[M].李占生,宋荔,高风编,译.天津:天津大学出版社,1997.

[26] 周忠海.国际法学述评[M].北京:法律出版社,2001.

[27] 李浩培.条约法概论[M].北京:法律出版社,2003.

[28] 高健军.国际海底划界论[M].北京:北京大学出版社,2005.

[29] 张海文.《联合国海洋法公约》释义集[M].北京:海洋出版社,2006.

[30] 刘中民.国际海洋政治专题研究[M].青岛:中国海洋大学出版社,2007.

[31] 崔鑫生,李芳.制度的性质[M].北京:中国商务出版社,2007.

[32] 朱文奇,李强.国际条约法[M].北京:中国人民大学出版社,2008.

[33] 陈德恭.现代国际海洋法[M].北京:海洋出版社,2009.

[34] 薛桂芳,胡增祥.海洋法理论与实践[M].北京:海洋出版社,2009.

[35] 中国极地研究中心,颜其德,朱建钢.南极洲领土主权与资源权属问题研究[M].上海:上海科学技术出版社,2009.

[36] 高之国,张海文,贾宇.国际海洋法论文集[M].北京:海洋出版社,2012.

[37] 王建廷,许浩.海洋法基本问题研究[M].北京:海洋出版社,2013.

[38] 邓正来.王铁崖文选[M].北京:中国政法大学出版社,2013.

[39] 刘惠荣,刘秀.南极生物遗传资源利用与保护的国际法研究[M].北京:中国政法大学出版社,2013.

[40] 中国社会科学院语言研究所词典编辑室.现代汉语词典[M].7版.北京:商务印书馆,2016.

[41] 陈玉刚,秦倩.南极:地缘政治与国家权益[M].北京:时事出版社,2017.

[42] 杨泽伟.国际法[M].北京:高等教育出版社,2017.

[43] 陈力,等.中国南极权益维护的法律保障[M].上海:上海人民出版社,2018.

[44] 左鹏飞.极地战略问题研究[M].北京:时事出版社,2018.

[45] 何志鹏.国际公法学[M].北京:高等教育出版社,2019.

[46] 张乃根.条约解释的国际法[M].上海:上海人民出版社,2019.

[47] 李小涵.南极条约体系规则习惯国际法形成研究[M].北京:中国政法大学出版社,2022.

[48] 王婉潞.南极治理机制变革研究[M].北京:时事出版社,2022.

(二) 论文

[1] 张耀曾.南极洲地理概况[J].中学地理教学参考,1980(3):14-19.

[2] 潘云喜.围绕南极法律地位的争端[J].政治与法律,1985(2):42-43.

[3] 梁淑英,造福.谈谈南极洲的法律地位问题[J].贵州大学学报(社会科学版),1985(3):13-19.

[4] 张克文.论南极洲目前的法律地位[J].武汉大学学报(人文科学版),1987(5):121-125.

[5] 慕亚平.论南极的法律地位[J].法律科学-西北政法学院学报,1989(2):48-52.

[6] 龚迎春.试论《南极条约》体系确立的环境保护规范对各国的效力[J].外交学院学报,1990(3):57-62.

[7] 邹克渊.南极条约体系及其未来[J].中外法学,1990(1):41-43.

[8] 颜其德.南极资源及国际纷争[J].科学,1991(4):280-282.

[9] 邹克渊.南极法——国际法中的又一新分支[J].法学杂志,1991(4):10.

[10] 邹克渊.南极全面保护的法律思考[J].中外法学,1991(4):36-39,56.

[11] 邹克渊.南极矿物资源与南极环境的法律保护[J].政法论坛,1991(3):63-68.

[12] 邹克渊.南极条约体系与第三国[J].中外法学,1995(5):41-46.

[13] 张潇剑.论国际强行法的追溯力及对其违反的制裁——兼评《维也纳条约法公约》的有关规定[J].中国法学,1995(1):88-94.

[14] 周定国.国人在南极称谓上的误区[J].中国地名,1996(3):33.

[15] 黄远龙.国际法上的时际法概念[J].外国法译评,2000(2):74-86.

[16] 李薇薇.南极环境损害责任制度的新发展[J].法学评论,2000(3):74-79.

[17] 阮振宇.南极条约体系与国际海洋法:冲突与协调[J].复旦学报(社会科学版),2001(1):131-137.

[18] 尹年长.论专属经济区的国家主权权利[J].湛江海洋大学学报,2006(2):6-11.

[19] 余敏友,陈喜峰.论解决WTO法内部冲突的司法解释原则[J].法学评论,2002(6):105-112.

[20] 朱建钢,颜其德,凌晓良.南极资源及其开发利用前景分析[J].中国软科学,2005(8):17-22,10.

[21] 唐青阳.规则的解释与解释的规则——WTO规则的法解释研究[D].重庆:西南政法大学,2005:70.

[22] 郭培清.美国政府的南极洲政策与《南极条约》的形成[J].世界历史,2006(1):84-91.

[23] 李小明.对反垄断的域外管辖与国家主权关系问题的探讨[J].求索,2006(9):104-107.

[24] 廖诗评.国际条约中的冲突条款评析[J].政治与法律,2007(3):95-100.

[25] 廖诗评.条约解释方法在解决条约冲突中的运用[J].外交评论(外交学院学报),2008(5):103-110,5.

[26] 刘志云.国家利益理论的演进与现代国际法——一种从国际关系理论视角的分析[J].武大国际法评论,2008(2):12-55.

[27] 张丽珍.南极旅游的国际法规制[J].中国海洋大学学报(社会科学版),2009(6):14-18.

[28] 廖诗评.条约冲突的基本问题及其解决方法[J].法学家,2010(1):145-153,180.

[29] 刘斌.南极大陆架的国际法学探析[J].海洋开发与管理,2010,27(5):9-12.

[30] 刘惠荣,董跃.中国海洋权益法律保障视野中的极地问题研究[J].中国海洋大学学报(社会科学版),2010(5):1-7.

[31] 刘志云.全球化背景下自由主义国际关系理论的创新与国际法[J].江西社会科学,2010(5):165-173.

[32] 胡德坤,唐静瑶.南极领土争端与《南极条约》的缔结[J].武汉大学学报(人文科学版),2010,63(1):64-69.

[33] 梁咏.对南极地区的国际法展望与中国立场:人类共同遗产的视角[J].法学评论,2011,29(5):84-90.

[34] 阙占文.论南极环境损害责任制度[J].江西社会科学,2011,31(3):170-174.

[35] 廖诗评.论后法优先原则与特别法优先原则在解决条约冲突中的关系[J].河南大学学报(社会科学版),2011,51(2):7-14.

[36] 甘露.南极主权问题及其国际法依据探析[J].复旦学报(社会科学版),2011(4):119-125.

[37] 沈克非.探寻法律效力的来源——分析实证法学之理论述评[J].河北法学,2012,30(4):81-87.

[38] 古祖雪.国际造法:基本原则及其对国际法的意义[J].中国社会科学,2012(2):127-146,207-208.

[39] 朱瑛,薛桂芳,李金蓉.南极地区大陆架划界引发的法律制度碰撞[J].极地研究,2011,23(4):318-327.

[40] 朱瑛,薛桂芳.大陆架划界对南极条约体系的挑战[J].中国海洋大学学报(社会科学版),2012(1):9-15.

[41] 陈玉刚,周超,秦倩.批判地缘政治学与南极地缘政治的发展[J].世界经济与政治,2012(10):116-131,159-160.

[42] 李志文,马金星.从时际法原则解析先占取得岛屿行为的效力[J].法学杂志,2013,34(12):24-31.

[43] 陈力,屠景芳.南极国际治理:从南极协商国会议迈向永久性国际组织[J].复旦学报(社会科学版),2013,55(3):143-155.

[44] 刘秀.南极生物遗传资源利用与保护的法律规制研究[D].青岛:中国海洋大学,2013.

[45] 侯猛.社科法学的传统与挑战[J].法商研究,2014,31(5):74-80.

[46] 郑英琴.南极话语权刍议[J].国际关系研究,2014(6):62-72,149-150.

[47] 刘茜.南极生物勘探相关法律问题的思考[J].中国海商法研究,2014,25(4):81-86.

[48] 韩雪晴,王义桅.全球公域:思想渊源、概念谱系与学术反思[J].中国社会科学,2014(6):188-205.

[49] 陈力.南极治理机制的挑战与变革[J].国际观察,2014(2):95-109.

[50] 陈力.论南极海域的法律地位[J].复旦学报(社会科学版),2014,56(5):150-160.

[51] 巩固.自然资源国家所有权公权说再论[J].法学研究,2015,37(2):115-136.

[52] 吴宁铂.澳大利亚南极外大陆架划界案评析[J].太平洋学报,2015,23(7):9-16.

[53] 杨瑛.《联合国海洋法公约》对南极事务的影响[J].理论月刊,2015(6):174-178.

[54] 桂静.不同维度下公海保护区现状及其趋势研究——以南极海洋保护区为视角[J].太平洋学报,2015,23(5):1-8.

[55] 何柳.新西兰南极领土主权的历史与现状论析[J].理论月刊,2015(5):173-179.

[56] 曹亚斌.全球治理视域下的南极矿产资源问题研究[J].中国矿业大学学报(社会科学版),2015,17(2):50-55.

[57] 胡志丁,陆大道.基于批判地缘政治学视角解读经典地缘政治理论[J].地理学报,2015,70(6):851-863.

[58] 刘志云.国家利益的层次分析与国家在国际法上的行动选择[J].现代法学,2015,37(1):139-148.

[59] 曲波.时际法在解决领土争端中的适用[J].社会科学战线,2015(4):214-220.

[60] 刘勇."中国平安诉比利时王国投资仲裁案"——以条约适用的时际法为视角[J].环球法律评论,2016,38(4):162-178.

[61] 刘昕畅,邹克渊.国际法框架下中国南极旅游规制的立法研究[J].太平洋学报,2016,24(2):17-26.

[62] 陈力.南极海洋保护区的国际法依据辨析[J].复旦学报(社会科学版),2016,58(2):152-164.

[63] 阮建平.南极政治的进程、挑战与中国的参与战略——从地缘政治博弈到全球治理[J].太平洋学报,2016,24(12):21-30.

[64] 陈玉刚,王婉潞.试析中国的南极利益与权益[J].吉林大学社会科学学报,2016,56(4):95-105,190.

[65] 高潮.国际关系的权利转向与国际法[J].河北法学,2016,34(11):173-181.

[66] 李巍.国际秩序转型与现实制度主义理论的生成[J].外交评论(外交学院学报),2016,33(1):31-59.

[67] 潘敏.论美国的南极战略与政策取向[J].人民论坛·学术前沿,2017(19):62-71.

[68] 秦天宝,虞楚箫.倡导"绿色"考察 保护南极环境——《南极考察活动环境影响评估管理规定》述评[J].环境保护,2017,45(16):47-49.

[69] 郑英琴.世界净土:南极的公域价值与治理挑战[J].世界知识,2017(13):52-53.

[70] 陈敬根.南极旅游海事风险的法律规制:规范构成与制度完善[J].法学杂志,2017,38(2):95-105.

[71] 董晓婉,陈力.南极海域 IUU 捕捞的国际法规制[J].复旦国际关系评论,2017(2):141-166.

[72] 陈力.论南极条约体系的法律实施与执行[J].极地研究,2017,29(4):531-544.

[73] 薛桂芳.我国拓展极地海洋权益的对策建议[J].人民论坛·学术前沿,2017(11):50-55,95.

[74] 张磊.论公海自由与公海保护区的关系[J].政治与法律,2017(10):91-99.

[75] 杨俊敏,蒋昕.南极海域外大陆架划界争端法律问题研究[J].浙江海洋大学学报(人文科学版),2018,35(2):1-11.

[76] 何志鹏,姜晨曦.南极海洋保护区建立之中国立场[J].河北法学,2018,36(7):25-43.

[77] 李雪平.关于南极条约区域环境仲裁的几个问题[J].太平洋学报,2018,26(5):90-98.

[78] 郭红岩.论南极条约体系关于南极争端的解决机制[J].中国海洋大学学报(社会科学版),2018(3):1-8.

[79] 王明远,陈予睿.公海生物资源保护与公海自由的相对化——基于"南极捕鲸案"的分析[J].中州学刊,2018(2):65-70.

[80] 郑英琴.南极的法律定位与治理挑战[J].国际研究参考,2018(9):1-7.

[81] 王婉潞.南极治理中的规范更替[J].边界与海洋研究,2018,3(4):110-119.

[82] 罗欢欣.国家在国际造法进程中的角色与功能——以国际海洋法的形成与运作为例[J].法学研究,2018,40(4):53-68.

[83] 王婉潞.联合国与南极条约体系的演进[J].中国海洋大学学报(社会科学版),2018(3):16-22.

[84] 雷磊.什么是法教义学？——基于19世纪以后德国学说史的简要考察[J].法制与社会发展,2018,24(4):100-124.

[85] 李彧博,陆志波,杨情诗.南极特别保护区的发展趋势及设立流程分析[J].极地研究,2019,31(4):464-472.

[86] 马金星.欧盟参与南极海洋环境治理的路径及趋势[J].欧洲研究,2019,37(6):78-102,7.

[87] 黄惠康.国际海洋法前沿值得关注的十大问题[J].边界与海洋研究,2019,4(1):5-24.

[88] 马金星.欧盟参与南极海洋环境治理的路径及趋势[J].欧洲研究,2019,37(6):78-102,7.

[89] 刘楠来.第三次联合国海洋法会议与中国对海洋权益的维护[J].边界与海洋研究,2019,4(5):38-41.

[90] 曹亚伟.国内法域外适用的冲突及应对——基于国际造法的国家本位解释[J].河北法学,2020,38(12):81-101.

[91] 陈力.论我国南极立法的适用范围[J].复旦学报(社会科学版),2020,62(3):189-200.

[92] 李春雷.南极搜救体系对非政府南极活动发展趋势的影响及我国的对策研究[J].中国渔业经济,2020,38(4):34-42.

[93] 张新军.变迁中的"航行自由"和非当事国之"行动"[J].南大法学,2020(4):110-129.

[94] 董跃,郭启萌.我国南极活动的税法问题研究[J].税务研究,2020(2):72-78.

[95] 董跃.我国《海洋基本法》中的"极地条款"研拟问题[J].东岳论丛,2020,41(2):136-145.

[96] 马金星.全球海洋治理视域下构建"海洋命运共同体"的意涵及路径[J].太平洋学报,2020,28(9):1-15.

[97] 吴慧,张欣波.国家安全视角下南极法律规制的发展与应对[J].国际安全研究,2020,38(3):3-20,157.

[98] 王晨光.中国企业参与极地治理的行为机制和路径选择——基于利益与责任的视角[J].企业经济,2020(4):20-27.

[99] 何驰.国际法上的非政府组织:理论反思与重构[J].中外法学,2020,32(3):826-839.

[100] 何柳.南极海域矿产资源的法律冲突及发展趋势[J].亚太安全与海洋研究,2020(6):53-66,3.

[101] 杨雷,唐建业.欧盟法院南极海洋保护区案评析——南极海洋保护区的属性之争[J].武大国际法评论,2020,4(5):19-43.

[102] 李学峰,陈吉祥,岳奇,等.南极特别保护区体系:现状、问题与建议[J].生态学杂志,2020,39(12):4193-4205.

[103] 郭红岩.南极活动行政许可制度研究——兼论中国南极立法[J].国际法学刊,2020(3):57-75,157.

[104] 潘敏,徐理灵,LI Jiaxin.南极罗斯海海洋保护区的建立——兼论全球公域治理中的集体行动困境及其克服[J].中华海洋法学评论,2020(1):1-40.

[105] 吴宁铂,马科斯·哈沃德.澳大利亚对南极条约体系的影响:基于历史与现实利益的分析[J].太平洋学报,2020,28(3):38-49.

[106] 杨华.中国参与极地全球治理的法治构建[J].中国法学,2020(6):205-224.

[107] 李雪平.人类命运共同体理念的南极实践:国际法基础与时代价值[J].武大国际法评论,2020,4(5):1-18.

[108] 刘唯哲,CHEN Jueyu.《联合国海洋法公约》对南极海域争端的影响与启示[J].中华海洋法学评论,2020,16(3):52-82.

[109] 赵天宇,温融.论域分野与内容交融:制度、国际制度与国际法律制度[J].重庆三峡学院学报,2020,36(1):102-108.

[110] 何柳,CHEN Jueyu,HUANG Rui.南极条约体系的法律挑战及中国南极基本权益的维护[J].中华海洋法学论,2021,17(3):34-76.

[111] 邓贝西,张侠.南极事务"垄断"格局:形成、实证与对策[J].太平洋学报,2021,29(7):79-92.

[112] 游启明."海洋命运共同体"理念下全球海洋公域治理研究[J].太平洋学报,2021,29(6):62-72.

[113] 李春雷.南极旅游治理政策研究[J].中国旅游评论,2021(1):109-117.

[114] 吕嘉欣.阿根廷南极政策:国际制度合作中的主权声索[J].边界与海洋研究,2021,6(5):109-126.

[115] 王婉潞.中国参与南极治理的历史进程与经验思考:以协商会议和养护会议为例[J].极地研究,2021,33(3):421-431.

[116] 吴慧,张欣波.论"南极条约地区"的地域范围[J].国际法研究,2021(4):3-19.

[117] 朱翠萍,吕嘉欣.南极治理:地缘政治博弈与国际制度合作[J].太平洋学报,2021,29(12):78-92.

[118] 吴宁铂.中国参与南极海洋治理的国际法构建:机遇、障碍与路径[J].国际法学刊,2022,11(2):63-78,155.

[119] 李雪平,迟一诺.2048年后南极矿产资源活动的管制措施研究[J].中国海洋大学学报(社会科学版),2022(5):57-66.

[120] 施余兵.国家管辖外区域海洋生物多样性谈判的挑战与中国方案——以海洋命运共同体为研究视角[J].亚太安全与海洋研究,2022(1):35-50,3.

[121] 陈力,刘思竹.论冰架在南极条约体系中的法律地位[J].复旦学报(社会科学版),2023,65(1):161-172.

[122] 曲波.涉外法治下我国南极立法的思考[J].法治研究,2024(6):91-104.

[123] 李雪平,杨子涵.美国智库对中国参与南极治理的认知及启示[J].世界地理研究,2025,34(6):29-41.

二、外文文献

(一) 著作

[1] LORD M. The Law of Treaties[M]. Oxford:Clarendon Press,1961.

[2] FALK R.. The Status of International Law in International Society[M]. Princeton:Princeton University Press,1970:24.

[3] JOHN C G B. Common Globe or Global Commons:Population Regulation and Income Distribution[M]. New York:Marcel Dekker,1974.

［4］ AUBURN F M. Antarctic law and politics［M］. Bloomington：Indiana University Press，1982.

［5］ BUSH W M. Antarctica and international law：a collection of inter-state and national documents［M］，London，Rome，New York：Oceana Publications，1982，143.

［6］ SIR I S. The Vienna Convention on the Law of Treaties［M］. Manchester：Manchester University Press，1984.

［7］ EDWARD S Y. Treaty Interpretation：Theory and Reality［M］. Washington：University Press of America，1987.

［8］ DAVID J B. The 1971 London Declaration，Rebus Sic Stantibus and a Primitive View of the Law of Nations，in 82 A. J. I. L. 1988.

［9］ THOMAS B，HAROD G M. Public International Law in a Nutshell［M］. Washington：West publishing Company，1990. 159.

［10］ JOYNER C C. Antarctica and the law of the sea［M］. Boston：Sold and distributed in the U. S. A. and Canada by Kluwer Academic Pub，1992.

［11］ BENNETT A L. International Organizations：Principles and Issues，6th edition［M］. New Jersey：Prentice Hall，1995.

［12］ HENKIN L. International Law：Politics and Values［M］. Boston：Kluwer Academic Publishers，1995.

［13］ GEARÓID T. Critical Geopolitics：The Politics of Writing Global Space［M］. Minneapolis：The University of Minnesota Press，1996.

［14］ DAVOR V. The Antarctic Treaty System and the Law of the Sea：a new dimension introduced by Protocol，in Olav Schram Stokke & Davor Vidas（ed.），Governing the Antarctic［M］. Melbourne：Cambridge University Press，1996.

［15］ CASARINI，MARIA P. Activities in Antarctica Before the Conclusion of the Antarctic Treaty. In Francioni, Francesco; Scovazzi, Tullio（eds.）. International Law for Antarctica（Second ed.）［M］. Boston：Kluwer Law International，1996.

[16] FRANCESCO F,TULLIO S. The Antarctic Treaty System and the New Law of the Sea:Selected Questions[M]. International Law for Antarctica. London:Kluwer Law International,1996. 386.

[17] STOKKE O S,VIDAS D. Governing the Antarctic:The Effectiveness and Legitimacy of the Antarctic Treaty System. Cambridge[M]. Melbourne:Cambridge University Press,1996.

[18] ROBERT O K. Power and Governance in a Partially Globalized World[M]. New York:Psychology Press,2002.

[19] JOOST P. Conflicts of Norms in Public International Law:How WTO law relates to other Rules of International Law[M]. London:Cambridge University Press,2003.

[20] KEES B. The Antarctic environmental protocol and its domestic legal implementation[M]. London:Kluwer Law International Pub,2003.

[21] GEORGE A K. Biology of the Southern Ocean[M]. New York:CRC Press,2006:169.

[22] FRANCESCO O Vi:Antarctic Mineral Exploitation:The Emerging Legal Framework[M]. Cambridge:Cambridge University Press,2009.

[23] KEES B:The Antarctic Environmental Protocol and its Domestic Legal Implementation[M]. Boston:Kluwer Law Intl,2013.

[24] MARK Z:Marine Policy[M]. New York:Routledge,2014.

[25] ANTJE N:Wilderness Protection in Polar Regions:Arctic Lessons Learnt for the Regulation and Management of Tourism in the Antarctic[M]. Boston:Martinus Nijhoff,2020.

(二) 论文

[1] ROBERT Y J. General Course on Principles of International Law[J]. Recueil des Cours,1967,121(2):323-605.

[2] GARRETT H. The Tragedy of the Commons[J]. Science,1968,162(3859):1243-1248.

[3] BECK P. Preparatory meetings for the Antarctic Treaty,1958 – 1959[J]. Polar Record,1985,22(141):653-664.

[4] CONFORTI B. Territorial Claims in Antarctica: A Modern Way to Deal with an Old Problem[J]. Cornell International Law Journal, 1986, 19(2): 249-258.

[5] BRUNO S. The Antarctic Treaty as a Treaty Providing for an Objective Regime[J]. Cornell International Law Journal, 1986, 19(2): 189-210.

[6] JOYNER C C. Ice-covered regions in international law[J]. Nat. Resources J, 1991, 31: 213.

[7] STUART K, DONALD R R. Australia's Antarctic Maritime Claims and Boundaries[J]. OCEAN DEV. & INTL, 1995(195): 26.

[8] BEDDARD R. The Law of the Sea and Polar Maritime Delimitation and Jurisdiction[J]. International & Comparative Law Quarterly, 2001, 52(3): 431-450.

[9] KAYE S B, ROTHWELL D R. Southern Ocean boundaries and maritime claims: Another Antarctic challenge for the law of the sea?[J] Ocean Development &International Law, 2002, 33(3-4): 359-389.

[10] KEVIN R W. The Uncertain Fate of the Madrid Protocol to the Antarctic Treaty in the Maritime Area[J]. Ocean Development & International Law, 2003, 34(2): 139-159.

[11] DODDS K, HEMMINGS A D. Frontier vigilantism? Australia and contemporary representations of Australian Antarctic Territory[J]. Australian Journal of Politics & History, 2009, 55(4): 513-529.

[12] JOYNER C C. The Antarctic Treaty and the law of the sea: fifty years on[J]. Polar Record, 2010, 46(1): 14-17.

[13] DODDS K. Sovereignty watch: Claimant states, resources, and territory in contemporary Antarctica[J]. Polar Record, 2011, 47(3): 231-243.

[14] SCOTT S V. Ingenious and innocuous? Article IV of the Antarctic Treaty as imperialism[J]. The Polar Journal, 2011, 1(1): 51-62.

[15] FERNANDO V L. Antarctic Treaty and Antarctic Territory Protection Mechanism[J]. Revista chilena de derecho, 2013, 40(2): 461-488.

[16] BROOKS C M. Competing values on the Antarctic high seas:CCAMLR and the challenge of marine-protected areas[J]. The Polar Journal,2013,3(2):277-300.

[17] DANIEL B. The Geopolitics of Antarctic Governance:Sovereignty and Strategic Denial in Australia's Antarctic Policy[J]. Australian Journal of International Affairs,2016,70(3):261.

[18] LINDA A M. The Waters of Antarctica:Do They Belong to Some States,No States,Or All States? [J]William & Mary Environmental Law and Policy Review,2018,43(1):3-3.

[19] QUIRICO O. Climate Change,Regionalism,and Universalism:Elegy for the Arctic and the Antarctic? [J]. American University International Law Review,2020,35.

[20] ZHANG M,HAWARD M,MCGEE J. Marine plastic pollution in the polar south:Responses from Antarctic Treaty System[J]. Polar Record,2020,56(e36).

[21] ARPI B. Maps have meaning:why does a recent Argentine map have potential implications for Antarctic governance? [J]. Australian Journal of Maritime & Ocean Affairs,2021,13(2):79-93.

[22] ERIK J. Participation in the Antarctic Treaty[J]. The Polar Journal,2021(11):2,360-380.

[23] TALALAY P G,ZHANG N. Antarctic mineral resources:Looking to the future of the Environmental Protocol[J]. Earth-Science Reviews,2022:104-142.

[24] REBECCA S. Assessing the maritime 'rules-based order' in Antarctica[J]. Australian Journal of International Affairs,2022,76(3):286-304.

[25] MUS J. Conflicts between Treaties in International Law[J]. Netherlands International Law Review,1998,45(2):208-232.

(三) 电子资源

[1] Final Report of the Forty-fourth Antarctic Treaty Consultative Meeting. [EB/OL]. [2025-02-27]. https://documents. ATS. aq/ATCM44/fr/ATCM44_fr011_e. pdf.

[2] Final Report of the Forty – third Antarctic Treaty Consultative Meeting. [EB/OL]. [2025 – 02 – 27]. https://documents. ATS. aq/ATCM43/fr/ATCM43_fr001_e. pdf.

[3] Final Report of the Forty – twice Antarctic Treaty Consultative Meeting. [EB/OL]. [2025 – 02 – 27]. https://documents. ATS. aq/ATCM42/fr/ATCM42_fr011_e. pdf.

[4] Final Report of the Forty – first Antarctic Treaty Consultative Meeting. [EB/OL]. [2025 – 02 – 27]. https://documents. ATS. aq/ATCM41/fr/ATCM41_fr001_e. pdf.

[5] Final Report of the Fortieth Antarctic Treaty Consultative Meeting. [EB/OL]. [2025 – 02 – 27]. https://documents. ATS. aq/ATCM40/fr/ATCM40_fr011_e. pdf.

[6] Final Report of the Thirty – ninth Antarctic Treaty Consultative Meeting. [EB/OL]. [2025 – 02 – 27]. https://documents. ATS. aq/ATCM39/fr/ATCM39_fr001_e. pdf.